Parlons arabe libanais

Parlons...

Collection dirigée par Michel Malherbe

Dernières parutions

Parlons fang. Culture et langue des Fang du Gabon et d'ailleurs, Cyriaque Simon-Pierre AKOMO-ZOGHE, 2010.

Parlons amis, Rémy GILS, 2010.

Parlons wakhi. Culture et langue du peuple wakhi – Pakistan, Afghanistan, Tadjikistan et Chine, Karim KHAN SAKA, 2010.

Parlons twi. Langue et culture, Kofi ADU MANYAH, 2009.

Parlons akyé bodin, Firmin AHOUA & Patrice ACHIE BROUH, 2009.

Parlons balinais, Made Windu Antara KESIMAN, Michel MALHERBE, 2009.

Parlons slovaque, Etienne BOISSERIE, Diana JAMBAROVÁ et Vlasta KŘEČKOVÁ, 2009.

Parlons néwari, Sushila MANANDHAR, 2009.

Parlons farefari, Mary Esther Kropp Dakubu, 2009.

Parlons allemand, Hervé RICHARD, 2009.

Parlons tcherkesse, Amjad JAIMOUKHA, Michel MALHERBE, 2009.

Parlons moba, langue du Nord-Togo, Pierre REINHARD, 2009.

Parlons shanghaïen, Feng LI, 2009.

Parlons bunun, Rémy GILS, *2009.*

Parlons suédois, Corinne PENEAU, 2009.

Parlons agni indénié, Firmin AHOUA et Sandrine ADOUAKOU, 2009.

Parlons otomi, Yolanda LASTRA, 2009.

Parlons luo, Neddy ODHIAMBO et Michel MALHERBE, 2009.

Parlons marquisien, Edgar TETAHIOTUPA, 2008.

Parlons arawak, Marie-France PATTE, 2008.

Parlons khakas, S. DONIYOROVA, D. ARZIKULOVA, C. DONYOROV, 2008.

Parlons bamiléké, Dieudonné TOUKAM, 2008.

Parlons manadonais, Chrisvivany LASUT, 2008.

Fida BIZRI

Parlons arabe libanais

L'HARMATTAN

Du même auteur

Le Pidgin Madame : une grammaire de la servitude, Éditions Geuthner, Paris, 2010.

5-7, rue de l'École-Polytechnique ; 75005 Paris

http://www.librairieharmattan.com
diffusion.harmattan@wanadoo.fr
harmattan1@wanadoo.fr

ISBN : 978-2-296-12151-5
EAN : 9782296121515

Avant-propos

Ce livre vous propose une initiation à la langue et à la culture libanaises en cinq parties. Le libanais est présenté dans une transcription simplifiée en caractères latins, ce qui permet aux francophones de suivre les explications et d'apprendre la langue sans passer par l'écriture. Cependant, nous avons jugé intéressant d'ajouter l'écriture arabe dans les dialogues présentés en troisième partie, afin d'aider les lecteurs qui veulent pratiquer l'écriture en parallèle.

La première partie du livre présente brièvement la place de l'arabe libanais au sein des dialectes arabes, ains i que les particularités de la prononciation du libanais par rapport aux sons représentés dans le système graphique de l'arabe. Le système de transcription adopté dans ce manuel est expliqué ici.

La deuxième partie est consacrée à la grammaire. Les différences grammaticales qui existent entre le dialecte libanais et l'arabe littéral sont soulignées dans des notes de bas de page, à l'attention de ceux qui apprennent l'arabe littéral par ailleurs.

La troisième partie appelée "Conversation" est composée de 20 dialogues reprenant plusieurs situations de la vie courante des Libanais. Chaque dialogue est précédé d'un texte qui commente ou récapitule certains aspects sociaux ou grammaticaux qui y sont abordés. Les personnes qui parlent sont numérotées par les chiffres 1 et 2. Quand une même personne dit plusieurs phrases, toutes ses phrases sont précédées du chiffre qui lui correspond. Le chiffre change quand l'interlocuteur reprend la parole. Certains dialogues sont présentés en deux versions qui correspondent à deux registres de langue différents. Par ailleurs, pour vous permettre de mieux apprécier la structure interne de chaque énoncé, et pour vous encourager à créer vos propres phrases par la suite, toutes les formules utilisées dans cette partie sont présentées sur quatre lignes :

ligne 1 : **phrase libanaise en caractères latins**
ligne 2 : traduction française mot-à-mot (avec grammaire)
ligne 3 : phrase libanaise en caractères arabes
ligne 4 : traduction française courante

Notez que dans la première ligne, les mots empruntés à des langues occidentales (français, anglais, italien) sont écrits en italique. Dans la deuxième ligne de traduction mot-à-mot, quand un même mot arabe correspond à plusieurs mots français, les mots français se trouvent liés entre eux par des tirets. La ligne 3, où le libanais est écrit en caractères arabes, présente une difficulté importante car il n'y a pas de consensus sur la manière d'écrire un dialecte avec les caractères propres à l'arabe littéral, d'autant plus que ces caractères ne sont pas adaptés au système phonétique dialectal. L'écriture que vous trouverez ici représente un choix particulier qui ne ferait pas nécessairement l'unanimité.

La quatrième partie, appelée "La culture et ses mots", n'a naturellement pas pour but de dresser un panorama culturel complet du Liban, mais d'évoquer simplement quelques traits culturels et sociolinguistiques qui vous permettront de mieux comprendre cette société.

La cinquième partie est constituée d'un lexique à double entrée : français-libanais, et libanais-français. Vous y trouverez environ 1500 mots usuels dans chaque partie, soit au total 3000 entrées environ. Ce lexique est d'autant plus précieux que les dictionnaires d'arabe dialectal oriental sont très peu nombreux. Vous trouverez quelques titres mentionnés dans une bibliographie thématique non exhaustive qui vous est proposée en fin d'ouvrage.

Enfin, je tiens à remercier Marwan Bizri et Hala Bizri, à qui la quatrième partie de ce livre doit tant. Je remercie également Sylvie Ballyot pour l'enregistrement audio du CD accompagnant le livre, ainsi que Marwan Bizri et Sirine Fattouh pour leurs voix, Kazuko Sasaki et Stéphanie Dadour pour leur aide et leurs conseils techniques.

Carte du Liban

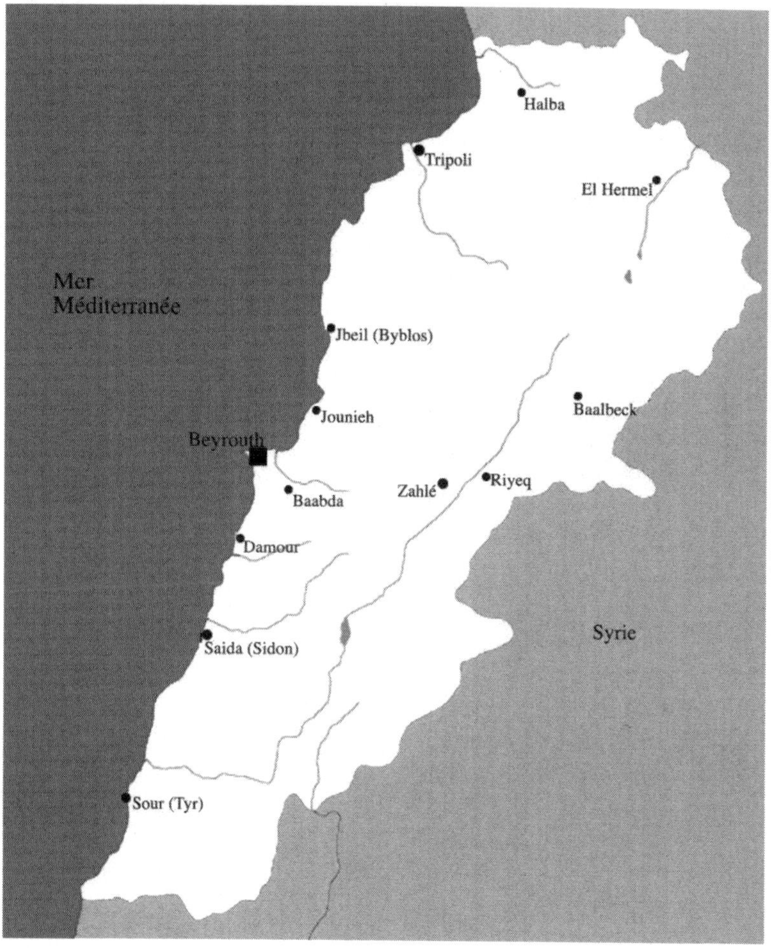

Liste des abréviations

acc.	accompli
ang.	emprunt à l'anglais
aux.	auxiliaire
col.	collectif
comp.	comparatif
dl.	duel
Exp.	expression
fém.	féminin
fr.	emprunt au français
IM.	inaccompli modal
imp.	impératif
in.	inaccompli
inv.	invariable
it.	emprunt à l'italien
litt.	littéralement
mas.	masculin
p.a.	participe actif
p.p.	participe passif
pl.	pluriel
PP	personne du pluriel
PPm	personne du pluriel masculin
prog.	progressif
PS	personne du singulier
PSf	personne du singulier féminin
sg.	singulier
sgt.	singulatif
superl.	superlatif

I. Présentation du Libanais

1. Quel arabe parler pour un Français ?

Quand on décide d'apprendre l'arabe aujourd'hui, on est confronté à la question : "quel arabe ?". En effet, l'arabe est un terme générique qui couvre plusieurs parlers pratiqués par 240 millions de locuteurs, dispersés sur un grand territoire allant du Moyen-Orient, à l'Afrique du Nord, en passant par la péninsule arabique. Un Mauritanien ne parle pas le même arabe qu'un Iraquien ou un Libanais. Les dialectes arabes sont généralement classés en deux familles : la famille occidentale regroupant les parlers d'Afrique du Nord, et la famille Orientale regroupant ceux du Nil, du Levant, et du Golfe Arabique.

La langue maternelle d'un Arabophone est par conséquent différente selon qu'il soit libanais, égyptien, saoudien, ou algérien, ou autre. Cette langue maternelle est un dialecte qui est pratiqué pour tous les besoins de la vie quotidienne. Ce n'est pas la langue de l'éducation. En effet, dans les écoles de tout pays arabe, c'est la **fuṣḥa** que l'on apprend. La **fuṣḥa**, c'est l'arabe littéral standardisé sous une forme modernisée commune à tous les pays arabes. Un Arabe scolarisé pratique donc forcément deux variantes d'arabe : son dialecte, et la langue écrite standard. On dit langue écrite, mais les sphères couvertes par cette langue ne se limitent absolument pas à l'usage de l'écrit. L'arabe standard ou arabe littéral est utilisé dans les médias écrits et oraux, dans les communications et discours officiels, dans la littérature, dans le système éducatif et dans les fonctions administratives.

Contrairement à l'arabe dialectal, l'arabe littéral, **el fuṣḥa**, peut atteindre tous les arabophones. En revanche, c'est une langue grammaticalement peu économique et peu spontanée, nécessitant une plus grande habilité pour une production "sans fautes grammaticales". L'éducation scolaire prépare les arabophones à bien comprendre la langue standard en tant que locuteurs passifs, et à y produire des petits discours simples et corrects. Pour maîtriser la langue au-delà de ce niveau basique, un apprentissage plus poussé ainsi qu'une passion de la langue sont nécessaires. Le dialecte reste dans tous les cas la langue la plus spontanée et plus adaptée au quotidien.

Les dialectes arabes sont le résultat de la fusion entre la langue arabe introduite par les conquérants musulmans au VIIème siècle sur les territoires aujourd'hui devenus arabes, et les langues indigènes parlées dans ces régions-là à cette époque. Chaque dialecte est donc teinté de caractéristiques linguistiques relevant de la langue indigène anciennement parlée avant la conquête musulmane : dans certains cas c'est le syriaque, dans d'autres c'est le copte, etc...

Aujourd'hui, quand des arabophones d'un bout à l'autre du monde arabe se retrouvent, ils ont la possibilité de parler ensemble soit en arabe littéral standard (si les locuteurs en question ont été scolarisés), soit dans un des dialectes véhiculés dans les médias par la culture populaire. En effet, certains dialectes véhiculant une culture attirante deviennent tellement familiers aux oreilles d'autres Arabes, qu'ils finissent par servir de lingua franca à travers le monde arabophone. Tel est, par exemple, le cas du dialecte égyptien, largement compris dans tous les pays arabes, grâce à sa production de films et de chansons qui le précède comme une ambassadrice. L'arabe libanais est lui aussi connu, surtout depuis le lancement de la télévision par satellite.

Un Français apprend en général soit la langue du pays qui l'intéresse, soit l'arabe littéral, soit un de ces dialectes largement compris par les arabophones.

2. Le dialecte libanais

Le libanais, le syrien, le palestinien, et le jordanien, appartiennent à la famille des dialectes orientaux de l'arabe. Il s'agit, à quelques différences près, de la même langue, que l'on pourrait appeler l'arabe levantin. Cette famille dialectale est le résultat du contact entre l'arabe introduit au VIIème siècle par les conquérants musulmans et la langue syriaque qui se parlait dans la région à l'époque[1]. Plus tard, ces dialectes continueront à évoluer, notamment sur le plan du lexique, sous l'influence du persan, de l'italien, du turc, du français et de l'anglais.

Le dialecte libanais présente certaines différences régionales surtout par rapport à la prononciation et au vocabulaire, un peu moins par rapport à la grammaire. D'après ces particularités locales, on peut diviser les "accents" libanais en plusieurs zones, parmi lesquelles : la région du nord, avec Bcharré, Ehden, Hasrun ; la région de Batrûn et Jbeil ; la région de Beyrouth ; le Mont-Liban ; la région du Chouf ; Saïda et ses environs ; le sud Liban hors Saïda ; la Bekaa. Cependant, ces différences n'empêchent en aucun cas la compréhension mutuelle. Dans ce manuel, nous avons pris le parti d'utiliser les formes les moins typées régionalement.

À noter également qu'au Liban, on est souvent confronté à un phénomène particulier de multilinguisme. L'arabe libanais présenté dans ce manuel n'est pas toujours parlé ainsi. Les locuteurs libanais y mêlent souvent des emprunts à d'autres langues, notamment au français et à l'anglais, ainsi qu'à l'arabe littéral.

---

[1] Aujourd'hui, les traces du syriaque marquent encore profondément l'arabe libanais, aussi bien au niveau de la prononciation que de la grammaire. Par ailleurs, la langue syriaque elle-même s'est conservée de nos jours dans quelques villages syriens et libanais au sein de la communauté religieuse chrétienne de rite syriaque, ainsi que chez les Maronites pour qui c'est une langue liturgique.

3. Écriture, prononciation et transcription

L'arabe s'écrit de droite à gauche. L'écriture arabe, composée de 28 consonnes et de 6 signes vocaliques (3 brefs et 3 longs) est adaptée à l'arabe littéral ou à l'arabe classique, mais peu adaptée aux dialectes, surtout au niveau vocalique. Dans le tableau ci-après, on présente les sons consonantiques et les sons vocaliques propres à l'arabe libanais en translittération simplifiée. Dans une deuxième colonne, on présente les lettres de l'arabe littéraire qui correspondent à chaque son. Parfois plusieurs sons de l'arabe littéraire sont reproduits de la même façon en libanais. Comme les voyelles n'apparaissent jamais seules, mais sont des signes diacritiques qui s'ajoutent aux consonnes, on les présentera dans le tableau des voyelles accompagnant les lettres **b** et **d**, à titre d'exemple.

Pour les lecteurs qui apprennent à écrire l'arabe en parallèle à l'apprentissage proposé dans ce manuel, il faut rappeler que chaque lettre arabe peut avoir plusieurs formes selon qu'elle est à l'initiale du mot, en milieu ou à la fin. Les lettres arabes présentées dans le tableau des consonnes ci-dessous apparaissent sous la forme dite "isolée", c'est-à-dire quand elles ne sont pas intégrées à un mot.

À noter également que quand une consonne est géminée (redoublée) en arabe, elle ne s'écrit pas deux fois, mais une seule fois accompagnée du signe ّ . Ce signe s'appelle la **chaddé** (avec l'accent libanais, **chadda** en arabe littéral). La gémination se prononce très distinctement en arabe. Sa présence marque souvent des phénomènes grammaticaux comme, par exemple, la présence de l'article défini devant certaines consonnes[2], ou la construction du factitif[3].

[2] Exemple : **'amar** *une lune,* **el-amar** *la lune,* mais **chames** *un soleil,* **ech-chames** *le soleil,* et non ***el-chames**

[3] Exemple : **katab** *il a écrit,* **kattab** *il a fait écrire*

a. Consonnes

Prononciation	**graphie arabe**	**Description**	**Exemple**
'	أ	c'est un arrêt glottal, comme un hiatus, il est accompagné de la voyelle qui le suit.	-en début de mot : **'alb** *cœur* -en médiane **el-'alb** *le cœur* (à ne pas prononcer ***elalb**) -en finale **na'** *le fait de se plaindre*
' / q	ق	Ce son de l'arabe littéral est généralement prononcé comme un ' (أ) en libanais, sauf pour certains mots de l'arabe littéral. Dans la région du Chouf, la prononciation de **q** est maintenue.	**'ahwé** *café* mais **iqâmé** *séjour* **'anâqa** *élégance*
b	ب	comme "barque"	**bâba** *papa*
ch	ش	comme "chien"	**cha'fé** *morceau*
d	د et ذ	comme "danser". Les mots de l'arabe littéral contenant un ذ (que l'on transcrira ici par **dh** quand on cite des mots de l'arabe littéral où ce son apparaît) sont généralement reproduits en libanais avec un د **d**.	**daraj** *escalier* **dîb** *loup*
ḍ	ض	c'est un **d** emphatique. En général, les lettres emphatiques entraînent la postériorisation des voyelles.	**ḍarab** *il a frappé*
f	ف	comme "fille"	**tafahhom** *compréhension*

h	ه	comme dans "hello" en anglais	**ahbal** *idiot*
ḥ	ح	c'est un *h* plus frotté au niveau de la gorge, un *h* très appuyé, nous le marquons par une majuscule.	**ḥmâr** *âne* **'aḥâdîs** *conversations*
j	ج	comme dans "Georges", "jardin"	**jabal** *montagne*
k	ك	comme dans "catalan", "quoi"	**kaleb** *chien*
kh	خ	comme la jota espagnole, ou le *ch* allemand de Bach	**khalas** *ça suffit*
ع	ع	c'est un son guttural, certains le rapprochent du r dans l'expression "ya rien à faire"	**عelbé** *une boîte* **bukra عabukra** *demain matin*
l	ل	comme dans "lampe"	**lamba** *lampe*
m	م	comme dans "mètre"	**meter** *mètre*
n	ن	comme dans "nord". La voyelle qui le précède n'est jamais nasalisée (comme dans *bon, *bain). Le **n** est toujours prononcé comme s'il était suivi d'un e muet.	**naylon** *nylon* **masalan** *par exemple*
r	ر	c'est un *r* roulé comme en espagnol ou en italien	**ramaḍân** *le mois de Ramadan*
g	--	Aucune lettre de l'arabe littéral ne correspond à ce mot. Il apparaît uniquement dans les emprunts à des langues étrangères.	**garâj** *garage* **sigâra** *cigarette*
gh	غ	C'est un *r* grasseyé, comme le *r* parisien, mais un peu plus liquide.	**ghâbé** *forêt* **b-y-ghîb** *il s'absente*
s	س et ث	Le **s** est toujours prononcé comme dans "salon", même quand il est entre deux voyelles ou	**samak** *poisson*

		en fin de mot. Les mots de l'arabe littéral contenant un ث (que l'on transcrira ici par **th** quand on cite des mots de l'arabe littéral où elle apparaît) sont, en général, reproduits en libanais avec le س **s**.	
ṣ	ص	c'est un *s* emphatique. Sa présence entraîne la postériorisation des voyelles qui l'accompagnent dans le mot.	**ṣalôn** *salon* **aṣfar** *jaune*
t	ت	comme "table"	**takht** *lit*
ṭ	ط	c'est un *t* emphatique. Sa présence entraîne la postériorisation des voyelles qui l'accompagnent dans le mot.	**ṭâwlé** table
w	و	comme dans "oiseau", "oie"	**wazîr** ministre
y	ي	comme dans "yoyo", "yacht"	**yallâ** *allons-y*
z	ز	comme dans "zoo"	**zarâfé** *girafe*
ẓ	ظ	c'est un *z* emphatique. Sa présence entraîne la postériorisation des voyelles qui l'accompagnent dans le mot.	**ẓarâfé** *le fait d'être sympathique* **ẓabéṭ** *amende*

b. Voyelles

Les voyelles brèves sont marquées par des petits signes graphiques[4] qui apparaissent autour de la consonne :

Un trait َ au-dessus de la consonne appelé **fatḥa** pour le son **a.**
Un signe ُ au-dessus de la consonne appelé **ḍammé** pour le son **u** (prononcé comme le français **ou**).
Un trait ِ au-dessous de la consonne appelé **kasra**, pour le son i, parfois prononcé e en libanais (écrit indifféremment e ou é).

Les voyelles longues (**â, û, î**) sont marquées dans le système d'écriture de l'arabe par trois consonnes qui se convertissent pour l'occasion en semi-consonnes (ou semi-voyelles) :

a ا suivant une consonne, elle lui confère le son vocalique **â.**
w و suivant une consonne, elle lui confère le son vocalique **û.**
y ي suivant une consonne, elle lui confère le son vocalique **î.**

Le libanais a d'autres voyelles brèves (**o, é, ô, ê**), mais le système d'écriture de l'arabe littéral ne permet pas de les marquer dans la graphie. Il est donc généralement convenu d'écrire **o** comme **u**, **ô** comme **û**. Le son **é** est parfois écrit **i** ou **a**, selon l'étymologie du mot. De même, **ê** est écrit **î** ou **â**.

Comme il est dit précédemment, le dessin des consonnes de l'arabe change selon que la lettre en question apparaît en début, au milieu, ou en fin de mot. La plupart des consonnes perdent une partie de leur corps quand elles sont suivies d'un autre signe (une autre consonne ou une voyelle longue). Seulement 6 consonnes ne changent pas de forme quand elles sont suivies d'une autre lettre, et en restent séparées. Il s'agit de : ذ **dh,** د **d,** أ **',** ز **z, r,** و **w**. Pour retenir ces lettres, on peut penser au verbe **râwada** راود "*venir à l'esprit*" qui en regroupe 4 sur 6. Les deux lettres restantes, **z** ز et **dha** ذ s'écrivant comme **r** ر et **d** د mais avec un point au-dessus, sont faciles à retenir. Dans le tableau ci-dessous récapitulant les voyelles, nous donnons l'exemple de **b** (lettre qui change de forme

[4] Les voyelles brèves sont rarement marquées sur les mots. En général on les devine. Elles peuvent cependant être marquées quand un mot prête à confusion, ou dans les livres pour enfants ou pour débutants.

quand elle est suivie d'un autre signe), et de **d** (lettre qui reste toujours séparée du signe qui la suit).

son	signe arabe	Prononciation	Exemple
a	بَ ba دَ da	a bref, comme dans papa	**jamal** *chameau* **daraj** *escalier*
â	با bâ دا dâ	le double de la durée du a bref	**jâr** *voisin* **dâr** *salon, maison*
é	بَ ba دَ da ou بِ bi دِ di	comme dans "école". Parfois sonne légèrement comme un "i".	**lebes** *habillement* **dé''** *que je sonne*
ê	بي bî دي dî ou با bâ دا dâ	comme "é" dans "école", mais de plus longue durée.	**lêbes** *habillé* **madêris** *écoles* **'âsé** *dur* **hêdé** *tranquille* **bêt** *maison*
i	بِ bi دِ di	comme dans "Irlande". Parfois comme "é" dans "élève"	**ktêbik** *ton livre*
î	بي bî دي bî	c'est un i long	**mersî** *merci*
u	بُ bu دُ du	se prononce "ou", comme dans "outre", "ours"	**bukra** *demain* **duwwayra** *cercle*
û	بو bû دو dû	plus long en durée que u	**bûs** *embrasse* **dûr** *tourne*
o	بُ bo دُ do	se prononce fermé, comme dans "beau"	**'orṭa** *une clique*
ô	بو bô دو dô	plus long en durée que o, comme dans "oh"	**lyôm** *aujourd'hui* **drôb** *frappe*

II. Grammaire

La racine en arabe :

Avant de commencer à décrire la grammaire de l'arabe libanais, il est important de comprendre comment fonctionnent les racines des mots arabes, pour comprendre comment ces mots sont dérivés les uns des autres.

En arabe comme dans la plupart des langues sémitiques, tous les noms simples et les verbes simples sont formés à partir d'une racine, souvent triconsonantique, qui, avec une ou deux voyelles, forme le radical du mot. Par exemple, à partir de la racine ***ktb**, on a (avec les voyelles libanaises) : **ktêb** *livre*, et **katab** *il a écrit*, et **kêtib** *écrivain*.

Les noms et verbes dérivés d'une même racine se différencient les uns des autres par divers petits changements que l'on peut effectuer dans la racine consonantique. Par exemple : le redoublement de consonnes du radical (**katab** *il a écrit*, **kattab** *il a fait écrire*) ; l'élimination, la transformation ou l'ajout d'une voyelle (**katab** *il a écrit*, **kêtib** *écrivain*) ; la préfixation, l'infixation ou la suffixation de certaines consonnes au radical (**katab** *il a écrit*, **maktûb** *lettre*, **maktab** *bureau, écritoire.*) On verra, sous le chapitre du nom, quels procédés sont utilisés pour dériver diverses formes nominales. Dans le chapitre du verbe, on étudiera le schème de formation des 9 formes verbales.

Ces structures internes sont communes à tous les dialectes arabes. Là où chaque dialecte se distingue des autres, c'est dans le choix de ses voyelles, dans la réalisation de certaines consonnes, ainsi que dans sa préférence pour une structure plutôt qu'une autre.

1. Le nom

• Le genre : féminin et masculin

Le nom en arabe libanais est marqué par le genre masculin-féminin. Les noms féminins portent parfois des marques suffixées qui les différencient des noms masculins et les rendent reconnaissables. Tel est surtout le cas des noms de paires naturelles masculin-féminin morphologiquement apparentées, où la marque du féminin est un "**é**" (ou un "**a**") suivi d'un "**t**" qui n'apparaît à l'oral que dans le cas où le nom féminin est suivi d'un complément[5]. Voici quelques exemples : **kalbé(-t)** *chienne*, **khâlé(-t)** *tante*, et **bsayné(-t)** *chatte.*

kalb *un chien*
kalbé *une chienne*
mais
kalbét bént-é *la chienne de ma fille*

khâl *oncle*
khâlé *tante*
khâl ziyâd *l'oncle de Ziad*
mais
khâlét ziyâd *la tante de Ziad*

bsên *chat*
bsayné(-t*) chatte*
bsaynét ej-jirân *la chatte des voisins.*

D'autre part, un grand nombre de noms féminins ne portent pas de marque spécifique. Certains sont reconnaissables à leur signification, ce sont par exemple des êtres de sexe féminin (**bénét** *fille,* **sétt** *dame,* **'émm** *mère*), ou des noms désignant des parties du corps (**îd** *main,* **'éjér** *pied,* **ع‍ên** *œil*), ou autres (**chamés** *soleil,*

---

[5] Vous trouverez, dans la partie lexique, les mots féminins suivis de (-**t**) entre parenthèses, pour bien rappeler que ce (-**t**) réapparaît quand le mot est suivi d'un complément.

'aréḍ *terre,* **nâr** *feu*). Ils manifestent leur genre féminin uniquement dans les accords qu'ils entraînent.

Par ailleurs, certains noms masculins ont une apparence féminine à cause de la chute de leur consonne finale, et peuvent donc se terminer par "**a**" ou "**é**". Par exemple : **hawa** *vent*, **ɛacha** *dîner*, **ghada** *déjeuner*, **dawa** *médicament*.

- **Le nombre : singulier, duel, pluriel**

Les noms sont fléchis sur trois nombres : le singulier, le duel et le pluriel.

Les duels, catégorie obligatoire en arabe libanais dès que l'on compte par deux, sont souvent obtenus par le suffixe **-ên** qui peut s'ajouter à un nom masculin ou féminin. Quand il est ajouté à un nom féminin, le (**-t**) féminin réapparaît. Ainsi on a :

kalb *un chien*	**kalbé** *une chienne*
kalb-ên *deux chiens*	**kalbt-ên** *deux chiennes*

Parfois, l'ajout du suffixe duel **-ên** entraîne des ajustements vocaliques : la voyelle de la dernière syllabe du mot peut sauter. Par exemple :

bénét *une fille*	**bént-ên** *deux filles*

Quand un duel est suivi d'un complément ou d'un suffixe, la marque "**-ên**" se relâche en "**-ayn**", comme dans **:**

ɛên	**ɛayntên**	**ɛayntayn-a**
un œil	*deux yeux*	*ses deux yeux (à elle)*

Les membres du corps qui sont symétriques ont à la fois un duel et un pluriel : **ɛên** *un œil,* **ɛayntên** *deux yeux,* et **ɛyûn** *des yeux.*

Pour former des pluriels il existe plusieurs schèmes. Certains se forment à l'aide d'un suffixe de pluriel. Parmi ces suffixes, on a : **-în, -îyyé, -ât,** ou **-êt.** Quand on apprend un nouveau mot, on doit retenir à la fois son genre et le suffixe avec lequel il forme son pluriel. En voici quelques exemples avec chacun de ces suffixes :

"-în" comme
él msêfér *le voyageur*
él msêfrîn *les voyageurs*

"**-iyyé"** comme
ḥarâmé *voleur*
ḥarâm-iyyé *des voleurs*

Ce même suffixe "**-iyyé"** sert à former le pluriel et le féminin des nationalités :

lébnêné *un Libanais*
lébnêniyyé *des Libanais/une Libanaise*

frensêwé *un Français*
frénsêwiyyé *des Français / une Française*

'énglîzé *un Anglais*
'énglîziyyé *des Anglais / une Anglaise*
ou '**énglîz** *des Anglais*

"**-ât**" comme
sayyâra *voiture*
sayyârât *des voitures*

"**-êt**" comme
bénét *fille*
banêt *des filles*

D'autres noms ont une forme de pluriel interne, c'est-à-dire qu'ils ne se forment pas grâce à un suffixe, mais en changeant les voyelles qui se trouvent à l'intérieur du mot :

kalb *un chien,* **klêb** *des chiens*

jéld *cuir,* **jlûd** *des cuirs*

ḥêṭ *mur,* **ḥîṭân** *des murs*

ktêb *un livre*, **kétob** *des livres*

Certains noms forment leur pluriel en utilisant une toute autre racine, mais ils sont rares : **mara** *une femme,* **néswên** *des femmes.*

Même les emprunts aux langues étrangères peuvent être fléchis en nombre :

kompyûter *un ordinateur*	**kompyûtrên** *deux ordinateurs*	**kompûtrât** *des ordinateurs*
klassêr *un classeur*	**klasserên** *deux classeurs*	**klasserât** *des classeurs*

Quand les emprunts aux langues étrangères sont traités en arabe comme des féminins (soit parce qu'ils le sont dans la langue d'origine, soit parce qu'il a été décidé en arabe que le genre féminin leur convenait mieux), la marque du féminin (**-t**) apparaît devant l'ajout d'un suffixe. Exemple :

santrâl *une centrale*	**santral-t-ên** *deux centrales*	**santralêt** *des centrales*

profésora *une femme professeur*
profésor-t-ên *deux femmes professeurs*
profésorât ou **profésoriyyé** *des professeurs*

ou
doktôr *un docteur*
doktôra *une docteur*
doktorên *deux docteurs*
doktôr-t-ên *deux femmes docteurs*
dakêtra *des docteurs*
doktorât ou **dakêtra** *des femmes docteurs*

- **les racines nominales :**

Les noms simples en arabe se forment souvent avec trois consonnes (parfois plus) et une ou deux voyelles qui viennent en faciliter la réalisation vocale. Même quand la racine consonantique est identique entre l'arabe littéral et le libanais, ou entre le libanais et un autre dialecte arabe, les voyelles sont souvent différentes. Par exemple, sur la racine consonantique ***ktb** *écrire*, on forme le mot *livre* qui se prononce en arabe littéral **kitâb** et en libanais **ktêb**.

À cette racine consonantique, on ajoute des préfixes ou des suffixes pour former des noms de la même famille. Si vous avez une connaissance, même rapide et pas forcément exhaustive, de ces structures, il vous sera plus aisé de reconnaître les formes des mots nouveaux que vous pouvez rencontrer, et d'en deviner le sens quand c'est possible, ou du moins de mieux les retenir. Ainsi, on peut reconnaître à la structure d'un mot s'il désigne un nom de lieu, un nom d'instrument, un nom de métier, un nom d'action, etc... Voici une liste des formes caractéristiques les plus utilisées. Il ne s'agit aucunement de les retenir, mais juste de se familiariser avec :

a- Les <u>noms de lieux</u> ont en général la structure **ma**-CC**a**C, où **ma-** est le préfixe, **a** une voyelle et les trois C sont les consonnes de la racine. Exemple :

***ktb**	**katab** *écrire*	**maktab** *bureau*
***ɛml**	**ɛamal** *faire*	**maɛmal** *fabrique*
***ṭbkh**	**ṭabakh** *cuisiner*	**maṭbakh** *cuisine*
***w'f**	**we'ef** *s'arrêter*	**maw'af** *garage / position*

Certains noms portent une terminaison féminine et ont donc la structure **ma**-CC**a**C**e(-t)** ou **ma**-CC**a**C**a**(**-t**) :

***drs**	**daras** *étudier*	**madrase(-t)** *école*
***'br**	**'abar** *enterrer*	**ma'abara(-t**) *cimetière*

b- Les noms d'instruments sont souvent du type **me**-CC**â**/**ê**C :

***ftḥ**	**fataḥ** *ouvrir*	**meftêḥ** *clef*
***nchr**	**nachar** *scier*	**menchâr** *scie*

Certains noms portent la terminaison féminine :

***'ly**	**'ala** *frire*	**me'lêye(-t)** *poêle*

c- Les noms de métiers ou les "intensifs" sont formés soit à l'aide d'un substantif étranger auquel on ajoute un suffixe d'origine turque **-jé** (**kendra** *chaussure* **kendarjé** *cordonnier,* **bôsṭa** *poste* **bôsṭajé** *facteur*), soit par un pluriel auquel on adjoint un suffixe de relation /**-e**/ (**sêƐa** *heure,* **sêƐât** *des heures,* **sêƐâté** *horloger),* soit dérivés d'une racine arabe triconsonantique sous le schème C**a**CC**ê**C ou C**a**CC**â**C :

***flḥ**	**falaḥ** *labourer*	**fallêḥ** *laboureur*
***khyṭ**	**khayyaṭ** *coudre*	**khayyâṭ** *tailleur*

Finalement, un grand nombre de noms de métiers sont formés par les participes actifs (**kêtib** *écrivain*, **mƐallem** *enseignant...*) que l'on étudiera plus loin.

d- Les noms d'action : Comme on le verra sous la chapitre du verbe, l'arabe, n'a pas de forme verbale infinitive, mais il possède un grand nombre de noms d'action dérivés de chacune des formes verbales, et que l'on pourrait traduire en français par "*le fait de...*". Il est donc difficile de parler de la structure des noms d'actions avant d'avoir abordé le verbe. Notons uniquement que pour la forme simple du verbe, certaines structures de noms d'action sont très fréquentes. Par exemple, la structure CC**û**C des noms d'action sert surtout pour les verbes de mouvement, mais il y a aussi **CaCé :**

***nzl**	**nzûl** *le fait de descendre*
***ṭlƐ**	**ṭlûƐ** *le fait de monter*
***w'f**	**w'ûf** *le fait de se mettre debout*
***mchy**	**maché** *le fait de marcher*

Pour les verbes simples dont la radical est formé de quatre au lieu de trois consonnes, la structure des noms d'action est souvent **CaCCaCé/a** :

***bhdl** **bahdalé(-t)** *le fait d'humilier*
***chrchḫ** **charchaḫa(-t)** *le fait d'avoir l'air vulgaire*

Certains verbes présentent deux types de noms d'action **CôC** et **CawCé**, la deuxième forme jouant un rôle de singulatif du concept général :

***mwt** **môt** *le fait de mourir*
mawté(-t) *le fait de subir une mort*

***nwm** **nôm** *le fait de dormir en général*
nawmé(-t) *le fait de dormir un temps délimité*

- **La définition :**

L'arabe n'a pas d'article indéfini, l'absence de marque de définition implique une indéfinition. **ktêb** signifie à la fois *livre* et *un livre.* L'article défini est **él**, il est antéposé à l'élément qu'il définit. La marque **él** ne s'accorde ni en genre ni en nombre, elle reste la même que le nom qu'elle définisse soit pluriel, singulier, duel, féminin ou masculin.

ktêb *un livre / livre*
él ktêb *le livre*
ktêbên *deux livres*
él ktêbên *les deux livres*
kétob *des livres*
él kétob *les livres*

L'article s'assimile phonétiquement aux noms commençant par une des consonnes suivantes : **n, ch, s, ṣ, z, ẓ, r, d, ḍ, j, t, ṭ**. Nous obtenons donc :

chams *un soleil,* **ech-chams** *le soleil,* au lieu de ***el-chames**

daraj *un escalier,* **ed-daraj** *l'escalier,* au lieu de ***el-daraj**

tedrîs *fait d'enseigner,* **et-tedrîs** *le fait d'enseigner,* au lieu de ***el-tedrîs**

- **Le syntagme nominal**

Dans le syntagme nominal, les compléments et les adjectifs qualificatifs suivent le nominal. Le complément du nom peut être soit un pronom personnel suffixé (à valeur possessive), soit un ou plusieurs noms mis en annexion les uns avec les autres.

el ktêb el ḥélo le livre le beau *Le beau livre*	**ktêb ḥélo** livre beau *Un beau livre*

Quand un nom est déterminé par un complément qui lui est juxtaposé, il ne peut pas porter l'article :

ktêb samar le livre Samar *Le livre de Samar*	et non ***el ktêb samar**
ktêb-é livre-mon *Mon livre*	**ktêb émm rfî'-é** livre mère ami-mon *Le livre de la mère de mon ami*

2. Les pronoms personnels et possessifs

Les pronoms personnels se présentent sous deux formes : isolés (quand ils sont sujets), ou suffixés. Le paradigme des pronoms personnels en arabe libanais distingue entre féminin et masculin aux deuxième et troisième personnes du singulier, mais pas à la troisième personne du pluriel.

La série des pronoms personnels isolés[6] se présente ainsi :

ana	*je*
énta	*tu (mas.)*
énté	*tu (fém.)*
huwé	*il*
hiyyé	*elle*
néḥna	*nous*
énto	*vous*
hénné	*ils, elles*

néḥna el lebnêniyyé
nous les Libanais
Nous, les Libanais.

Les pronoms peuvent être suffixés à un nom formant des possessifs, à un verbe formant des compléments d'objets directs ou indirects, ou à des particules comme on le verra plus loin. Sous forme de suffixes, ils se présentent ainsi[7] :

je	**-é/-yé***
	-né ** (en position de COI)
tu (mas.)	**-ak/-k***
tu (fém.)	**-ik/-ké***
il	**-o/-h***
elle	**-a/-ha***
nous	**-na**
vous	**-kon**
ils, elles	**-on**

* : la deuxième forme n'apparaît qu'après une voyelle.

---

[6] Ce paradigme est pareil qu'en arabe littéral (avec une prononciation libanaise), sauf pour **ento** *vous* et **henne** *ils/elles*, qui sont respectivement en arabe littéral : **antom** *vous* أنتم , **homma** *ils* هم, **honna** *elles* هنّ.

[7] La différence avec l'arabe littéral se situe ici au niveau de : la 3psmas. **ktêb-o** *son livre* en libanais est **kitâbu-hu** en arabe littéral ; 3psfém. **Ktêb-a** est **kitâbu-ha** (le suffixe **-ha** pour la 3psfém. est également typique de certains parlers libanais) ; 2pp **ktêb-kon** est en arabe littéral **kitâbu-kom** ; 3pp **ktêb-on** est **kitâbu-hom** (mas.) et **kitâbu-honna** (fém.)

** : la première personne du singulier est la seule à avoir deux formes (**-é** et **-né**).

Pour indiquer la possession en libanais, on ne se sert pas de pronoms possessifs indépendants comme c'est le cas en français (*mon*, *ton*, *son*...), mais on utilise plutôt la forme suffixée du pronom personnel après un nom. Par exemple :

ktêb *livre*
ktêb-é *mon livre*
ktêb-ak *ton livre (garçon)*
ktêb-ik *ton livre (fille)*
ktêb-o *son livre à lui*
ktêb-a *son livre à elle*
ktêb-na *notre livre*
ktêb-kon *votre livre*
ktêb-on *leur livre*

La possession peut également être marquée par le mot masculin **tabaƐ** (*appartenant à*), féminin **tabƐît,** et pluriel masculin et féminin **tabƐûl :**

tabaƐ-é *le mien*
tabƐît-é *la mienne*
tabƐûl-é *les miennes/les miens*

el ktêb tabaƐ-é/ktêb-é
le mien de livre / mon livre

el ketob tabƐûl-ak/ketb-ak
les tiens de livres / tes livres

el bsayné tabƐît-na/bsaynet-na
la nôtre de chatte / notre chatte

Les suffixes personnels peuvent aussi se suffixer à un verbe pour marquer la complémentarité directe ou indirecte :

'akal *il a mangé*
'akal-o *il l'a mangé*
'akal-a *il l'a mangée*

Quand un verbe a deux pronoms personnels pour compléments d'objet direct et indirect, le complément d'objet indirect se suffixe directement au verbe, et le complément d'objet direct suit sous la forme **iyyêh**[8] (mas.), **iyyêh-a** (fém.) ou **iyyêh-on** (pl.) :

ɛaṭî-né	**el ktêb**
donnes (imp.)-à moi	le livre (mas.)

Donne- moi le livre

ɛaṭî-né	**iyyêh**
donne(imp.)-à moi	le (mas.)

Donne-le moi

farjî-na	**el bénét**
montre(imp.)-à nous	la fille (fém.)

Montre-nous la fille

farjî-na	**iyyêha**
montre(imp.)-à nous	la (fém.)

Montre- la nous

farjî-na	**iyyêhon**
montre(imp.)-à nous	les (pl.)

Montre-les nous

3. Les pronoms démonstratifs

L'arabe libanais possède un système déictique à deux degrés : rapproché et éloigné. Les démonstratifs varient en genre et en nombre.

Démonstratif	Objet rapproché	Objet éloigné
Mas. sg.	**hayda**[9]	**haydêk(é) ***
Fém. sg.	**haydé**	**haydîk(é) ***
Pluriel	**haydôl(é) ***	**haydôlîk(é) /hôlîk(é) ***

***** : Les formes entre parenthèses sont emphatiques

[8] De l'arabe littéral **iyyâh إيّاه, iyyâha إيّاها, iyyâhom إيّاهم.**

[9] À comparer **hayda** et **haydé** avec l'arabe littéral **hâdha هذا, hâdhihi هذه.**

Les démonstratifs peuvent apparaître soit de manière indépendante (*celui-ci, celui-là*), soit précédant un nom (*ce chien*). Le nom déterminé par un démonstratif est toujours précédé de l'article (comme si en français on disait : **ce le chien* au lieu de *ce chien*).

hayda (e)l-kalb*
ce (proche) le+chien
Ce chien-ci

* prononcé rapidement, devient : **hayda l-kalb**, effectuant ainsi une assimilation entre les deux voyelles.

haydêk el-kalb
ce (lointain) le+chien
Ce chien-là

haydôl el-klêb
ces les-chiens
Ces chiens-ci

haydôlîk(é)
ceux-là
Ceux-là

Certains démonstratifs ont une forme abrégée en **ha**. Cette forme apparaît toujours suivie d'un nom précédé de son article, donc sous la forme **ha + él** + nom => **hal** + nom.

hal kalb = **hayda el kalb**
ce+le chien
Ce chien-ci

hôlîk el-wlêd = **haydôlîk él-wlêd**
ces(abrégé) les-enfants ces les-enfants
Ces enfants-là

Attention, si le nom précédé d'un démonstratif est indéterminé, cela signifie que la phrase devrait être traduite en français comme s'il y avait un verbe "être" sous-entendu. Remarquez par exemple la différence entre ces deux phrases :

hayda el ktêb	**hayda ktêb**	**hayda kalb-é**
ce le livre	ça livre	ça chien-mon
Ce livre	*Ça, c'est un livre*	*Ça, c'est mon chien*

4. Les pronoms interrogatifs

Le pronom interrogatif **ayya**[10] suivi d'un nom ne s'accorde ni en genre ni en nombre avec le nom qui le suit :

'ayya	*quel ?quelle ? quels ?*
'ayya wâḥad	*lequel ?*
'ayya weḥdé	*laquelle?*
'ayya kalb	*quel chien ?*
'ayya kalbé	*quelle chienne ?*
'ayya klêb	*quels chiens ?*
'ayyê-h	*lequel ?*
'ayyê-ha	*laquelle ?*
'ayyêhon	*lesquels ?*

ɛan 'ayya benet ɛam t-éḥké ?
à propos de quelle fille tu es en train de parler
Tu es train de parler de quelle fille ?

bi 'ayya wâḥad ?
dans quel un
Dans lequel ?

Voici une série d'interrogatifs très courants. Tous les interrogatifs de cette liste (excepté **êmtan/aymata** *quand ?*) peuvent être suivis de suffixes personnels en arabe libanais (pas en arabe littéral) :

libanais	arabe littéral	français
kîf	**kayfa كيف**	*comment ?*
wên	**'ayna أين**	*où ?*
êmtan / aymata	**mata متى**	*quand ?*
lêch	**limâdha لماذا**	*pourquoi ?*
addêch	**kam كم**	*combien ?*
mîn	**man من**	*qui ?*

[10] De l'arabe littéral **ayyu أيّ.**

mîn ?   **mîn-ak ?**   **/**   **mîn énta ?**
qui   qui-toi   qui   toi
Qui (est-ce) ?   *Qui es-tu ?*

kîf-kon ?
comment-vous
Comment (allez-)vous ?

yâkh, addaych-o zaɛlên /yâkh addêch huwwé zaɛlên
Oh !   combien-lui   triste   / Oh !   combien   il   triste
Oh, combien il est triste !

laych-ak mɛaṣṣab / lêch enta mɛaṣṣab
pourquoi-toi   nerveux / pourquoi   toi   nerveux
Pourquoi tu es nerveux ?

Sachez également que ces pronoms n'apparaissent que dans un contexte interrogatif, contrairement au français où *quand* par exemple peut apparaître dans une phrase interrogative ("quand viens-tu ?"), ainsi que dans une phrase affirmative ("quand je suis arrivé, la maison était construite"). Si on veut répondre à ces interrogatifs par une affirmative, la réponse dépendra bien évidemment du contexte, mais on utiliserait volontiers une des formes proposées dans le tableau ci-dessous :

Interrogatifs		*Réponses possibles*[11]	
kîf	*comment ?*	**hêk**	*ainsi*
wên	*où ?*	**hôn**	*ici*
êmtan / aymata	*quand ?*	**lamma**	*quand*
lêch	*pourquoi ?*	**la'enno** **la'enn...** **ɛachanno** **ɛalachan...**	*parce que*
addêch	*combien ?*	**hal 'add**	*cette quantité*
mîn	*qui ?*	**huwwé**	*lui*

[11] Voici quelques équivalences entre le libanais et l'arabe littéral : **hêk hâkadha هكذا, hôn hunâ هنا, lamma ɛendamâ عندما, la'enno li 'annahu لأنّه, hal 'add hâdha el qadr هذا القدر, huwwé huwa هو.**

Dans les phrases interrogatives, l'intonation est le marqueur essentiel. Il existe, cependant, une particule **chi** (de l'arabe littéral **chay'** = *chose*)[12] qui peut mettre en emphase l'élément de l'énoncé sur lequel porte l'interrogation. Dans toutes les phrases suivantes la particule **chi** n'est pas obligatoire, la phrase reste compréhensible si on l'élimine, mais sa présence enrichit le côté spontané de l'énoncé en focalisant l'élément qu'elle suit.

enta chi yalli reḥet ƹa fransa ?
toi(mas.) *chi* qui es allé en France
Est-ce bien ***toi*** *qui as été en France ?*

reḥet ƹa fransa chi ?
tu es allé en France *chi*
Est-ce que tu as été ***en France*** *?*

chefet chî Maher ?
tu as vu *chi* Maher
Est-ce que tu as ***vu*** *Maher ?*

chefet Maher chî ?
tu as vu Maher *chi*
Est-ce que tu as vu ***Maher*** *?*

5. Les pronoms relatifs

Le pronom relatif "**yalli**" prononcé également "**élli**"[13] est invariable en genre et en nombre. Il peut référer autant à des objets qu'à des personnes.

él kétob élli ƹala éṭ ṭâwlé
les livres qui sur la table
Les livres qui (sont) sur la table.

---

[12] Cette particule **chî** ou plutôt **chay'** **شيء** n'est pas utilisée en arabe littéral comme marque interrogative. À la place, l'arabe littéral a **hal هل**. mais **hal هل** se place toujours en début d'énoncé.
[13] De l'arabe littéral الذي / التي.

él walad yalli éja
l' enfant qui est venu
L'enfant qui est venu.

él benet yalli maɛ-kon
la fille qui avec-suffixe 2PP
La fille qui est avec vous.

el wlêd yalli râḫo
les enfants qui sont partis
Les enfants qui sont partis.

Quand le pronom relatif désigne un complément d'objet, direct ou indirect, ce dernier est marqué une deuxième fois dans l'énoncé par un complément personnel suffixé au verbe ou à une préposition.

éṣ ṣabi yalli bḫebb-o et non * **éṣ ṣabi yalli bḫebb**
le garçon que j'aime-lui
Le garçon que j'aime (litt.: *le garçon que je l'aime)*

él madrasé yalli darast fiy-a et non ***él madrasé wên darast**
l'école qui j'ai étudié dans-elle
*L'école où j'ai étudié (*litt. : *l'école que j'ai étudié dans elle).*

6. L'adjectif, les comparatifs et les superlatifs

Les adjectifs s'accordent en genre et en nombre, et figurent toujours après le nom qu'ils qualifient. Un adjectif a deux formes au singulier (une forme masculine et une forme féminine), et une seule forme au pluriel (valable pour les deux genres). Sachez qu'un adjectif féminin est reconnaissable à sa terminaison féminine (**-é, -a,** ou **-iyyé** comme : **mabṣûṭ** *heureux,* **mabṣûṭa** *heureuse* ; **zaké** *intelligent,* **zakiyyé** *intelligente*), et qu'un adjectif pluriel est reconnaissable à sa terminaison plurielle en **-în (mabṣûṭîn** *heureux).* Certains adjectifs ont une forme de pluriel interne, comme on l'a vu plus haut pour les noms (**kbîr** *grand,* **kbîré** *grande,* **kbâr** *grands*).

él ktêb él kbîr
le livre le grand
Le grand livre

él kétob él kbâr
les livres les grands
Les grands livres

Si le substantif est défini, l'adjectif l'est aussi, et tous les deux sont précédés de l'article. De même, si le nom est indéterminé, l'adjectif l'est aussi. Comparez :

él mara él kbîré et
la femme la grande
La grande femme

mara kbîré
femme grande
Une grande femme

Attention, si l'adjectif ne porte pas la même marque de détermination ou d'indétermination que le nom qu'il qualifie, cela suppose qu'on devrait traduire la phrase comme s'il y avait un verbe "être" sous-entendu. Dans ce cas-là, la place de l'adjectif devient plus libre :

él ktêb kbîr
le livre grand
Le livre (est) grand.

kbîr él ktêb
grand le livre
(Il est) grand le livre.

Les adjectifs ont une forme comparative et une forme superlative. En voici quelques exemples :

	mas.sg	fém.sg.	pl.	superl.	comp.
beau	**ḥélo**	**ḥélwé**	**ḥélwîn**	**el 'aḥla**	**'aḥla men...**
laid	**béchéع**	**bechعa**	**bechعîn**	**el 'abchaع**	**'abchaع men...**
petit	**zghîr**	**zghîré**	**zghâr**	**el 'azghar**	**'azghar men...**
grand	**kbîr**	**kbîré**	**kbâr**	**el 'akbar**	**'akbar men...**
proche	**'arîb**	**'arîbé**	**'râb**	**el 'a'rab**	**'a'rab men...**
lointain	**bعîd**	**bعîdé**	**bعâd**	**el 'abعad**	**'abعad men...**
heureux	**mabṣûṭ**	**mabṣûṭa**	**mabṣûṭîn**	*	*
triste	**zaعlên**	**zaعlêné**	**zaعlênîn**	*	*
bon	**mnîḥ**	**mnîḥa**	**mnêḥ**	**el 'aḥsan**	**'aḥsan men...**
mauvais	**عâṭil**	**عâṭlé**	**عâṭlîn**	**el 'aḍrab**	**'aḍrab men...**

Les comparatifs se forment en ajoutant la préposition invariable **mén** (signifiant "*de*") après un superlatif relatif invariable ; une forme qui a la même structure syllabique que **'aktar** *plus que,* venant de la racine **ktîr** *beaucoup.* De **kbîr**, on forme **'akbar** *plus grand* (comme dans l'expression musulmane **'allâhu akbar** *dieu (est) plus grand*) ; de **zaké** *intelligent*, on forme **'azka** *plus intelligent.*

hal réjjêl 'akbar mén haydêk éṣ-ṣabé
ce+le homme plus grand de ce le homme
Cet homme-ci est plus grand que ce garçon-là.

hal mara 'akbar ménn-é
cette +la femme plus grande de-moi
Cette femme est plus grande que moi.

* **:** Pour certains adjectifs les formes du comparatif et du superlatif ne sont pas simples, tel est le cas des adjectifs **mabṣûṭ** *heureux* et **zaɛlên** *triste* par exemple ; leurs formes comparative et superlative se construisent sur le schème suivant.

mabṣûṭ 'aktar men-é
heureux (mas.sg.) plus de-suffixe 1ps
(Il est) plus heureux que moi.

neḫna zaɛlênîn 'aktar men-kon
nous tristes plus de-2pp
Nous sommes plus tristes que vous

el 'aktar chi mabṣûṭîn
le plus chose heureux (pl.)
Ceux qui sont les plus heureux

el 'aktar chi zaɛlên bi hal 'oṣṣa huwé sâmi
le plus chose triste dans cette+la histoire il Sami
Le plus triste dans cette histoire c'est Sami.

Les superlatifs absolus également sont invariables, et se forment en faisant précéder le superlatif relatif de l'article **él : él 'akbar** signifie *le plus grand / les plus grands / la plus grande / les plus grandes.*

7. La phrase nominale et l'expression du verbe "être" :

Comme on vient de le voir, l'arabe libanais a ce qu'on appelle des phrases nominales, c'est-à-dire des phrases sans verbe. Pour indiquer une existence ou un état au présent, l'arabe juxtapose sujet et prédicat. Il est même possible d'omettre le sujet si le contexte ne prête pas à confusion. En français, on rend ces phrases compréhensibles par l'ajout d'un verbe "*être*". L'arabe littéral a un verbe "*être*" **kân,** prononcé en libanais **kên.** Mais ce verbe n'est utilisé en libanais que comme auxiliaire, pour transposer des phrases verbales et/ou nominales dans le passé, ou le futur.

Ces phrases nominales qui se passent en arabe de verbe "*être*" au présent peuvent donc être des phrases existentielles, équationnelles, situationnelles, ou attributives, comme le montrent les exemples ci-dessous :

ana ritta
moi Rita
je (suis) Rita

rabîع khayy-é
Rabih frère-mon
Rabih (est) mon frère

ana wara el bêb
moi derrière la porte
je (suis) derrière la porte

jôrj zaké
Georges intelligent
Georges (est) intelligent.

zaké
intelligent
(Il est) intelligent.

Pour mettre ces phrases nominales à la forme négative, il suffit de faire précéder le prédicat de la particule de négation invariable

mech ou **mâ**[14] (que ce soit un nom propre : *Rita* ; un nom commun : *frère* ; un adverbe ou un complément de lieu : *derrière la porte* ; ou un adjectif : *intelligent*).

ana mech/mâ ritta
moi pas Rita
je ne suis pas Rita

rabîع mech/mâ khayy-é
Rabih pas frère-mon
Rabih n'est pas mon frère

ana mech/mâ wara el bêb
moi pas derrière la porte
je ne suis pas derrière la porte

jôrj mech/mâ zaké
Georges pas intelligent
Georges n'est pas intelligent.

La particule de négation **mâ** peut également être suivie de suffixes personnels, comme si elle était conjuguée, elle prend alors la forme **mann-é** *je ne suis pas* (venant de **mâ** *pas* + **'enn** *que* + suffixe), donnant le paradigme suivant :

mann-é *je ne suis pas*
mann- ak *tu n'es pas* (mas.)
mann-ik *tu n'es pas* (fém.)
mann-o *il n'est pas*
mann-a *elle n'est pas*
mann-na *nous ne sommes pas*
mann-kon *vous n'êtes pas*
mann-on *il ne sont pas*

On a donc ces trois phrases qui peuvent être équivalentes, et qui signifient toutes les trois *je ne suis pas là-bas* :

---

[14] La négation **laysa** ليس de l'arabe littéral n'est pas utilisée en libanais. En arabe littéral, **mech** existe pas, et **mâ** ما n'a pas un usage aussi stéréotypé qu'en libanais, **laysa** peut être conjugué à toutes les personnes : **lastu, lasta, lasti, laysa, laysat, lastom, lasna, laysu** *je ne suis pas, tu n'es pas (mas.), tu n'es pas (fém.), il n'est pas, elle n'est pas, nous ne sommes pas, vous n'êtes pas, ils ne sont pas*.

ana mech hônîk
moi pas là-bas

ana mâ hônîk
moi pas là-bas

mann-é hônîk
pas-moi là-bas

La phrase nominale donne un aspect statique de la réalité qu'elle décrit, elle ne comporte en elle-même aucune notion de temps situé. Pour préciser le temps d'une action ou d'un état, on utilise les auxiliaires **kên** de l'arabe littéral كان "*être*", ou **ṣâr** صار "*devenir*" conjugués au passé ou au futur (dont on verra la formation sous le chapitre du verbe). Des adverbes de temps peuvent venir à l'appui de la notion temporelle ainsi exprimée.

ana kenet wara el bêb
moi **kên**.passé.1PS derrière la porte
j'étais derrière la porte

jôrj ṣâr zaké
Georges **ṣâr**-passé.3PS intelligent
Georges est devenu intelligent.

bukra ḥa-ṣîr ghané
Demain **ṣâr**-futur-1PS riche (mas.)
Demain je deviendrai riche.

Pour mettre une phrase nominale qui est au passé ou au futur dans une forme négative, on fait précéder l'auxiliaire de la particule de négation **mâ** invariable. Pour les verbes, **mâ**[15] est la seule particule de négation utilisée ; on ne peut pas utiliser **mech**.

ana ma kenet wara el bêb
moi pas **kên**.passé.1PS derrière la porte
je n'étais pas derrière la porte

---

[15] En arabe littéral les marques de négation verbales sont trois (toutes rendues en libanais par **mâ**) : **mâ ما , lam لم , lan لن, lâ لا : mâ kentu ما كنت , lam akon لم أكن, lan akûna لن أكون, lâ akûnu لا أكون.**

jôrj mâ ṣâr zaké
Georges pas **ṣâr**-passé.3PS intelligent
Georges n'est pas devenu intelligent.

bukra mâ ḥa-ṣîr ghané
Demain pas **ṣâr**-futur.1PS riche (mas.)
Demain je ne deviendrai pas riche.

8. L'expression du verbe "*avoir*"

Il n'y a pas de verbe "*avoir*" en libanais. La possession s'exprime par l'usage de deux prépositions différentes (**ɛand** *chez,* et **maɛ** *avec*) auxquelles on adjoint un suffixe personnel pour indiquer le possesseur. La préposition **ɛand** *chez* est utilisée quand il s'agit d'une possession non spécifiée dans l'espace, tandis que **maɛ** *avec* signifie plutôt que le possesseur a l'objet possédé avec lui, ou sur lui au moment de l'énoncé. La nuance se situe donc entre "*avoir sur soi*" et "*avoir chez soi*"[16].

ktêbak ma3-é
livre-ton avec-moi
J'ai ton livre (sur moi.)

ktêb-ak ɛand-é
livre-ton chez-moi
J'ai ton livre (chez moi.)

maɛ-ak chî meftêḥ-é ?
avec-toi est-ce que clef-ma
Est-ce que tu as ma clef (sur toi) ?

Pour le mettre à la forme négative, on le fait précéder de la particule de négation **mech,** ou **mâ :**

[16] L'arabe littéral utilise, pour exprimer la possession, les particules **ɛind-** **عند** , **maɛ-** **مع** , et **lada-** لدى . Seule la particule **lada** n'est pas utilisée en libanais.

ƹand-é akel ktîr
chez-moi nourriture beaucoup
j'ai beaucoup de nourriture (dans le sens de : *il y a beaucoup à manger chez moi.*)

mâ ƹand-é akel bel-barrâd
pas chez-moi nourriture dans-le-frigo
Je n'ai pas de nourriture dans le frigo

maƹ-é maṣâré ktîr
avec-moi argent beaucoup
J'ai beaucoup d'argent

mâ maƹ-é maṣâré ktîr
pas avec-moi argent beaucoup
Je n'ai pas beaucoup d'argent

Pour exprimer la possession dans un temps passé, on utilise l'auxiliaire **kên** dans une forme figée à la troisième personne du singulier **kên** *il était.* Pour l'exprimer au futur, on utilise ce même auxiliaire au futur, toujours dans une forme figée à la troisième personne du singulier **raḥ ykûn** ou **ḥa ykûn** *il sera*, ainsi que la même forme de l'auxiliaire **ṣâr**, **ḥa y-ṣîr** *il deviendra*[17].On peut renforcer la précision du temps en utilisant un adverbe de temps conforme au temps choisi. Pour le mettre a la forme négative, on précède l'auxiliaire de **mâ**.

(bézzamênêt) kên maƹ-o maṣâré mnîḥ
dans le temps aux.**kên**-passé avec-lui argent bien
(Dans le temps), il avait pas mal d'argent.

(bukra) ḥa-yṣîr ƹand-é bêt ḥélo
demain aux. **ṣâr**-futur chez-moi maison joli
(Demain, plus tard) j'aurai une belle maison.

(mbêriḥ) mâ kên maƹ-o maṣâré ktîr
Hier pas aux.**kên**-passé avec-lui argent bien
(Hier), il n'avait pas beaucoup d'argent.

---

[17] On reverra ces auxiliaires plus loin sous la rubrique correspondante.

Pour exprimer l’existence, on a recours à la préposition **fi**[18] invariable de l'arabe littéral, qui signifie littéralement *dans,* et qui sert de copule existentielle "*il y a*". **fi** se transforme en énoncé négatif quand elle est precédée de **mâ**, et au passé et au futur à l'aide de l'auxiliaire **kên** à la troisième personne du singulier au passé et au futur respectivement :

fî salêm bel balad
il y a paix dans-le pays
Il y a de la paix dans le pays

mâ fî salêm bel balad
pas il y a paix dans-le pays
Il n'y a pas de paix dans le pays

kên fî salêm bhal balad
aux.**kên**.passé il y a paix dans-ce-le pays
Il y avait la paix dans ce pays

ma kên fî salêm bhal balad
pas aux.**kên**.passé il y a paix dans-ce-le pays
Il n'y avait pas de paix dans ce pays

ma raḥ y-ṣîr fî salêm bhal balad
pas aux.**ṣâr**.futur il y a paix dans-ce-le pays
Il n'y aura pas de paix dans ce pays.

---

[18] En arabe littéral, pour marquer l'existence on utilise **hunâka هناك**, **hunâlika هنالك**.

9. Le verbe

• Les formes verbales

Comme pour la formation des noms, la construction des verbes en arabe est elle aussi entièrement fondée sur l'existence de racines, souvent composées de trois consonnes pour les verbes simples, avec deux voyelles pour en faciliter la prononciation. Exemples :

***ktb**	**katab**	*écrire*
***smƐ**	**sémiƐ**	*entendre*
***'kl**	**'akal**	*manger*
***nzl**	**nézel**	*descendre*

Certains verbes ont une structure simple, mais ils sont néanmoins formés de quatre consonnes :

***bhdl**	**bahdal**	*humilier*
***drbk**	**darbak**	*culbuter*
***chrchḥ**	**charchaḥ**	*vulgariser*
***trjm**	**tarjam**	*traduire*
***khrbṭ**	**khartbaṭ**	*mêler*

Pour nuancer le sens d'un verbe, et exprimer par exemple certaines notions de réciprocité, d'intensité, ou de réflexivité, il est possible de créer, à partir de ces structures simples, d'autres structures verbales appelées les "formes dérivées du verbe", et ce en ajoutant des préfixes ou en ajoutant d'autres consonnes aux consonnes constitutives de la racine. Ce système de dérivation à partir de la forme simple du verbe (racine verbale souvent triconsonantique avec deux voyelles), est certes complexe, mais il est très régulier, ce qui facilite la reconnaissance des formes. Les grammaires classiques de la langue arabe distinguent ces formes entre elles selon un système chiffré de I à IX. Comme pour les racines nominales, il ne s'agit pas de retenir les formes décrites dans le tableau ci-dessous, mais simplement de se familiariser avec.

Forme	Exemple
I. CaCaC : Forme simple	***drs daras** *étudier* ***'tl 'atal** *tuer* ***ɛml ɛamal** *faire* ***ẓhr ẓahar** *apparaître* ***brṭl barṭal** *soudoyer* ***ksr kasr** *casser* ***ktb katab** *écrire*
II. CaCCaC : Factitif. Intensif	***drs darras** *enseigner* ***ḥmm ḥammam** *laver quelqu'un* ***kbr kabbar** *agrandir* ***'tl 'attal** *massacrer* ***ksr kassar** *casser intensivement* ***ktb kattab** *faire écrire*
III. CâCaC, CêCaC : Interaction de 2 sujets	***ɛml ɛâmal** *agir envers quelqu'un* ***ktb kêtab** *correspondre*
IV. aCCaC : Factitif impersonnel. Pronominal de la forme II. Sens transitif	*** ẓhr aẓhar** *montrer*
V. tCaCCaC : Effort du sujet pour accomplir ou subir une action. Parfois un sens réfléchi. Souvent un sens de passif .	*** ḥmm tḥammam** *se laver* ***kbr tkabbar** *être orgueilleux* ***brṭl tbarṭal** *être soudoyé** ***ksr tkassar** *se casser intensivement*
VI. tCâCaC, tCêCaC : Pronominal de la forme III. Réciprocité	***ɛml tɛâmal** *agir l'un envers l'autre* ***ktb tkêtab** *s'envoyer des lettres*
VII. nCaCaC : Pronominal de la forme I. Sens réfléchi passif.	***ksr nkasar** *être cassé* ***'tl n'atal** *être tué* ***ɛml nɛamal** *être fait* ***ktb nkatab** *être écrit*
VIII. CtaCaC : Pronominal de la forme I. Réfléchi actif	***chghl chtaghal** *travailler* ***ɛmd ɛtamad** *escompter* ***k'b kta'ab** *déprimer*
IX. staCCaC : Effort pour obtenir quelque chose. Qualification de quelque chose de la part du sujet	***'zn sta'zan** *demander la permission* ***ghfr staghfar** *demander pardon* *** ṭwl staṭwal** *trouver long*

Logiquement, à partir de n'importe quel verbe, on devrait pouvoir dériver les neuf formes verbales. Cependant, certains verbes sont plus courants sous une forme donnée que sous une autre. De plus, certaines formes sont elles-mêmes plus rares dans un dialecte que dans un autre (la forme IV, par exemple, n'est pas très courante en libanais).

Ainsi, sur la racine ***chghl,** les formes les plus courantes sont : la forme VIII **chtaghal** *travailler,* la forme I **chaghal** *occuper,* la forme II **chaghghal** *faire travailler*, et la forme VII **nchaghal** *avoir été occupé.* Les autres formes ne sont jamais utilisées en libanais. D'autres racines sont plus productives : de ***ɛml,** nous avons la forme I **ɛamal** *faire,* la forme II **ɛammal** *faire faire,* la forme III **ɛâmal** *agir envers quelqu'un,* la forme VI **tɛâmal** *interagir,* la forme VII **nɛamal** *être fait,* la forme IX **staɛmal** *utiliser.* De ***ḍrb**, nous avons : **ḍarab** *frapper*, **ḍarrab** *faire frapper*, **ḍârab** *concurrencer*, **'aḍrab** *faire une grève*, **tḍârab** *se frapper l'un l'autre*, **nḍarab** *être frappé.*

• Aspect et mode

Pour étudier le verbe arabe, il faut se familiariser avec le concept de l'aspect. La différence entre l'aspect et le temps, c'est que le temps donne une indication par rapport au moment de l'énonciation (le moment où l'on parle), alors que l'indication aspectuelle se place au moment où le procès a lieu. En effet, le verbe arabe se présente sous deux aspects, accompli et inaccompli, selon que l'action du verbe est achevée ou non. Ainsi, le verbe à l'inaccompli **ésmaɛ** peut signifier *j'entends, j'entendais, j'entendrai*, selon le contexte, et **smeɛet** peut être traduit de manières différentes selon le contexte par *j'ai entendu, j'avais entendu, j'aurai entendu.* Pour donner un indice temporel au verbe, en plus de l'information aspectuelle qu'il contient, divers procédés sont utilisés[19].

Accompli et inaccompli sont différenciés par des suffixes et des préfixes particuliers qui entourent la base du radical. La forme nue

---

[19] On y reviendra sous la rubrique traitant du temps verbal.

du radical, l'équivalent de l'infinitif français, est celle de la troisième personne du singulier masculin de l'accompli, car c'est seulement à ce temps et à cette personne qu'il n'y a pas de désinence. Il n'y a pas de vraie forme infinitive du verbe en arabe.

L'accompli indique que l'action est achevée. Il s'obtient par la suffixation au radical de désinences indiquant la personne, le genre et le nombre. Prenons l'exemple du verbe **katab *ktb** *écrire.* Vu que les pronoms sujets sont suffixés au radical de tout verbe conjugué, il n'est pas nécessaire de faire précéder le verbe de son pronom, à moins qu'il ne s'agisse d'une tournure emphatique.

Accompli de **katab** *écrire* ***ktb**	Désinences	Traduction
(ana) katab-(é)t	**-t**	*j'ai écrit*
(enta) katab-(é)t	**-t**	*tu as écrit (mas.)*
(enté) katab-té	**-té**	*tu as écrit (fém.)*
(huwé) katab	**--**	*il a écrit*
(hiyyé) katab-it	**-it**	*elle a écrit*
(neḫna) katab-na	**-na**	*nous avons écrit*
(ento) katab-to	**-to**	*vous avez écrit*
(henné) katab-o	**-o**	*ils ont écrit*

katab-o el 'oṣṣa metel mâ badd-on
ils ont écrit l'-histoire comme ils veulent
Ils ont écrit l'histoire comme bon leur semblait.

henné, katab-o el 'oṣṣa metel mâ badd-on
eux ils ont écrit l'-histoire comme ils veulent
Eux, ils ont écrit l'histoire comme bon leur semblait (sous-entendu : *pas nous.*)

Comme vous pouvez le voir dans le tableau ci-dessus, la désinence indiquant la première personne du singulier (**ana**) et celle de la deuxième personne du singulier masculin **(enta)** est identique.

Pour lever l'ambiguïté entre les deux formes, soit on se base sur le contexte, soit on fait précéder le verbe du pronom personnel en question. La voyelle (**-é-**) insérée entre parenthèses vient juste faciliter la prononciation. Elle n'apparaît pas dans le parler de toutes les régions. Beaucoup de Libanais vont dire **ana katabt** *j'ai écrit*, alors que d'autres diront **ana katabét** pour la même phrase.

(ana) katab-t ktêb ɛan lebnên
moi j'ai écrit livre sur Liban
(Moi) j'ai écrit un livre sur le Liban

(enta) katab-t ktêb ɛan lebnên
toi(mas.) tu as écrit livre sur Liban
(Toi) tu as écrit un livre sur le Liban

Dans la conjugaison de certains verbes à l'accompli, il arrive que l'ajout d'une désinence entraîne des changements phonétiques dans la base du verbe. Prenons l'exemple du verbe **nézél *nzl** *descendre* dont la base devient **nzél-** quand la désinence commence par une consonne, et **nézl-** quand la désinence commence par une voyelle :

Accompli de **nézél** *descendre* ***nzl**	Désinences	Traduction
(ana) nzél-(é)t	**-t**	*je suis descendu*
(enta) nzél-(é)t	**-t**	*tu es descendu*
(enté) nzél-té	**-té**	*tu es descendue*
(huwé) nézél		*il est descendu*
(hiyyé) nézl-it	**-it**	*elle est descendue*
(neḥna) nzél-na	**-na**	*nous sommes d...*
(ento) nzél-to	**-to**	*vous êtes des...*
(henné) nézl-o	**-o**	*ils sont déscendus*

Les verbes bi-consonantiques à la structure CvCv, où les deux voyelles sont brèves, ont un autre paradigme à l'accompli, où seule la troisième personne du pluriel se construit sur le modèle de la troisième personne du singulier masculin, alors que les autres se construisent sur le modèle de la première personne du singulier :

Accompli de **nésé** *oublier* ***ns**	Désinences	Traduction
(ana) nsî-t	**-t**	*j'ai oublié*
(enta) nsî-t	**-t**	*tu as oublié*
(enté) nsîté	**-té**	*tu as oublié*
(huwé) nésé		*il a oublié*
(hiyyé) nés(y)-it	**(y)-it**	*elle a oublié*
(neḥna) nsî-na	**-na**	*nous avons oublié*
(ento) nsî-to	**-to**	*vous avez oublié*
(henné) nes(y)-o	**(y)-o**	*ils ont oublié*

On peut citer plusieurs verbes qui ont cette structure : **kawa(kwît)/ekwé** *repasser le linge*, **méché(mchît)/emché** *marcher*, **naha(nhît)/enhé** *mettre un terme à quelque chose,* **sa'a(s'ît)/es'é** *arroser,* etc... Les formes entre parenthèses correspondent à celles de la première personne du singulier.

L'inaccompli indique que l'action est inachevée et sa structure est caractérisée par la préfixation au radical d'un **b**-, et d'un élément indiquant la personne, ainsi que par la suffixation de désinences indiquant le genre et le nombre. Le **b-** préfixé devient **m-** à la première personne du pluriel (**neḥna** *nous),* pour mieux s'assimiler à la consonne nasale qui le suit(**-n-**).

Inaccompli de **katab** *écrire* ***ktb**	Désinences	Traduction
(ana) b-éktob	**b-...**	*j' écris*
(enta) b-t-éktob	**b-t-...**	*tu écris (mas.)*
(enté) b-t-éktb-é	**b-t-...-é**	*tu écris (fém.)*
(huwé) b-y-éktob	**b-y-...**	*il écrit*
(hiyyé) b-t-éktob	**b-t-...**	*elle écrit*
(neḥna) m-n-éktob	**m-n-...**	*nous écrivons*
(ento) b-t-éktb-o	**b-t-...-o**	*vous écrivez*
(henné) b-y-éktb-o	**b-y-...-o**	*ils écrivent*

Remarquez également que seuls les verbes conjugués à la 2PS féminin (**enté** *tu*), à la 2PP (**ento** *vous*), et à la 3PP (**henné** *ils/elles*), ont des suffixes qui viennent compléter la désinence personne. Cette suffixation peut parfois entraîner la chute de la dernière voyelle de la base verbale : au lieu de ***b-y-ektob-o**, on a **b-y-ek(e)tb-o** *ils écrivent*, ou **b-êkol** *je mange,* et **b-t-êkl-é** *tu manges (fém.),* et non pas ***b-t-êkol-é**. Cette règle ne s'applique pas à tous les verbes, ce n'est par exemple pas le cas du verbe **nézél** *descendre****nzl**[20].

Inaccompli de **nézél** *descendre* ***nzl**	Désinences	Traduction
(ana) b-énzal	**b-...**	*je descends*
(enta) b-t-énzal	**b-t-...**	*tu des... (mas.)*
(enté) b-t-énzal-é	**b-t-...-é**	*tu des... (fém.)*
(huwé) b-y-énzal	**b-y-...**	*il descend*
(hiyyé) b-t-énzal	**b-t-...**	*elle descend*
(neḥna) m-n-énzal	**m-n-...**	*nous descend...*
(ento) b-t-énzal-o	**b-t-...-o**	*vous descendez*
(henné) b-y-énzal-o	**b-y-...-o**	*ils descendent*

Dans ce manuel, pour mieux vous aider à repérer ces formes verbales et pour vous en faciliter la conjugaison, nous vous présenterons pour chaque verbe deux formes :

• La forme de la troisième personne du singulier masculin de l'accompli qui peut servir comme modèle de conjugaison de l'accompli, car c'est la seule forme où il n'y a pas de désinence personnelle suffixée : **katab** *il a écrit* , **cherib** *il a bu*, **'akal** *il a mangé*, **'akhad** *il a pris...* Cette forme est considérée dans les grammaires arabes comme étant la plus rapprochée de la forme infinitive du verbe français. Pour chercher un verbe dans un dictionnaire de langue arabe, c'est donc cette forme-là que l'on cherche.

---

[20] Sauf dans certaines régions où on dit **b-t-enzlé** à la place de **b-t-enzalé**.

• La forme de la première personne du singulier inaccompli qui peut servir de modèle de conjugaison de l'inaccompli car c'est la seule forme où il n'y a pas de désinence personnelle infixée entre le **b-** et la base du verbe : **b-éktob** *j'écris*, **b-échrab** *je bois*, **b-êkol** *je mange*, **b-êkhod** *je prends*. Remarquez que pour les verbes dont la première consonne de la racine est un ('), comme **'akal *'kl** *manger*, **'akhad *'khd** *prendre*, une voyelle épenthétique se mêle à la consonne ('), donnant le son (ê), comme dans **b-êkol** *je mange*, **b-êkhod** *je prends*.

La présentation des verbes suivie dans ce manuel ressemblera donc au format suivant : **katab/éktob** *écrire*, **cherib/échrab** *boire*, **'akal/êkol** *manger*, **'akhad/êkhod** *prendre*. Ce choix se démarque donc de la tradition de l'enseignement des langues arabes, donnant comme référence uniquement la troisième personne du masculin singulier à l'accompli.

Dans l'aspect inaccompli, le verbe distingue trois modes qui correspondent en gros à l'indicatif, au subjonctif et à l'impératif du français. La forme indicative est la forme de l'inaccompli avec le préfixe **b-...**, comme dans **b-echrab** *je bois*, **b-t-ektob** *tu écris*.

m-n-éktob bel ƹarabé
nous écrivons (inaccompli) dans-le arabe
Nous écrivons en arabe

huwé, ma b-y-éktob ƹarabé
lui, pas il écrit (inaccompli) arabe
Lui, il n'écrit pas l'arabe

Le subjonctif est rendu en arabe par une forme dite d'inaccompli modal (indiquée dans ce manuel par IM.), et qui correspond à l'inaccompli sans le préfixe **b-...**, comme : **echrab** *que je boive*, **t-ektob** *que tu écrives*. Ce mode est obligatoirement appelé après certaines particules, comme **lêzim**[21] *il faut que...*, **ḥatta** *pour que...*, et plusieurs autres particules que nous verrons plus en détail dans la rubrique des adverbes et autres particules ; ce mode est

[21] L'arabe littéral **yajebu ann...** ...يجب أن "*il faut que*" n'est pas utilisé en libanais.

également appelé quand deux verbes se suivent ou après l'expression de *pouvoir*, ou *vouloir* (dont on verra la construction plus loin, dans le chapitre qui leur correspond). Comparez par exemple cette série de phrases :

lêzém y-éktob
il faut que qu'il écrive (IM.)
Il faut qu'il écrive.

ḫatta y-éktob
pour que qu'il écrive (IM.)
Pour qu'il écrive

badd-o y-éktob
il veut qu'il écrive (IM.)
Il veut écrire.

ma fî-na n-êkol
pas nous pouvons que nous mangions
Nous ne pouvons pas manger

emm-é b-t-aƐrif t-oṭbokh
mère-ma elle sait (in.) qu'elle cuisine (IM.)
Ma mère sait cuisiner.

ma y-éktob
pas qu'il écrive (IM.)
Qu'il n'écrive pas.

w chû yaƐné ! y-éktob ! mâ fâr'a maƐ-na
et quoi c'est-à-dire (exp.) qu'il écrive (IM.) on s'en fout (exp.)
Et alors quoi ! Qu'il écrive ! On s'en fout ! (On n'en a rien à faire)

Notez que **yaƐné** est une interjection invariable très courante en libanais, un peu passe-partout comme le "*quoi*" en français oral, ou comme le "*euh*" quand on hésite ou qu'on peine à trouver le mot juste. Quant à l'expression *on n'en a rien à faire*, **mâ fâr'a maƐ-,** ou **mâ far'âné maƐ-**, sa signification littérale en arabe est :

mâ **fâr'a/ far'âné** **maع-é**
pas faisant une différence (p.a.sg.fém.) avec-moi
Elle (sous-entendu : la situation dont on parle) *ne fait pas de différence* (litt.: *n'est pas faisant une différence*) *avec moi* (sous-entendu : pour moi).

En d'autres termes : *ça m'est égal* ! Cette expression peut donc être suivie par n'importe quel suffixe personnel : **mâ fâr'a maع-ak** *tu t'en fous / ça t'est égal,* **mâ fâr'a maع-on** *ils s'en foutent / ça leur est égal...*

Pour former l'impératif aux deuxièmes personnes du singulier masculin **(énta),** et féminin **(énté)**, et du pluriel **(énto),** on prend la forme de l'inaccompli modal, à laquelle on soustrait la désinence personnelle, ainsi que la voyelle qui se trouve entre cette désinence et la première consonne du verbe :

Pronoms	IM.	impératif
énta *tu (mas.)*	**t-éktob** *que tu écrives (mas.)*	**ktôb** *écris (mas.)*
énté *tu (fém.)*	**t-éktb-é** *que tu écrives (fém.)*	**ktéb-é** *écris (fém.)*
énto *vous*	**t-éktb-o** *que nous écriviez*	**kteb-o** *écrivez*

Pour la deuxième personne du masculin singulier (**enta**), il n'y a pas de désinence suffixée, mais la dernière voyelle de la base est longue, sauf quand un suffixe personnel suit le verbe, comme dans : **ḍrôb** *frappe*, et **ḍrob-on** *frappe-les*, ou **ktôb** *écris,* et **kteb(e)-l-na** *écris pour nous* ou *écris-nous*.

Pour les formes cohortatives (comme l'anglais "let's go...", ou le français "allons faire...", impliquant une auto-exhortation), on a recours à l'inaccompli modal de la première personne du singulier ou du pluriel, renforcé par des mots à valeur injonctive[22], tels que **yalla** "*allons*", **taع-o** *venez*, **khallû/î-na** *laisse(z)-nous,* ou **khallû/î-né** *laisse(z)-moi...*, **hêt/-é/-o ta-...** *donnez-nous l'occasion de...*

[22] Les particules injonctives de l'arabe littéral **hayyâ** هيّا , et **hayyâ bi-**, comme dans **hayyâ bi-nâ** هيّا بنا ne sont pas utilisées en libanais.

khallî-na n-émché
laisse-nous que nous marchions
Marchons !

khallû-né émché
laissez-moi que je marche
Que je marche !

taع-o n-êkol /yalla n-êkol / hêt ta-nêkol
venez qu'on mange/**yalla** qu'on mange/ donne que-nous mangeons
Mangeons !

hêt-o ta-neḥké عarabé
donnez que nous parlons arabe
Parlons arabe.

Le prohibitif se forme à l'aide d'une particule de négation **mâ**[23] suivie de l'inaccompli modal : **mâ t-énzal-é** *ne descends pas,* **mâ t-éḍrob** *ne frappe pas,* **mâ t-éḍrob-a** *ne la frappe pas,* **mâ t-éktéb-l-é** *ne m'écris pas.*

ktôb maktûb la mâher
écris (imp.sg.mas.) lettre à Maher
Écris une lettre à Maher

ma t-éktob han nôع mnel aghâné
pas qu'il écrive (IM.) ce-le type de-les chansons
N'écris pas ce type de chansons

• Participes actifs et passifs :

Il y a deux formes participiales en arabe : les participes actif et passif, parfois appelés également participes présent et passé, ou aussi adjectifs verbaux. En effet, ces participes se comportent comme les adjectifs, sauf qu'ils sont à base verbale. Comme les adjectifs, ils ont trois formes : singulier masculin, singulier féminin se terminant en **-é** ou **-a**, et pluriel se terminant en **-în**.

---

[23] La négation de l'arabe littéral **lâ** لا , est également utilisée à la place de mâ dans certains parlers libanais : **lâ t-enzalé** *ne descends pas* (fém.).

Chaque forme verbale a sa structure de participe actif spécifique. Citons par exemple : de **katab** *écrire,* on a une forme masculine **kêtib** *écrivant* (qui, par ailleurs, signifie *écrivain* en arabe), une forme féminine **kêtb-é**, et une forme pluriel **kêtb-în**. De **nézél** *descendre,* on a **nêzil** *descendant,* **nêzl-é** *descendante,* et **nêzl-în** *qui descendent.*

Beaucoup de phrases utilisant un verbe au présent en français, vont se servir d'une tournure avec un participe actif en libanais pour indiquer soit une action qui est (ou : était) en cours de réalisation, soit un état d'expérience.

wlêd-é b-y-rûḥ-o ʕal madrasé
enfants-mes ils vont à-la école
Mes enfants vont à l'école (d'habitude)

mais :

wlêd-é râyḥ-în ʕal madrasé
enfants-mes allant (p.a.pl.) à-la école
Mes enfants vont à l'école (ils sont maintenant sur le chemin de l'école)

De même :

sétt-é b-t-nêm ʕat tesʕa
grand-mère-ma elle dort à-la 9
Ma grand-mère dort à 9 (heures)

sétt-é nêymé.
grand-mère-ma dormante (p.a.sg.fém.)
Ma grand-mère dort. (litt.: *elle est en train de dormir maintenant)*

kenet nêymé wa't smeʕt ṣawt-o
j'étais dormante temps j'ai entendu voix-sa
Je dormais quand j'ai entendu sa voix

Parmi les quatre exemples ci-dessous, le premier est à l'accompli, une action qui est bien finie. Le deuxième est un inaccompli indiquant une action qui peut se faire à n'importe quel moment, le troisième est un participe actif qui indique une action inaccomplie qui se fera (se fait / s'est faite) à un moment précis, et le dernier est un participe actif qui indique une expérience :

anâ reḥet ع al hend kaza marra
moi je suis allé à-la Inde plusieurs fois
Je suis allé en Inde plusieurs fois

anâ b-rûḥ ع al hend sêعit elli badd-é
moi je vais à-la Inde heure que je veux
Je vais en Inde quand j'ai envie

anâ râyḥa عal hend baعd chahr
moi allant (p.a.sg.fém.) à-la Inde après un mois
Je vais en Inde dans un mois

anâ râyḥa عal hend kaza marra
moi allant (p.a.sg.fém.) en-la Inde après un mois
J'ai déjà été en Inde plusieurs fois

Certains verbes présentent deux participes actifs, par exemple : De **leعeb/elعab** *jouer* on a **lêعib** et **laعbên** *jouant, ayant joué ;* De **khâf/khâf** *avoir peur,* on a **khâyif/khayfên** *ayant peur.*

neḥna khayfên-în mnel waḍeع es-siyêsé bel balad
nous ayant peur (p.a.pl.) de-la situation la-politique dans-le pays
Nous avons peur de la situation politique dans le pays

ma ḥada khayfên/khâyif men chî
pas quelqu'un ayant peur(p.a.sg.mas) de chose/rien
Personne n'a peur de rien

Pour mettre un participe actif à la forme négative, il suffit de le faire précéder de la négation **mâ** suivie de suffixes personnels sujets, ou de **méch** sans suffixes. Rappelons que quand des pronoms sujets se suffixent à **mâ**, cette dernière prend la forme **mann-.** Exemple :

mann-é ḥâbib rûḥ la ɛand-on
pas.moi aimant (p.a.sg-mas.) que j'aille vers chez-eux
Je n'ai pas envie d'aller chez eux

mech ḥâbib rûḥ la ɛand-on
pas aimant (p.a.sg-mas.) que j'aille vers chez-eux
Je n'ai pas envie d'aller chez eux

mann-ak dêris mnîh
pas.toi étudiant (p.a.sg-mas.) bien
Tu n'as pas bien étudié.

mech dêris mnîh
pas étudiant (p.a.sg-mas.) bien
Tu n'as pas bien étudié.

Les participes passifs présentent un sujet ayant subi ou subissant une action. Ils se déclinent en genre et en nombre comme les participes actifs et les adjectifs (masculin sans terminaison particulière, terminaison féminine en **-é** ou **-a**, terminaison plurielle en **-în**).

De **katab/éktob** *écrire,* on a une forme masculine **maktûb** *écrit* (qui par ailleurs signifie *lettre* en arabe), une forme féminine **maktûb-é** *écrite*, une forme pluriel **maktûb-în** *écrits*. De **chéreb/échrab** *boire,* on a **machrûb** *bu* (qui par ailleurs signifie *boisson* en arabe), **machrûb-é** *bue,* et **machrûb-în** *bus*. Certains pluriels ont un participe passif accordé au singulier féminin.

el 'aḥrof el maktûb-é hôn zghîré ktîr
les lettres les écrite (p.p.fém.) ici petites beaucoup
Les lettres (les caractères) *qui sont écrites ici sont petites.*

Mise à part la forme simple I, le schéma structurel des participes passifs se différencie de celui des participes actifs uniquement par la dernière voyelle du radical qui devient "**a**" au lieu de "**i**" : le verbe **darras** de la forme II **CaCCaC** *enseigner* donne un participe actif en **mdarris** *enseignant* et un participe passif en **mdarras** *enseigné.*

Pour bien comprendre l'usage du participe passif, comparez bien les deux exemples ci-dessous. Le premier utilise la forme accomplie du verbe **ꞓallam/ꞓallim** *enseigner,* et le deuxième utilise le participe passif du même verbe :

ꞓallamt tlêmîz-é y-e'ro el kitêbé es sûmariyyé
j'ai enseigné élèves-mes qu'ils lisent l'- écriture la sumérienne
J'ai enseigné à mes étudiants à lire l'écriture sumérienne

el kitêbé es sûmariyyé mꞓallam-é ꞓan-na bej-jêmꞓa
l'- écriture la sumérienne enseignée(p.p.fém.) chez-nous dans-la fac
L'écriture sumérienne est enseignée chez nous à la fac.

Similairement au participe actif, le participe passif forme son négatif en se faisant précéder soit de **mech**, soit de **mann**+suffixe personnel :

el kitêbé es sûmariyyé mech/mann-a mꞓallam-é hôn
l'- écriture la sumérienne pas/pas-elle enseignée(p.p.fém.) ici
L'écriture sumérienne n'est pas enseignée ici.

• Temps : récapitulation

Maintenant qu'on a vu les formes verbales essentielles en arabe (accompli, inaccompli et inaccompli modal, impératif et prohibitif, participe actif et participe passif), voyons comment on peut utiliser ces formes pour situer des faits dans le temps. En effet, ces formes verbales donnent une notion aspectuelle et modale de l'action, mais non pas temporelle. Comment donc un Libanais situe-t-il linguistiquement le temps d'une action ? Divers procédés linguistiques permettent de mieux situer le temps de l'action ou de l'état par rapport au sujet parlant : soit en utilisant une tournure participiale comme on vient de le voir ; soit par des auxiliaires[24] ;

[24] Voir plus loin le sous-chapitre réservé aux auxiliaires.

soit par l'usage de particules ou de préfixes à valeur temporelle ; soit par des adverbes plus précis qui situent une action donnée dans le temps.

On vient de le voir, pour situer un temps dans le présent du sujet parlant, l'arabe libanais utilise le participe actif sauf s'il s'agit d'une action qui s'inscrit dans l'habitude, dans ce cas-là c'est l'inaccompli à préfixe **b**- qui est utilisé :

la-wên râyiḥ ?
vers où allant (p.a.sg.mas.)
Où vas-tu ? (vers où es-tu partant ?)

(ana) jêyé mnél maktab
moi venant (p.a.sg.mas./fém.) de-le bureau
(Moi) J'arrive du bureau (je suis venant du bureau.)

méch sêmع-în fî-h
pas entendants (p.a.pl.) en-lui
Nous n'en avons pas entendu parler (je n'en suis pas entendant.)

él wlêd nêym-în
les enfants dormants (p.a.pl.)
Les enfants dorment (les enfants sont dormants)

mann-é dêris dars-é lyôm
pas-moi étudiant (p.a.mas.sg.) leçon-ma aujourd'hui
Je n'ai pas étudié ma leçon aujourd'hui (je ne suis pas étudiant ma leçon aujourd'hui)

ana kél yôm b-édros
moi tout jour j'étudie (in.1ps)
Moi, j'étudie tous les jours.

Pour donner une valeur progressive à un présent, on ajoute une particule **ɛam,** suivie soit de l'inaccompli soit de l'inaccompli modal indifféremment[25] :

tânt suha ɛam t-eḥké ɛat-talifôn
tante Suha prog. elle parle à-le téléphone
Tante Suha est en train de parler au téléphone

ɛam (b)-y-etkhâna'-o maɛ baɛḍ
prog. ils se disputent avec l'un l'autre
Ils sont en train de se disputer (les uns avec les autres)

Pour situer un temps dans le futur du sujet parlant, il y a deux options : soit on utilise l'inaccompli modal qui peut être précisé par le préfixe verbal du futur[26] **raḥ-** ou **ḥa-** , ainsi que par des adverbes de temps ou des locutions ; soit on utilise le participe actif accompagné d'un adverbe de temps à valeur futur (demain, plus tard, l'année prochaine, etc...). Comparez :

(bukra) ḥa-nrûḥ ɛaj jabal
demain nous irons à-la montagne
(Demain), nous irons à la montagne.

bukra râyḥîn ɛaj jabal
demain allant(p.a.pl.) à-la montagne
Demain nous irons à la montagne (Demain, nous sommes allants à la montagne.)

À noter que **bukra** est un adverbe de temps qui signifie littéralement *demain*, mais il peut également avoir le sens de *plus tard*, ou même de *un de ces quatre,* selon le contexte.

(bukra) ḥa-y-etḥarrar lebnên
demain il se libèrera Liban
Un de ces quatre, le Liban se libèrera

---

[25] Particule dont le sens est à rapprocher du verbe **ɛamala** عمل "*travailler*" de l'arabe littéral, être dans l'action.
[26] Qui remplace le **sawfa** سوف ou **sa...** س de l'arabe littéral.

Un temps situé dans le passé est naturellement rendu par l'accompli, accompagné d'adverbes au besoin :

mbêriḫ tsallay-na mnîh ƹand-on
hier nous nous sommes amusés bien chez-eux
Hier, nous nous sommes bien amusés chez eux.

L'action habituelle ou répétitive située dans le passé (rendue en français par l'imparfait) est exprimée en arabe libanais par l'auxiliaire **kên** conjugué en genre et en nombre, suivi de l'inaccompli.

kênit dêyman tébki
elle était toujours elle pleure
Elle pleurait toujours.

Les participes actifs peuvent également exprimer une action ponctuelle située dans le passé, ou un passé d'expérience :

'êkil
mangeant (p.a.sg.mas.)
*Il a déjà mangé (*ou : *j'ai déjà mangé, tu as déjà mangé)*

ana nêsyé hal mawḍûƹ belmarra
moi oubliante (p.a.fém.sg.) ce-le sujet du tout
J'ai complètement oublié ce sujet.

sêmiƹ bel bîtelz chî ?
entendant (p.a.sg.mas.) dans-les Beatles est-ce que
Est-ce que tu as déjà entendu (parler) des Beatles ?

Pour rendre un progressif au passé, on fait précéder le progressif présent de l'auxiliaire **kên** conjugué aux différentes personnes :

kên-it ƹam t-ébki
elle était prog. elle pleure
Elle était en train de pleurer.

ken-na ƹam m-n-fakkir fî-kon
nous étions prog. nous pensons dans-vous
Nous étions en train de penser à vous.

• Préfixes verbaux : récapitulation

Pour mieux vous aider à assimiler ce qu'on a vu jusque-là sous le chapitre verbe, récapitulons les quelques préfixes verbaux que nous venons de voir. Ces préfixes se placent devant le verbe sous son aspect inaccompli modal pour mieux le préciser dans le temps. Toutes ces formes verbales se mettent dans une forme négative en se faisant précéder d'un **mâ** : **mâ b-t-échrab-é** *tu ne bois pas (fém.),* **mâ ḫa-t-échrab-é** ou **mâ raḫ-t-échrab-é** *tu ne boiras pas (fém.),* **mâ ҁam-t-échrab-é** ou **mâ ҁammêlé-t-échrab-é** *tu n'es pas en train de boire (fém.)*

- b-+présent

(ana) b-échrab *je bois*
(enta) b-t-échrab *tu bois (mas.)*
(enté) b-t-échrabé *tu bois (fém.)*
(huwé) b-y-echrab *il boit*
(hiyé) b-t-échrab *elle boit*
(neḫna) m-n-échrab *nous buvons*
(ento) b-t-échrabo *vous buvez*
(henné) b-y-échrab-o *ils/elles boivent*

- **ḫa-** ou **raḫ** + futur

(ana) raḫ échrab *je boirai*
(enta) raḫ-t-échrab *tu boiras (mas.)*
(enté) raḫ-t-échrabé *tu boiras (fém.)*
(huwé) raḫ -y-echrab *il boira*
(hiyé) raḫ -t-échrab *elle boira*
(neḫna) raḫ-n-échrab *nous boirons*
(ento) raḫ-t-échrabo *vous boirez*
(henné) raḫ-y-échrab-o *ils/elles boiront*

- ʕam ou ʕammêlé + progressif

(ana) ʕam (b)-échrab *je suis en train de boire*
(enta) ʕam (b)-t-échrab *tu es en train de boire*
(enté) ʕam (b)-t-échrabé *tu es en train de boire*
(huwé) ʕam (b)-y-echrab *il est en train de boire*
(hiyé) ʕam (b)-t-échrab *elle est en train de boire*
(neh}na) ʕam (b)-n-échrab *nous sommes en train...*
(ento) ʕam (b)-t-échrabo *vous êtes en train de ...*
(henné) ʕam (b)-y-échrab-o *ils/elles sont en train...*

- **Les auxiliaires et particules verbales :**

Le verbe **kên** (de l'arabe littéral **kâna)** est utilisé en libanais comme verbe *être*, mais uniquement au passé et au futur. En effet, comme nous l'avons vu, en libanais il n'y a pas de verbe être au présent. Des phrases comme **ana mâher** *je (suis) Maher*, **ana taḥt eṭ-ṭâwlé** *je (suis) sous la table*, **ana zghîr** *je (suis) petit,* se passent de verbe être en arabe, sauf quand ces phrases sont au passé ou au futur : **ana kénét mâher bhal fîlm** *j'étais (je jouais) Maher dans ce film*, **ana kénét taḥt eṭ-ṭâwlé** *j'étais sous la table*, **anaként zghîr** *j'étais petit.*

accompli	inaccompli	futur
kénét	**b-kûn**	**ḥa-kûn**
kénét	**b-t-kûn**	**ḥa-t-kûn**
ként-é	**b-t-kûn-é**	**ḥa-t-kûn-é**
kên	**b-y-kûn**	**ḥa-y-kûn**
kên-it	**b-t-kûn**	**ḥa-t-kûn**
ken-na	**m-n-kûn**	**ḥa-n-kûn**
kén-to	**b-t-kûn-o**	**ḥa-t-kûn-o**
kêno	**b-y-kûn-o**	**ḥa-y-kûn-o**

Ce même verbe **kên**, dont la conjugaison à l'accompli et à l'inaccompli (et inaccompli modal avec préfixe futur) est présentée dans le tableau ci-bas, est également utilisé comme auxiliaire préverbal pour la construction de temps composés du passé ou du futur :

ken-na ɛam m-n-fakkir fî-kon
nous étions prog. nous pensons dans-vous
Nous étions en train de penser à vous.

henné kên-o nâṭr-în-kon hôn
eux aux.accompli.3PP attendants(p.a.pl.)-vous ici
Eux, ils vous attendaient ici

ha-kûn akalet sêɛit yalli b-t-éjé
aux.in.1PS j'ai mangé heure qui tu viens
J'aurai mangé à l'heure où tu viendras
b-y-kûn-o nêm-o el wlêd lamma b-t-érjaɛ
aux.in.3PP ils ont dormi les enfants quand tu reviens
Ils auront dormi, les enfants, quand tu reviendras

Devant l'expression de *vouloir, pouvoir* et *devoir/falloir*[27] au passé ou au futur, cet auxiliaire apparaît toujours sous la forme neutre et invariable du 3PS du masculin : **kên** pour le passé, ou **ḥa-y-kûn** pour le futur, indépendamment du sujet de la phrase : **badd-é** *je veux,* **kên badd-é** *je voulais,* **ḥa-y-kûn badd-é** *je vais vouloir ;* **fi-(y)é** *je peux,* **kên fi-(y)é** *je pouvais,* **ḥa-y-kûn fi-kon** *vous allez pouvoir ;* **lêzim n-édros** *il faut que nous étudions,* **kên lêzim t-édros-o** *il fallait que vous étudiez,* **ḥa-y-kûn lêzim t-édros-o** *vous allez devoir étudier.*

Par ailleurs, un certain nombre de verbes de l'arabe littéral, la plupart désémantisés, sont utilisés comme auxiliaires en libanais et servent à nuancer le sens du verbe. Ils se placent devant le verbe, et s'accordent avec lui en genre et en nombre :

- **ṣâr,** de l'arabe littéral **ṣâra**, signifie littéralement *devenir.*

En libanais, il est utilisé comme en arabe littéral, donc comme verbe conjugué à toutes les formes, mais aussi comme auxiliaire donnant au verbe un sens inchoatif *se mettre à..., commencer à...* En tant qu'auxiliaire, il est toujours à l'accompli :

[27] Dont nous verrons la construction plus loin.

ken-na ʕam n(e)-t-ḥaddas, w ṣâr-o y-ṣarrkh-o
nous étions en train de nous discutions et aux.ṣâr3PP ils crient
On était en train de discuter, et ils se sont mis à crier.

- **nézél** de l'arabe littéral **nazila** *descendre.*

Il est utilisé dans ce sens-là en libanais, mais également comme auxiliaire, sauf qu'il n'est pas suivi d'un verbe, mais d'une forme nominale (un nom d'action dérivé d'un verbe). Sa présence donne à la phrase un sens inchoatif : *se mettre à..., commencer à...* L'ajout de cet auxiliaire implique également que le sujet de la phrase éprouve de la complaisance à faire ce qu'il fait, une nuance que l'on traduirait en français par *de plus belle,* ou *ne pas cesser de...*

'awwal ma chêfû-h nézl-o fî-h ḍareb
dès que ils ont vu-lui aux.3PP en-lui fait de frapper
Dès qu'ils l'ont vu, ils ont commencé à le frapper de plus belle

nêzl-în ṣarîkh mneṣ ṣoboḥ
descendant (p.a.pl.) fait de crier de-le matin
Ils n'ont pas cessé de crier depuis le matin

À noter qu'il existe en libanais un autre verbe avec le sens de *commencer*, et c'est **ballach / ballich** différent de l'arabe littéral **bada'a** qui n'est pas utilisé en libanais. Comparez ces phrases :

nézl-o w tmaskhar-o ʕala-(y)a
ils sont descendus et se sont moqués sur-elle
Ils sont descendus et se sont moqués d'elle

nézl-o tmeskhor fî-(y)a
aux.3PP fait de se moquer en-elle
Ils se sont mis à se moquer d'elle

lêk, ballach-o y-etmaskharo !
regarde (imp. mas.sg.), ils ont commencé qu'ils se moquent
Tiens, ils ont commencé à se moquer !

Remarque : plusieurs interjections servent à impliquer l'interlocuteur dans une discussion, comme en français "écoute, regarde, tiens !" et d'autres. En arabe, ces interjections sont à l'impératif et s'accordent en genre et en nombre avec l'interlocuteur. Par exemple : à partir du verbe **chêf / chûf** *voir*, nous avons : **chûf** (*vois* impératif, mas. sg.), **chûfé** (*vois* impératif, fém. sg.), et **chûfo** (*voyez* impératif, pl.). De même, à partir du verbe *écouter* **séme**ƹ**/esma**ƹ, on a : **smâ**ƹ (*écoute !* impératif, mas. sg.), **sma**ƹ**é** (*écoute !* impératif, fém. sg.), et **sma**ƹ**o** (*écoutez !* impératif, pl.). Le verbe *regarder* est **tfarraj / étfarraj** en libanais, mais il existe une autre racine pour dire *regarder*, sauf qu'elle n'est utilisée que comme interjection : **lêk** (*regarde ! tiens !* impératif, mas. sg.), **layké** (*regarde ! tiens !* impératif, fém. sg.), et **layko** (*regardez ! tenez !* impératif, pl.).

- **'âm**, de l'arabe littéral **qâma.**

Il signifie littéralement *se lever*. En libanais, il est utilisé comme verbe ayant le même sens que l'arabe littéral, exemple :

kel yôm b-'ûm es-sêƹ**a sab**ƹ**a**
chaque jour je me lève la-heure 7
Tous les jours je me lève à 7h

'ûm-o men hôn
se lever imp.2PP de ici
Allez vous-en d'ici

Mais, en tant qu'auxiliaire, il nuance le verbe avec le sens de *alors*. Il peut même être combiné avec un autre auxiliaire, comme **ṣâr** ou **nézél**, etc... :

'âm zéƹ**él men-né**
aux.**'âm** il s'est fâché de-moi
Alors, il s'est fâché de moi

'âm ṣâr y-bazze' ƹ**ala-yon**
aux.**'âm** aux.**ṣâr** il crache sur-eux
Alors, il s'est mis à leur cracher dessus

'âm-o nézl-o fîh ḍareb
aux. **'âm**.3PP aux.**nézél.**3PP en-lui le fait de frapper
Alors, ils se sont mis à le frapper

- **ɛâd** de l'arabe littéral **ɛâda** *revenir.*

Il est uniquement utilisé comme auxiliaire en libanais (le verbe *revenir* étant en libanais **réjéɛ/erjaɛ** de l'arabe littéral **rajiɛa).** Il apparaît souvent dans des phrases à la forme négative, où il a un sens de "*plus*", ou "*plus du tout*" :

ma ɛâd fî ḥobb baynêt-na
pas aux. **ɛâd.** il y a amour entre-nous
Il n'y a plus d'amour entre nous

éza cheft-a ktîr, mâ b(e)-t-ɛûd b(e)-t-ḥebb-a
si tu as vu-elle beaucoup pas aux.**ɛâd.**in.3PSm. tu aimes-elle
Si tu la voyais beaucoup, tu ne l'aimerais plus

Il peut également être combiné avec l'autre auxiliaire **ṣâr** :

> **chû ɛâd ṣâr yawméta**
> quoi aux.**ɛâd.**3PS aux.**ṣâr.**3PS ce jour-là
> *Qu'est-ce qui s'est finalement passé ce jour-là ?*

- **réjéɛ/erjaɛ** de l'arabe littéral **rajiɛa** signifiant *revenir.*

Réjéɛ est utilisé en libanais autant comme verbe que comme auxiliaire donnant au verbe le sens de "*revenir à faire*", ou "*faire de nouveau*".

> **rejeɛ y-etṣarraf metel el awwal**
> aux.**rejeɛ** qu'il se comporte comme le avant
> *Il s'est remis à se comporter comme avant*

- **khalla / khallé.**

Comme verbe, il signifie en libanais *laisser*, au même titre que **tarak/étrok** *laisser, quitter.* Il peut même avoir le sens de *laisser quelqu'un faire quelque chose, donner la permission*. Par exemple :

> **khallêt/tarakt el ketob ɛaṭ ṭâwlé**
> j'ai laissé les livres sur-la table
> *J'ai laissé les livres sur la table*

ma khallû-né esmaɛ er-râdyo
pas ils ont laissé-moi que j'écoute la radio
Ils ne m'ont pas laissé écouter la radio

Mais, en tant qu'auxiliaire, il est toujours à la forme impérative du singulier ou du pluriel, avec la première personne du pluriel comme suffixe qui le suit de près : **khallî-na** ou **khallû-na**. Il donne à la phrase un sens cohortatif, l'équivalent du français "*allons faire quelque chose*" ou, plus littéralement, "*donnons-nous la permission de...* " :

khallî-na n-fakker bhal mawḍûɛ
aux.**khalli**.imp.nous que nous réfléchissions dans-ce-le sujet
Réfléchissons à ce sujet.

- **ḍall/ ḍall** comme verbe, signifie en libanais *rester.*

Comme auxiliaire, il donne au verbe le sens de *ne pas arrêter de faire quelque chose*, ou *être toujours quelque chose...* Il est souvent suivi d'un suffixe personnel qui renvoie au sujet de la phrase :

jédd-é b(i)-y-ḍall bel bêt kel en-nhâr
grand-père-mon il reste dans-la maison toute la-journée
Mon grand-père reste à la maison toute la journée

b(i)-y-ḍall-o ɛam b-y-dakkhin kel en nhâr
aux.**ḍall.**in.3PS-lui en train de il fume toute la-journée
Il n'arrête pas de fumer toute la journée

khâlt-é b(e)-t-ḍall-a mɛaṣṣbé
tante(maternelle)-ma aux.**ḍall.**in.3PS-elle nerveuse
Ma tante (maternelle) est toujours en colère

10. La phrase verbale

L'ordre de la phrase verbale dans une tournure ordinaire est SVO : Sujet-Verbe-Objet. Ceci dit, les marques du sujet (personne, genre et nombre) étant incluses dans la désinence du verbe, le pronom personnel isolé n'intervient que pour éviter une confusion de personne devant les formes verbales communes à plusieurs personnes, ou pour mettre le sujet en emphase. Le complément d'un verbe peut être un nom, un groupe nominal, une forme verbale, ou un suffixe personnel (attaché au verbe).

(neḫna) akal-na et-teffêḫa
nous nous avons mangé la-pomme
(Nous,) nous avons mangé la pomme

akal-nâ-(h)a
nous avons mangé-elle
Nous l'avons mangée

smeɛt-ak
j'ai entendu-toi
je t'ai entendu

b(é)-t-ḫébb t-rûḫ ɛal baḫér
elle aime/tu aimes qu'elle aille/que tu ailles à-la mer
Elle aime/tu aimes aller à la plage

hiyyé béthḫébb trûḫ ɛal baḫér
elle elle aime qu'elle aille à-la mer
Elle, elle aime aller à la plage

énta béthḫébb trûḫ ɛal baḫér
toi u aimes que tu ailles à-la mer
Toi, tu aimes aller à la plage

Dans le cas d'une phrase avec deux compléments d'objet, le modèle est Sujet-Verbe-COD-COI :

él bénét chêfit él walad
la fille elle a vu le enfant
La fille a vu l'enfant.

él mɛallmé b-ṭaɛté dars lal walad
la maîtresse elle donne leçon à-le enfant
La maîtresse donne une leçon à l'enfant.

Quand il est commandé par des verbes comme "*donner, dire, montrer, enseigner,* etc.", le complément du verbe peut être double (*donner la leçon à l'enfant, montrer quelque chose à quelqu'un...*). Si on veut remplacer ces deux compléments par des suffixes, on suffixe le complément d'objet indirect directement au verbe, et on exprime le complément d'objet direct par un pronom **iyyêh** (mas.), **iyyêha** (fém.), **iyyêhon** (pl.). Comparez ces phrases :

jozêf ɛaṭa suha el ketob
Joseph il a donné Suha les-livres
Joseph a donné les livres à Suha

jozêf ɛaṭâ-(h)a iyyêhon
Joseph il a donné-elle eux
Joseph les lui a donnés.

jozêf ɛaṭâ-(h)a iyyêh
Joseph il a donné-elle eux
Joseph les lui a donnés.

darrés-né ed-dars
enseigne (imp.2PSmas.)-moi la-leçon
Enseigne-moi la leçon

darrés-né iyyêh
enseigne (imp. 2PSmas.)-moi lui
Enseigne-le moi (**dars** *leçon* est masculin en arabe.)

La préposition **la** *à* intervient dans les tournures emphatiques : le complément d'objet apparaît alors suffixé au verbe, mais également cité dans la phrase, précédé de **la :**

jozêf ɛaṭa suha el ketob
Joseph il a donné Suha les-livres
Joseph a donné les livres à Suha

jozêf ɛaṭâ-(h)a la suha el ketob
Joseph il a donné-elle à Suha les livres
Joseph (lui) a donné les livres à Suha.

La préposition **la** peut introduire un complément d'objet indirect fictif. Dans ces tournures, au lieu de dire tout simplement "*j'ai fait ça*" on dirait "*j'ai fait ça pour toi/vous*", ou au lieu de dire "*tu as fait ça*", on dirait "*tu as fait ça pour moi*". Il s'agit d'une façon de créer une interaction entre locuteur et interlocuteur dans un sujet qui, à priori, ne concerne que l'un des deux :

ana darast kél éd-dars
moi j'ai appris toute la leçon
Moi, j'ai appris toute la leçon

ana darast(e)-l-ak kél éd-dars
moi j'ai appris-pour-toi toute la leçon
J(e) (t')ai appris toute la leçon (sous-entendu : *J'ai appris toute la leçon, et tu en seras épaté !)*

chéft hal bénét chî ?
tu as vu cette-la fille est-ce que
Est-ce-que tu as vu cette fille ? (sous-entendu : *On a pas beaucoup à en dire)*

cheft(e)-l-na hal bénét chî ?
tu as vu-pour nous cette-la fille est-ce que
Est-ce-que tu (nous) as vu cette fille ?

Quand le verbe a plusieurs sujets, il se met au pluriel, et les sujets sont coordonnés par la conjonction de coordination **w(a).** De même, quand la phrase verbale a plusieurs prédicats, ils sont coordonnés par **w(a)** :

él bénét w émm-a w khayy-a kêno hôn
la fille et mère-sa et frère-son étaient ici
La fille et sa mère et son frère étaient ici.

'akal-o w chérb-o w nbaṣaṭ-o
ils ont mangé et ils ont bu et ils se sont réjouis
Ils ont mangé, bu et se sont réjouis.

11. Vouloir, pouvoir, devoir

Pour exprimer le verbe "*vouloir*" français, l'arabe libanais utilise une tournure de phrase qui signifie littéralement *il est dans mon intention de...* pour dire "*je veux faire...*", et *il est dans ton intention de faire...* pour dire "*tu veux faire...*", etc... À l'origine, Cette tournure de phrase provient de la préposition **bi** *dans*, et du terme **wadd** *intention*, contractés sous la forme **badd-**, à laquelle on ajoute un suffixe personnel, donnant le paradigme suivant :

badd-é *je veux*
badd-ak *tu veux (mas.)*
badd-ik *tu veux (fém.)*
badd-o *il veut*
badd-a *elle veux*
badd-na *nous voulons*
badd-kon *vous voulez*
badd-on *ils/elles veulent*

Cette forme peut être précédée d'une marque de négation, ou d'un auxiliaire à valeur temporelle. Elle peut être suivie d'une forme nominale ou verbale (à l'inaccompli modal, c'est-à-dire à l'inaccompli sans le préfixe **b**-) :

badd-o emm-o
il veut mère-sa
Il veut sa mère.

badd-o iyyêha
il veut la
Il la veut.

badd-na n-édros
nous voulons que nous étudions
Nous voulons étudier

Pour mettre **badd-é** au négatif, on le fait précéder de **mâ**. Pour le mettre au passé ou au futur, on le fait précéder de l'auxiliaire **kên** (comme nous l'avons vu sous le chapitre "Auxiliaires et autres particules") sous sa forme invariable à la 3PS masculin à l'accompli et à l'inaccompli futur respectivement :

mâ badd-é éḫké maع-o
pas je veux que je parle avec-lui
Je ne veux pas parler avec lui

mâ kên badd-é édros
pas **kên-**passé je veux que j'étudie
Je ne voulais pas étudier.

bukra mâ ḫa-y-kûn badd-na n-échteghel
demain pas **kên-**futur nous voulons que nous travaillons
Demain nous ne voudrons pas travailler

Parallèlement à un verbe **'édir/'é'dar** qui signifie *être capable de...*, l'arabe libanais utilise plus couramment la particule **fi** pour exprimer le verbe "*pouvoir*" français, à laquelle on suffixe des compléments personnels. Ce qui donne le paradigme suivant. Notez que comme **fî** se termine par une voyelle, la forme des suffixes qui viennent s'y coller s'en trouve modifiée :

fî-é/-né (prononcé **fîyé/fîné**)	*je peux*
fî-k	*tu peux* (mas.)
fî-ké	*tu peux* (fém.)
fî-h	*il peut*
fî-a (prononcé **fîya/fîha**)	*elle peut*
fî-na	*nous pouvons*
fî-kon	*vous pouvez*
fî-on (prononcé **fîyon**)	*ils peuvent*

Cette forme peut être précédée d'une marque de négation, ou d'un auxiliaire à valeur temporelle. Elle est toujours suivie d'une forme verbale à l'inaccompli modal :

ma kên fî-na n-aɛmil chî
pas **kên**.passé nous pouvons que nous fassions chose
Nous ne pouvions rien faire

ma ḥa-y-kûn fî-kon t-'ûlo wala kelmé
pas **kên**.futur vous pouvez que vous disiez aucun mot
Vous ne pourrez dire aucun mot

Pour exprimer l'obligation, l'arabe libanais a recours à une particule invariable **lêzim** suivie d'un verbe à l'inaccompli modal. Pareillement aux deux expressions précédentes, cette formule peut se transposer en un énoncé négatif, ainsi qu'en des énoncés aux temps passé et futur.

lêzim eḥké maɛ-o
il faut que je parle avec-lui
Il faut que je parle avec lui

mâ kên lêzim t-aɛmlo ɛaj'a
pas **kên**.passé il faut que vous fassiez bruit
Il ne fallait pas que vous fassiez du bruit

12. Adverbes, prépositions, et autres particules :

○ *Les adverbes* :

Les adverbes apparaissent en dernière position dans une phrase, sauf pour emphase :

b-ḫébb-kon ktîr
j'aime-vous beaucoup
Je vous aime beaucoup.

ktîr b-ḫébb-kon
beaucoup j'aime-vous
C'est beaucoup que je vous aime.

Parmi les adverbes les plus fréquents :

- de temps : **halla'** *maintenant,* **abél** *avant,* **baƐd** *après.*
- de lieu : **hôn/hôné** *ici,* **honîk/ honîké** *là-bas.*
- de manière : **hêk** *ainsi*, **deghré** *directement /tout droit.*
- de quantité : **ktîr** *beaucoup*, **chway** *un peu*, **kam** *quelques*, **wala** *aucun,* **bas** *seulement.*
- de doute : **barké** *peut-être*, **akîd** *certainement.*

baƐd "*encore*" est un adverbe à la fois de manière et de temps avec le sens "*être encore*". Il peut recevoir des suffixes personnels pour dire **baƐd-né** *je suis encore ...* :

baƐd-na nâṭrîn
encore-nous attendant (p.pr. pl.)
Nous attendons encore

Les prépositions :

Voici une liste des prépositions les plus fréquentes :

la	*à* (quelqu'un)
la 'el-+suffixe	*à* (quelqu'un)
bi	*dans /à* (lieu)
b'aleb (=bi *dans* + **'aleb** *cœur)*	*à l'intérieur*

ɛa	*sur / dans*
ɛala	*sur*
ɛand	*chez*
la ɛand	*vers chez*
men ɛand	*depuis chez*
ɛan	*à propos de*
taḥet	*sous*
ḥadd	*près de*
men	*de*
maɛ	*avec*
bidûn / bala	*sans*

Notez que certaines de ces prépositions peuvent se suivre, par exemple : **la** à, **ɛand** *chez,* **men** *de,* **la ɛand** *vers chez,* **men ɛand** *de chez.* Notez également que certains sons suffixés peuvent s'assimiler pour faciliter leur réalisation vocale : **men** (*de*)+**el** (article) devient **mnel** *du, des*, **bi** (*dans*)+**el** (article) devient **bel,** et **bi** (*dans*)+**ha** (démonstratif)+ **el** (article) devient **bhal** .

ktêb-ik ɛala ṭawlit el maṭbakh
livre-ton (fém.) sur table la-cuisine
Ton livre (est) sur la table de la cuisine.

akhadet el ktêb mnel maktabé
j'ai pris le livre de-la bibliothèque
J'ai pris le livre de la bibliothèque

hayda el-ktêb la'el-é
ce le livre à-moi
Ce livre est à moi

émm-on bi bayrût
mère-leur dans Beyrouth
Leur mère est à Beyrouth

ana râyḥa ɛa ṭrâblos
moi allant (p.p.fém.) à Tripoli
Je vais à Tripoli

râḥ maɛ 'ekht-o
il est parti avec sœur-sa
Il est parti avec sa sœur.

Les prépositions peuvent même être insérées dans une forme verbale :

ḥkîté-l-o él- 'oṣṣa
j'ai raconté-à-lui l'-histoire
Je lui ai raconté l'histoire.

ḥkît él -'oṣṣa la khayy-é
j'ai raconté l'-histoire à frère-mon
J'ai raconté l'histoire à mon frère

Remarque :

fi est une préposition locative de l'arabe littéral qui signifie *dans*. Dans le dialecte libanais, cette fonction est remplie par une autre préposition **bi**. L'usage de **fi** dans ce sens est très limité. On la retrouve dans certaines tournures relatives. La comparaison des deux exemples suivants explique bien cette différence :

sakanét bi hal bêt et non **sakanét fi hal bêt*
j'ai vécu dans cette-la maison
J'ai habité dans cette maison.

mais :

él bêt yalli sakanét fî-h et non **él bêt yalli sakanét bîh*
la maison que j'ai vécu dans-lui
La maison où j'ai habité (litt.: *la maison que j'ai habité dans elle.*)

- ***Les particules de négation :***

Comme on l'a déjà vu, les particules de négation en libanais sont **mâ** et **méch**, toutes les deux se plaçant avant la partie du discours qu'il s'agit de mettre en négation. **méch** est la contraction de **mâ chi** "*pas chose, rien*". Cette particule ne sert jamais à la négation des verbes (sauf des participes qui sont, de fait, considérés comme des adjectifs verbaux) ou des copules existentielles, alors que **mâ** sert à la négation de toutes les formes. Comme on l'a vu précédemment, **mâ** peut également être suivie de suffixes personnels (auquel cas, elle prend la forme **mann-)**, pour dire **mann-é** *je ne suis pas,* **mann-ak** *tu n'es pas....*

ma /méch/man-o ḥélo
pas/ pas/ pas-lui beau
Il n'est pas beau.

ma / méch dêris dars-é
pas ayant étudié leçon-ma
*Je n'ai pas étudié ma leçon (*litt. : *je ne suis pas étudiant ma leçon.)*

Alors que dans les énoncés précédents, **mâ** et **méch** sont interchangeables, elles ne le sont pas dans les phrases qui suivent :

ma badd-é
pas je veux
Je ne veux pas.

ma t-élƐab hôn
pas que tu joues ici
Ne joue pas ici.

ma b-y-aƐrif y-éḥké Ɛarabé
pas il sait qu'il parle arabe
Il ne sait pas parler l'arabe.

Pour dire "*non*" en arabe, on utilise l'interjection **lâ,** parfois prononcée **la'a.** Quand elle apparaît devant un verbe, cette particule ne marque pas la négation mais plutôt une supposition :

la y-kûn mêt
non **kên**.IM il est mort
Il ne serait pas mort, par hasard !?

Par ailleurs, elle apparaît dans des locutions négatives sous la forme **la...wala**, avec le sens de "*ni....ni*" :

la chéft-o wala sméƐt-o
ni j'ai vu-lui ni j'ai entendu-lui
Je ne l'ai ni vu ni entendu.

- ### *Conjonctions de coordination et de subordination :*

Les conjonctions de coordination à un seul élément (**wa/w** *et*, **aw/walla** *ou*, **bas** *mais*) se posent entre les deux groupes mis en coordination (que les groupes soient nominaux ou verbaux), ainsi qu'en début de phrase. Les coordinations à deux éléments (**ya...ya** *soit...soit*, **la...wala** *ni...ni*) antéposent leur premier élément au premier groupe et le second au second groupe.

el benet w eṣ-ṣabé
la fille et le garçon
La fille et le garçon

akalet w chrbet
j'ai mangé et j'ai bu
J'ai mangé et j'ai bu

w chû yaɛné !
et quoi c'est-à-dire
Et alors ?

tḥaddas maɛ-na aw rûḥ
discute avec-nous ou pars
Discute avec nous ou va t'en

badd-ak samak aw/walla laḥmé ?
tu veux poisson ou viande
Tu veux du poisson ou de la viande ?

ya samak ya laḥmé
soit poisson soit viande
Soit du poisson soit de la viande

la samak wala laḥmé
ni poisson ni viande
Ni du poisson ni de la viande

ḥkît-o bas mâ fehem chî
j'ai parlé-lui mais pas il a compris chose
Je lui ai parlé, mais il n'a rien compris

Dans les subordonnées, la conjonction **'énn** sert à former plusieurs locutions conjonctives, auxquelles peuvent s'ajouter des suffixes personnels ou, plus génériquement, le suffixe neutre et invariable de la troisième personne du singulier masculin **-o**. Ainsi, on a **'énn-o** *que lui* ou *que* tout court, **'énn-é** *que je*, **'enn-ak** *que tu...*

'al-l-é enn-o mâ b(i)-y-ḥebb-né
il a dit-à-moi que-lui/que pas il aime-moi
Il m'a dit qu'il ne m'aimait pas

âl-l-é enn-kon mâ b-t-ḥebb-û-na
il a dit-à-moi que-vous pas vous aimez-nous
Il m'a dit que vous ne nous aimez pas.

Sur la même base de **'enn**, on peut former d'autres conjonctions : **la-'énn-o** *parce que lui* ou *parce que* tout court, **la-'énn-é** *parce que je*, **la-'enn-ak** *parce que tu...*, **ka-'énn-o** *on dirait que*, **maƐ-'énn-kon** *quoique vous,* **bima 'enn-o** *tant que....*

mâ badd-é eḥké maƐ-kon la'enn-kon mech mnâḥ
pas je veux que je parle avec-vous parce que-vous pas bons (pl.)
Je ne veux pas parler avec vous parce que vous n'êtes pas bien.

bima 'enn-a râḥit, ṣâr fî-na n-eḥké Ɛan-a
tant que-elle est partie **ṣâr**-passé nous pouvons nous parlons sur-elle
Maintenant qu'elle est partie, on peut parler d'elle.

lêch chakl-ik ka'enn-ik zaƐlêné ?
pourquoi forme-ta on dirait que-toi triste/fâchée (fém.)
Pourquoi tu as l'air triste/fâchée ? (à une femme)

b-y-éḥké ka'enn-o ra'îs ej-jomhuriyyé
il parle on dirait que-lui président la république
Il parle comme s'il était le président de la république

mâ b-efham Ɛala-(y)a maƐ-'énn-a b-t-eḥké Ɛarabé
pas je comprends sur-elle quoique-elle elle parle arabe
Je ne comprends pas ce qu'elle dit bien qu'elle parle arabe.

Une particule **ma** se suffixe à certains adverbes, adjectifs ou substantifs pour former des locutions conjonctives : **'awwal ma** *dès que,* **baƐd ma** *après que,* **wa't ma** *à l'époque/lheure où,* **bas ma** *quand* qui commute avec **lamma**. Ces locutions peuvent être suivies soit de l'accompli soit de l'inaccompli modal :

'awwal ma fataḥ el bêb ṣarakh
dès que il a ouvert la porte il a crié
Dès qu'il a ouvert la porte, il a crié.

khallî-ḥa t-eḥkî-né 'awwal ma t-ûṣal
aux.laisse-la qu'elle parle-moi dès que qu'elle arrive
Qu'elle me parle dès qu'elle arrive (Litt. *Laisse-la me parler dès qu'elle arrive*).

rajjeع-l-é iyyêh baعd ma t-khalliṣ men-o
rends-à-moi le après que tu finis de-lui
*Rends-le moi quand tu en auras fini (*litt. *après que tu en aies fini)*

ken-na bi fransa wa't ma tjawwaz
nous étions en France à l'époque où il s'est marié
On était en France quand il s'est marié (à l'époque où il s'est marié)

mrô' la عand-é bas ma/lamma t-erjaع
passe (imp.mas.sg.) à chez-moi quand tu reviens
Passe chez moi quand tu reviens

D'autres locutions sont formées avec ce même élément **ma** préfixé : **ma dêm/ma zêl** *tant que, puisque*. Ces locutions peuvent être suivies d'un nom, d'un suffixe pronominal, d'un adjectif ou d'un verbe.

ma dêm b-t-eḥké عarabé, khalli-ya t-éjé la عan-na
puisque elle parle arabe aux.laisse-la u'elle vienne vers chez-nous
Puisqu'elle parle arabe, qu'elle vienne chez nous

ma zêl-ak ḥal 'add ḥarbû', farjî-na chatârt-ak
puisque-toi ce-la quatité rusé montre-nous débrouillardise-ta
Puisque tu es à ce point rusé, montre-nous ta débrouillardise

ma dêm mart-o maع-o, khallî-na n-eعzém-on sawa
puisque femme-sa avec-lui aux.laisse-nous nous invitons-eux ensemble
Puisque sa femme est avec lui, invitons-les ensemble.

taɛa wa't ma badd-ak
viens quand tu veux
Viens quand tu veux

L'usage de **wa't ma** *à l'époque où/l'heure où* implique que l'on doive nécessairement faire suivre la locution d'une d'un moment cité (*à l'époque où...je me suis marié* par exemple), tout comme **senet ma** *dans l'année où*.... Cependant, il existe une série de locutions figées avec un nom temporel (comme **wa't** *époque*, **sêɛa** *heure*, **iyyêm** *jours*, etc...) que l'on fait suivre du troisième suffixe personnel du singulier féminin (**-a**), comme dire : **wa'ta** *à cette époque-là,* **seɛeta** *à cette heure-là, à ce moment-là,* **senta** *cette année-là*, **iyyêma** *ces jours-là.*

wa't ma ḥkî-na, mâ ken-na baɛd ɛârf-în chî
quand nous avons parlé pas aux.**kên**.passé-nous encore savant (p.pr.pl.) rien (chose)
Quand on a parlé, on ne savait rien encore

wa'ta, mâ ken-na baɛd ɛârf-în chî
à l'époque pas aux.**kên**.passé-nous encore savant (p.pr.pl.) rien (chose)
À l'époque, nous ne savions rien encore (litt. À l'époque, nous n'étions connaissants de rien)

sêɛéta, ṭalab-t menn-o y-rûḥ
à cette heure j'ai demandé de-lui qu'il parte
À ce moment-là, je lui ai demandé de partir

senta, kênit sêkné bi bayrût
cette année-là aux.**kên**.passé-elle habitante (p.pr.fém.sg.) dans Beyrouth
*Cette année-là elle habitait à Beyrouth (*litt. cette année-là, elle était habitante à Beyrouth)

iyyêma, kên kel chî ḥélo
ces jours-là aux.**kên**.passé tout chose joli
Ces jours-là, tout était beau

Parmi les particules ayant un sens conditionnel, ou de souhait, on a : **éza** *si* (suivi d'un inaccompli), **law** *si* (suivi d'un accompli), **bas mâ** *pourvu que* (suivi d'un inaccompli modal), **ya rêt** *ah si...* :

taɛa eza badd-ak
viens (imp. mas.sg.) si tu veux
Viens si tu veux

éza badd-o y-hîn-né   b-eḏhar mnel bêt
si   il veut   il insulte-moi   je sors   de-la   maison
S'il veut m'insulter/ m'insulte, je sortirai de la maison

law   hên-né   kenet   ḍaharet   mnel bêt
si   il a insulté-moi aux.**kên**.passé-1PS je suis sorti de-la maison
S'il m'avait insulté, je serai sorti de la maison

law chêf-ak,   kên   nbaṣaṭ
si   il a vu-toi   aux.**kên**.passé-3PS il s'est réjoui
S'il t'avait vu, il aurait été heureux

ya rêt b-t-éjé,   ken-na   nbaṣaṭna
ah si   tu viens aux.**kên**.passé-1PP nous nous sommes réjouis
Ah si tu pouvais venir, on s'amuserait bien (nous nous serions bien amusés)

bas mâ   y-kûn   zeɛel   men-né
pourvu que aux.**kên**.présent-3PS il s'est fâché de-moi
Pourvu qu'il ne se soit pas fâché contre moi !

Sur la base de **law** *si,* on a également l'expression **law la,** qui a le sens de *si ce n'est pour...*, comme dans les exemples ci-dessous :

law la 'ettakhkhal ej-jêch,   kên   'awwaṣ-o ɛala baɛḍ
si ce   il est intervenu l'-armée   aux.**kên**.passé-3PS ils ont tiré sur l'un l'autre
Si l'armée n'était pas intervenue, ils se seraient tiré dessus

law la   'ahl-é, (la)   kenet   taraket lebnên
si ce n'était parents-mes (eh bien) aux.**kên**.passé-1PS j'ai quitté   Liban
Si ce n'était pour ma famille, (eh bien) j'aurai quitté le Liban

Il existe aussi une locution formée par l'adverbe **baɛd** + suffixe personnel + **chi** + participe actif, donnant au verbe un sens d'immédiat. Notez que ce **baɛd** (avec un d dental) et qui signifie littéralement *après* ou encore, est différent du **baɛḍ** (avec un d emphatique) au sens de *l'un l'autre*, comme dans : **maɛ baɛḍ** *l'un avec l'autre*, **ɛala baɛḍ** *l'un sur l'autre*, **ḍodd baɛḍ** *l'un contre l'autre...* Voici des phrases illustrant l'usage de **baɛd** dans ses divers sens : *encore, après,* et **baɛd**-suffixe **chî** *juste...* :

baƐd badd-é
encore je veux
J'(en) veux encore

baƐd-o ebn-é bi amêrka
encore-lui fils-mon dans Amérique
Mon fils est encore en Amérique

taƐ-o baƐd el Ɛacha
venez (imp. pl.) après le dîner
Venez après le dîner

baƐd-né chi jêyé
juste-moi venante (p.p.fém.sg.)
Je viens juste d'arriver.

Pour finir, voici deux particules à sens adverbial assez courantes : **ḥatta** *jusqu'à ce que, pour que,* **bas** *quand.*

mech ḥa-rûḥ Ɛa-lebnên ḥatta t-rû' el ḥâlé
pas j'irai au Liban jusqu'à qu'elle se calme la situation
Je n'irai pas au Liban tant que la situation ne se serait pas calmée.

ḍallo y-ṣarrikh ḥatta fajjar-l-é râs-é
il est resté qu'il crie jusqu'à il a explosé-pour-moi tête-ma
Il a continué à crier, jusqu'à ce qu'il m'ait explosé la tête.

bas ḥkît maƐ-o, ertaḥt ktîr
quand j'ai parlé avec-lui je me suis reposé beaucoup
Quand j'ai parlé avec lui, je me suis beaucoup tranquillisé.

bas teftaḥ el chebbêk, b-y-fût el hawa
quand tu ouvres la fenêtre il entre le vent
Quand tu ouvres la fenêtre, le vent entre

13. Des chiffres et des couleurs

Pour désigner le mot "chiffre" en arabe libanais, on dit soit **ra'ém**(sg.) / **ar'âm**(pl.) (litt.: *numéro*), soit **ƹadad**(sg.)/ **aƹdêd(**pl.) (litt.: *nombre*). Le mot "chiffre" en français vient lui-même du mot arabe **ṣefer** qui veut dire *zéro.*

Dans la graphie, le système d'écriture des chiffres varie d'un pays arabe à l'autre. Beaucoup de pays arabes utilisent ce qu'on appelle les "chiffres arabes" (les mêmes que ceux utilisés pour la langue française : 0, 1, 2, 3...). Cependant, au Liban on utilise les chiffres dits indiens (aujourd'hui arabisés, et que l'on pourrait appeler les "chiffres arabo-indiens"). Voici la liste des chiffres en arabe avec l'écriture et la prononciation libanaises :

français	libanais	prononciation
0	٠	**ṣefer**
1	١	**wâḥad**
2	٢	**tnên**
3	٣	**tlêté**
4	٤	**'arbƹa**
5	٥	**khamsé**
6	٦	**sétté**
7	٧	**sabƹa**
8	٨	**tmêné**
9	٩	**tesƹa**
10	١٠	**ƹachra**

Même si l'écriture arabe s'écrit de droite à gauche, les chiffres arabo-indiens suivent le même tracé que celui des chiffres arabes utilisés en français. Voici une liste de dates écrites dans les deux langues pour vous permettre de comparer :

2000	2008	1975	3790	1234
٢٠٠٠	٢٠٠٨	١٩٧٥	٣٧٩٠	١٢٣٤

De 11 à 19, on peut décomposer les chiffres en deux parties pour mieux en comprendre la construction : on reconnaît la base consonantique des unités dans la première partie, ainsi qu'une

forme tronquée du chiffre 10 dans la deuxième partie (de **ɛachra** ne sera gardé que ***ɛch**).

11	١١	**ḥdaɛch**
12	١٢	**tnaɛch**
13	١٣	**tlattaɛch**
14	١٤	**'arbaɛtaɛch**
15	١٥	**khamstaɛch**
16	١٦	**settaɛch**
17	١٧	**sabaɛtaɛch**
18	١٨	**tmantaɛch**
19	١٩	**tesaɛtaɛch**

Grammaticalement, dans les nombres cardinaux, le numéral "*un*" s'accorde avec le genre du nom après lequel il se place, mais sa présence n'est pas obligatoire (**ktêb** *un livre,* **ktêb wâḥad** *un livre,* **bénet** *une fille,* **bénét weḥdé** *une fille).* Le duel est toujours indiqué par la marque de duel **-ên** et jamais par le numéral *deux* (**ktêbên** *deux livres*, **béntên** *deux filles*). Les numéraux portent la marque de définition du nominal qu'ils qualifient (**el arbɛa** *les quatre*, **el arbaɛ ketob** *les quatre livres*). Pour les distributifs, on répète deux fois le même numéral (**arbɛa arbɛa** *quatre par quatre).*

À partir de trois, les numéraux ont trois formes, une forme isolée, une forme quand ils sont suivis d'un substantif qu'ils qualifient, et une forme quand ils sont suivis d'un suffixe personnel. On a : **tlête** *trois*, mais **tlat ketob** *trois livres*, et **tletet-na** *nous trois*. De même **arbɛa** *quatre*, mais **arbaɛ ketob** *quatre livres* et **arbɛet-on** *eux quatre*.

De 3 à 10 inclus, les numéraux sont suivis d'un substantif au pluriel : **tlat ketob, arbaɛ ketob, ɛachr ketob**. Alors qu'à partir de 11, ils sont suivis d'un substantif au singulier : **mît ktêb** *cent livres (100-livre)*. Entre 11 et 19, le son **-ar** apparaît entre le nombre et le nom qu'il détermine : **ḥdaɛchar ktêb** *onze livres* (litt. : 11-livre).

Les chiffres de 20 à 90 sont caractérisés par la terminaison **-în** qui suit la base des unités, sauf pour vingt qui a la base de 10 + le suffixe **-în**.

20	٢٠	**ɛechrîn**
30	٣٠	**tlêtîn**
40	٤٠	**arbɛîn**
50	٥٠	**khamsîn**
60	٦٠	**settîn**
70	٧٠	**sabɛîn**
80	٨٠	**tmênîn**
90	٩٠	**tesɛîn**

À l'intérieur de chaque série de dizaines, l'unité apparaît avant la dizaine : au lieu de dire 21 vingt et un, on dirait en arabe un et vingt **waḥad w ɛechrîn,** 32 **tnên w tlêtîn,** 75 **khamsa w sabɛîn.**

Quand on arrive aux centaines, l'ordre du décompte se fait en centaine+unité+dizaine, **miyyé(-t)** désigne *cent, deux cents* est construit avec *cent*+suffixe duel-**ên, mitên.** Ensuite de 300 à 900 : **tlat miyyé, arbaɛ miyyé, khams miyyé, sétt miyyé, sabɛ miyyé, tesɛ miyyé.**

101 **miyyé w wâḥad**
138 **miyyé w tmêna w tlêtîn**
201 **mît-en w wâḥad**
705 **sabɛ miyyé w khamsé**

Dans les milliers, la règle est : millier + centaine + unité + dizaine. *Mille* se disant **alf**.

1000 **alf**
2002 **alf-ên w tnên**
3851 **tlat alêf w tman miyyé w wâḥad w khamsîn**
4068 **arbaɛ-t alêf w tmêna w settîn**
100.000 **mît alf**
200.000 **mit-ên alf**

1000.000	**malyôn**
2000.000	**malyôn-ên**
3000.000	**tlat mlêy-în**
4000.000	**arbaع mlêyîn**
1000.000.000	**melyâr**

Les ordinaux s'accordent en genre et en nombre et peuvent se définir. À partir du onzième, le numéral apparaît sous sa forme isolée, précédée du mot **ra'm** *numéro* :

awwal *premier,* **el awwal** *le premier,* **el awlé** *la première*
têné *deuxième,* **et-têné** *le deuxième,* **et-tênyé** *la deuxième*
ra'm ḥdaعech *onzième,* **el ra'm ḥdaعech** *le/la onzième*

De 1 à 10, un suffixe /–**an**/ peut s'accoler aux ordinaux pour en faire des adverbes, donnant **awwalan** *(premièrement),* **عâchiran** *(deuxièmement).*

En ce qui concerne les couleurs (sg. **lôn**, pl. '**alwân**), chaque couleur a trois formes grammaticales : le masculin, le féminin et le pluriel. En voici quelques-unes :

rouge(s)	**'aḥmar, ḥamra, ḥomor**
vert (e)(s)	**'akhḍar, khaḍra, khoḍor**
noir(e)(s)	**'aswad, sawda, sûd**
blanc(che)(s)	**'abyaḍ, bayḍa , bîḍ**
bleu(e)(s)	**'azra', zar'a, zeré'**
jaune(s)	**'aṣfar, ṣafra, ṣofor**
marron	**benné, benniyyé, béniyyé**
gris(e)(s)	**rmêdi, rmêdiyyé, rmêdiyyé**

Et pour les couleurs de peau :

blond(e)(s)	**ach'ar, cha'ra, cho'or**
brun(e)(s)	**asmar, samra, somor**
noir(e)(s)	**aswad, sawda, sûd**
roux(sse)(x, s)	**abraṣ, barṣa, boroṣ**

III. Conversation

1. Salutations

Pour saluer quelqu'un on dit **marḫaba,** l'équivalent de "*salut, bonjour*"[28]. Dans certains milieux, il est également courant de se saluer en utilisant les mots anglais ***hi !*** **(**prononcer **hây)** ou ***hello !*** ou français ***bonjour***. Si on veut préciser qu'on est le matin, on dira **ṣabâḫ el-khêr** (inv. litt. : "*matin de bien"*), la soirée **masa el-khêr** (inv. litt. : "*soirée de bien"*), et pour dire "*bonne nuit*" et aller dormir on dit **t-eṣbaḫ ع ala khêr** (Litt. : "*que tu te lèves le matin avec le bien).* Quand on s'adresse à une femme, cette expression devient **t-eṣbaḫ-é ع ala khêr**, et à plus d'une personne **t-eṣbaḫ-o ع ala khêr**.

Vous trouverez ci-dessous deux échanges, le premier sur un ton spontané entre amis, le second dans un registre plus formel. La différence essentielle entre les deux échanges réside dans le fait que, dans le registre spontané, on s'adresse à la personne par son prénom ou par le pronom personnel **enta** (2PSmas.), ou **enté** (2PS fém.), **ento** (3PP), alors que dans le registre respectueux, on utilise des tournures du genre **ḫaḍért-ak**, littéralement "*votre présence*" (sg. mas.). La forme féminine de **ḫaḍért-ak** est **ḫaḍért-ik**, et la forme du pluriel est **ḫaḍrét-kon (**notez le déplacement de la voyelle après le r, dû à l'ajout d'un suffixe.

Échange 1, registre spontané :

1. ***hi*** **kîf-ak jâd ?**
salut (ang.) comment-toi(mas.) Jade
هاي، كيفَك جاد؟
Salut, comment vas-tu (mas.) *Jade ?*

2. mnîḫ. w enté kîf-ik ?
bien(mas.) et toi (fém.) comment-toi(fém.).
منيح، وإنتِ كيفِك؟
Ça va, et toi comment vas-tu (fém.) *?*

---

[28] Sur *bonjour*, voir plus loin dialogue 8.

1. ana kamên mnîḥa.
moi aussi bien(fém.)
أنا كمان منيحة
Moi aussi ça va.

2. kîf-on ahl-ik ?
comment-eux parents-tes(fém.)
كيفن أهلِك؟
Comment vont tes parents ?

1. mnêḥ.
bien(pl.)
مناح
Ils vont bien.

Échange 2, registre formel :

1. marḥaba, kîf ḥâl-kon hal-'iyyêm ?
bonjour comment état-votre ces-jours
مرحبا. كيف حالكن هالأيّام
Comment allez-vous ces derniers jours ?

2. lḥamdella mêchê el-ḥâl
grâce à dieu allant(p.a) l'état
الحمد لله ماشي الحال
Grâce à Dieu, tout va bien.

2. w ḥaḍert-ak kîf-ak ? w el-ع ayle, kello tamêm ?
et présence-2PSm comment-2PSm et la-famille tout excellent
وحضرتك كيفك، والعايلة كلّه تمام ؟
Et comment allez-vous. Et la famille ? tout roule ?

1. kel-na b-khêr
tous-nous dans-bien
كلّنا بخير
Nous allons tous bien.

2. Présentations

Rola passe chez sa copine Lamia, mais elle est accueillie par Maher qui lui dit que Lamia n'est pas encore rentrée, et qu'elle peut l'attendre. L'échange se fait sur un ton amical, avec quelques tournures respectueuses car les deux personnes ne se connaissent pas encore.

1. ana mâher
moi Maher
أنا ماهر
Je suis Maher

1. w enté, mîn ?
et toi(fém.) qui ?
و إنتِ، مين؟
Et toi ? Qui es-tu ?

2. ana rfî'it lamia
moi amie-de Lamia
أنا رفيقة لميا
Je suis l'amie de Lamia

1. ahla wa sahla. chû ésm-ik ?
bienvenue (inv.) quoi? nom-ton(fém.)
أهلا و سهلا، شو إسمِك؟
Bienvenue. Comment tu t'appelles ?

2. ésm-é rola
nom-mon rola
إسمي رلى
Je m'appelle Rola

1. t-charraft b-maꜥréft-ik. lamia méch hôn.
honoré(1PS) de-connaissance-ta(fém.) Lamia pas ici
تشرّفت بمعرفتك. لميا مش هون
Je suis ravi de te connaître. Lamia n'est pas là.

1. b-t-ḥébbé t-enṭri-ya juwwâ ? t-faddal-é,
tu aimes(fém.) que tu attendes-elle intérieur entrez (fém.)
بتحبّي تنطريا جوّا؟ تفضّلي
Veux-tu l'attendre à l'intérieur ? Entre.

1. mîn ech-chab yalli waṣṣal-ik la-hôn ?
qui? le-jeune homme qui il a amené-toi(fém.) jusqu'à-ici
مين الشَّبّ يلّي وصّلك لهون؟
Qui est le jeune qui t' a accompagnée jusqu'ici ?

2. b-ɛarrf-ak ɛala jâd, ṣadî' men el-jêmɛa
je fais connaître-toi(mas.) à Jade ami de la-fac
بعرّفك على جاد، صديق من الجامعة
Je te présente Jade, un ami de la fac.

3. Invitation à un café et remerciements

Il y a beaucoup d'expressions pour dire *merci* en libanais : Les plus simples sont certainement **yeslamo** (inv)**,** et **chukran** (inv)**,** auxquelles on répond par **tekram/-é/-o** ou **walaww** (inv., familier) ou simplement **ahla wa sahla** (inv.) L'emprunt au français **mersî** (inv.) ou **mersî ktîr** (inv. litt. *merci beaucoup*) est également courant ; on y répond par ***de rien*** en français avec l'accent libanais. Vous risquez aussi d'entendre des formules plus "recherchées" comme **sallem îdê-k/îday-ké/îday-kon** (litt. "*que tes mains soient bénies*")**,** ou **katter khayr-ak/-ik/-kon** (litt. "*que tes bienfaits se multiplient*").

Pour dire "*oui*", le mot courant est **ê**, mais il est considéré comme étant très familier, alors que **naɛam** est plus formel. Pour dire "*si*" (c'est-à-dire répondre par l'affirmative à une question interro-négative, un peu comme le *doch* allemand) on dit **mbala.** Pour dire "*non*" on dit **lâ'** (variation phonétique : **lâ**, ou **la'â**). Dans un registre familier, vous remarquerez que les Libanais disent souvent "*non"* en relevant simplement les sourcils, parfois ce geste est accompagné d'un **tsu',** onomatopée qui s'obtient en faisant claquer la langue sur le palais. Pour éviter des quiproquos, sachez qu'il s'agit bien d'un *non.*

Vous trouverez ci-bas deux échanges : le premier plus simple, et le deuxième utilisant des formules plus complexes.

Échange 1 simple :

1. b-t-échrab-é 'ahwé ?
tu bois (fém.) café
بتشربي قهوة؟
Veux-tu du café ?

2. lâ, mersî, ma b-échrab 'ahwé b el-lêl
non fr. pas je bois le-café dans la-nuit
لا مرسي ما بشرب قهوة بالليل
Non merci, je ne bois pas de café le soir.

ou bien, réponse positive :

2. ê, eza b-t-rîd
oui, s'il te plaît (m.exp.)
إيه، إذا بتريد
Oui, s'il te plaît

Échange 2 plus complexe :

1. kîf b-t-ḥebb-é 'ahwt-ik ?
comment tu aimes (fém.) café-ton(fém.).
كيف بتحبّي قهوتك
Comment voulez-vous votre café ?

2. ma t-ɛazzib ḥâl-ak la'enn-é mâ b-ḥebb el-'ahwé
pas tu fais souffrir(mas.) état-ton(mas.) parce que-moi pas j'aime le-café
ما تعذّب حالك لأنّي ما بحبّ القهوة
Ne vous gênez pas (pour moi) parce que je n'aime pas le café.

2. yeslamo
merci
يسلمو
Merci

4. Prendre congé et présenter ses excuses

Pour dire "*au revoir*", la personne qui part dit **b-khâṭr-ak/-ik/-kon** (litt. *avec votre volonté, votre bon plaisir),* à laquelle formule celui qui reste dit **allâ maε-ak/-i/-kon** (litt. "*que dieu soit avec toi/vous*"), ou **maε es-salêmé** (inv.) "*en paix*". Les emprunts au français ***au revoir*** et à l'anglais ***bye bye*** sont également très courants.

Pour présenter ses excuses on dit **εafwan** (inv.) "*pardon*" ou **b-eεtézir menn-ak/-ik/-kon** "*je te/vous demande pardon"*. Là aussi, les emprunts au français ***pardon,*** et à l'anglais ***sorry*** sont courants.

Vous trouverez dans le premier échange un dialogue assez simple, et des variations de ce même dialogue dans l'échange 2 (on décide de partir, on nous retient, on part quand même en s'excusant et en promettant de revenir bientôt).

Échange 1 :

1. yalla, *bye*, ana râyiḥ
allons-y bye (ang). moi partant (p.a)
يلاّ باي أنا رايح
Bon ben, au revoir, je m'en vais.

2. maε es-salêmé
avec la-paix
مع السلامة
(Pars) en paix.

1. allâ y-sallm-ak
dieu sauve-toi(mas.)
الله يسلّمَك
Que dieu te donne la paix.

Échange 2 :

1. yalla, b-el-'ézen
allons-y dans la permission
يلاّ بالإذن
Bon ben, je m'en vais (avec votre permission).

2. khallîk, m-nezعal menn-ak
restes(imp.mas.) on se fâche de-toi(mas.)
خلّيك، منزعل منّك
Restes, (sinon) on t'en voudra

1. b-eعtézir men-kon, bas lêzim rûḥ
je m'excuse de-bous mais il faut que je parte
بعتذر منكن بس لازم روح
Je vous demande pardon, mais il faut que j'y aille

1. b-eb'a b-ṭoll marra tênyê
je reste (aux.) je passe fois deuxième
ببقى بطلّ مرّة ثانية
Je passerai une autre fois.

5. Etat civil

Le mariage se dit **zawêj** (forme correcte) ou **jawêz** (forme populaire), mais la fête de mariage est le **عérs**, le marié est le **عarîs** et la mariée est la **عarûs**. L'époux est le **zôj** ou **jôz** et l'épouse est la **mara(-t)**. Quelqu'un qui est marié est **mjawwaz/mjawzé/mjawzîn** ou **metzawwej/-é/-în**. Quelqu'un qui est divorcé est **mṭalla'/mṭall'a/mṭall'în**. Le célibataire est **aعzab/ عazba/عézzêb**.

L'adjectif verbal **mṣâḥab/mṣâḥbé/mṣâḥbîn** (participe présent du verbe **ṣâḥib**), désigne à l'origine deux personnes liées d'amitié. Mais aujourd'hui, cet adjectif désigne de plus en plus des personnes dans une relation de concubinage.

1. ḥaḍert-ak metzawwej walla 'aƐzab
présence-ta(mas.) marié(mas.) ou bien célibataire(mas.)
حضرتك متزوّج ولاّ أعزب؟
Êtes-vous marié ou célibataire ?

2. metzawwej
restes(imp.2PSmas.)
متزوّج
Marié.

1. Ɛand-ak wlêd ?
chez-toi(mas.) enfants
عندك ولاد؟
Vous avez des enfants ?

2. naƐam
oui
نعم
Oui.

1. kam walad ?
combien enfants
كم ولد؟
Combien d'enfants ?

2. walad-ên : bént w ṣabé
enfant-dl. fille et garçon
ولدين : بنت وصبي
Deux enfants : une fille et un garçon

1. chû aƐmâr-on ?
quoi? âges-leur
شو أعمارن؟
*Quel âge ont-ils ? (*litt. *: quels sont leurs âges ?)*

2. el-bént Ɛachr snîn, w eṣ-ṣabé khamst-aƐchar séné
la-fille 10 ans et le-garçon 15 an
البنت عشر سنين، والصبي خمسة اعشر سنة
La fille 10 ans, et le garçon 15 ans

1. smalla, alla y-khallî-l-ak iyyêhon
au nom de dieu(exp.) dieu garde-pour-toi(mas.) les
اسم الله، الله يخلّي لك ياهن
Au nom de Dieu, que Dieu vous les garde

2. w ḥaḍert-ik metzawjé walla ع azba ?
et présence-ta(fém.) mariée(fém.) ou célibataire(fém.)
وحضرتِك متزوجة ولا عزبا؟
Et vous, vous êtes mariée ou célibataire ?

1. ana mṭall'a
moi divorcée(fém.)
أنا مطلقة
Je suis divorcée

2. ma ع and-ik wlêd ?
pas chez-toi(fém.) enfants
ما عندك ولاد؟
Vous n'avez pas d'enfants ?

1. mbala, ṣabé zghîr, tlat snîn
si garçon petit 3 ans
مبلا، صبي زغير، تلات سنين
Si, un petit garçon, trois ans.

6. Au téléphone s'il vous plaît

Dialogue au téléphone entre deux femmes. Notez, de part et d'autre, les formes grammaticales au féminin. Vous pouvez vous amuser à transformer le dialogue au masculin, comme si les deux interlocuteurs étaient des hommes, ou construire d'autre phrases autour du même contexte. Rappelez-vous que le vouvoiement n'existe pas en arabe. Si la traduction française de chacune des phrases ci-dessous est marquée par le vous de politesse, c'est uniquement à cause des termes d'adresse respectueux utilisés par les deux interlocutrices (**madâm, ḥaḍert-ik**).

Avant de vous lancer, voici une liste d'expressions dont vous pourriez avoir besoin quand vous utilisez le téléphone : *la ligne ne capte pas* **mâ ɛâm b-y-ɛalli' el-khaṭṭ** ; *c'est moi qui décroche* **anâ b-redd,** *je raccroche le téléphone* **b-sakkir et-talifôn** ; *je marque le numéro* **b-éṭlob en-nomra** ; *c'est occupé* **ɛam y-aɛṭé machghûl** ou simplement **machghûl** ; *les lignes sont en panne* **mɛaṭṭlé el-khṭûṭ** ; *puis-je lui laisser un message ?* **momkin étrek-l-o khabar** ? ; *Qui m'a laissé un message ?* **mîn tarak-l-é khabar ?**

Notez aussi les différentes expressions pour dire "*s'il vous plaît*" : **law samaḥt/-é/-o** *si tu permets/si vous permettez* ; **eza b-t-rîd/-é/-o** *si tu veux/vous voulez* ; **ɛmôl /ɛmél-é/-o maɛrûf** *fais/faites un service* ; **allah ykhallî-k/-ké/-kon** *que dieu te/vous garde*. L'emprunt à l'anglais ***please*** est très courant.

1. alû, marḥaba madâm
allô bonjour Mme (fr.)
ألو مرحبا مدام
Allo, bonjour Madame

1. law samaḥt-é fî-né éḥki maɛ mâher ?
si tu permets(fém.) je-peux que je parle avec Maher
لو سمحتِ فيني إحكي مع ماهر؟
S'il vous plaît puis-je parler avec Maher ?

2. mâher méch bél-bêt. mîn ḥaḍért-ik ?
Maher pas dans-la-maison. Qui? présence-ta(fém.)
ماهر مش بالبيت، مين حضرتِك؟
Maher n'est pas à la maison. Qui êtes-vous ?

1. ɛafwan madâm, bas ma ɛam b-esmaɛ-ik mnîḥ.
pardon Madame mais pas prog. j'entends-toi(fém.) bien
عفواً مدام، بس ما عم بسمعك منيح
Pardon Madame, mais je ne vous entends pas bien.

1. ɛam b-y-'aṭṭech el-khaṭṭ
prog. il coupe la-ligne
عم بيقطّش الخط
la ligne s'entrecoupe.

2. ƹam b-es'al-ik mîn ḥaḍert-ik ?
prog. je demande-toi(fém.) qui ? présence-ta(fém.)
عم بسألِك مين حضرتِك؟
Je suis en train de vous demander "qui êtes-vous" ?

2. mâ ƹam t-esmaƹ-î-né ?
pas prog. tu entends(fém.)-1PS
ما عم تسمعيني؟
Vous ne m'entendez pas ?

2. sakkré w rjaƹé ṭlobî-né
ferme(imp. fém.) et reviens(imp. fém.) appelle(imp. fém.)-1PS
سكري وارجعي اطلبيني
Raccrochez et rappellez-moi.

2. eza badd-ik ƹaṭî-né nomrt-ik w ana b-éṭlob-ik
si tu veux (fém.) donne(imp. fém.)-moi numéro-ton(fém.) et moi j'appelle-toi(fém.)
إذا بدّك اعطيني نمرتِك وأنا بطلبك
Si vous voulez, donnez-moi votre numéro de téléphone et je vous rappelle.

7. Prendre un taxi et payer en LL.

Au Liban, on ne se déplace pas volontiers à pied. Même pour faire un court trajet, on préfère prendre la voiture ou se faire déposer. De toutes les manières, en l'absence d'un grand nombre de trottoirs, les routes sont souvent peu pratiques pour la marche à pied. Les moyens de transports publics sont soit les bus (**bâṣ**, pl. **bâṣêt**), soit les taxis (**taksî,** pl. **taksiyêt)**, soit ce qu'on appelle les "***services***", sortes de taxis collectifs qui klaxonnent pour hêler les clients et essaient de prendre jusqu'à 5 personnes allant plus ou moins dans la même direction. Si on prend un ***service*** complet, c'est-à-dire qu'on lui paie ses 5 clients, il devient ***taksî*** privé (et ne prend donc plus d'autres clients sur le chemin). Le prix est fixe, sauf quand la destination n'est pas évidente. Il est de bon ton, dans ce cas, de *marchander* **chêriƹ**, de *faire baisser le prix* **nazzél es-séƹér.**

La monnaie libanaise est la livre libanaise (symbolisée par le signe LL.) : *une livre* **lîra,** *deux livres* **lîrt-ên,** *trois livres* **tlat lîrât,** *100* *livres* **mît lîra** (**lîrât** jusqu'à 10, puis **lîra**). Le prix normal d'un ***service*** est aujourd'hui de 1500 LL par personne (l'équivalent de 1$).

Voici quelques termes et expressions qui pourront vous être utiles dans vos échanges avec les chauffeurs de taxi : *ne klaxonnez pas autant* **ma t-zammér hal 'add** ; *roulez doucement s'il vous plaît* **sû' ɛa mahl-ak law samaḥt** ; *je suis un peu pressé/ée* **ana mest'aɛjil** (mas.)/ **mestaɛjlé** (fém.) **chway** *déposez la dame au feu* **nazzél es-sett ɛal-'ichâra** ; *combien je vous dois ?* **'addêch b-t-é'mor ?** (litt. *combien tu m'/nous ordonnes ?)* ou **'addêch b-t-rîd ?** *combien vous désirez ?*

Dans ce dialogue, Maher tente de trouver un ***service*** qui l'emmène dans la banlieue sud de Beyrouth (**ḍâḥié**). Le chauffeur rechigne et essaie de lui faire payer plus, car l'état des routes est endommagé. Vous remarquerez aussi que le chauffeur s'adresse à Maher en lui disant **khayy-é** *mon frère.* C'est courant, même si ça n'implique pas forcément une intimité entre les deux personnes.

1. momkin t-waṣṣel-né ɛaḍ-ḍâḥyé law samaḥt
possible que tu amenès-moi à-l-DaHié si tu permets
ممكن توصلني عالضاحية لو سمحت؟
Pourriez-vous me déposer à Dahié (nom de la banlieue sud de Beyrouth) s'il vous plaît ?

2. lâ ya khayy-é, mîn baɛd b-y-rûḥ la honîk,
non ô frère-mon qui? encore il va vers là-bas
لا يا خيّي، مين بعد بيروح لهونيك؟
Non, mon frère, qui va encore là-bas ?

2. eṭ-ṭor'ât ɛadam
les-routes nullité
الطرقات عدم
les routes sont catastrophiques

2. b-êkhd-ak taksî
je prends-toi(mas.) taxi
باخدَك تاكسي
Je te prends en taxi (ce qui implique 1500LLx5)

1. la, maعlêch,
non ça ne fait rien
لا ما عليش
Non, ça ne fait rien (laisse tomber)

1. fî ktîr sayyârât b-t-êkhd-né b 'alf w khamse
il y a beaucoup voitures prennent-me en 1000 et 5
في كتير سيّارات بتاخدني بألف وخمسة
Il y a beaucoup de voitures qui m'emmèneraient pour 1500 (livres).

2. ṭayyib, yallâ, ṭlâع b 'alf-ên
bon allons-y monte(imp. mas.) en 1000-dl
طيّب يلاّ، اطلاع بألفين
Bon d'accord. Monte pour deux milles.

1. mêché. bas sû' عa mahl-ak
marchant (p.a) mais conduis à lenteur-ta(mas.)
ماشي، بس سوق عمهلك
Ça marche. Mais conduis doucement.

2. chu râyiḥ t-aعmil b eḍ-ḍaḥié ? el-ak nês honîk ?
quoi? allant(p.a. mas.) que tu fasses dans la-Dahié à-toi(mas.) gens là-bas
شو رايح تعمل بالضاحية، إلك ناس هونيك؟
Qu'est-ce que tu vas faire à Dahié ? Tu as des gens là-bas ?

1. lâ, anâ ṣaḥâfé
non moi journalist(mas.)
لا، أنا صحافي
Non, je suis journaliste

2. râyiḥ t-ṣawwir ed-damâr yaعni ?
partant(p.a. mas.) tu photographies les-destructions c'est-à-dire
رايح تصوّر الدمار يعني؟
T'y vas pour filmer les destructions ?

1. hêk chi.
comme ça quelque chose
هيك شي
Quelque chose dans le genre.

8. Au resto : mézzé, politesse, et hospitalité

Sachez que dans les restaurants on présente rarement la carte du menu, il faut soit la demander, soit se fier aux conseils du serveur et faire son propre choix. Souvent on commande quelques plats de *mézzé* suivis de grillades. Reportez-vous au chapitre sur la cuisine libanaise dans la partie "La culture et ses mots".

Pour les fumeurs, la **'argîlé(-t)** ou pipe à eau (en français : *narguileh*) existe soit en **mƹassal** c'est-à-dire parfumé (au miel, à la pomme, ou à un autre fruit), soit nature, du tabac cultivé au Liban (ou, très souvent, importé d'Iran, **ƹajamé ou aṣfahâné)**. Vous remarquerez qu'en arabe, on dit *boire des cigarettes* **échrab sigâra,** et *boire du narguileh* **échrab 'argîlé.** Il existe également un verbe "fumer" **dakhkhén**, qui peut être utilisé seul ou dans l'expression **échrab dekhkhân** *boire de la fumée,* c'est-à-dire "fumer".

Voici, avant le dialogue, une liste d'expressions utiles pour réserver une table. N'hésitez pas à faire des va-et-vient entre ces expressions et la partie grammaire pour vous assurer que vous comprenez bien la construction de chaque phrase : *Je réserve une table pour quatre personnes* **b-éḫjoz ṭâwlé la arbaƹ achkhâṣ ;** *Cette table est reservée* **haṭ-ṭâwlé maḫjûzé** ; *Quand est-ce que vous avez réservé Madame ?* **êmtan ḫajazt-é madâm ;** *Je m'excuse Monsieur, mais le restaurant est plein* **b-éƹtézer menn-ak *monsieur* bas el maṭƹam malên ;** *essayez de revenir dans une demi-heure* **jarrb-o t-érjaƹ-o baƹd noṣṣ sêƹa.**

En ce qui concerne les expressions de politesse qui apparaissent dans le dialogue, notez encore une fois que "*merci*" est suivi de **tekram/-é/-o**. D'autre part, il est courant que des mots comme "*bonjour*" et "*bonsoir*" soient déclinés par excès de zèle : **bonswâr-ên** (litt. "*deux fois bonsoir*" ; ou **bonjûr-ak/-ik/-kon** "*ton bonjour à toi" ;* **ya aḫla bonjûr bed-déné** "*ô plus beau bonjour au monde*" !

1. bonswâr monsieur, ṭâwlé la tnên eza b-t-rîd
bonsoir Mr une table pour 2 s'il vous plaît
بونسوار موسيو، طاولة لتنين إذا بتريد
Bonsoir Monsieur, une table pour deux s'il vous plaît

2. bonswâr-ên, b-t-ḥebb-o ع at-*terrasse* walla juwwa ?
bonsoir-dl. vous aimez sur-la-terrasse (fr.) ou bien intérieur
بونسوارين، بتحبّو عالترّاس ولاّ جوّا؟
Vous préférez en terrasse ou à l'intérieur ?

1. *terrasse* mnîḥ.
terrasse(fr.) bien
ترّاس منيح
En terrasse c'est bien.

2. t-faḍḍal-o. chu b-t-e'emr-û-na ?
veuillez entrer quoi? vous commandez-nous
تفضّلوا. شو بتأمرونا
Veuillez vous asseoir. Que nous commandez-vous ?

2. b-t-ḥébb-o t-échrab-o argîlé ?
vous aimez vous buvez narguileh
بتحبّو تشربو أرجيلة؟
Voulez-vous fumer un narguileh ?

1. jîb-l-na awwal chi argîlt-ên mعassal teffêḥ
ramènes-à-nous premier chose narguileh-dl. parfumé pomme
جبلنا أوّل شي أرجيلتين معسّل تفّاح
Ramènes-nous tout d'abord deux narguileh au goût de pomme

1. w kês-ên عara'
et verre-dl. arak
وكاسين عرق
et deux verres d'arak

1. baعdên nazzel-l-na kam ṣaḥen mêza
ensuite descends-pour-nous quelques plat *mézzé*
وبعدين نزّلنا كم صحن مازا
Ensuite ramenez-nous quelques assiettes de mézzé

1. ṣaḥen tabbûlé, ṣaḥen ḥommos
assiette taboulé assiette hommos
صحن تبّولة، صحن حمّص
une assiette de taboulé, une assiette de hommos

1. ṣaḥen mtabbal batenjên w ṣaḥen kebbé nayyé.
assiette purée aubergine et assiette kébbé crue
صحن متبّل باتنجان وصحن كبة نيّة
une assiette d'aubergine et une assiette de viande kebbé crue.

2. عa râs-é. b-t-ḥebb-o chwayyit machêwé
à vos ordres(exp.) vous aimez un peu de grillades
عراسي، بتحبّو شويّة مشاوي؟
À vos ordres (litt. *sur ma tête). Voudriez-vous un peu de grillades ?*

1. lâ khalaṣ, khallî-na khfêf, chukran
non fini restons légers merci
لا خلص، خلّينا خفاف، شكراً
Non, ça suffit, restons légers. Merci.

2. tekram monsieur, ahla w sahla fî-k w bel-madâm
je vous en prie Monsieur(fr.) bienvenue en-toi(mas.) et en-la Madame (fr.)
تكرم موسيو، أهلا وسهلا فيك وبالمدام
Je vous en prie Monsieur, vous êtes les bienvenus Madame et vous.

9. Louer un studio et payer en $

Vous remarquerez que le dollar américain est accepté partout au Liban, même chez les petits marchands ou pour une course en taxi. Le dollar est, par ailleurs, plus facile à compter dès que le montant d'une somme dépasse une certaine limite (vu qu'un 1 $ vaut depuis quelques années 1500 LL).

1. wên sêkin hal iyyêm ?
où? habitant(p.a. mas.) ces jours
وين ساكِن هالإيّام؟
Où habites-tu ces jours-ci ?

2. mesta'jir *studio* bel-ḥâzmiyyé
louant (p.a. mas.) studio(ang.) dans-la Hazmiyyé
مستأجر ستوديو بالحازمية
Je loue un studio à Hazmieh

1. addêch el-'ajâr ?
combien? le loyer
قدّيش الأجار؟
Le loyer est à combien ?

2. tlat mît dolâr,
3 100 dollar
تلات مية دولار
Trois cents dollars.

2. bas *studio* zghîr metel 'enn ed-djêj
mais studio(ang.) petit comme nid les-poules
بس ستوديو زغير متل قنّ الدجاج
Mais c'est un studio petit comme le nid d'une poule

1. ê tabƐan, el-'asƐâr ghalyêné ktîr
oui bien sûr les-prix devenant chères(p.a.pl) beaucoup
إيه طبعاً، الأسعار غليانه كتير
Oui, bien sûr, les prix ont beaucoup augmenté

1. eben khayy-é chtara ché''a bi khaldé
fils frère-mon a acheté appartement à Khaldé
إبن خيّي اشترى شقه بخلدِه
Mon neveu a acheté un appartement à Khaldé

1. barrât bairût, el-'asƐâr arkhaṣ bi ktîr
extérieur de Beyrouth les-prix meilleur marché de beaucoup
برّات بيروت الأسعار أرخص بكتير
À l'extérieur de Beyrouth, les prix sont beaucoup plus bas

2. lâ mâ t-ṣaddi', halla' kello ṣâr ghâlé.
non pas tu crois maintenant tout devenu cher
لا ما تصدّق، هلق كلو صار غالي
Non, ne crois pas cela, maintenant tout est devenu cher.

10. Demander son chemin dans la rue

Les noms des rues sont rarement indiqués au Liban. Pour se repérer on est souvent amené à demander son chemin aux passants. Souvent même, on redemande quelques pas plus loin pour confirmer, car les indications peuvent s'avérer très floues.

Dans ce dialogue, un groupe de personnes arrêtte une dame et lui demande le chemin vers la rue Verdun. Vous aurez l'occasion dans cet échange de revoir la forme de l'impératif pluriel et les formes du pluriel en général.

Voici quelques termes qui peuvent êtres utiles : *nord* **chmêl**, *sud* **yasâr**, *est* **char'**, *ouest* **gharb**, *droite* **yamîn**, *gauche* **chmêl** (comme le *nord*. On peut également utiliser **yasâr**, de l'arabe littéral, moins utilisé que **chmêl**, mais nécessaire dans certains contextes comme par exemple pour parler de la gauche politique).

1. ع afwan law samaḥt-é
pardon s'il vous plaît(fém.)
عفواً لو سمحتِ
Pardon, s'il vous plaît

1. chêriع *Verdun* men wên b-y-rûh-û-l-o ?
rue Verdun de oú on va-vers-lui
شارع فردان من وين بيروحوا له؟
la rue Verdun, comment on y va ?

2. hô hô, wayn-kon wên !
oh oh où-1PP où (exp.)
هو هو! وينكن وين!
Oh oh, vous en êtes bien loin !

2. bعîd عachr d'âyi' men hôn
loin 10 minutes de ici
بعيد عشر دقايق من هون
C'est à 10 minutes d'ici

2. badd-kon t-rûḥ-o machê walla b-es-sayyâra ?
vous voulez vous allez marchant ou dans-la-voiture
بدكن تروحوا مشي ولاّ بالسيّاره؟
Vous voulez y aller à pied ou en voiture ?

1. lâ, maع-na sayyâra
non avec-nous voiture
لا، معنا سيّاره
Non, nous sommes en voiture.

2. khéd-o el-'otostrâd, w kamml-o deghré deghré
prenez(imp.pl.) la-autoroute(it.) et continuez(imp.pl.) droit droit
خدوا الأوتوستراد، وكمّلوا دغري دغري
Prenez l'autoroute, et continuez tout droit

2. ﻋal-mafra', b-t-êkhod-o îd-kon el-yamîn
à le-tourant vous prenez main-votre la-droite
عالمفرق، بتاخدوا إيدكن اليمين
Au tournant, vous prenez la rue à votre droite (litt.*vous prenez votre main droite).*

2. w b-t-ḍall-kon tâlﻋîn
et vous restez montants(p.a.pl)
وبتضلّكن طالعين
Et vous continuez à monter.

2. lamma b-t-ûsal-o ﻋa êkhir ech-chêriﻉ
quand vous arrivez à fin la-rue
لمّا بتوصلوا عآخر الشارع
Quand vous arrivez à la fin de la rue,

2. b-t-efre'-o ﻋach-chmêl
vous bifurquez à-la-gauche
بتفرقوا عالشمال
vous bifurquez à gauche.

2. w honîk rjaﻉ-o s'al-o ḥada tênê,
et là-bas revenez(imp.pl) demandez(imp.pl) quelqu'un autre
وهونيك ارجعوا اسألوا حدا تاني
Et là-bas redemandez à quelqu'un d'autre

2. la'enn-é méch akîdé men kel hach-chî
parce que-moi pas sûre de tout cette-chose
لإني مش أكيدة من كلّ هالشي
Parce que je ne suis pas sûre de tout ça (de ce que je vous ai raconté)

2. ana méch men hal-manṭ'a
moi pas de cette-région
أنا مش من هالمنطقه
Je ne suis pas du coin

1. mersî ktîr ɛa kell ḥâl
merci(fr.) beaucoup de toutes les façons exp.)
مرسي كتير عكلّ حال
Merci beaucoup de toutes les façons.

11. Rendez-vous à 1h et quart chez le médecin

C'est l'occasion d'apprendre à lire l'heure. La journée est divisée en deux fois 12 heures, donc après midi, on recommence à compter à partir de 1 heure et non de 13 heures.

Voici quelques exemples : *Maintenant il est 13 heures pile* **halla' es-sêɛa weḥdé bezẓabéṭ** ; *viens à trois heures* **taɛa es-sêɛa tlêté** ou **taɛa ɛat-tlêté** ; *il est quatre heures moins le quart* **es-sêɛa arbɛa élla rébéɛ** ; *il est deux heures et quart* **es-sêɛa tentên élla rébéɛ** ; *hier à sept heures et demie* **mbêriḥ es-sêɛa sabɛa w noṣṣ** ; *demain à cinq heures moins vingt* **bukra es-sêɛa khamsé élla telét** ; *à une heure vingt* **ɛal weḥdé w télét** ; *il a deux heures de retard* **él-o sêɛt-ên m'akhkhar.**

Le *médecin* est appelé **ḥâkîm** ou ***docteur*** (parfois prononcé **doktôr),** et l'hôpital **méstachfa** (litt. "*l'endroit où l'on guérit*"). Pour dire la salle de consultation (ou pour désigner une chambre à l'hôpital, on utilise le mot littéraire **ghorfé(-t)** qui veut dire "chambre", alors que pour désigner une chambre à la maison, on utilise un mot emprunté au turc, **'ûḍa(-t)**.

Notez, par ailleurs, que les Libanais utilisent souvent le "nous" pour dire "je". C'est considéré comme une marque de modestie et d'humilité, et non pas comme un "nous royal". À travers cet usage, l'être humain se voit comme un membre d'une communauté donnée, et son individualité est moins mise en avant. Par exemple : *combien je vous dois ?* **addêch bte'mer-na** (litt."*Combien tu nous ordonnes ?"*).

1. maع-é mawعad maع el-ḥakîm
avec-moi rendez-vous avec le-médecin
معي موعد مع الحكيم
J'ai rendez-vous avec le médecin.

2. ayya sêعa mawعad-ik madâm ?
quel? heure rendez-vous-ton(fém.) Madame
أيّ ساعه موعدِك مدام؟
À quelle heure vous avez rendez-vous Madame ?

1. es-sêعa weḥdé w rebeع.
la-heure une et quart
الساعه واحده وربع
À une heure et quart.

1. jît abkar bi chway
je suis venu(e) plus tôt de un peu
جيت أبكر بشوَيّ
Je suis venue un peu en avance

2. bas el-ḥakîm machghûl halla'
mais le-médecin occupé mainenant
بس الحكيم مشغول هلّق
Mais le médecin est occupé maintenant

2. t-faḍḍal-é عa ghorfit el-'entiẓâr
veuillez entrer à salle la-attente
تفضّلي عغرفة الإنتظار
Veuillez aller à la salle d'attente.

... **عand el-ḥakîm** *Chez le Docteur*

1. bonjour *docteur*, ƹand-é dawkha el-a kaza yôm
fr. fr. j'ai tête qui tourne qui-a plusieurs jours
بونجور دكتور، عندي دوخه إلا كذا يوم
Bonjour Docteur, j'ai la tête qui tourne depuis plusieurs jours.

3. t-faddal-é la ekchof ƹlay-ké
veuillez entrer pour que je ausculte sur-2PSf
تفضّلي لإكشف عليكِ
Passez que je vous ausculte

3. ḍaghṭ-ik ƹâlé.
tension-ton(fém.) haut
ضغطِك عالي
Votre tension est élevée.

3. ƹand-kon sekkaré bel-ƹaylé ? moraḍa 'aleb ?
vous avez diabète dans-la-famille malades cœur
عندكن سكري بالعايله، مرضى قلب؟
Avez-vous (des cas) de diabète dans la famille ? des personnes qui souffrent du cœur ?

3. b ḥâjé la râḥa têmmê meddit kam yôm.
en besoin de repos total durée de quelques jours
بحاجه لراحه تامّه مدّة كم يوم
Vous avez besoin d'un repos total (pour) une durée de plusieurs jours.

3. w raḥ-ûṣof-l-ik kamên had-dawa.
et je vais-prescrire-pour-2PSf aussi ce-médicament
ورح أوصفلِك كمان هالدوا
et je vais vous prescrire aussi ce médicament.

3. t-faḍḍal-é er-ruchatta
Tenez l'-ordonnance(it.)
تفضّلي الرشتى
Tenez l'ordonnance.

3. ḥabbt-ên eṣ-ṣoboḥ w ƹachiyyé.
gélule-dl. le-matin et soir
حبتين الصبح وعشيّه
Deux comprimés matin et soir.

1. kattir khayr-ak
qu'il augmente bien-ton(mas.)
كثّر خيرَك
Merci (litt. *que tes bienfaits soient multipliés)*

3. walaw, ahla w sahla
il n'y a pas de quoi(exp.) bienvenue(inv.)
ولو، أهلا وسهلا
Il n'y a pas de quoi, vous êtes la bienvenue

1. addêch b-te'mer-na ?
combien tu ordonnes-1PP
قدّيش بتأمرنا؟
Combien je vous dois ?(litt. *Combien tu nous ordonnes ?)*

3. dafع el-kachfiyyé عand es-sekrétêra barra
paiement la-consultation chez la-secrétaire dehors
دفع الكشفيّه عند السكرتيره برّا
Le paiement de la consultation se fait dehors auprès de la secrétaire.

12. Parler du temps et tomber malade

Le calendrier grégorien solaire est celui que le Liban suit officiellement, bien que certaines communautés utilisent d'autres types de calendriers en parallèle pour calculer leurs fêtes rituelles[29]. La plupart des pays arabes utilisant le calendrier grégorien ont adopté des noms de mois occidentaux arabisés (par exemple **yanâyer** pour *janvier*, **febrâyer** pour *février*, etc..). Au Levant, les noms des mois utilisés sont :

1.	**kênûn et-têné**	janvier
2.	**chbâṭ**	février
3.	**'adâr**	mars
4.	**nisên**	avril
5.	**'ayyâr**	mai

[29] Ainsi, les musulmans, se réfèrent au calendrier musulman lunaire et les Arméniens au calendrier julien pour leurs fêtes.

6.	**ḥzayrân**	juin
7.	**tammûz**	juillet
8.	**'âb**	août
9.	**'aylûl**	septembre
10.	**téchrîn el'awwal**	octobre
11.	**téchrîn et-têné**	novembre
12.	**kênûn el'awwal**	décembre

Les jours de la semaine (**iyyêm el-'esbûع**) commencent par "dimanche" (qui s'appelle "*le premier jour*"), jusqu'à "jeudi" ("*le cinquième jour*"). "Vendredi" est le jour du rassemblement (du verbe **jamaع/ 'éjmaع** *rassembler*), et "samedi" a une racine qui rappelle le Sabath. Les jours sont souvent précédés de l'article défini. Les week-ends sont en général le samedi et dimanche, sauf dans certains quartiers musulmans conservateurs où le week-end s'étale sur deux jours non suivis, le jeudi et le dimanche.

(el-) 'aḥad	dimanche
(et-) tanên	lundi
(et-) talêta	mardi
(el-) 'orbعa	mercredi
(el-) khamîs	jeudi
(ej-) jemعa	vendredi
(es-) sabet	samedi

Les quatre saisons (**fuṣûl es-séné**) sont : le printemps (**er-rabîع**), l'été (**es-ṣêf**), l'automne (**el-kharîf**), l'hiver (**ech-chété**). Pour décrire le temps : froid (**bard** ou **bared**), chaud (**chôb**), temps glacial (**sa'î ع** ou **sa'عa**), pluie (**chété**), neige (**talj** ou **talej**), grêle (**barad**).

En arabe libanais, au lieu de "il pleut" on dit "elle pleut", et au lieu de "il va pleuvoir" on dit "elle va pleuvoir", et pour dire "il y a des nuages" on dit "elle est ennuagée". Cette troisième personne du singulier féminin réfère à **denyé** *le monde*.

Remarquez la tournure de phrase pour dire "il paraît que..." : on utilise le verbe *dire*, à l'accompli, troisième personne du masculin singulier : *il a dit* **'âl.** Et pour dire "ça a l'air de..., on dirait que..."

on utilise le mot **chakl** *forme* : **chakl-a ḥa-tchatté** *on dirait qu'il va pleuvoir ;* **chakl-ak taعbên** *on dirait que tu es fatigué.*

Dans le texte ci-dessous, un homme s'adresse à une femme en disant **ya عarûs. عarûs** est un mot qui a deux sens : 1. un sandwich, 2. une femme, le soir de son mariage. Par ailleurs, il est très fréquent de s'adresser aux jeunes filles en disant **عarûs.** On le traduit ici par *ma belle.*

1. chû ya عarûs, kîfik ?
quoi voc. mariée comment vas-tu(fém.)
شو يا عروس، كيفك؟
Alors ma belle, comment ça va ?

2. ma mnîh-a, râs-é ktîr t'îl
nég. bonne tête-ma très lourd
ما منيحة، راسي كتير تقيل
Pas bien, j'ai la tête très lourde

2. ḥâssé ḥâl-é badd-é garrib/rachchéḥ
je sens (p.pr.fém.) moi-même je veux que j'attrape grippe/que je m'enrhume
حاسة حالي بدّي كرّب/رشّح
Je crois que je vais attraper la grippe/je vais m'enrhumer

2. eṭ-ṭa's عâṭil. kel elعâlam mgarrbé/mrachchḥa
le-climat mauvais tout le-monde grippé/enrhumé
الطقس عاطل. كل العالم مكرّبة/مرشّحة
Le temps est mauvais, tout le monde a la grippe/ est enrhumé

1. ma t'eعdîn-é
nég. que tu me contaguies
ما تعديني
Ne me contamines pas

2. chakl-a badd-a t-chatté lyôm
forme-sa elle veut il pleut aujourd'hui
شكلا بدّا تشتّي اليوم
On dirait qu'il va pleuvoir aujourd'hui

1. la, mbêriḫ chattét, chû kel yôm?
non hier il a plu quoi chaque jour
لا، مبارح شتّت، شو كلّ يوم؟
Il a plu hier, il ne va pas pleuvoir tous les jours !

2. bas ghayyamit !
mais il y avait des nuages
بسّ غيّمت!
Mais il y a des nuages !

1. w law mghaymé, ma b-eḍ-ḍarûri tchatté
et même si il y a des nuages nég. dans-le-nécessaire il pleut
ولو مغيّمة، ما بالضروري تشتّي
Même s'il y a des nuages, il n'est pas nécessaire qu'il pleuve

2. 'âl talajet bi farayya has-sené ?
il a dit il a neigé à Faraya cette-année
قال تلجت بفريّا هالسنة؟
Il paraît qu'il a neigé à Faraya cette année.

1. chakl-ik taƐbêné ktîr. rûḥé Ɛal bêt.
forme-ta fatiguée beaucoup va à-la maison
شكلك تعبانة كتير. روحي عالبيت .
Tu as l'air très fatiguée. Rentre chez toi.

1. fîk-é *please* t-ebƐatî-l-é *sms* lamma t-ûṣal-é Ɛal bêt
tu peux s'il te plaît(ang.) que tu envoies-à-moi sms quand tu arrives à-la maison
فيكي بليز تبعتي لي أس.أم.أس. لمّا توصلي عالبيت؟
Tu veux bien m'envoyer un sms quand tu seras à la maison ?

1. b-taƐrf-é t-éktb-é *sms* bel-Ɛarabé ?
tu sais tu écris sms en-arabe
بتعرفي تكتبي أس.أم.أس. بالعربي؟
Tu sais écrire des sms en arabe ?

2. chû ana bent mbêriḫ ya ebn-é ?!
quoi moi fille hier o fils-mon
شو أنا بنت مبارح يا إبني؟!
Tu me prends pour une ignorante, mon petit ?!

13. Apprendre l'arabe et tomber amoureux

À partir d'ici, vous serez exposés à plus d'expressions idiomatiques, et à des phrases de plus en plus complexes. Vous passez du stade débutant au stade intermédiaire. Observez bien comment le libanais utilise certaines tournures de phrases d'une manière qui diffère du français. Par exemple, pour dire "*ça fait combien de temps que tu/vous* + verbe...", on dit **addêch el-ak/-ik/-kon b**+verbe, littéralement *combien* (sous-entendu : *combien de temps*) *pour toi tu* + verbe *?*

Voici quelques verbes dont vous aurez besoin pour composer d'autres phrases autour du thème de ce dialogue : *j'apprends* **b-étɛallam**, *j'enseigne* **b-ɛallém**, *j'écris* **b-éktob**, *je lis* **b'é'ra**, *je parle* **b-éḫké**, *je tombe amoureux/se* **b'û'aɛ bel-gharâm,** *j'aime quelqu'un* **b-ḥébb ḥada.**

1. addêch el-ik b-t-éḫké ɛarabé ?
combien pour-toi(fém.) tu parles(fém.) arabe
قدّيش إلِك بتحكي عربي؟
Ça fait combien de temps que tu parles l'arabe ?

2. el-é chi séné
pour moi environ unan
إلي شي سنه
ça fait environ un an

1. walla brâvo. kîf tɛallamt-é ?
ah bon! bravo(it.) Comment tu as appris(fém.)
والله برافو. كيف تعلّمتِ؟
dis-donc, bravo. Comment tu as appris ?

2. ballachét la-ḫâlé bi musâɛadit ktêb
j'ai commencé seule/inv.) dans aide de livre
بلّشت لحالي بمساعدة كتاب
J'ai commencé seule à l'aide d'un livre

1. chu khaṭar ɛa bêl-ik ?
quoi? est venu à esprit-2PSf
شو خطر عبالِك؟
Comment tu y as pensé (qu'est-ce qui t'est passé par la tête ?)

2. ma chî mƐayyan
pas chose précis
ما شي معيّن
Rien de spécifique.

2. b-ḥebb ktîr el-'akel wel-mûsî'a el-lebnêniyyé
j'aime beaucoup la-nourriture et-la-musique les-libanaises
بحبّ كتير الأكل والموسيقى اللبنانيّه
J'aime beaucoup la nourriture et la musique libanaises

1. w kel hal-ḥaké tƐallamtî-h bi ktêb ?
et tout cette-chose tu as appris-le dans livre
وكلّ هالحكي تعلّمتيه بكتاب؟
Et tout ça tu l'as appris dans un livre ?

2. lâ, men baƐda, 'arrarét êkhod drûs khṣûṣiyyé
non après ça(exp.inv.) j'ai décidé que je prenne des leçons privées
لا، من بعدا قرّرت آخد دروس خصوصيّه
Non, par la suite j'ai décidé de prende des leçons particulières

2. tƐarrafet Ɛala chabb lazîz ktîr b-yaƐṭé drûs
j'ai rencontré sur jeune homme sympa très il donne des leçons
تعرّفت على شب لذيذ كتير بيعطي دروس
J'ai rencontré un jeune homme très sympa qui donnait des cours.

2. ṣor-na ṣoḥbé ktîr
nous sommes devenus amis beaucoup
صرنا صحبه كتير
On est devenu très copains

2. w.... badd-ak t'ûl ḥabbayna baƐḍ
et.... tu veux(mas.) que tu dises on a aimé l'un l'autre
وبدّك تقول حبّينا بعض
Et... tu peux dire qu'on s'est aimé

1. Ɛan jadd ? yây, chu ḥelo !
vraiment(exp.) Oh quoi beau
عن جدّ؟ ياي شو حلو!
C'est vrai ? Oh, que c'est beau !

2. haṣ-ṣayfiyyé badd-o yɛarref-né ɛa ahl-o
cet-été il veut qu'il présente-moi à famille-sa(mas.)
هالصيفيّه بدُّه يعرّفني على أهله
Cet été, il veut que je fasse connaissance avec ses parents

2. la hêk lêzim 'awwé ɛarabiyt-é
pour ça il faut que je fortifie arabe-mon
لهيك لازم قوّي عربيتي
Pour cela, il faut que j'améliore mon arabe.

1. b-t-aɛrfé ťé'ré w t-éktbé chi ?
tu sais(fém.) que tu écrives(fém.) et que tu lises(fém.) est-ce que
بتعرفي تقري وتكتبي شي؟
Est-ce que tu sais lire et écrire ?

2. baɛd ma tɛallamét. ḫa-balléch es-séné ej-jêyé
encore pas j'ai appris je vais-commencer l'-année la-prochaine
بعد ما تعلمت. حبلش السنه الجايه
Je n'ai pas encore appris. Je commencerai l'année prochaine.

14. Traditions et libertés individuelles

Vous apprendrez avec ce dialogue à faire usage de formes grammaticales parmi les plus complexes expliquées dans la partie grammaire. Pour garder le caractère spontané du dialogue, aucun effort de simplification grammaticale artificielle n'a été fait, vous avez donc accès à un échange verbal tel que deux Libanais pourraient l'avoir.

Sur le plan de l'expression ou du lexique, notez ces particularités : pour dire *que veux-tu devenir quand tu seras grand,* on dit **chû badd-ak t-eṭlaɛ lamma t-ṣîr kbîr** (litt. *que veux-tu "monter" quand tu seras grand*, le verbe **tọleɛ/éṭlaɛ** ayant un sens propre "monter" et un sens figuré "devenir" ou "s'avérer être...", comme dans **ṭeleɛ kel hal-ḫaké kézéb** *toutes ces paroles-là se sont avérées être des mensonges*). D'autre part, pour dire *faire des enfants,* le libanais dit *ramener des enfants (au monde),* par exemple **baƐd mâ jêb wlêd** *il n'a pas encore eu d'enfant* (litt. *il n'a pas encore ramené des enfants*).

Sur le plan grammatical, remarquez que certains sujets qui ont une forme de féminin pluriel ont, néanmoins, un verbe conjugué au féminin singulier, comme par exemple **el-'awḍaƐ Ɛam t-etghayyar** *la situation est en train de changer* (litt. *les situations, elle est en train de changer*), ou bien **en-nês b-t-aƐréf** *les gens savent* (litt. *les gens, elle sait*). D'autre part, faites attention à la forme passive **b-y-enḥaka Ɛlay-on** *On parlera d'eux* (litt. *il sera parlé d'eux*), ainsi qu'à tous les adjectifs comparatifs qui apparaissent dans le texte : **ahwan** *plus facile,* de **hayyén/ hayyné/ hayynîn** *facile(s)* ; **aktar** *plus* de **ktîr** *beaucoup* ; **aḥsan** *mieux*, dont l'adjectif correspondant est formé à partir d'une autre racine en libanais **mnîḥ/mnîḥa/mnêḥ** *bon/-ne/-s.* **ahham** *plus important,* de **muhemm/ muhemmé/ muhemmîn** *important/e/s*, et la forme **ahhama chî** *la chose la plus importante.*

1. 'él-l-é, chû ra'y-ak :
dis-à-moi quoi avis-ton(mas.)
قلّي شو رأيك
Dis-moi, quel est ton avis :

1. mech ḥayêt ech-chab ahwan men ḥayêt el-bénet ?
pas vie-de le-jeune homme plus facile de vie-de la-fille
مش حياة الشب أهون من حياة البنت؟
N'est-ce pas que la vie d'un jeune homme est plus facile que celle d'une fille ?

1. ech-chab Ɛand-o ḥorriyyé aktar
le-jeune homme a(chez-lui) liberté plus
الشب عنده حريّه أكتر
L'homme a plus de liberté

2. mîn 'âl hal-ḥaké ?
qui? a dit cette-parole
مين قال هالحكي؟
Qui a dit cela ?

2. b blêd-na ech-chab ƹand-o mas'ûliyyêt ktîr
dans pays-nos le-jeune homme a (chez-lui) responsabilités beaucoup
ببلادنا الشب عنده مسؤوليّات كتير
Dans nos pays l'homme a trop de responsabilités.

2. majbûr y-ṣîr muḥâmé aw mhandis aw ḥakîm
obligé(p.p.) qu'il devienne avocat ou ingénieur ou médecin
مجبور يصير محامي أو مهندس أو حكيم
Il est obligé de devenir avocat ou ingénieur ou docteur

2. la y-kûn-o ahl-o fakhurîn fî-h 'eddêm ej-jirân
pour qu'ils soient parents-ses fiers dans-lui devant les-voisins
ليكونوا أهله فخورين فيه قدّام الجيران
Pour que ses parents soient fiers de lui devant les voisins

2. mâ 'él-o ḥa'' y-eṭlaƹ fannên masalan
pas il a (à-lui) droit qu'il monte artiste par exemple
ما إله حق يطلع فنان مثلاً
Il n'a pas le droit de devenir artiste par exemple

2. majbûr y-ṭaƹmé ahl-o
obligé (p.p. mas.) qu'il fasse manger parents-ses
مجبور يطعمي أهله
Il est obligé de faire vivre (donner à manger à) ses parents

2. la'enno ma fî dawlé b-t-ehtamm b chu'ûn ech-chaƹb
parce que-lui pas il y a gouvernement elle s'occupe dans affaires le-peuple
لأنّه ما في دوله بتهتم بشؤون الشعب
Parce qu'il n'y a pas d'État qui s'occupe des affaires du peuple.

1.wel-bént majbûra t-kûn ḥelwé w ḍƹîfé, w metƹallmé
et-la-fille obligée(p.p. fém.) qu'elle soit jolie et mince et instruite
والبنت مجبورة تكون حلوة وضعيفة، ومتعلمة
Et la fille est obligée d'être belle, mince et instruite.

1. ḥarbû'a w êdamiyyé b-nafs el-wa'et
rusée et vertueuse dans-le même le-temps
حربوقة وآدمية بنفس الوقت
Rusée et vertueuse en même temps

1. éza ma kênit ḥarbû'a b-t-kûn habla
si pas elle était rusée elle est sotte
إذا ما كانت حربوقة بتكون هبلة
Si elle nest pas rusée, (on dit) qu'elle est sotte

1.w éza ḥarbû'a zyêdé ƹan el-lzûm, b-t-kûn bént ƹâṭlé
et si rusée en plus de le-nécessaire elle est fille mauvaise
وإذا حربوقة زيادة عن اللزوم، بتكون بنت عاطلة
Et si elle est rusée plus qu'il n'en faut, elle est mauvaise fille

2. kamên : el-bént weṣ-ṣabé majbûrîn y-etjawwaz-o
aussi la-fille et-le-garçon obligés(p.o.pl) qu'ils se marient
كمان : البنت والصبي مجبورين يتجوّزوا
De même : fille et garçon sont obligés de se marier

2. w y-étjawwaz-o men nafs ed-dîn
et qu'ils se marient de même la-religion
ويتجوّزوا من نفس الدين
Et de se marier (avec quelqu'un) de la même religion

2. w y-jîb-o wlêd, w y-kûn-o mabṣûṭîn
et qu'ils ramènent enfants et qu'ils soient heureux(pl)
ويجيبوا اولاد، ويكونوا مبسوطين
Et d'avoir des enfants, et d'être heureux

2. éza ma kên-o mabṣûṭîn, b-y-énḥaka ƹlay-on
si pas ils étaient heureux(pl.) on parle sur-eux
إذا ما كانوا مبسوطين، بينحكى عليُن
S'ils ne sont pas heureux, on dit du mal d'eux

1. bas halla' el-'awḍâƹ ƹam t-étghayyar
mais maintenant les-situations prog. elle change
بس هلّق الأوضاع عم تتغيّر
Mais maintenant la situation est en train de changer

1. masalan ebén jîrân-na meslé
par exemple fils voisins-nos homosexuel
مثلاً إبن جيراننا مِثلي
Par exemple, le fils de nos voisins est homosexuel.

2. chû yaƐné meslé ?
quoi signifie homosexuel
شو يعني مثلي
Qu'est-ce que ça veut dire homosexuel ?

1. hây kélmé jdîdé, badal ma n-'ûl lûṭé
ça mot nouveau au lieu que nous disons sodomite
هاي كلمة جديدة بدل ما نقول لوطي
C'est un mot nouveau pour ne pas dire "sodomite".

1. el-muhemm bel-'oṣṣa, enno kel el-ḥayy b-y-aƐrif
le important dans-l'-hstoire c'est que tout le-quartier il sait
المهم بالقصّة إنّو كلّ الحي بيعرف
Ce qui est important dans cette histoire est que tout le quartier le sait

1. bas mâ b-y-'ûl-o chî
mais pas ils disent chose
بس ما بيقولوا شي
Mais ils ne disent rien

2. yemkin b-y-'ûyl-o meslé aḥsan men msallaḥ
peut-être ils disent homosexuel mieux de armé
يمكن بيقولوا مِثلي أحسن من مسلّح
*Peut-être qu'ils se disent qu'un homosexuel est mieux qu'un milicien (*litt. *qu'un homme armé)*

1. ṭâlama el-mawḍûƐ mech Ɛalané, ma fî machkal
tant que le-sujet pas public pas il y a problème
طالما الموضوع مش علني، ما في مشكل
Tant que le sujet n'est pas public, il n'y a pas de problème

2. kîf enté Ɛala Ɛélém éza el-mawḍuƐ mech Ɛalané ?
comment? toi(fém.) sur connaissance si le-sujet pas public
كيف إنتِ على علم إذا الموضوع مش علني؟
Comment ça se fait que tu sois au courant si le sujet n'est pas public ?

1. yaɛné, fî ɛalané w ɛalané
c'est-à-dire il y a public et public
يعني، في علني وعلني
Bon, (disons) qu'il y a public et public (plusieurs degrés de ce que l'on peut considérer comme "public")

1. en-nês b-t-aɛrif, bas b-t-ghoḍḍ en-naẓar
les-gens elle sait mais elle détourne le-regard
الناس بتعرف، بس بتغض النظر
Les gens savent, mais font semblant de ne pas voir

1. ahamma chî enno huwwé ma y-eḥké ɛalané
plus important chose que il pas il parle public
أهمّ شي إنه هوّ ما يحكي علني
Le plus important c'est que lui il ne rende pas (son histoire) publique.

15. J'ai fait les courses et j'ai négocié les prix

Ce dialogue vous donnera l'occasion de revoir les formes du passé (l'accompli) : *j'ai fait* **ɛmélét**, *je suis allé* **réḥét**, *j'ai acheté* **chtarêt**, *je suis descendu* **nzélet,** *j'ai baissé* **nazzalét,** *j'ai négocié* **chêraɛét,** *j'ai dit* **'élét,** *j'ai ri* **ḍḥékét.**

1. chû ɛmélté lyôm ?
quoi? tu as fait(fém.) aujourd'hui
شو عملتِ اليوم؟
Qu'est-ce que tu as fait aujourd'hui ?

2. réḥét chtarêt 'akel la kell el-ésbûɛ
je suis allée j'ai acheté nourriture pour toute la-semaine
رحت اشتريت أكل لكل الأسبوع
Je suis partie acheter à manger pour toute la semaine

2. chtarêt fwêké w khoḍra, laḥmé w samak.
j'ai acheté fruits et légumes viande et poisson
اشتريت فواكه وخضره، لحمه وسمك
J'ai acheté des fruits et des légumes, de la viande et du poisson.

1. men wên chtarayté el-laḫmé ?
de où tu as acheté(fém.) la-viande
من وين اشتريت اللحمه؟
D'où tu as acheté la viande ?

2. men ƹand el-laḫḫâm yallé ƹaz-zêwyé
de chez le-boucher qui au-coin
من عند اللحام يلّي عالزاويه
De chez le boucher qui est au coin (de la rue).

1. wel-khoḍra ?
et-les-légumes
والخضره؟
Et les légumes ?

2. men ƹand el-khoḍarjé yallé b 'êkhir ech-chêriƹ
de chez le-"légumier" qui dans fin la-rue
من عند الخضرجي يلّي بآخر الشارع
De chez le vendeur de légumes qui se trouve à la fin de la rue.

1. wes-samak ?
et-le-poisson
والسمك؟
Et le poisson ?

2. nzélt ƹal-*port* chtarêt arbƹa kîlo ṣolṭan brahîm
je suis descendu(e) sur-le-port(fr.) j'ai acheté 4 kilo rouget
نزلت عالبور اشتريت أربعه كيلو سلطان ابراهيم
je suis allée au port et j'ai acheté 4 kilos de rouget

1. b-'addêch el-kîlo ?
à-combien le-kilo
بقدّيش الكيلو؟
À combien le kilo ?

2.el-'asƹâr jnûn. kel bayyêƹ b-y-ḫoṭṭ seƹer ƹa zaw'-o
les-prix folie chaque vendeur met prix à goût-son(mas.)
الأسعار جنون. كل بيّاع بيحطّ سعر عذوقه
Les prix c'est de la folie. Chaque vendeur met le prix qui lui plaît.

2. ḍallêt chêriع rebeع sêعa
j'ai continué que je négocie quart heure
ضلّيت شارع ربع ساعه
Je suis restée un quart d'heure à négocier

2. la-ḥatta bel-êkhir nazzallt es-seعer عan-noṣṣ
jusqu'à dans-la-fin j'ai descendu le-prix sur-la-moitié
لحتى بالآخر نزّلت السعر عالنص
Jusqu'à ce qu'à la fin j'aie baissé le prix de la moitié.

2. 'elté-l-o : "chû samak mestawrad ?
j'ai dit-à-lui quoi? poisson importé
قلت له: "شو سمك مستورد؟"
Je lui ai dit : "quoi ? c'est du poisson importé ?

2. ma el-baḥer hôn, wes-samkêt lebnêniyyé !"
si la-mer là et-les-poissons libanais
ما البحر هون والسمكات لبنانيّه
La mer est bien là et le poisson est libanais !"

2. ṣâr y-eḍḥak, bas ma nazzal es-seعer
aux.(il s'est mis à) qu'il rie mais pas il a baissé le-prix
صار يضحك، بس ما نزّل السعر
Il s'est mis à rire, mais il n'a pas baissé le prix

2. عmélt ḥal-é râyḥa échtéré men عand jâr-o
j'ai fait semblant (exp.) partante(p.a. fém.) que j'achète de chez voisin-son(mas.)
عملت حالي رايحه إشتري من عند جاره
J'ai fait semblant d'aller acheter de chez son voisin

2. عayyaṭ-l-é w 'al-l-é :
il a appelé-à-moi et il a dit-à-moi
عيّطلي وقال لي
Il m'a rappelée et m'a dit :

2. ṭab yallâ, khediy-on b-'add ma baddik
bon allons-y prends(imp. fém.)-les à-autant ce que tu veux(fém.)
طب يلا، خديهن بقدّ ما بدّك
"Bon d'accord, prends-les au prix que tu veux".

1. *bravo* عlay-ké
bravo sur-toi(fém.)
برافو عليكِ
Bravo.

16. Problème d'eau sous la douche

Les coupures d'eau, ainsi que les coupures d'électricité, sont le pain quotidien de la plupart des Libanais depuis 1975. L'eau est emmagasinée dans des citernes qui se remplissent aux heures de ravitaillement de chaque quartier. Quand les citernes se vident avant la nouvelle date de ravitaillement, on a recours à des générateurs d'eau privés. De même pour l'électricité, la plupart des gens ont un générateur privé pour compenser les moments de longues coupures.

Parmi les phrases que l'on entend souvent par rapport à l'eau et à l'éléctricité : **n'aṭaɛit el-mayy/el-kahraba** *l'eau/l'électricité a été coupée* ; **el-mayy/el-kahraba ma'ṭûɛa** *l'eau/l'électricité est coupée* ; **éjit el-mayy/ el-kahraba** *l'eau/l'électricité est "venue",* **ayya sêɛa râḫit el-kahraba ?** *à quelle heure l'électricité est-elle partie (a-t-elle été coupée) ;* **dawwér el-*moteur*** *mets en marche le générateur.*

La salle de bains, ainsi que les toilettes s'appellent **ḫammêm** en libanais. Voici quelques phrases : **badd-é fût ɛal-ḫammên** *Je voudrais aller (entrer) aux toilettes*, **ana bel-ḫammên** *je suis dans les toilettes,* aussi bien que *je suis dans la salle de bains,* **ana taḫt ed-dûch** *je suis sous la douche*, **ɛam y-êkhod dûch** *il prend une douche.* Sur la base de l'emprunt au français "douche", il existe un verbe "se doucher" : *je suis en train de me doucher* **ɛam b-étdawwach**. "Prendre une douche" implique que l'on ne se lave pas forcément les cheveux, alors que prendre un bain ou se laver complètement, cheveux inclus, est **ɛam b-étḫamam** *je me baigne/je me lave*. Mais les deux expressions sont interchangeables. La baignoire est désignée par un emprunt à l'italien, **bânyo**.

1. mâher, n'aṭaɛit el-mayy w ana taḫt ed-dûch
Maher a été coupée l'-eau et moi sous la-douche(fr)
ماهر، انقطعت الميّ وأنا تحت الدوش
Maher, il n'y a plus d'eau alors que je suis sous la douche

2. ṭabعan, él-ik sêعa bel-ḥammên
bien sûr à-toi(fém.) heure dans-la salle de bain
طبعاً، إلِك ساعه بالحمام
Bien évidemment, ça fait une heure que tu es dans la salle de bain

2. chî ṭabîعé t-ékhlaṣ el-mayy
chose normal qu'elle finisse l'-eau
شي طبيعي تخلص المي
C'est normal qu'il n'y ait plus d'eau.

1. ***please*** **fîk t-dawwér** ***moteur*** **el-mayy**
s'il te plaît(ang.) tu peux (mas.) que tu allumes moteur(fr) l'-eau
بليز فيك تدوّر موتور الميّ؟
S'il te plaît, tu peux mettre en marche le générateur d'eau ?

2. ḥatta law dawwart-o
même si j'ai allumé-lui
حتى لو دوّرته
Même si je le mets en marche (le moteur)

2. el-mayy bedd-a chî noṣṣ sêعa la t-éṭlaع
l'-eau veut(fém.) environ demi heure pour qu'elle monte
الميّ بدّا شي نص ساعه لتطلع
l'eau a besoin d'environ une demi-heure pour monter

2. b-énṣaḥ-ik t-khallṣ-é b mayy bêrdé w t-eḍhar-é
je conseille-toi(fém.) que tui finisses(fém.) en eau froide et que tu sortes(fém.)
بنصحِك تخَلصي بميّ بارده وتضهري
Je te conseille de finir à l'eau froide et de sortir

17. "Notre taboulé" et le discours chauvin

Avec ce dialogue, vous aurez l'occasion d'utiliser la forme de la première personne du pluriel "nous", et de revoir les couleurs, ainsi que le participe passif (**mafrûmé** *hâchée*, **man'ûعa** *trempée*, **maعṣûr** *pressé*). **ṣaḥtên** est l'expression pour dire *Bon appétit*, elle se dit en fin de repas et non pas en début de repas comme en français (litt. "*deux santés*", sous-entendu "*que ce que vous avez mangé soit digéré en très bonne santé*"). La réponse est **عa 'alb-ak/-ik/-kon** (litt. "*sur ton/votre cœur*", sous-entendu "que votre cœur profite de cette double santé"). Notez que le taboulé est féminin en libanais, vu que c'est un nom qui se termine en -é(-t), (Voir "Le nom" dans la partie "Grammaire").

Un petit lexique culinaire : *frit* **mé'lé**, *frire* **é'lé,** *cuit à l'eau* **maslû'**, cuire à l'eau **eslo',** *grillé* **méchwé,** *griller* **echwé,** éplucher **achchér,** hâcher **efrom.**

1. ḥabbayt-o hat-tabbûlé ?
vous avez aimé ce-taboulé
حبّيتوا هالتبوله
Est-ce que vous avez aimé ce taboulé ?

2. lâ ḥabîbt-é, haydé mâ ésm-a tabbûlé
non chérie-1PS celle-là pas nom-3PSf taboulé
لا حبيبتي، هيده ما إسما تبوله
Non, ma chérie. Ça, ce n'est pas du taboulé (litt. *ça ne s'appelle pas taboulé.)*

2. chû ḥâṭṭa fi-ya ? mâ b-t-ettêkal
quoi mettante(p.a. fém.) dans-3PS (fém.) pas elle se mange
شو حاطة فيا؟ ما بتتاكل
Qu'est-ce que t'y as mis ? Ce n'est pas comestible !

1. hây tabbûlé frensêwiyyé, maع smîd
celle-là taboulé française avec semoule
هاي تبوله فرنساويه، مع سميد
C'est un taboulé français avec de la semoule

2. w lê b-y-sammuw-a tabbûlé ?
et pourquoi ils appelent-elle taboulé
وليه بيسمّوها تبّوله
Et pourquoi ils l'appellent "taboulé" ?

2. mâ él-a khoṣṣa bet-tabbûlé
pas elle-a rapport avec-le-taboulé
ما إلا خصّه بالتبوله
Ça n'a rien à voir avec le taboulé

2. et-tabbûlé lebnêniyyé, alla khala'a lebnêniyyé
le-taboulé libanaise Dieu a créé-elle libanaise
التبوله لبنانيّه الله خلقها لبنانيّه
Le taboulé est libanais, Dieu l'a fait libanais.

2. yaعné lawn-a metl el-عalam el-lebnêné :
c'est-à-dire couleur-sa comme le-drapeau le-libanais
يعني لونا متل العلم اللبناني
C'est-à-dire qu'il a les couleurs du drapeau libanais

2. akhḍar w aḥmar. mech aṣfar metel es-smîd
vert et rouge pas jaune comme la-semoule
أخضر وأحمر. مش أصفر متل السميد
Vert et rouge. Pas jaune comme la semoule.

1. baعd nâ'iṣ el-lôn el-abyaḍ bel-عalam
encore manquant la-couleur le-blanc dans-le-drapeau
بعد ناقص اللون الأبيض بالعلم
Il reste encore la couleur blanche sur le drapeau !

2. khallî-na n'ûl enno ej-jâṭ abyaḍ
restons-nous(aux) que nous disions que la-saladier blanc
خلّينا نقول إنّو الجاط أبيض
On va dire que le saladier est blanc.

2. chûfé neḥna kîf m-naعmél-a :
regarde(imp. fém.) nous comment nous faisons-la
شوفي نحنَ كيف منعملا
Regarde, comment nous, nous le préparons :

2. *recette* la sett achkhâṣ
recette (fr.) pour 6 personnes
روسات لستّ أشخاص
Recette pour 6 personnes

2. ḍommt-ên ba'dûnis, kîlo banadûra, w baṣelt-ên
bouquet-dl. persil kilo tomate et oignons-dl.
ضمّتين بقدونس، كيلو بندوره، وبصلتين
Deux bouquets de persil, un kilo de tomates, et deux oignons.

2. m-n-eghsol el-ba'dûnis mnîḥ
nous lavons le-persil bien
منغسل البقدونس منيح
Nous lavons bien le persil

2. m-n-na''i-h, w m-n-efrem-o nêعim nêعim
nous trions-le et nous coupons-le fin fin
منقيه، ومنفرمه ناعم ناعم
Nous le trions et le coupons très fin

2. wel-banadûra kamên m-n-efrem-a che'af zghiré
et-la-tomate aussi nous coupons-la morceaux petits
والبندوره كمان منفرما شقف زغيره
Les tomates aussi, nous les coupons en petits dés

2. w m-n-ḥoṭṭ-on عa janab
et nous mettons-les de côté
ومنحطّن عجنب
Et nous les mettons de côté.

2. m-n-'achcher el-baṣal w m-n-eferm-o nêعim
nous épluchons le-oignon et nous-coupons-le fin
منقشّر البصل ومنفرمه ناعم
Nous épluchons les oignons et nous les coupons fins

2. w m-n-zîd faw'-o bhâr w méléḥ
et nous ajoutons dessus-lui poivre et sel
ومنزيد فوقه بهار وملح
Et nous y ajoutons du poivre et du sel

2. m-n-efrok mnîḥ el-baṣlêt maع el-bḥar wel-méléḥ.
nous pressons bien les-oignons avec le-poivre et-le -sel
ومنفرك منيح البصلات مع البهار والملح
Nous pressons bien les oignons (avec les mains) avec le poivre et le sel

2. w m-n-zîd عlay-on el-ba'dûnis el-mafrûm
et nous ajoutons sur-eux le-persil le-coupé(p.p. mas.)
ومنزيد علّين البقدونس المفروم
Et nous y ajoutons le persil coupé

2. wel-banadûra el-mafrûmé
et-la-tomate la-coupée(p.p. fém.)
والبندوره المفرومه
Et la tomate coupée

2. wa't el-'akel, m-n-zîd zêt w ḥâmoḍ maʕṣûr
temps le-manger nous ajoutons huile et citron pressé(p.p. mas.)
وقت الأكل، منزيد زيت وحامض معصور
Au moment de manger, on ajoute de l'huile et du citron pressé

2. w malʕ't-ên berghol
et cuillère-dl. bourghoul
وملعقتين برغل
Et deux cuillères de bourghoul

2. w m-n-ekhleṭ-on kell-on sawa
et nous mettons-eux tous-eux ensemble
ومنخلطن كلّن سوا
Et nous mélangeons le tout ensemble

2. m-n-zayyin ej-jâṭ bi kam war'it khass
nous décorons le-plat de quelques feuilles de salade
ومنزيّن الجاط بكم ورقة خسّ
Nous décorons le plat avec quelques feuilles de salade

2. w alf ṣaḥtên...
et mille bon appétit(exp.)
وألف صحتين
Et mille bon appétit...

18. Que fais-tu ce week-end ?

Maher parle avec Lamia, et lui demande ce qu'elle compte faire ce week-end. Cette leçon vous permettra de réviser l'usage des participes actif et passif dont on a parlé dans la partie grammaire.

1. *hi*, kîf-ik ?
salut(ang.) comment-toi(fém.)
هاي، كيفِك؟
Salut, comment vas-tu ?

2. mnîḥa, w enta kîf-ak ?
bien(fém.) et toi(mas.) comment-toi(mas.)
مينحه، وإنتَ كيفك؟
Ça va, et toi comment vas-tu ?

1. mnîḥ. chû ɛâmlé lyôm ?
bien(mas.) quoi? faisante(p.a. fém.) aujourd'hui
منيح. شو عامله اليوم
Ça va que fais-tu aujourd'hui ?

2. ṭâlɛa ɛaj-jabal 'aḍḍé el-*week-end* maɛ ref'ât-é
montante(p.a. fém.) à-la-montagne que je passe le-week-end(ang.) avec amis-mes
طالعه عالجبل قضّي الويك اند مع رفقاتي
Je vais à la montagne passer le week-end avec mes amis

1. maɛ-ik ḥa''. bayrût chôb ktîr
avec-toi(fém.) raison Beyrouth chaud très
معك حق. بيروت شوب كتير
Tu as raison. Il fait trop chaud à Beyrouth.

1. nchalla t-enboṣṭ-é
inchalla que tu te réjouisses(fém.)
انشا الله تنبسطي
J'espère que tu vas t'(y) amuser

1. êmtan rêjɛa ?
quand? revenante(p.a. fém.)
إيمتن راجعه؟
Et quand est-ce que tu reviens ?

2. mech 'abl et-tanên
pas avant le-lundi
مش قبل التّنين
Pas avant lundi

2. la'enno el-'aḥad ɛaj'a ktîr ɛaṭ-ṭer'ât
parce que le-dimanche embouteillage très sur-les-routes
لأنه الأحد عجقه كتير عالطرقات
Parce que le dimanche, il y a beaucoup de gens qui prennent la route.

2. w enta chû ع âmil ?
et toi(mas.) quoi? faisant(p.a. mas.)
وإنتَ شو عامِل؟
Et toi, qu'est-ce que tu vas faire ?

1. ana bâ'é bi bayrût
moi restant(p.a. mas.) dans Beyrouth
أنا باقي ببيروت
Moi, je reste à Beyrouth.

1. عand-é cheghel ktîr
j'ai travail beaucoup
عندي شغل كتير
J'ai beaucoup de travail

2. ḥatta bel-*week- end* b-t-échtéghél
même dans-le-week-end (ang.) tu travailles(mas.)
حتى بالويك اند بتشتغل؟
Même le week-end tu travailles ?

1. Majbûr !
obligé (p.p. mas.)
مجبور!
Je suis obligé.

19. Leur physique, caractère, et profession

Maher demande plus de précisions à Lamia quant aux copains avec qui elle compte passer le week-end. Lamia les décrit un par un, leur physique et leurs traits de caractère.

1. mîn ref'ât-ik yallé ḥa-t'aḍḍé maع-on el-*week-end* ?
qui? amis-tes(fém.) qui tu vas passer avec-eux le week-end(ang.)
مين رفقاتِك يلّي حتقضّي معن الويك اند؟
C'est qui les copains avec qui tu vas passer le week-end ?

2. wâ'el, w sâmi w rola. b-t-aعréf-on yémkin
Wael et Sami et Rola tu connais-eux peut-être
وائل، وسامي ورلى، بتعرفن يمكن
Waêl et Sami et Rola. Tu les connais peut-être.

1. mâ b-étzakkar. kîf chakl-on ?
pas je me rappelle comment forme-leur
ما بتذكّر. كيف شكلن؟
Je ne me rappelle pas. Comment sont-ils ?

2. wâ'él 'asmar, 'aṣîr chway w naṣṣûḥ
Wael brun court un peu et gros (diminutif)
وائل أسمر، قصير شوي ونصّوح
Waêl est brun, il est petit de taille et un peu rondelet

2. chaƐr-o aswad, Ɛand-o chwêrib, Ɛyûn-o Ɛasalé
cheveux-ses(mas.) noir il a moustaches yeux-ses(mas.) miel
شعره أسود، عنده شوارب، عيونه عسلي
Il a les cheveux noirs, il a des moustaches et les yeux marrons

2. nékatjé ktîr. mahḍûm ktîr
blagueur très mignon très
نكتجي كتير، مهضوم كتير
C'est un gros blagueur. Il est très mignon

1. 'addêch Ɛomr-o ?
combien âge-son(mas.)
قدّيش عمره؟
Quel âge a-t-il ?

2. sabƐa w Ɛéchrîn séné
7 et 20 année
سبعه وعشرين سنه
27 ans

1. chû b-y-eschtéghél ?
quoi? il travaille
شو بيشتغل؟
Qu'est-ce qu'il fait comme travail ?

2. estêz *maths* bi madrasé bel-'achrafiyyé
prof maths(fr.) dans école dans-la.Achrafieh
إستاذ ماتّ بمدرسه بالأشرفيه
Il est prof de maths dans une école à Achrafieh

1. wet-têné mîn ?
et-le-deuxième qui?
والتاني مين؟
Et le deuxième qui c'est ?

2. et-têné sâmi, ebn khâl-o la wâ'él
le-deuxième Sami fils oncle-son(mas.) à Wael
التاني سامي، إبن خاله لوائل
*Le deuxième est Sami, le cousin maternel de Waêl (*litt. *c'est son cousin maternel à Wael)*

2. sâmi el-ع akes tamêm
Sami le-contraire complètement
سامي العكس تمام
Sami c'est tout à fait le contraire

2. ṭawîl, ḍعîf, abyaḍ, ach'ar, عyûn-o zéré'
long mince blanc blond yeux-ses(mas.) bleu
طويل، ضعيف، أبيض، أشقر، عيونه زرق
Il est grand, mince, blanc, blond aux yeux bleus

2. 'émm-o almaniyyé. huwwé w 'émm-o jaddiyé ktîr
mère-sa(mas.) allemande lui et mère-sa(mas.) sérieux très
إمّه ألمانيّه، هوّ وأمّه جديّه كتير
Sa mère est allemande. Ils sont tous les deux très sérieux.

2. mâ fî mazeḥ maع-on
pas il y a plaisanteries avec-eux
ما في مزح معن
Impossible de plaisanter avec eux.

2. bas mart-o w wlêd-o lazizîn
mais femme-sa(mas.) et enfants.ses(mas.) sympathiques
بس مرته وولاده لذيذين
Mais sa femme et ses enfants sont très sympathiques

1. b-chû b-yechtéghél sâmi ?
dans -quoi? il travaille Sami
بشو بيشتغل سامي؟
Il travaille dans quoi Sami ?

2. fêtiḥ maktabé b-el-ḥamra, b-y-bîɛ ketob w sédeyêt
ayant ouvert(m.sg) librairie à-Hamra il vend livres et CDs (pl.)
فاتح مكتبة بالحمرا. بيبيع كتب و سيدييات
Il tient une librairie à Hamra. Il vend des livres et des CDs.

2. mart-o mhandsit *décor.* ḥâliyyan ɛâṭlé ɛan el-ɛamal.
femme-sa(mas.) ingénieur décor(fr.) actuellement en panne de travail(exp.fém.)
مرته مهندسة ديكور، حاليّاً عاطلة عن العمل
Sa femme est décoratrice. Elle est actuellement au chomâge.

1. wet-têlit mîn ?
et-le-troisième qui?
والتالت مين؟
Et le troisième, qui est-ce ?

2. et-têlté rola yallé tɛarraft ɛlay-a haydêk el-yôm.
la-troisième Rola qui tu as rencontré(mas.) sur-elle l'autre jour (exp.)
التالته رلى يلي تعرّفت عليا هيداك اليوم
La troisième c'est Rola que tu as rencontrée l'autre jour.

1. âh, hây es -samra eṭ-ṭawîlé el-ḥélwé ktîr
Ah, celle-là la-brune la-longue la-belle très
آ، هَاي السمرا الطويله الحلوه كتير؟
Ah, celle (qui est) brune, grande et très jolie ?

2. béẓ-ẓabéṭ. w la maɛlûmêt-ak baɛd-a ɛazba
exactement et pour informations-tes(mas.) être encore-elle célibataire
بالظبط. ولمعلوماتك بعدا عزبا
Exactement. Et sache qu'elle est encore célibataire.

2. yaɛné ɛand-ak *chance.*
c'est-à-dire tu as(mas.) chance(fr.)
يعني عندك شانس
Donc, tu as tes chances

1. men wên b-t-aɛrfi-ya la rola ?
de où tu connais-elle à Rola
من وين بتعرفيا لرلى؟
Tu la connais d'où, Rola ?

2. ken-na sawa bel-madrasé
être-nous ensemble dans-la-école
كنّا سوا بالمدرسه
Nous étions ensemble à l'école

2. b-t-aƐrif enn-ak ḥachchûr ktîr ?
tu sais(mas.) que-toi(mas.) curieux très
بتعرف إنّك حشور كتير؟
Tu sais que tu es très curieux ?

1. ana ḥachchûr, w enté b-t-ḥébbé t-éḥké ktîr
moi curieux et toi(fém.) tu aimes(fém.) que tu parles(fém.) beaucoup
أنا حشور، وإنتِ بتحبي تحكي كتير
Moi je suis curieux, et toi tu aimes parler beaucoup

2. lêb'în Ɛa baƐḍ
assortis sur l'un l'autre (exp.)
لابقين عبعض
On va bien ensemble.

20. Raconte-moi ta vie en période de guerre

Maher rencontre une Française qui parle arabe, et qui lui pose des questions sur sa vie pendant les années de guerre. Il n'a pas envie de répondre. Il a plutôt envie de dire à la jeune femme qu'il la trouve très belle.

1. khabber-né, mén wên énta ?
racontes-moi de où toi(mas.)
خبّرني، من وين إنتَ؟
Racontes-moi, tu viens d'où ?

2. ana khal'ân b lebnên
moi naissant(p.a. mas.) au Liban
أنا خلقان بلبنان
Je suis né au Liban

1. ayya séné khlé'ét !
quelle année tu es né(mas.)
أيّة سنة خلقت؟
En quelle année tu es né ?

2. sénit el-'alf w tesƐmiyyé w khamsa w sabƐîn
l'année de le-1000 et 900 et 5 et 70
سنة الألف وتسع ميّه وخمسه وسبعين
En l'an 1975.

1. khabber-né kîf kênit ṭufûlt-ak ?
racontes-moi comment elle était enfance-ton(mas.)
خبّرني، كيف كانت طفولتَك؟
Dis-moi, comment était ton enfance ?

2. b-etƐa''éd : mnel-baḥér lat-ṭaléj
elle complexe de-la-mer à-la-neige
بتعقّد: من البحر للتلج
*Géniale (*litt. *à complexer) : de la mer à la neige*

2. b-ḥebb ktîr ésbaḥ w aƐmil *ski*
j'aime beaucoup que je nage et que je fasse ski(fr.)
بحب كتير إسبح وأعمل سكي
J'aime beaucoup nager et faire du ski.

1. 'azd-é zekrayêt-ak Ɛan el-ḥarb
propos-mon souvenirs-tes(mas.) sur la-guerre
قصدي ذكرياتك عن الحرب
Je veux dire tes souvenirs de guerre

2. ayya ḥarb menn-on ?
quelle guerre de-elles(pl)
أيه حرب منّن؟
Laquelle des guerres ?

1. kell snîn el-ḥarb
tout années la-guerre
كلّ سنين الحرب
Toutes les années de guerre

2. aḥla zekra Ɛand-é :
plus beau souvenir chez-moi
أحلى ذكرى عندي :
Le plus beau souvenir que j'aie :

2. enno wa't el-'aṣef kênit t-sakker el-madrasé
que temps le-bombardement était(aux.) elle fermait l'-école
أنه وقت القصف كانت تسكّر المدرسة
C'est qu'au moment des bombardements, l'école fermait

1. w chû kamên ?
et quoi aussi
وشو كمان؟
Et quoi d'autre ?

2. ma ع and-é zekrayêt tênyé
pas chez-moi souvenirs autres
ما عندي ذكريات تانية
Je n'ai pas d'autres souvenirs

1. maع'ûl ?
possible?
معقول؟
Est-ce possible ?

2. yaعné b-charaf-ik hayda mawdûع lazîz ?
c'est-à-dire en-honneur-ton(fém.) ça sujet agréable
يعني بشرفِك هيدا موضوع لذيذ؟
*Non, mais vraiment (*litt. *selon ton honneur) tu trouves que c'est un sujet de discussion agréable ?*

2. khabbrî-né bel-aḥra عan *bronzaj*-ik el-ḥélo
racontes-moi plutôt de bronzage(fr)-ton(fém.) le-beau
خبّريني بالأحرى عن برونزاجِك الحلو
Parle-moi plutôt de ton beau bronzage

2. aw عan kîf tعallamt-é عarabé
ou de coment tu as appris arabe
أو عن كيف تعلّمتي عربي
Ou de comment tu as appris l'arabe

1. abel, khabber-né enta عan el-ḥarb bi kam kelmé.
avant, raconte-moi toi de la-guerre en quelques mots
قبل، خبّرني إنت عن الحرب بكم كلمة
Avant, parle-moi de la guerre en quelques mots

2. el-ḥarb bi kam kelmé ! *OK* :
la-guerre en quelques mots OK(ang)
الحرب بكم كلمة! أوكي :
La guerre en quelques mots, OK

2. 'aṣéf, malja' taḥt el-'areḍ, 'aṭɛit kahraba
bombardement abri sous la-terre coupure de électricité
قصف، ملجأ تحت الأرض، قطعة كهربا
Bombardement, abri au sous-sol, coupure d'électricité.

2. 'annâṣ, sayyârât mfakhkhakha, dwêlîb maḥrû'a
franc-tireur, voitures piégées pneus brûlés
قنّاص، سيّارات مفخّخة، دواليب محروقة
franc-tireur, voitures piégées, pneus brûlés.

2. hây sétt kelmêt.
voici 6 mots
هاي ست كلمات
En voilà six mots

1. yaɛné kên metel el-ɛirâ' lyôm.
c'est-à-dire c'était comme l'-Iraq aujourd'hui
يعني كان متل العراق اليوم
Donc, c'était comme l'Iraq aujourd'hui

2. hêk chî, bas neḥna es-sabbâ'în !
ainsi chose mais nous les-précurseurs
هيك شي، بس نحن السبّاقين!
Quelque chose dans le genre, mais nous sommes les précurseurs !

2. enté chû ? ṣoḥafiyyé ? walla ɛâlmit nafs ?
toi(fém.) quoi? journaliste(fém.) ou bien psychologue (savante de l'âme)
إنتِ شو؟ صحافيّة؟ ولا عالمة نفس؟
Et toi, tu fais quoi ? Journaliste ? Ou psychologue ?

2. aw yemkin jêsûsé ? kel ej-jwêsîs b-t-etɛallam ɛarabé
ou peut-être espionne tous les-espions apprend arabe
أو يمكن جاسوسة؟ كل الجواسيس بتتعلّم عربي
Ou peut-être que tu es une espionne. Tous les espions apprennent l'arabe

1. ê, halla' ej-jwêsîs ع al-mûḍa ktîr
oui maintenant les-espions à-la-mode beaucoup
إي، هلّق الجواسيس عالموضة كتير
Oui, actuellement les espions sont très à la mode

2. bas, ya rayt-on kell-on ḥelwîn 'add-ik
mais seulement-si-eux(exp) tous-eux beaux(pl) autant-toi(fém.)
بس، يا ريتن كلّن حلوين قدّك
Seulement s'ils étaient tous aussi beaux que toi.

1. kell-ak zô', *merci* ktîr.
tout- toi(mas.) goût (exp.) merci(fr.) beaucoup
كلّك ذوق، مرسي كتير.
Tu es plein de (bon) goût, merci beaucoup.

IV. La culture et ses mots

1. Histoire et idéologie : de l'antiquité jusqu'en 1975

Contrairement à ce qui se passe pour d'autres pays, il n'existe pas au Liban de consensus scientifique ou idéologique sur les éléments clé de l'histoire du pays. Il n'y a donc pas un seul "objet Liban" que l'on puisse objectivement décrire. Par conséquent, depuis de longues années, l'enseignement de l'histoire et de la géographie dans les écoles libanaises est parcellaire, et vit au gré des idéologies communautaires.

Géographiquement, on peut toutefois dire que le Liban se présente en quatre bandes de terres parallèles, orientées nord-sud. À l'extrémité orientale de la Méditerranée, se tient une plaine côtière[30] étroite aux vergers fertiles. À l'est de cette plaine côtière, le paysage est dominé par deux massifs calcaires, le Mont Liban et l'Anti Liban, qui encadrent la plaine de la Békaa[31], véritable grenier à blé irrigué naturellement de cours d'eau permanents. Le Mont-Liban[32] est continué au sud-est par la montagne du Chouf[33]. L'Anti-Liban, aussi sec que le Mont-Liban est arrosé, forme une frontière naturelle avec la Syrie au nord et à l'est. Au sud, le Liban a une frontière avec Israël (pour beaucoup, encore appelé la "Palestine occupée" ou la "Palestine" tout court).

La superficie et les frontières du Liban diffèrent selon le positionnement idéologique que l'on adopte. Diverses références, locales ou internationales, avancent des chiffres tels que 10.230,

---

[30] C'est là que les grandes villes du pays ont été fondées. Du nord au sud : Tripoli, Byblos, Beyrouth, Sidon et Tyr.

[31] Deux des destinations touristiques les plus importantes au Liban se trouvent dans la plaine de la Békaa : Anjar pour ses ruines omeyyades, et Baalbeck pour ses majestueux temples romains.

[32] Grande arête d'environ 100 km nord-sud et 30 km dans sa plus grande largeur, entaillée de gorges profondes (1000 m de profondeur dans la vallée de la Qadisha), traversées d'est en ouest par plusieurs rivières. Plusieurs monts s'y nichent. La Qornet Es-Saouda, avec ses 3087m, est le point culminant du Liban. Beaucoup de villages du Mont-Liban sont des destinations touristiques.

[33] Plusieurs villages du Chouf également sont des destinations touristiques : Aley, Bhamdoun, Sawfar, Deir el Qamar, Beiteddine.

10.400, ou 10.000 km². Beaucoup de Libanais font, depuis les années de guerre, un usage presque systématique du chiffre 10.452 km². Bien que ce chiffre (devenu slogan du temps de Béchir Gemayel, président libanais assassiné à Beyrouth en 1982) soit extensivement employé dans la rhétorique politique, la question de la superficie réelle du Liban reste ouverte.

Il n'y a donc pas d'unité de lieu officielle et consensuelle pour ce pays que les brochures touristiques présentent souvent comme un espace naturel privilégié en sources d'eaux dans un Moyen-Orient extrêmement sec.

Quant à l'histoire du pays, certains la font remonter au fondateur phénicien de la ville de Thèbes, Cadmos [34]. Les brochures touristiques utilisent le slogan "Liban 6000 ans de culture" avec, à l'appui, des images de sites archéologiques et touristiques dont le nombre est démesuré pour un si petit pays. Un grand nombre de ces sites remonte aux Phéniciens[35]. D'autres témoignent aussi du passage des Égyptiens, des Perses, des Assyriens, des Babyloniens, des Grecs, des Romains, des Omeyyades, des Fatimides, des Seldjoukides, des Croisés, des Mamelouks, et des Ottomans[36], qui

---

[34] Selon le mythe grec, Cadmos serait parti des côtes phéniciennes vers la Grèce à la recherche de sa sœur Europe, fille du roi Agénor enlevée par Zeus. Il aurait fait connaître l'alphabet aux Grecs.

[35] Les Phéniciens dominent tout le commerce méditerranéen, fondant l'une des plus grandes civilisations de l'époque, une civilisation émanant de plusieurs cités-États indépendantes. Grands voyageurs, ils fondèrent des colonies sur tout le pourtour méditerranéen, et exportèrent au monde leur alphabet.

[36] A partir de 1516, les Ottomans établissent leur pouvoir dans la région pendant quatre siècles tout en laissant une autonomie aux princes locaux, dont les plus connus sont les Émirs de la famille des Maan 1590-1687, et ceux de la famille des Chéhab 1697-1841. Cette période féodale est marquée par des luttes de pouvoir et de domination entre familles de notables. Mais c'est également une période pendant laquelle le Liban connut un véritable essor économique et urbain : traités et échanges avec la Toscane, construction de palais et de caravansérails par des ingénieurs italiens, etc. En 1840, le malaise provoqué par les luttes de pouvoir entre les familles féodales éclate en une terrible guerre civile

ferment la troupe des conquérants du Liban, jusqu'au mandat français[37] qui sera suivi de l'indépendance[38].
D'autres historiens font commencer l'histoire du Liban par la décision française, en 1926, de créer un "Grand Liban" aux frontières étendues. Pour d'autres encore, différentes dates-clés seront privilégiées, avec plus ou moins de raisons. Certaines de ces périodes historiques revêtent plus d'intérêt pour une communauté de Libanais que pour une autre, et se trouvent ainsi au centre de leur historiographie, et à la racine de leur mythologie fondatrice.

En somme, bien que l'on puisse tracer ces quelques jalons historiques consensuels, ils ne suffisent pas à donner aux différentes narrations historiques en cours cette unité de ton qui fait de l'histoire d'un pays un héritage commun à tous ses citoyens[39].

---

interconfessionnelle qui durera 20 ans et finira par des massacres qui seront ensuite couverts par une amnistie générale au lendemain de la guerre. En 1860, suite à l'intervention de la France, le "Mutassarrifiyat" du Mont-Liban est créé : une province ottomane semi-autonome constituée essentiellement de la montagne libanaise, et où ne sont pas encore inclus les villes côtières, la Békaa, et le sud de l'actuel Liban.

[37] En 1920, suite à la chute de l'empire ottoman après la première guerre mondiale, la France crée l'État du Grand Liban après avoir annexé au Mutassarrifiyat quelques territoires : la Békaa, Tripoli, Jabal Amel, Akkar, Beyrouth et le Sud Liban. La Constitution du nouvel État est calquée sur la Constitution française de 1875, elle a duré 64 ans, soit de 1926 à 1990, date de l'entrée en vigueur des amendements constitutionnels prescrits dans les accords de Taëf.

[38] En 1943, le 22 novembre, avant la fin de la deuxième guerre mondiale, le Liban fut proclamé indépendant. Les troupes françaises et les forces anglaises évacuèrent le pays en 1946. Le Liban devient un état souverain qui sera membre fondateur aussi bien de la Ligue Arabe que des Nations Unies. Par la suite, le Liban connut pendant quelques décennies un boom économique et une renaissance culturelle, artistique et touristique, qui lui valut des titres aussi gratifiants que "la Suisse du Moyen-Orient".

[39] Il n'est pas jusqu'à la fameuse "guerre du Liban" (on n'ose dire si elle fut "civile" ou pas, car cette épithète elle-même implique une prise de position contestée) dont on ait le plus grand mal à déterminer sinon le début, du moins la fin.

Il n'y a pas non plus d'accord réel sur ce que c'est qu'être Libanais. La "libanitude" d'un individu ou d'une communauté est un statut symbolique utilisé par les individus et les communautés concernées d'une manière qui peut sembler fantaisiste : on peut se dire Libanais le matin en parlant à un Américain ou à un Japonais, s'affirmer Maronite, Grec-Orthodoxe, Grec-Catholique, Sunnite, Chiite ou Druze l'après-midi en parlant à un ami ou à un ennemi, et se redire Libanais à l'heure d'une réconciliation présidée par un Français ou un Qatari. Le suivi administratif des citoyens est une tâche partagée entre un État central faible et des registres communautaires multiples, de sorte que le citoyen libanais est un objet administratif à contours flous. De plus, le dernier recensement démographique officiel, effectué sous le mandat français, date de 1932. C'est en partie sur la base des résultats de ce recensement que fut effectué le partage du pouvoir qui eut lieu entre les différentes communautés en 1943[40]. Rien n'était prévu pour adapter le système à l'évolution démographique qui, pourtant, a bien eu lieu. Par ailleurs, du moins depuis 1975, la faiblesse et les divisions de l'État et des administrations ainsi que la croissance exponentielle du nombre de détenteurs de multiples nationalités ont davantage brouillé les contours de ce que l'on voudrait appeler le peuple libanais.

Bien entendu, une identité nationale ne se limite pas à un lieu, à un laps de temps commun, et à un peuple défini. On peut imaginer qu'un peuple naisse d'une expérience ou d'une volonté commune. La France mandataire au Liban, héritière de la Révolution, trouvait probablement de la grandeur à cette idée d'une nation, le Grand Liban, formée autour d'un idéal, d'une aspiration, d'une volonté commune. L'interprétation par les Libanais de cet idéal s'est faite sous la forme célèbre des deux négations, qui se trouve inscrite dans le Pacte National de 1943 :

---

40 La répartition des principales responsabilités politiques et administratives se fait entre les six grandes communautés confessionnelles. Avec ce système des "quotas", chacune des six grandes communautés détient un droit de veto implicite en cas de désaccord.

"Le Liban a un visage arabe, sa langue est arabe, il fait partie intégrante du monde arabe. Nonobstant son arabité, il ne saurait interrompre les liens de culture et de civilisation qu'il a noués avec l'Occident, du fait que ces liens ont eu justement pour effet de l'amener au progrès dont il jouit"

Le Pacte National de 1943[41]

Le Liban s'est, en effet, fondé sur une sorte de compromis idéologique entre Orient et Occident, entre chrétienneté et islam. C'est dans le flou sémantique de l'expression "visage arabe" que les Libanais, au gré de leurs affiliations politiques et religieuses, ont puisé l'aliment nécessaire pour se faire la guerre. Un célèbre journaliste et homme politique libanais, Georges Naccache, posait le problème en 1949 en ces termes : "Ni occidentalisation, ni arabisation. C'est sur un double refus que la chrétienneté et l'islam ont conclu leur alliance au Liban". Une autre de ses phrases, devenue célèbre au Liban, résume bien la situation : "Deux négations ne font pas une nation"[42].

Le Liban existe pourtant. Et s'il a pu exister et durer et, encore tout récemment, défier maintes morts cliniques qui auraient été fatales à toute autre entité nationale, il y a bien une raison. Certains pensent trouver cette raison dans les intérêts des différentes puissances tutélaires impliquées au Liban, qui veulent garder sous cette coquille vide de souveraineté une sorte de *no man's land* propice à leurs jeux d'intérêt. Cette explication contient sans doute une part de vérité. Cependant, ces jeux d'intérêt n'auraient pas pu maintenir la fiction d'un Liban unifié sans le recours à une idéologie puissante capable d'amener tous les Libanais, par-delà leurs différences, à partager les mêmes illusions. L'idéologie libanaise se

---

[41] Accord non écrit, conclu entre les communautés chrétiennes et musulmanes. Ce pacte fonde le confessionnalisme politique au Liban.

[42] Georges Naccache, paru dans *L'Orient,* le 10 mai 1949. Article reproduit dans *Un rêve libanais 1943-1972*, un recueil regroupant les principaux articles de Georges Naccache, éditions FMA 1983, pp.52-58. La publication de cet article sur trois colonnes à la une de *L'Orient* a causé l'emprisonnement de Georges Naccache ainsi que du rédacteur en chef du journal, Kesrouan Labaki.

fonde sur une croyance qui rapproche des Libanais de tous bords[43], et qui consiste à voir le Liban, non pas comme une entité nationale, mais plutôt comme une entité mythique qui défie les règles, et qui relève du miracle.

Cette croyance se traduit dans une surenchère d'images valorisantes qui servent à donner un sens à ce pays et à son peuple : Les Libanais sont, par exemple, très fiers de rappeler que leur pays (plus précisément la montagne libanaise) et ses multiples richesses (les cèdres, les parfums, le vin, le miel) sont cités 75 fois dans la Bible. Les Libanais sont également très fiers de leurs montagnes enneigées dont parle encore la Bible, la neige étant un élément suffisamment rare au Moyen-Orient pour que les Anciens aient pris soin de le noter. C'est, d'ailleurs, de ses sommets blancs de neige que le Liban tient son nom[44]. Le Liban est également un pays à la "culture pluraliste", un "pont culturel" entre l'Occident et l'Orient, un "trait d'union civilisationnel". C'est un pays de multilinguisme[45] et de finesse diplomatique, mais c'est aussi le pays de la convivialité, de l'hospitalité, de la souplesse et de l'habileté. Le Liban, dans cette vision un peu mythique, est une grande "victime" à la fois de ses assaillants extérieurs et de ses démons intérieurs. C'est un phénix qui renaîtra toujours de ses cendres. Les

[43] La principale différence entre les Libanais et les Syriens, par exemple, n'est ni dans le type ethnique, ni dans la langue, ni dans les habitudes, mais dans l'image de soi. Les Syriens disent qu'ils sont Syriens. Les Libanais imaginent qu'ils sont universels ("Nous avons été partout" : "tout le monde est venu chez nous" ; "Nos ancêtres les Phéniciens", "Nous avons inventé l'alphabet"). Cette croyance chez les Libanais est soutenue par des mythes très évocateurs, notamment de la diffusion universelle et de la réussite des émigrés Libanais à l'étranger.

[44] La racine *lbn indiquant la blancheur, le lait, le yaourt et, par extension, la neige. Le Liban dispose de six stations de ski, s'étendant des Cèdres à Faraya-Mzaar, en passant par Zaarour, Faqra, Laqlouq ou Qana Bakiche.

[45] La forme de la carte géographique libanaise, tout en longueur, fait penser les enfants libanais qui s'appliquent à la dessiner à celle d'une oreille. Dans beaucoup d'écoles, en effet, élèves et enseignants racontent que le don des Libanais pour apprendre des langues est inscrit dans la morphologie du pays en forme d'oreille : qui écoute bien les langues étrangères, les reproduit bien.

Occidentaux eux-mêmes croiront parfois à ces mythes et les propageront. Même livré aux pires atrocités, le Liban restera toujours pour eux la regrettée Suisse de l'Orient, le Berceau de la Civilisation et la Perle de la Méditerranée. Aujourd'hui encore, la presse libanaise et une certaine presse étrangère trouvent souvent plus commode de vanter les merveilles du centre-ville rénové de Beyrouth plutôt que d'évoquer les dures réalités du Liban.

Au-delà de ces fictions, s'il faut donc à tout prix parler d'un objet historique qui s'appellerait Liban, il faut y penser comme un lieu de deux renaissances manquées : celle de l'influence française en Orient, et celle de l'idéal andalou d'une entente multicommunautaire où chrétienneté et islam coexisteraient en paix. L'échec de la première n'intéresse plus guère de nos jours, et fait partie d'un folklore libanais presque entièrement perdu. L'échec de la seconde est plus actuel ; il explique l'intérêt que le Liban continue de susciter.

S'il y a aujourd'hui un Liban, on pourrait dire qu'il est l'enfant de cet échec consommé en 1975.

Dossier 1 : L'hymne national

L'hymne national libanais cristallise, en quelques strophes, quelques monuments de fierté libanaise : l'épée et la plume, la plaine et la montagne, les hommes valeureux, le verbe et l'action, la mer, la terre, les Cèdres, et le nom "Liban". L'hymne national fut composé en arabe littéraire en 1926 par Rachid Nakhlé. Musique de Wahid Sabra.

Kullu-nâ l-el waṭan **l-el ɛulâ l-el ɛalam**
tous-nous pour-le pays pour-la gloire pour-le drapeau

Nous sommes tous pour la patrie, pour la gloire, pour le drapeau.

mel'u ɛayn ez-zaman **sayfu-nâ w-al qalam**
plein l'œil le-temps épée-notre et-le stylo

Par l'épée et la plume nous marquons les temps

sahlu-nâ w-al-jabal **manbiton l-er-rijâl**
plaine-notre et-la-montagne source pour-les-hommes

Notre plaine et la montagne font des (vrais) hommes

qawlu-nâ w-al-ɛamal **fî sabîl el-kamâl**
parole-notre et-l'-action dans chemin la-perfection

À la perfection, nous consacrons nos actes et nos paroles

Kullu-nâ l-el waṭan **l-el ɛulâ l-el ɛalam**
tous-nous pour-le pays pour-la gloire pour-le drapeau

Nous sommes tous pour la patrie, pour la gloire, pour le drapeau.

Kullu-nâ l-el waṭan
pour-la gloire pour-le drapeau

Nous sommes tous pour la patrie

chaykhu-nâ w-al-fata ع enda ṣawti l-waṭan
vieillard-notre et-le-jeune à voix la-patrie

Nos vieux tout comme nos jeunes, sont là quand la patrie appelle

'usdu ghâben mata sâwarat-na l-fitan
lion forêt quand assaillent-nous les-discordes

Tels les lions des forêts ils sont, quand les hostilités nous assaillent

charqu-nâ qalbu-hu abadan lubnân
Orient-notre cœur-son à jamais Liban

Le cœur de notre Orient demeure à jamais le Liban

ṣâna-hu rabbu-hu li-mada l-'azmân
il protégea-lui dieu-son pour-durée les-temps

Son dieu le préserve jusqu'à la fin des temps

Kullu-nâ l-el waṭan l-el ع ulâ l-el ع alam
tous-nous pour-le pays pour-la gloire pour-le drapeau

Nous sommes tous pour la patrie, pour la gloire, pour le drapeau.

Kullu-nâ l-el waṭan
tous-nous pour-le pays

Nous sommes tous pour la patrie

baḥru-hu barru-hu dorratu ch-charqayn
mer-sa terre-sa joyau les-deux orients

Sa terre et sa mer sont les joyaux des deux Orients

refdu-hu berru-hu **mâli'u l-qoṭbayn**
bienveillance-sa bonté-sa remplissant les-deux pôles

Sa bienveillance et sa bonté couvrent les deux pôles .

'ésmu-hu ɛézzu-hu **mondhu kâna l-judûd**
nom-son gloire-son depuis étaient les-ancêtres

Son nom est sa gloire depuis l'Antiquité

majdu-hu arzu-hu **ramzu-hu l-el-khulûd**
grandeur-sa cèdres-ses symbole-son pour-l'-éternité

Sa grandeur est son cèdre, son symbole pour l'éternité

Kullu-nâ l-el waṭan **l-el ɛulâ l-el ɛalam**
tous-nous pour-le pays pour-la gloire pour-le drapeau

Nous sommes tous pour la patrie, pour la gloire, pour le drapeau.

Kullu-nâ l-el waṭan
pour-la gloire pour-le drapeau

Nous sommes tous pour la patrie

2. Le Liban depuis 1975 : une expérience traumatique commune

L'histoire du Liban depuis 1975 est notoirement difficile à raconter. Au premier abord, cela n'a rien de surprenant. Dans toutes les guerres intra-communautaires, on retrouve souvent les mêmes raisons qui retardent l'apparition d'une narration scientifique ou du moins consensuelle : complexité des racines historiques de la guerre ; prédominance et foisonnement des récits partisans ; difficulté d'accéder à des sources fiables ; etc. Mais à ces raisons "classiques", si l'on veut, s'ajoute une difficulté propre au cas libanais. En effet, les événements militaires qui se sont déroulés au Liban depuis 1975 forment une mosaïque d'épisodes inouïe, qui déroute l'usage des historiens. A côté de quelques cas d'affrontement régulier entre des armées classiques, qu'elles appartiennent ou non à des états, on trouve, tout au long de ces années, des épisodes relevant, pêle-mêle, de la guerre civile classique, des guerres de clan, de la vendetta individuelle, de l'assassinat politique, de l'épuration ethnique, et du terrorisme de masse comme arme politico-médiatique. Aucune logique d'ensemble ne semble à même d'expliquer cette diversité.

En ce sens, par certains de ses aspects, la guerre du Liban échappe à la définition traditionnelle, donnée par Clausewitz, de la guerre comme "duel des volontés"[46]. Il s'agit d'une nouvelle forme de conflictualité, encore peu théorisée, où la guerre s'explique non pas comme l'articulation des moyens violents nécessaires pour emporter un objectif rationnel préalablement défini, mais comme l'action d'essaim d'agents viraux qui tendent à créer un certain type de désordre dans le système où ils sont lâchés. Ces guerres d'un nouveau genre se définiraient donc, non pas par la lutte entre deux adversaires, mais par la colonisation d'un système social par des "agents de violence" autonomes. Ces agents n'ont pas pour fonction, tels des soldats, de servir directement les visées d'un des adversaires dans un duel, mais plutôt de créer librement un certain

[46] "La guerre est un acte de violence dont l'objet est de contraindre l'adversaire à se plier à notre volonté" : Clausewitz, *De la guerre (Vom Kriege)*, traduction de Denise Naville, Paris : Minuit, 1955.

quantum de désordre dans le système social. Ce type de guerre[47] change donc totalement la signification ordinaire de ce mot : il ne renvoie plus au duel entre deux adversaires, mais à l'état d'un système ; il ne renvoie plus à deux objectifs qui s'opposent, mais à un "art" de la guerre qui s'exerce. On ne peut plus parler de "la guerre entre A et B", fût-elle à mort. Il faut parler d'"un pays en guerre", comme il y a des pays touristiques.

Cette forme nouvelle de guerre a eu au Liban un de ses grands terrains d'expérimentation. Dès les tout premiers jours, il parut instinctivement évident pour beaucoup qu'on n'assistait pas à un duel aux fins prévisibles, mais qu'au contraire on s'installait dans une nouvelle forme de la vie en communauté. Cette forme ne ressemblait que de loin à la guerre, et les Libanais, en reconnaissance de cette singularité, lui ont donné un nom spécial : "les événements" (**el 'aḥdês**). Au fil de ces événements, la violence prenait des formes nouvelles, variées, imprévisibles, mais qui cadraient toujours mal avec l'idée d'une raison politique, d'un intérêt "raisonnable" auquel la violence serait subordonnée[48].

Par là pourrait s'expliquer l'insensibilité, si frappante pour les visiteurs, des Libanais à leur propre violence. De nombreux observateurs reprochent aux Libanais leur manière légère, cabotine, irrespectueuse, d'évoquer les années de guerre. Et ils l'expliquent par l'endurcissement, le déni de la souffrance, le refus du deuil, tout l'arsenal freudien du refoulement. Ce que ces observateurs ne voient peut-être pas, c'est que les Libanais se placent tranquillement dans un au-delà du deuil. Ils ont appris, depuis 1975, à intégrer la violence dans leur vie quotidienne, non pas comme un sacrifice qui implique recueillement et respect, mais

---

[47] Ce type de guerres peut trouver sa genèse dans les choix tactiques d'adversaires engagés dans une guerre classique. Mais son origine est un hasard de son histoire : une fois lancé le mouvement de colonisation du système social par des agents de violence autonomes, la raison organisatrice à l'origine de ce mouvement en perd la maîtrise.

[48] Si les théories du "grand complot" sont si répandues au Liban, c'est en partie parce que l'esprit humain rejette naturellement comme monstrueuse l'idée d'une guerre sans but, et cherche des objectifs rationnels cachés derrière le désordre apparent des conflits.

comme une donnée profane qu'il faut banaliser. En donnant naissance à une culture de la guerre sans fin et sans raison, les Libanais sont entrés dans l'ère des violences sans sacrement.

On comprend dès lors que les historiens aient, encore aujourd'hui, le plus grand mal à imposer une logique narrative à la guerre du Liban[49]. Certes, quelques acteurs extérieurs à cette guerre ont pu garder des visées stratégiques d'ensemble qui justifient l'usage des concepts de la guerre classique pour décrire certains des événements sur lesquels ils ont plus directement pesé. Tel était le cas de la Syrie, pour qui le Liban est un espace stratégique vital, et d'Israël, qui y a un intérêt primordial de défense. D'une manière sans doute plus complexe, c'est également le cas de l'Iran depuis 1989. On trouve donc dans cette guerre quelques épisodes qui sont des affrontements réguliers entre des armées classiques ou des milices qui, appartenant ou non à des états, sont néanmoins toujours porteuses d'une raison politique. Naturellement, ce sont ces épisodes-là qui servent, dans la plupart des chronologies, à donner un semblant de cohérence à la suite des événements. Mais malgré ce vernis de rationalité, aucune de ces chronologies ne réussit à expliquer toutes les facettes de la guerre.

Plutôt que d'essayer d'imposer une logique simplificatrice à cette guerre complexe, nous allons donc essayer d'en illustrer quelques facettes marquantes, sans prétendre à l'exhaustivité.

Facette N°1. Quelques guerres intelligibles dans un océan de déraison

1975 jusqu'à aujourd'hui : En arrière-plan de la guerre du Liban, il y a un véritable affrontement entre deux projets concurrents pour la région. D'une part, le projet israélien de Ben Gourion, qui consistait à s'approprier le Liban jusqu'au Litani pour faire le Grand Israël, quitte à donner la Jordanie aux Palestiniens et faire ensuite la paix avec les autres Arabes. D'autre part, le projet du Baath syrien, qui était de faire l'unité du Proche-Orient autour d'un noyau central de pouvoir situé à Damas, et de disposer du Liban

[49] Par convention, on appellera "guerre du Liban" tous les événements militaires qui se sont déroulés au Liban depuis le 13 avril 1975.

comme d'un espace vital dès l'origine indissolublement lié à la Syrie. Cet affrontement ne sera jamais déclaré en tant que tel. C'est une sorte de guerre froide, mais "vraie guerre" au sens de Clausewitz, qui se déroulera tout au long des "fausses" guerres du Liban.

1975-1976 : Affrontements entre les milices chrétiennes et les Palestiniens de l'OLP, légitimés par leurs alliés libanais, principalement musulmans. Il semble que ces affrontements se soient soldés par une victoire du camp palestinien, victoire empêchée in extremis par l'entrée des Syriens au Liban. Ces affrontements sont narrés, par l'un des camps, comme une guerre de résistance nationale contre une "occupation palestinienne", une guerre opposant des patriotes libanais à un ennemi étranger, d'autant plus insidieux qu'il a su amener la composante musulmane du pays à une collaboration infâmante avec lui. L'autre camp raconte ces mêmes événements comme une guerre civile, opposant des "isolationnistes" attachés à leurs privilèges indus et ralliés au "complot israélo-impérialiste", aux "progressistes" venus revendiquer et leurs droits oubliés, et leur appartenance à un vaste ensemble arabe en lutte contre Israël. La manière dont cet affrontement a été soldé (entrée "pacificatrice" de l'armée syrienne) fait échec simultanément aux deux projets.

1978 : Tsahal envahit le Sud Liban et y installe jusqu'au fleuve Litani une "zone de sécurité", censée empêcher l'infiltration d'Israël à partir du Liban. L'objectif stratégique de cette opération était d'installer durablement une domination israélienne naturelle jusqu'aux eaux du fleuve Litani.

1982 : Tsahal envahit le Liban avec l'objectif, réussi, de "détruire l'infrastructure militaire de l'OLP au Liban". C'est l'Opération "Paix en Galilée". Une fois cet objectif atteint, Israël se retire partiellement du Liban, en continuant à occuper une partie du Sud Liban.

1989-1990 : Le général Michel Aoun, à la tête d'un gouvernement de militaires chrétiens, non reconnu par les musulmans et par une partie des chrétiens, lance une "guerre de libération" contre Damas. Le général Aoun est évincé du pouvoir et se réfugie en France.

1996 -2000 : Affrontement déclaré entre Tsahal et la milice chiite Hezbollah. Cet affrontement est narré, par le camp israélien, comme une réponse aux actions terroristes du Hezbollah contre les populations civiles du nord d'Israël. Le Hezbollah le présente comme une "guerre de libération", sans toujours préciser quel territoire il s'agit de libérer, et en reconnaissant ouvertement qu'il s'agit d'un "type de guerre original". C'est donc une guerre "à demi-vraie" au sens de Clausewitz. Elle commence, en 1996, avec l'opération israélienne "Raisins de la colère" destinée à briser le potentiel militaire du Hezbollah, et qui se conclut par une trêve sponsorisée par la France et les États-Unis. Elle se termine en 2000 par la victoire du Hezbollah, Tsahal décidant d'un retrait de tout le territoire libanais, enterrant, peut-être pour longtemps, le rêve de Ben Gourion. Le Hezbollah prend possession de la zone.

12 juillet-14 août 2006 : Tsahal attaque une nouvelle fois le Liban, toujours avec l'objectif, non atteint, de "briser le Hezbollah". On peut penser que cette très grave erreur militaire israélienne, sorte de sursaut inutile contre la défaite de 2000, est due à une conjonction de facteurs qui ont affaibli la prévoyance stratégique de Tsahal. Ariel Sharon se trouvant dans le coma, son bras droit, Ehud Olmert, inexpérimenté et craignant la défaveur politique qui l'a rattrapé quelque deux ans plus tard, a voulu redorer son blason et a cru, pour cela, aux promesses de quelques officiers leurrés par une stratégie inadaptée. Les services secrets israéliens, engagés depuis des années dans une lutte contre le Hamas, ont tenté en vain de faire valoir le risque démesuré de l'opération. Il est vrai qu'en 2006, imiter l'administration Bush pouvait sembler de bonne guerre. Le mal que les Israéliens ont eu à nommer leur guerre ("Juste Rétribution" puis "Changement de Direction") illustre son erreur de conception. Le Hezbollah veut présenter cet épisode comme la première guerre que les Arabes gagnent contre Tsahal, et un modèle pour les suivantes.

Facette N°2. Le paradis des factions

L'histoire de la guerre du Liban a été aussi l'histoire d'une récession progressive du pouvoir central. Parallèlement à cette récession, on trouve une extension des factions d'intérêt, qu'elles soient religieuses, communautaires, politiques, ou d'affaires, qui ont réussi à investir la quasi totalité de l'espace public et politique.

Avant la guerre, il existait déjà, dans la Constitution même du Liban, une certaine limitation de principe du pouvoir central. En effet, selon les termes de la Constitution libanaise, le pouvoir central cède sans retour aux communautés religieuses la grande majorité de ses prérogatives concernant l'administration de la vie civile. Depuis la guerre, cependant, les autorités communautaires n'ont pas arrêté de conquérir de nouveaux espaces de souveraineté. Les chefs communautaires gèrent souvent leur région comme un fief. Le centre-ville de Beyrouth est administré comme une zone franche de business au profit d'une communauté d'affaires. Ces limitations de la portée du pouvoir central culminent avec les débats autour de l'insigne le plus haut de la souveraineté, celui du port des armes au nom de la nation.

Facette N°3. De quelques massacres marquants

Entre 1975 et 1990, le Liban connut plusieurs massacres sur son sol. Différents groupes armés, alliés à des pays étrangers qui leur fournissaient armement et formation militaire, se sont déchaînés sur les populations civiles (hommes, femmes et enfants) des groupes auxquels ils étaient opposés. Parmi les massacres les plus connus, il faut citer d'abord le massacre de Karantina (la Quarantaine) le 18 janvier 1976, perpétré par des Phalangistes alliés à Israël. Environ 1500 personnes auraient été tuées[50], dont des Kurdes, des Syriens et des Palestiniens. Le massacre de Damour fut perpétré le 20 janvier 1976 en réponse à celui de Karantina. Dirigé principalement par des milices palestiniennes

[50] William Harris, *Faces of Lebanon. Sects, Wars, and Global Extensions.* Princeton (USA) : Markus Wiener Publishers, 1996.

contre les chrétiens maronites de Damour, ce massacre n'aurait épargné aucun des habitants présents dans ce petit village de la côte libanaise. Deux autres massacres furent dirigés contre des camps palestiniens : le 12 août 1976, un massacre eut lieu dans le camp palestinien établi en 1948 à Tel ez-Zaatar, au nord-est de Beyrouth (où vivaient 50 à 60 mille réfugiés) ; le massacre de Sabra et Chatila, camps de réfugiés palestiniens, a été perpétré la nuit du 16 au 17 septembre 1982 par une milice chrétienne dans un périmètre sécurisé par l'armée israélienne dans le cadre de l'Opération Paix en Galilée[51]. Enfin, il faut citer également, même si les études ont été moins nombreuses sur ce sujet que sur d'autres, les massacres de la montagne libanaise suite au retrait israélien, dont les victimes furent le plus souvent chrétiennes. Tous ces massacres eurent un fort impact sur la mémoire collective libanaise.

Facette N°4. Voitures piégées, snipers, caméras d'observation, et otages occidentaux

On trouve, dans le quotidien des Libanais entre 1975 et 1991 des objets et des personnages nouveaux : les voitures piégées, qui pouvaient exploser à tout moment ; les francs-tireurs qu'il fallait repérer, deviner les moments où ils font leur pause pour pouvoir traverser la rue ou pour, la nuit, allumer la lumière ; les caméras d'observation cachées dans les voitures des vendeurs de café ambulants sur la Corniche ; les otages occidentaux, qui pouvaient être le curé du coin, un artiste épris de l'Orient même en temps de guerre, ou un professeur d'université étranger. Parmi les otages occidentaux les plus médiatisés, citons le sociologue français Michel Seurat, enlevé en 1985 au Liban, mort à 39 ans en 1986, et dont les restes furent retrouvés en 2005 dans la banlieue sud de Beyrouth.

---

[51] Voir à ce sujet le film *Massaker* de Lokman Slim, Monika Borgmann, et Hermann Theisen, documentaire libanais sorti en 2004, ainsi que *Valse avec Bachir* de Ari Folman, dessin animé israélien sorti en 2008.

Un artiste libanais, Walid Raad, a lancé un projet de création collective, Atlas Group[52], qui met en scène, dans un style original, des essais de recensement exhaustif de ces éléments.

Facette N°5. Le financement de la guerre, question ouverte

Il n'existe pas de recherche fiable sur ce sujet, tout au plus des rumeurs. Ces rumeurs sont d'autant moins faciles à vérifier que l'imagination politique libanaise n'est pas avare de théories du complot, et que le secret et la désinformation dominent naturellement dans les faits. Cependant, on est obligé de constater que des financements massifs ont été nécessaires pour permettre la guerre. Ces financements viennent en partie de citoyens notables ou de chefs de guerre qui pouvaient considérer les sommes avancées comme des investissements, mais en partie aussi de pays bailleurs qui avaient les moyens d'acheter par leurs financements un droit d'influence sur les factions libanaises.

Ces pays bailleurs avaient par ailleurs plusieurs moyens d'avancer les fonds qui serviront à l'effort de guerre des différentes factions libanaises. Le financement direct des milices engagées dans la guerre était sans doute pratiqué marginalement, mais, à l'exception du cas de l'organisation de Yasser Arafat, qui pouvait légitimement disposer à sa guise de sommes versées par les pétromonarchies au nom de la résistance à l'ennemi israélien, la trop grande traçabilité de ce moyen de financement le rendait inutilement dangereux. Il fallait donc en trouver d'autres. D'une manière générale, les pays bailleurs se sont efforcés de trouver les moyens les moins traçables. Parmi les moyens dont il est avéré que les pays bailleurs les ont utilisés à un moment ou un autre pour financer les efforts de guerre au Liban, citons : les organisations caritatives ; les pactes de corruption sur des aides d'état ; le financement indirect, par exemple le financement de l'entraînement des certaines milices libanaises dans des pays voisins ; les entrepreneurs providentiels, sortes d'hommes-valise qui permettaient à la raison des états

---

[52] Adresse de la page internet du Atlas Group : www.theatlasgroup.org.

bailleurs de se cacher sous l'apparence de la volonté singulière d'un individu. A côté de son avantage d'opacité maximale, cette dernière technique rendait possible une distribution plus capillaire des sommes allouées, et donc une maîtrise plus serrée par les pays bailleurs du mouvement de leurs obligés au Liban. L'ensemble de ces techniques seront réutilisées dans le financement du terrorisme anti-américain, et dans celui des guerres irakiennes après 2003.

Dossier 2 : Le Liban et l'arabité

La définition et l'interprétation de l'arabité du Liban[53] diffèrent selon les communautés religieuses [54] et politiques. Pour les Maronites, l'identité libanaise se construit par le recours aux origines phéniciennes, ce qui fait d'eux les gardiens de la légitimité historique sur le Liban depuis l'antiquité. De fait, Béchir Gemayel définit la communauté maronite comme étant "la communauté fondatrice" [55]. Par conséquent, cette origine phénicienne, préexistante à l'Islam et à l'arabité, est la seule à même d'exprimer le nationalisme libanais authentique. "Accepter de se dire arabe, c'est donc, pour le Liban, aliéner sa personnalité culturelle et son indépendance politique"[56]. Gemayel voulait fonder un État libanais fort, "un État pour tous, une patrie pour les Chrétiens"[57].

Pour d'autres communautés, qui défendent une idéologie arabo-musulmane, le Liban est certes une entité locale ayant ses caractéristiques, mais il est pleinement arabe par son appartenance socio-politique. L'histoire du Liban ne serait donc qu'une partie de l'histoire arabe de l'ensemble du Proche Orient.

Enfin, pour d'autres encore qui prônent un laïcisme panarabe, l'arabité se base sur la communauté de langue, de culture, d'institutions et de mode de vie. L'Islam est considéré par ces Arabes, souvent chrétiens, non pas comme fondement de l'arabité, mais comme un moment historique important pour la nation

---

[53] Sur ce sujet, il existe une enquête remarquable menée par Roula Jammal Mouawiyah, dans *L'identité socioculturelle libanaise et ses représentations. Etude d'une population immigrée à Paris.* Thèse de doctorat en psychologie sociale, Paris, EHESS, 1994.

[54] Un peu moins d'une vingtaine de communautés religieuses sont officiellement reconnues au Liban.

[55] Discours donné en 1982, repris dans Sélim Abou, 1984, *Béchir Gemayel ou l'esprit d'un peuple*, Éditions Anthropos, Paris.

[56] *idem* p. 313.

[57] *idem* p. 269.

arabe[58]. C'est la formule d'un Liban uni, démocratique, arabe, laïc et progressiste défendue par certains partis libanais qui aspirent à l'édification de la Grande Syrie, la fameuse "Syrie Naturelle" qui comprendrait l'île de Chypre[59].

Ce débat n'est pas sans conséquences sur la langue. Pour les nationalistes maronites, la langue libanaise devait assez vite se démarquer de la langue arabe. Le mouvement de nationalisme linguistique au Liban connut son apogée avec le poète Saïd Akl[60]. Saïd Akl transforme la langue libanaise en la dotant d'un nouvel alphabet pour la libérer de l'écriture arabe, et préconise d'écrire désormais en libanais[61].

---

[58] Saade A. *L'Islam dans ses deux messages : chrétien et mahométan*. Beyrouth (en arabe), 1977.

[59] Saade A. 1977 *La formation des Nations*. Beyrouth (en arabe)

[60] À ce propos, voir Arkadiusz Plonka. *L'idée de langue libanaise d'après Sa'īd 'Aql*. Paris : Geuthner, 278 p., 2004.

[61] En écho à la littérature en langue libanaise de Said Akl, une télé des années 90, ICN, a décidé de lire son journal de 20h en libanais. La tentative a finalement échoué devant la non-réceptivité des auditeurs.

3. Une culture originale

Vivre au Liban, tel qu'il est décrit dans les deux chapitres précédents, n'est donc pas une mince affaire. Ici, la vie rime avec survie. Et souplesse aussi. De fait, les Libanais sont passés pour des spécialistes en matière de survie[62] et d'adaptabilité[63]. Leurs réflexes d'auto-protection se déclenchent dès qu'une guerre éclate, ainsi que leur joie de vivre dès qu'une trêve est déclarée : "Il faut en profiter, avant que ça ne barde à nouveau"[64] entend-on souvent dire.

Les gouvernements libanais successifs interdisent souvent les récits de guerre pour ne pas remuer le passé, pour ne pas réveiller les hostilités communautaires[65] ou, simplement, pour ne pas semer la discorde en contrevenant à l'amnistie[66] déclarée à Taëf. Cependant, les reliquats de la guerre sont présents partout dans la vie et dans le langage quotidiens. Certains Libanais ont une terminologie métaphorique surprenante pour désigner les bombes (**ṣnûbar** *pignons*), ou les voitures piégées (**meḥchêyé** *courgette farcie*). Leurs enfants, eux, déclinent des termes politiques ou militaires à la grammaire de leurs jeux de rôle ; on les entend souvent parler entre eux de : **mufâwaḍât** (*négociations*, *pourparlers*), **ni'âch**

---

[62] Leur animal totémique est le Phénix, qui renaît de ses cendres, et dont le nom partage la même racine avec la Phénicie.

[63] L'adaptabilité **et-ta'aqlom** est la mieux représentée dans la langue et dans les faits par le concept valorisant de la débrouillardise **el-ḥarba'a** qui consiste à toujours trouver le moyen de se sortir des situations les plus difficiles. Un exemple de cela est la créativité avec laquelle les Libanais trouvent des solutions aux longues coupures d'électricité, comme à toutes les carences provenant de l'absence d'un État ou d'une autorité centrale.

[64] "Avant que ça ne barde à nouveau" **'abel ma terjaɛ teɛla'**. Du verbe **ɛel'it** accompli 3psf "ça a bardé, ça barde", **ɛal'âné** p.pr.3psf "ça barde", **ḥa-teɛ la'** fut.in.3psf "ça va barder".

[65] Les hostilités communautaires **en-naɛarât eṭ-ṭâ'ifiyyé**.

[66] Lors des accords de Taëf de 1989, les chefs libanais se sont mis d'accord pour une amnistie générale couvrant tous les faits de guerre passés. Il y a là un parallèle intéressant à relever avec l'amnistie qui a suivi les massacres de 1860 (Salibi. *Histoire du Liban, du XVIIe siècle à nos jours*. 1988 : 195).

(*discussion en vue d'une entente*), **ḥiwâr** (*dialogue*), **'insiḥâb** (*retrait*), **'ichtibekêt** (*batailles*), **'eghtiyêl** (*assassinat*), **mu'âmara** (*complot*), **maƐraké** (*bataille*), **'annâṣ** (*franc-tireur*), **majzara** (*massacre*), **ḥâjez** (*barrage*), **'anêbil muḍî'a** (*fusées éclairantes*), **'anêbil Ɛan'ûdiyyé** (*bombes à fragmentation*), **khaṭṭ tamês** (*ligne de démarcation*), **alghâm** (*mines*), **chahîd** (*martyr*).

La vénération des martyrs est peut-être la seule forme de deuil affichée officiellement. Elle fait partie de la vie de quartier dans beaucoup de régions libanaises. Beaucoup de Libanais ont grandi ou vécu dans des rues où des centaines d'affiches vénérant des martyrs étaient placardées. Certains martyrs avaient décidé de leur mort, leur suicide[67] fut un acte politique. Mais beaucoup d'autres n'avaient jamais demandé la sainteté de l'état de martyr avant d'être tués. Ce sont, pour la plupart, des hommes, des femmes, des adolescents, et beaucoup d'enfants qui passaient au mauvais moment, au mauvais endroit. En faire des martyrs aide leurs parents à gérer la douleur de la perte.

Le concept de la "résistance" (**muqâwamé** ou **mu'âwamé**) est également important au Liban. Pour certains, la résistance par excellence est celle que l'on oppose à "l'agresseur sioniste". Pour d'autres, c'est celle qui s'oppose à la montée des fondamentalismes religieux. Certains dépassent le domaine de la guerre en s'opposant aux mauvaises mœurs au Liban. D'autres, résistent à la musique populaire, ou encore aux injustices contre les minorités religieuses ou sexuelles. Pour se faire entendre, on est obligé de se positionner toujours face à l'autre, aux autres[68].

Le Liban est également le pays de toutes les contradictions. Quand on connaît le monde arabe et qu'on arrive au Liban, on est vite

[67] Dans les années 80, plusieurs martyrs (des hommes, mais aussi des femmes) se filmaient avant leur opération, expliquant leurs motifs. Après leur martyr, les films passaient en boucle à la télévision.

[68] Une des radios libanaises a pris fait et cause pour la musique classique en lançant un programme qui s'appelle **ma ḥada mêt** *Personne n'est mort,* qui propose d'initier les auditeurs à la musique classique sans que ce soit a l'occasion d'un enterrement.

frappé par sa singularité, où modernité à l'occidentale et conservatisme confessionnel se côtoient constamment, dans une même rue, dans une même famille, mais également chez une même personne. Une personne peut avoir des propos tout à fait révolutionnaires, et agir néanmoins en accord avec les traditions. De même, une autre peut représenter un milieu conservateur, mais faire preuve personnellement d'une grande ouverture d'esprit et de détachement quant à son attitude face au monde. La grande différence entre les codes prévalant dans les autres pays arabes et ceux du Liban, c'est que les pistes d'interprétation sont brouillées, elles sont un peu plus complexes à démêler pour l'observateur novice.

Dans le fond cependant, la société libanaise reste très conservatrice, sanctionnant toute preuve d'individualisme portant atteinte à l'honneur de la communauté. Plus qu'un individu, on est considéré comme membre d'une famille donnée, d'une religion donnée, et d'une région donnée[69]. Hommes et femmes doivent apprendre à naviguer dans ce code, et arriver à un compromis entre ce qu'ils veulent pour eux-mêmes et ce que la société peut accepter ; entre ce qu'ils montrent d'eux-mêmes au public, et ce qui doit rester intime.

Le rôle des hommes et des femmes au Liban est certes moins codifié qu'il ne l'est dans les pays arabes voisins, mais il existe néanmoins un cadre qu'il est difficile de transgresser. Ce cadre est défini par un certain nombre de libertés, assorties d'un nombre équivalent de devoirs envers le groupe. La définition des libertés et des devoirs diffère d'un milieu à l'autre, même d'une famille à l'autre au sein d'un même milieu (certaines familles sont laxistes alors que d'autres sont hautement conservatrices). Mais on peut tout de même esquisser les contours d'un cadre qui soit applicable au plus grand nombre.

[69] Il suffit souvent de donner son prénom et son nom de famille, pour que votre interlocuteur vous "reconnaisse" et catalogue d'une manière ou d'une autre.

La femme libanaise a une marge de liberté particulièrement élevée par rapport au reste du monde arabe, que ce soit au niveau vestimentaire, au niveau de l'éducation, du travail, ou de la visibilité sociale en général. Mais un grand nombre de devoirs lui revient, et cela indépendamment du milieu religieux auquel elle appartient. Aux femmes revient d'être le lieu où l'honneur de la famille se niche. Il lui incombe donc de protéger cet honneur, en se censurant, ou en se canalisant. La virginité au mariage est toujours une valeur sacrée pour beaucoup de familles libanaises, pratiquantes ou pas. Et si de plus en plus de femmes ne respectent pas cette règle, il leur revient de trouver une solution qui sauve les apparences. Par ailleurs, dans beaucoup de milieux, une femme n'est désignée comme "*femme*" (**mara**) qu'une fois mariée. En attendant, elle est désignée par le terme "*fille*" (**bént**).

Très intéressant sur ce plan, la naissance d'un nouveau mouvement qui vise à donner du pouvoir à la femme. Ce mouvement porte le nom de **khede kasra**, et son slogan est **khede kasra w ḥarrké el 'umûr** "Prends l'habitude et fais bouger les choses" [70]. Grammaticalement, le verbe dans ce message s'adresse aux femmes[71]. Ce slogan, particulièrement réussi, a très vite fait un tabac au Liban, car il joue sur un concept linguistique propre à l'écriture de la langue arabe. Le mot **kasra** est un accent qui vient sous les consonnes de l'écriture arabe pour marquer la voyelle **i/e** qui réfère au genre féminin du mot ou dans la conjugaison verbale. Le mot **kasra**, par ailleurs, signifie en libanais "une habitude", "un pli". Comme l'arabe ne marque pas les voyelles brèves, cette marque est souvent omise, et tous les messages écrits passent comme étant masculins, s'adressant aux seuls hommes. D'ailleurs, même dans les messages oraux (radio, messages téléphoniques

---

[70] Ce mouvement a une grande visibilité sur internet. Consultez par exemple : www.youtube.com/watch?v=CpXzKZhfka8 où la **kasra** est appliquée à plusieurs mots, tels que "ton (fém.) droit", "ta (fém.) responsabilité", "ta (fém.) volonté". Ou leur page facebook : www.facebook.com/KhedeKasra.

[71] Le verbe "prendre" **khede** (imp. fém. sg.), par opposition à **khôd** (imp. mas. sg.). Le verbe "bouger" **ḥarrké** (imp. fém.sg), par opposition à **ḥarrek** (imp.mas.sg.).

préenregistrés) on s'adresse par défaut aux hommes. Ce mouvement consistait donc à distribuer dans toutes les rues des signes de l'accent **kasra** sous forme d'autocollants afin de pousser les gens à marquer la voyelle **i/e** sur des messages affichés dans la rue. L'expression **ḥarrké el 'umûr** "fais bouger les choses", réfère également au fait de vocaliser les mots en arabe, action à laquelle on réfère par l'expression "*faire bouger (les mots)*", les marques écrites de voyelles s'appelant **ḥarakêt** "*ce qui fait bouger*".

D'un autre côté, dans un pays où le système de sécurité sociale (**eḍ-ḍamên el-'éjtimâƐé)** et de prise en charge du troisième âge par l'État est quasi inexistant, il incombe aux enfants d'une famille, surtout aux fils, d'assurer la survie financière de leurs parents jusqu'au dernier moment. Les fils aînés sont portés au pinacle, certes, mais tout a un prix. Ils sont dans l'obligation de réussir et socialement et financièrement[72], pour pouvoir assurer et la survie et la fierté de leurs parents.

Fonder une famille -**'assas/'assés Ɛaylé**- est un devoir social qui incombe à la fois aux hommes et aux femmes. La famille se fonde par le mariage. Or, le mariage (**ez-zawêj** ou **ej-jawêz**), ainsi que ses prolégomènes et ses conséquences[73], demeurent une institution purement confessionnelle, dont l'état civil est tenu de prendre acte[74]. Les règles confessionnelles diffèrent d'une communauté à l'autre, ce qui limite les mariages interreligieux. En réalité, la matière du statut personnel est l'aliment nourricier des juridictions communautaires[75].

L'intervention obligatoire des autorités religieuses communautaires doit se produire à tous les stades de la vie individuelle, de la

[72] D'où l'incitation à des métiers iconiques comme "médecin", "avocat", ou "ingénieur/architecte" qui sont, au moins dans la mentalité prévalente, considérés comme des métiers rentables à tous les niveaux.
[73] Les *fiançailles* **khoṭbé** ou **khuṭûbé**, la *filiation* **el-khelfé**, la *tutelle* **el-wisâyé**, le *divorce* **eṭ-ṭalâ'**.
[74] Edmond Rabbath, 1986. *La Formation Historique du Liban politique et constitutionnel,* Université Libanaise, Beyrouth, p.140.
[75] *Idem.*

naissance à la mort. Il est donc interdit de vivre, mais aussi de mourir d'une manière laïque (ou suivant une croyance qui n'est pas autorisée par la Constitution libanaise). Du moment de la naissance à la mort, tous les actes civils et administratifs sont pris en charge par la communauté. Si les mentalités bougent doucement, la conception d'un code civil où les droits de l'individu sont garantis par l'autorité centrale se heurte constamment aux protestations vigoureuses des chefs religieux.

Cependant, le système présente des brèches à travers lesquelles peuvent s'infiltrer des tentatives de changement. Tout d'abord, au niveau personnel, on est libre de vivre ce que l'on souhaite vivre, tant qu'on arrive à se débrouiller (la débrouillardise, sport national) pour que cela reste une affaire personnelle, donc sans conséquences publiques. Ensuite, même au niveau juridique il est possible de contourner la loi. Par exemple, bien que refusant d'en organiser sur son sol, le Liban reconnaît les mariages civils que des ressortissants libanais peuvent contracter hors du Liban, la notion de mariage civil (**zawêj madané**) étant apparue au Liban pour la première fois en 1936 sous le mandat français. Sur le territoire libanais, en revanche, seul le mariage religieux (**zawêj dîné**) est possible. Cela permet donc à ceux qui ne veulent pas, ou ne peuvent pas se marier devant une institution religieuse libanaise, de le faire à l'étranger (souvent sur l'île voisine de Chypre ou, depuis peu, en Turquie). D'un autre côté, l'homosexualité masculine et féminine, considérée par la loi libanaise comme "un acte physique contre nature", est illégale et passible d'un an de prison. Cependant, le Liban est un des pays arabes les plus actifs pour la défense des droits des lesbiennes, des gays, des bisexuels et transgenres qui ont de plus en plus de visibilité, à travers des associations, dans des bars, des cafés ou restaurants, des discothèques, des plages, des magasins, et des sites Internet.

En somme, en temps de paix, une grande force de vie émane des Libanais. Cette force se traduit surtout dans deux domaines : des projets intellectuels ou artistiques[76], et des lieux de vie où l'on voit une sorte de "movida" frénétique, un refuge pour les personnes

[76] Voir Dossier 3.

assoiffées de changement. Dès que le spectre de la guerre réapparaît, cette force de vie doit vite se plier à la force des bombardements, et s'éteindre. S'exiler. Ou attendre la prochaine trêve. Dans la douleur de l'attente, les artistes créent[77], les autres s'endurcissent, d'autres encore se laissent aller à la dérive. Chacun fait ce qu'il peut pour être encore là quand ce sera à nouveau fini, et en profiter.

[77] Pendant la guerre 2006, il y a eu un grand nombre de blogs artistiques créés au Liban. Citons à titre d'exemple le blog de Mazen Kerbaj mazenkerblog.blogspot.com qui trace jour pour jour les 34 jours de guerre. Les dessins de Kerbaj furent par la suite repris dans un livre paru en 2007 à l'Association sous le titre *Beyrouth Juillet Août 2006*.

Dossier 3 : Le Liban à l'avant-garde intellectuelle du monde arabe

Le Liban se targue d'être le pays arabe le plus libre intellectuellement, ainsi que le pionnier en matière de création écrite dans le monde arabe. En effet, la première imprimerie dans le monde arabe (en caractères syriaques) fut installée à Qozhaya au nord du Liban en 1610. La première foire du livre dans le monde arabe fut organisée à Beyrouth en 1956[78]. A partir des années 50-60, Beyrouth est devenue "la Mecque de l'édition dans et pour le monde arabe"[79]. Une étude disait en 1998 que le Liban est le premier diffuseur de presse au niveau arabe, il assure la circulation de 1358 périodiques sur un total de 2714 titres circulant dans la région[80]. Le Liban édite également le périodique francophone le plus important de la région (l'Orient-le-Jour), ainsi que des magazines et des périodiques en arabe, français et anglais. Théoriquement, il y a une réelle liberté d'expression dans la presse. Cependant, il est assez courant que l'Etat censure quelques dossiers ou expressions de peur de réveiller les "hostilités communautaires". Beaucoup de journalistes également s'autocensurent pour les mêmes raisons.

Quant à la littérature, l'apport du Liban dans la renaissance (**en-nahḍa**) arabe est considérable. Dès la seconde moitié du XIXe siècle apparaît une nouvelle élite intellectuelle qui eut une influence profonde sur l'ensemble du monde arabe. Parmi les plus connus, on trouve Gibrân Khalil Gibrân, auteur notamment du célèbre *Prophète* publié en anglais en 1923, et Mîkhâ'îl Nu'aymeh, le créateur de la nouvelle libanaise. La révolution du vers libre et du poème en prose arabe s'est produite avec des poètes tels que Yûsuf al-Khâl, Khalîl Hâwî, Unsî al-Hâjj. Le mouvement féministe, entamé par Mayy Ziyada et Warda al Yâzijî, fut largement poursuivi par Laylâ Ba'albakî, Colette Suhayl et Emilie Nasrallah. La période de la guerre et de "l'après-guerre" connaît

---

78 Franck Mermier, *Le Livre et la ville. Beyrouth et l'édition arabe.* Arles : Actes Sud/Sindbad, 2005.

79 George Atiyeh cité par Mermier.

80 René Nab'a, cité par Mermier.

une renaissance du roman libanais avec des romans différents, qui parlent du Liban, de Beyrouth, de guerre, de sexe, de gens perdus, des romans que lisent les jeunes Libanais qui ont longtemps grandi à l'ombre des langues étrangères, en particulier le français, regardant avec dédain l'édition arabe qu'ils considèrent comme vieillotte et ennuyeuse. La langue dans ces romans est également modernisée pour mieux s'identifier à la langue arabe parlée localement. Parmi ces auteurs, citons : Rachîd al Da'îf, Hudâ Barakât, Hasan Dâwûd, Elyâs Khûrî, Hanân al Chaykh et Najwâ Barakât, Imane Yunes.

Côté théâtre également, le Liban a de quoi se vanter. L'acte de naissance du théâtre dans la société arabe eut lieu à Beyrouth en 1847 avec la création, par Maroun al Naccache, de *Al Bakhîl* (librement adaptée de "l'Avare"). À partir de 1960, le mouvement théâtral contemporain se structure, grâce au Festival de Baalbeck et à la Mission Culturelle Française[81].

Les littératures francophone et anglophone libanaises ont également un certain rayonnement porté par des auteurs tels que Amin Maalouf, Dominique Eddé, Venus Khoury-Ghata, Rabih Alameddine, etc.

[81] Roger Assaf. *Les multiples naissances du théâtre libanais*. Académie libanaise des Beaux Arts. Beyrouth, mai 2000.

4. Les mots de la vie

4.1. Le mot Allah dans la langue

Le mot **'ilâh** en arabe signifie "dieu", et **'allah** est donc "le dieu". "Allah" s'appelle donc ainsi dans la tradition musulmane, avec l'article défini, pour marquer son unicité. Par ailleurs, les autres religions monothéistes du monde arabe levantin utilisent le même terme pour parler de leur dieu. La religion jouant un rôle majeur dans la vie de tous les jours, il est normal que le nom de Dieu se retrouve dans un grand nombre d'expressions usuelles. En voici une petite liste :

- Le nom **'allâ !** est à lui seul une interjection utilisée comme une amulette en cas de danger ; quand un enfant tombe par terre par exemple, on dit généralement **'allah** pour que l'énergie du nom le sauve. On peut également interpeler Dieu : **ya 'alla**, *Oh Dieu,* est une exclamation dite, soit pour insufler la force chez quelqu'un (d'où l'expression **yalla**, "on y va"), soit pour exprimer une joie (**ya 'alla chû ḥelo** *Oh que c'est beau*), ou un regret (**ya 'allâ nsît ktêb-é** *Oh ! j'ai oublié mon livre*).

- Les expressions **nchalla** ou **'en 'alla râd** signifient littéralement *si Dieu veut*, mais sont souvent utilisées pour dire simplement "j'espère, espérons-le" ou, selon le ton, "on en reparlera plus tard". Elles peuvent même vouloir dire simplement "non" d'une façon polie.

- **la samaḥ allâh** *que dieu ne veuille pas* est utilisé pour dire "j'espère que ça n'arrivera pas".

- **lḥamdella** *grâce à Dieu* ou **kettir kheir allah** *que les bienfaits de Allah augmentent en nombre,* servent à dire "je suis rassasié" ou à remercier dieu pour toute autre raison. **lḥamdella ʕassalêmé** *merci dieu d'être sain et sauf* est une expression utilisée pour accueillir quelqu'un qui rentre de voyage.

- **b-éḥyêt 'alla ?** *par la vie de dieu* signifie "est-ce vrai ?" ou "ce n'est pas vrai !"

- **wallâ** ou **wallâhi** *par Dieu* pour dire "je promets".

- **nechkor 'alla** *nous remercions dieu* pour dire "ça va", "je ne me plains pas".

- **'alla y-efréj-a** *que dieu amène la solution*, expression très courante en période de guerre ou de peines en général, et qui a le sens de "on espère qu'il y aura une solution" ou "que ce cauchemar se termine vite".

- **réz'allâ** *les biens de Dieu* ou **réz'allâ ɛa iyyêm zamên** *les bienfaits de Dieu pour les anciens jours* est une expression utilisée dans les moments nostalgiques pour dire "ah les beaux jours" ou "ah que c'était mieux avant".

Allah est également présent dans un grand nombre d'expressions qui fléchissent en nombre et en genre :

- **'alla y-sallm-ak/-ik/-kon** *que dieu te préserve* est la réplique que l'on donne à quelqu'un qui nous charge de passer le bonjour à quelqu'un d'autre.

- **'alla y-sêmḥ-ak/-ik/-kon** *que dieu te/vous pardonne*, est une expression souvent utilisée dans les reproches, dans le sens de "j'espère que Dieu te pardonnera, mais je ne vois pas comment".

- **'alla y-waf'-ak/-ik/-kon** *que dieu te/vous couronne de succès,* pour dire "bonne chance".

- **'alla y-hannî-k/-ké/-kon** *que dieu te/vous rende heureux* pour féliciter quelqu'un d'une bonne nouvelle.

- **'alla y-khallî-k/-ké/-kon** *que te/vous garde* pour demander un service à quelqu'un.

- **'alla y-erḫam-o/-a/-on** *que dieu l'ait dans sa miséricorde* en parlant d'un mort lors de présenter ses condoléances à la famille du défunt, **'alla y-erḫam-na** *que dieu nous ait dans sa miséricorde*, pour exprimer que l'on aimerait ne pas devoir subir un aussi mauvais sort que celui dont on parle.

'Allah se décline même sur des imprécations :

- **'alla y-êkhd-ak/-ik/-kon** *que dieu te/vous prenne* pour dire "j'espère que tu disparaîtras".
- De même, **nchalla t-mût/-é/-o** *dieu veuille que tu/vous meurs/mouriez.*
- **nchalla t-ef'aƐ/-é/-o** *dieu veuille que tu/vous exploses/explosiez,* de jalousie par exemple.

Le mot **'allah** commute parfois avec le mot **rabb** "Seigneur" : **ya rabb-é** *Mon Seigneur,* exclamation positive ou négative, **b-éḫyêt rabb-ak/-ik/-kon** *par la vie de ton/votre Seigneur*, etc... A côté des usages imprécatoires, on trouve également des usages blasphématoires.

En somme, les mots **'allah** et **rabb** sont communs à toutes les confessions. Par ailleurs, chaque groupe religieux a des interjections utilisant les noms de ses prophètes préférés, ou de ses saints préférés : **ya Ɛadra** *Ô Vierge* ou **b-ésm eṣ-ṣalîb** *au nom de la Croix* chez les chrétiens, **b-esm ellah er-rahmân er-raḫîm** *au nom de Allah le miséricordieux* chez les musulmans en général, **ya muḫammad** chez les musulmans sunnites, **ya Ɛali** chez les musulmans chiites, etc. Toutes ces interjections peuvent avoir beaucoup de significations, selon le contexte : *Ah, Oh, mince, zut, génial, c'est top, il exagère, je vais y arriver, il me soûle avec ses histoires,* etc...

4.2. Formules d'adresse

Dans une société qui valorise le fils aîné, il est courant de s'adresser aux pères et aux mères avec le prénom de leur fils aîné précédé de **'abu** (litt. *père de...*) et de **émm** (litt. *mère* de...) Par exemple : **t-faḍḍal 'abu râmi** *Veuillez entrez Père de Rami*, **ɛafwan 'émm mâher** *Pardon, Madame Mère de Maher.* Il est possible dans certaines situations, mais c'est peu fréquent, de faire une dérogation aux parents qui n'ont que des filles ; le père et la mère peuvent être appelés Père et Mère de + prénom de la fille.

Pour s'adresser à quelqu'un respectueusement, il est courant d'avoir recours au français ***madame, monsieur, (ma)demoiselle,*** suivis ou non du nom ou même du prénom de la personne. D'autres titres arabes commutent avec ces termes empruntés au français : **éstêz** est l'équivalent arabe de Monsieur. Il peut être suivi du nom ou du prénom de la personne **t-faḍḍal estêz 'abu râmi** *Veuillez entrez Monsieur Père de Rami.* Avec l'article défini, c'est un terme de référence, sinon c'est un terme d'adresse : **el-'éstêz jâd mawjûd ?** *(Le) Monsieur Jade est-il présent ?* **éstêz jâd, law samaḥt** *Monsieur Jade, s'il vous plaît.* L'équivalent féminin de **éstêz** est **sétt** qui commute avec Madame, il peut être suivi soit du prénom de la dame (et non du nom) soit de son titre de mère. Par exemple : **es-sétt 'emm sâmi mech mawjûdé** *Madame la Mère de Sami n'est pas présente,* **t-faḍḍal-é sétt lamiâ** *Entrez, Madame Lamia.*

Dans un registre intime, on s'adresse aux gens par leur prénom. Pour les interpeler de loin, on peut faire précéder le prénom d'un **yâ**, une particule vocative qui pourrait être traduite par *Eh toi ! Eh vous !* Par exemple **yâ lamiâ taɛé la-hôn**, *Eh Lamia viens ici* !

Sachez également qu'il est habituel que les adultes s'adressent aux enfants avec le terme d'adresse que l'enfant devrait utiliser lors de ses interactions avec chaque adulte. Par exemple, une mère interpelle son enfant soit par son prénom à lui, soit en l'appelant simplement **mâma** (comme lui il l'aurait appelée) pour dire "*mon fils*" ; De même un père dira à son enfant **khalaṣ ya bâba** "*ça suffit papa*" pour dire "*ça suffit mon fils*". Et ainsi de suite : le grand père s'adresse à ses petits-enfants par **jéddo**, la grand-mère par **têta**, la tante (ou tout adulte féminin) par **tânt** (du français *tante*), et l'oncle (ou tout adulte masculin) par **ʕammo.** L'enfant, à son tour, s'adresse à chacune de ces personnes avec ces mêmes termes.

4.3. Les mots d'amour

Le Liban étant un pays émotif, on y aime jusqu'à la mort, et il est de mauvais ton d'aimer de manière plus modérée, à moins de ne pas aimer entièrement. En effet, beaucoup de mots d'amour ou d'affection sont liés à la mort : **b-mût fî-k/-ké/-kon** *je meurs en toi/vous* est une expression utilisée parmi les amants, les amis, au sein de la famille, ou même pour exprimer son admiration envers une star de la télé, et que l'on pourrait traduire par "*je t'adore, je l'adore*". Entre personnes qui s'aiment, entre parents et enfants, ou même pour demander un service à quelqu'un d'intime ou de lointain, il est également fréquent d'entendre l'expression **t-o'bor-né/ t-o'brî-né/ t-o'brûné** *que tu m'enterres/que vous m'enterriez*, pour dire "mon amour" (dans le sens de "j'espère que ce sera toi et personne d'autre qui sera la dernière personne au monde à me toucher").

Dans un registre populaire, on aime également tout le monde, et non pas uniquement les gens qu'on aime, et c'est pour cela qu'il arrive souvent qu'on interpelle les gens autour de nous (même ceux que l'on voit pour la première fois) par **ḥabîb-é** *mon chéri* et **ḥabîbt-é** *ma chérie.* Le mot "*chéri*" lui-même est utilisé comme emprunt au français, et il est même fléchi sous une forme diminutive en langue arabe : **chérî** et **charchûr/charchûra** *petit chéri/petite chérie.* On peut aussi appeler l'autre : **ʕayn-é** *mon œil*, **ʕyûn-é** *mes yeux*, **'alb-é** *mon cœur*, **ḥayêt-é** *ma vie*.

4.4. Les insultes

Il existe deux catégories d'insultes en arabe libanais : les insultes simples, et les insultes utilisant des "gros mots". Les insultes n'utilisant pas de "gros mots" particuliers consistent soit à envoyer balader quelqu'un, soit à lui souhaiter le malheur, la douleur, voire la mort. En voici quelques-uns :

- **ḥéll/ḥéll-é/ḥéll-o ɛan-né** *décolle de moi*

- **trék-né/ trékî-né/ trékû-né b rîḥa ṭayybé** *laisse/ laissez-moi en bonne odeur* pour dire "laisse/ laissez-moi en paix".

- Pour remettre à sa place un enfant ou même un adulte, on peut dire **ye'ṣof ɛomr-ak/-ik/-kon** *que ta vie soit brisée* (litt. *que ton âge soit brisé*).

- Ou **wallâ la-farjî-k/-ké/-kon** *je te/vous jure que je vais te/vous montrer (ce que je suis capable de faire).*

- Plus méchamment, on va jusqu'à souhaiter la mort : **'allâ y-êkhd-ak/-ik/-kon** *que dieu te/vous emporte*

- **inchallah t-mût/-é/-o** *dieu veuille que tu meures/vous mouriez*

- **el-ɛama bi 'alb-ak/-ik/-kon** *que la cécité soit dans ton/votre cœur*

- **el-ɛama bi ɛyûn-ak/-ik/-kon** *que la cécité soit dans tes/vos yeux.*

- On peut également traiter l'autre d'un nom d'animal : comparer quelqu'un à un **ḥmâr/ḥmâra/ḥamîr** *âne/anesse/ânes* implique qu'il est idiot ou qu'il se fait avoir facilement, à un **kalb/kalbé/klêb** *chien/ chienne/chiens* indique qu'il est bas ou méchant. Cette insulte est, par ailleurs, déclinable : **'ébn kalb** *fils de chien*, et **bént kalb** *fille de chien.*

La panoplie des insultes à "gros mots" est classique. En règle générale, comme dans beaucoup d'autres cultures, ils sont souvent teintés de misogynie, d'homophobie, de racisme ou de scatologie. **khara** *caca,* apparaît dans des expressions comme **ya khara** *Oh salaud !*, **kôl/kélé/kélo khara** *mange/ez du caca***.** Le sexe féminin inspire bon nombre de jurons assez courants : **kes-émm-ak /-ik/-kon** *le sexe de ta/votre mère*, de même que **kes ékht-ak/-ik/ -kon** *le sexe de ta/votre sœur*. Les jurons composés avec le nom du sexe masculin sont perçus comme étant plus corsés, plus sérieux[82]. Par ailleurs, **ʕakrût/ʕ akrûté/ʕ kêrît,** ou **charmûṭ/ charmuṭa/ chrâmîṭ** qui veulent dire *maquerau* sont des insultes plus méchantes, à moins d'être dites avec un grand sourire ! Tout est possible dans une langue vivante.

4.5. Vœux et condoléances.

Pour souhaiter une bonne fête annuelle à quelqu'un (un anniversaire, une fête religieuse, etc...), on lui fait en général un des vœux suivants :

- **kel séné w enta/enté/ento b-kheir** *que chaque année tu/vous sois/soyez bien.*

- **t-enʕâd ʕl-êk /-ayké/-kon** *que ça (l'année) se répète pour toi/vous* (dans le sens de "j'espère que l'année prochaine tu seras encore vivant pour en profiter, et ainsi tous les ans").

Pour les félicitations en général (quand on reçoit un cadeau, une promotion, une nouvelle robe, une bonne nouvelle, un mariage, etc...), l'expression invariable **mabrûk** *que ce soit béni* est très courante. Il est courant de répondre à **mabrûk** en disant :

- **ʕa'bêl el 'âylîn** *que ce soit le tour de ceux qui le disent* (ce qui veut dire : "j'espère que ceux qui me félicitent auront eux également leurs désirs satisfaits").

---

[82] Ils ne sont donc pas inclus dans ce manuel.

- **ɛa'bêl el ɛâyzîn** *que ce soit le tour de ceux qui en ont besoin.*

Le deuil est appelé **el-ḥdêd.** Les rites de deuils et de condoléances sont appelées **el-ɛaza**, le défunt est **el marḥûm** (mas), et **el marḥûmé** (fém.) ce qui signifie *celui* ou *celle qui se trouve (désormais) dans la miséricorde de Dieu.* Pour présenter ses condoléances à quelqu'un, on lui souhaite de prendre le crédit non épuisé de la vie du défunt :

- **t-êkhod ɛomr-o** *que tu*(mas.) *prennes sa*(mas.) *vie.*

- **t-ɛîch/-e/-o** *que tu /vous vives/vivez.*

- **el-ɛawaḍ b-salêmt-ak/-ik/-kon** *que ce soit rattrapé par votre toi/vous sécurité* (en étant en bonne santé).

5. Quelques expressions intraduisibles

Voici une liste d'expressions idiomatiques ainsi que de tics de langage (colonne 1), avec leurs traductions en français et mise en contexte (colonne 2) :

'âƹdé maṣlûbé mn-es-ṣoboḥ	litt."(je suis/elle est) assise crucifiée depuis le matin", se dit de quelqu'un qui a été obligé de rester sur place en attendant une visite qui n'arrivait pas. Se décline en changeant le participe présent **'âƹid, 'âƹdé, 'âƹdîn** *assis, assise, assis*, et l'adjectif **maṣlûb, maṣlûbé, maṣlûbîn** *crucifié, crucifiée, crucifiés*. Ex.: **wayn-ik ma jîté ? 'ele mn-es-soboḥ 'âƹid maṣlûb nâṭr-ik !** *Où es-tu, tu n'es pas venue ?Ça fait depuis le matin que je suis assis crucifié à t'attendre !*
bezzaménêt	litt. "dans-les temps", signifie "dans le temps".
b-y-êkol el-bayḍa w 'echrét-a	litt. "il mange l'œuf et sa coquille", se dit de quelqu'un qui veut le beurre et l'argent du beurre. L'expression se décline en genre et nombre en conjuguant le verbe.
b-yfaṣṣel l-al barghût 'amîṣ	litt. "il coud une chemise (même) pour le moucheron", se dit de quelqu'un qui est trop méticuleux. L'expression se décline en genre et en nombre en conjuguant le verbe.
b-yṣîb b-el-ƹên	litt. "il atteint (sa cible) avec l'œil", se dit de quelqu'un qui porte le mauvais œil. L'expression se décline en genre et nombre en conjuguant le verbe. Ex.: **ma t-khalliy-a t-chûf chu chtarayté, ahsan ma tṣîb-ik b-el ƹên** *ne la laisses pas voir ce que tu as acheté, pour qu'elle ne te porte pas le mauvais œil.*

Chû !	**chû** tout seul signifie "quoi ?", mais suivi d'une intonation exclamative, il exprime la surprise, la joie. **chû jêkhkha el madâm lyôm !** *Waw, Madame est chic aujourd'hui !* Parfois, il peut se traduire par "et alors ?" : **chû sâmi, waynak ?** *Alors Sami, où es-tu ?*
da''a 'adîmé	litt. "mélodie ancienne", se dit de quelque chose ou de quelqu'un que l'on trouve vieux jeu. Ex. **neḥna da''a 'adîmé, mech metl-kon ꞓal mûḍa** *nous sommes vieux jeu, pas comme vous, à la mode.*
êkhid wejj ꞓlay-a	litt. "il a pris un visage sur elle", dans le sens de "il se comporte sans façons avec elle". Se décline en conjuguant le verbe.
ḥâmel es-sellom b-el-ꞓareḍ	litt. "il porte l'escabeau à l'envers", se dit de quelqu'un qui a toujours l'esprit de contradiction, qui n'aime pas la conciliation, et qui trouve des défauts à tout, comme quelqu'un qui porte un escabeau à l'horizontale et qui essaie d'entrer par une porte, au lieu de simplement le mettre à la verticale pour mieux passer. Cette expression se décline en genre et en nombre en changeant le participe présent **ḥâmel** *portant,* **ḥâmlé** *portante*, **ḥâmlîn** *portants.*
ḥarâm	litt. "péché", on le dit de quelqu'un qui suscite la pitié en nous : **ḥarâm, taraket-o ṣâḥebt-o** *le pauvre, sa copine l'a quitté !*
kaza	**kaza** signifie à la base "plusieurs" : **chtarêt kaza wâḥad** *j'en ai acheté plusieurs.* Tout seul, suivi d'une intonation exclamative, il exprime l'admiration : **kaza ! sayyâra jdîdé !** *Waw (eh ben dis-donc) ! une nouvelle voiture !*
maꞓlêch	litt. "(il n'y a) rien là-dessus", on le dit dans le sens de "ce n'est pas grave", "ça ne fait

	rien" : **maƐlêch, ma tezƐal !** *Ce n'est pas grave, ne te fâche pas !!*
men 'afa îd-é	litt. "du revers de ma main", se dit de quelque chose que l'on a accompli négligemment, ou comme si c'était 'de la main gauche'. Se décline en personne et nombre en changeant le pronom personnel. Ex.: **lêzim t-aƐmel-l-na cheghel ḥelo, mech men 'afa îd-ak** *il faut que tu nous fasses un beau travail, pas avec tes mains à l'envers !*
metl el-'aṭrach b-ez-zaffé	litt."comme un sourd en pleine noces", se dit de quelqu'un qui ne comprend rien à ce qui se passe.
nachu	On le dit à quelqu'un qui vient d'éternuer, en guise de "à tes souhaits".
naƐîman	litt. "en bénédiction", on le dit à quelqu'un qui vient de sortir de la douche ou de se faire couper les cheveux. La réponse à cette expression est **'alla y-enƐam Ɛlêk/ Ɛlayké/ Ɛlaykon** *que dieu te/ vous bénisse.*
Pech !	Expression invariable pour marquer l'admiration. **Pech !** *Waw, dis-donc !*
rafƐ el-kelfé	litt."lever les façons", se dit d'une situation dans laquelle on agit sans façons, comme des amis intimes. Au lieu du nom d'action **rafƐ**, il est possible d'avoir le verbe **erfaƐ** / **rafaƐet** *lever*. Ex.: **ma samaḥt(e)-l-ak t-erfaƐ el-kelfé maƐ-é** *je ne t'ai pas permis d'être sans façons avec moi (tu me dois encore du respect).* Le mot **kelfé** signifie *manières*, ex..: **t-faddal-o la-Ɛan-na, ma fî kelfé baynêt-na** *Entrez chez nous, il n'y a pas de façons entre nous !*
rûḥ ballèṭ el-baḥer	litt. "vas carreler la mer", se dit à quelqu'un que l'on envoie au diable car on se fout de ce qu'il pourrait penser de ce qu'on dit. Se décline en personne et nombre en

	conjuguant les deux verbes. Ex. : **eza mâ ꜥajab-kon 'arâr-é, rû ḥo ballṭo el-baḥer** *si ma décision ne vous plaît pas, allez carreler la mer.*
ṣaḥḥa	litt. "santé", on le dit à quelqu'un qui vient de tousser.
ṣaḥtên	litt. "deux santés", on le dit à quelqu'un qui vient de finir de manger.
swayꜥâté	Adjectif masculin singulier tiré du mot **sêꜥa** *heure*, se dit de quelqu'un que l'on trouve lunatique, qui change d'humeur ou d'avis d'une heure à l'autre. Par extension, c'est quelqu'un en qui on ne peut pas avoir confiance. Se décline en genre et en nombre **swayꜥatiyyé** (à la fois pl. et f.sg.)
ṭa'' ḥanak	litt. "craquer des mâchoires", expression qui signifie "parler pour ne rien dire de sérieux, bavarder, s'amuser". Ex. : **ma b-y-hemm-o ella ṭa'' el ḥanak** *il ne pense qu'à rigoler* (litt. *Ne l'intéresse que le fait de craquer des mâchoires*).
ṭanjra w lâ'it ghaṭâh-a	litt. "une marmite qui a trouvé son couvercle", se dit d'un couple que l'on trouve assorti, souvent parce qu'ils ont les mêmes défauts, mais aussi dans un contexte positif.
ṭoléꜥ ꜥa lsên-é chaꜥr	litt. "des cheveux ont poussé sur ma langue" quand on a trop dit quelque chose, et que notre intervention est restée vaine. Ex. **ṭoléꜥ chaꜥra ꜥa lsên-é ana w 'ell-o y-edros, ma badd-o, 'âm dawbal ṣaff-o** *j'ai beau lui dire d'étudier, il n'a pas voulu (m'entendre), et le voilà qui redouble sa classe.* L'expression se décline selon l'interlocuteur, en changeant le pronom personnel : **ṭoléꜥ chaꜥra ꜥa lsên-on** *ils ont beau dire...*
terkîb ma'lé	litt. "montage de discours", se dit de l'acte

	de faire des commérages. **er-rjêl b-y-ḫebbo terkîb el ma'lé aktar mnen-neswên** *les hommes aiment faire des commérages plus que les femmes.* Au lieu du nom d'action **terkîb**, il est possible d'avoir le verbe **rakkib/ rakkabet** *monter, composer.* Ex. **ma b-ḫebb zûr-a, la-'enn-a ʕaṭûl b-t-rakkib ma'lit el ʕâlam** *je n'aime pas lui rendre visite, car elle dit toujours du mal des gens.*
tfeh ! ou **tfeh ...ʕala**	Son qui imite le bruit émis lorsque l'on crache. Interjection qui exprime le dégoût, la déception. Elle peut se dire toute seule, ou accompagnée des prépositions **...ʕa** ou **...ʕala** Elle sert à pester contre la vie, les autres. Ex. : **tfeh ʕa hal ḥayêt, ma b-teswa sermêyé** *Quel dégoût cette vie, elle ne vaut même pas une chaussure* ; **tfeh ʕlayk-on** *Quel dégoût que de voir des gens comme vous !*
walaww	Se dit dans le sens de "Et comment !"
wlak	wlak précède toujours une phrase qu'on a déjà répétée plusieurs fois sans réussir à la faire entendre à notre interlocuteur. Ex. : **wlak lâ** *mais enfin, puisque je te dis que non.* **wlak ê** *mais enfin, puisque je te dis que oui.* **wlak khalaṣ** *combien de fois faut-il que te répète que j'en ai assez !*
yaʕné	litt. "cela signifie", interjection très courante utilisée entre les phrases comme le français "euh... quoi...".
yih	Interjection qui marque la surprise, ou même l'amusement : **yih yih yih chû ʕam teḫké !** *Ah là là, qu'est-ce que tu racontes là ?*
ʕaraj ej-jamal men cheft-o	litt. "le chameau boite de sa lèvre", se dit de quelqu'un qui prétend être indisposé par une maladie qui, en réalité, est trop

	superficielle. Le chameau normalement boite car il a mal à la jambe, non pas à la lèvre.
ɛas-sekkayté	en douce, en catimini.
ɛayn-ak bent ɛayn-ak	litt. "ton œil, fille de ton œil", se dit pour décrire un acte insolemment public, un acte (normalement honteux) trop visiblement fait. Le pronom personnel (**-ak**) se décline non pas avec la personne dont on parle, mais avec l'interlocuteur que l'on prend à témoin ; l'expression est donc variable en changeant le pronom personnel. Ex.1 : **ɛam b-y-kazzeb-né ɛayn-ak bent ɛayn-ak** *il me dément ouvertement* (on parle à un homme). Ex. 2 : **ɛam b-y-ja'mer-né ɛayn-ik bent ɛayn-ik** *il me fait des grimaces ouvertement* (on parle à une femme).
ɛayn-o bayḍa	litt. "Il a l'œil blanc", se dit de quelqu'un qui n'a honte de rien, qui est insolent, ou d'un homme qui aime trop ouvertement les femmes.

6. Choix de quelques proverbes

1. ma t'ûl fûl ta-y-ṣîr b-el-makyûl
ne dis pas fève jusqu'à- qu'il devienne dans-la-balance

Ne dis pas que tu as des fèves, avant qu'elles ne soient dans la balance (Il ne faut pas crier victoire avant terme).

2. el-'arƹa b-t-etkanna b-chaƹrat jârét-a
la-chauve se vante dans-cheveux voisine-sa

La chauve se vante des cheveux de sa voisine (si on a un cousin riche, alors que nous ne le sommes pas, on se comporte comme des riches).

3. sallm-o er-rîḫ la abo zawbƹa
livrez le-vent à Père tourbillon

Donnez du vent à la tempête (raconter une nouvelle à quelqu'un qui ne peut rien garder pour lui, ou dire quelque chose de provocateur à quelqu'un qui perd facilement les nerfs.)

4. ṭûl ƹomr-ik ya zbîbé b-kaƹb-ik ƹûdé
le long de âge-ton ô raisin sec dans-talon-ton bâton

Ô raisin sec, toute ta vie tu avais un bâton au pied (se dit des personnes qui ont évolué en statut social, et qui oublient leurs origines humbles).

5. el-bêb yallé b-y-éjî-l-ak menn-o rîḫ, sedd-o w strîḫ
la-porte qui il vient-à-toi de-lui vent bouche-le et repose-toi

La porte qui te ramène du (mauvais) vent, ferme-la et repose-toi (il vaut mieux ne pas se mêler des histoires qui fâchent).

6. ƹallamnê-kon ƹach-chḫâdé saba'tû-na ƹal-bwêb
nous avons enseigné-vous à mendier vous avez précédé-nous aux-portes

Nous vous avons initié à l'art de mendier, et vous nous avez précédés aux portes (se dit de quelqu'un qui oublie de rendre hommage à ses maîtres).

7. ɛaṣfûr bel-'îd aḥsan men ɛachra ɛach-chajra
un oiseau dans la- main mieux que 10 sur l'-arbre

Mieux vaut un oiseau dans la main que dix sur l'arbre.

8. yâ khabar lyôm b-maṣâré, bokra b-balêch
ô nouvelle aujourd'hui en-argent demain en-gratuit

La nouvelle payante aujourd'hui, est gratuite demain (il n'est pas besoin de courir pour apprendre les secrets des autres, car les secrets d'aujourd'hui arriveront à nos oreilles demain).

9. el-ḥâfé éza t'ab'ab b-y-ékhrob el-kê'inêt
le-nu pieds si il porte des chaussures il chamboule les existences

Quand le nu-pieds se chausse il chamboule tout (très souvent dit pour contester la montée en puissance de ceux qui, hier encore, étaient faibles).

10. labbis el-méknsé, b-t-ṣîr sétt en-nésé
habille le-balai ça devient la dame des-femmes

Habille un balai, et il aura l'air d'une dame respectable (l'habit fait le moine, tout n'est qu'apparence).

11. yâma chawké khallafit wardé
combien de fois une épine a enfanté une fleur

Que de fois une épine a donné naissance à une fleur (une mauvaise personne peut donner naissance à quelqu'un d'exceptionnel).

12. kell dîk ɛa-mazbélt-o ṣayyêḥ
chaque coq à-tas d'ordures-son est criard

Tout coq est roi quand il est perché sur son tas d'ordures (on a plus de pouvoir quand on est sur son propre terrain).

13. ṭobb ej-jarra ɛa temm-a, b-t-éṭlaɛ el-bénet la emm-a
penche la-jarre sur bouche-sa elle s'avère la fille telle mère-sa

Telle mère, telle fille.

14. men barra rkhâm, men juwwa skhâm
de l'extérieur marbre de l'intérieur pourriture

Du marbre à l'extérieur, et de la pourriture à l'intérieur (se dit de ce ou ceux qui se donnent des airs chics, ou riches, ou sympathiques, alors qu'ils sont pourris à l'intérieur).

15. el-maktûb b-y-en'ara men ʢenwên-o
le-courrier se lit par titre-son

La lettre se lit par son titre (se dit des choses prévisibles, il suffit d'en voir le titre pour en deviner le contenu.)

16. ej-janné bala nês ma b-t-endês
le-paradis sans gens nég. on y met le pied

Même le paradis, on n'aime pas y aller s'il n'y a personne (On aime toujours être en communauté, la solitude étant mauvaise).

17. fekhkhâr ykasser baʢḍ-o
poteries qu'il se casse l'un l'autre-lui

Que les poteries se brisent entre elles (quand il y a un différend entre deux parties, vaut mieux ne pas s'en mêler, qu'ils s'entretuent loin de nous).

18. ʢarîs men ʢûd aḥsan men 'ʢûd
un mari en bâton mieux que le fait de s'asseoir

Il vaut mieux prendre un mari en bois, que de rester à la maison sans mariage.

19. ana w khayy-é ʢa ebn ʢamm-é
moi et frère-mon contre fils oncle-mon

ana w ebn ʢamm-é ʢ-al-gharîb
moi et fils oncle-mon contre-l'étranger

Avec mon frère je suis contre mon cousin, avec mon cousin je suis contre l'étranger (lois de la sympathie tribale naturelle).

20. er-rejjêl b-el-bêt raḫmé, law kên faḫmé
l'-homme dans-la-maison bénédiction, même s'il était un charbon

Un homme à la maison est une bénédiction, même s'il est fait de charbon (qu'il soit affreux ou inutile, il vaut mieux avoir un mari que d'être célibataire).

21. t'ahhal fiyy-é, w la t-ṭaƹmî-né
'accueilles-moi bien' et ne nourris pas-moi

Accueille-moi bien et ne me donne pas à manger (pour le Libanais, l'accueil est primordial, même si on sait qu'au fond les gens en question peuvent ne pas s'aimer, il reste important de faire semblant de s'aimer, sinon les fondements de la société s'écroulent).

22. kell lsên b 'ensên
chaque langue en un être humain

Chaque langue vaut un homme (plus on apprend de langues, plus notre valeur grandit).

23. ƹmol mnîḫ w kebb b-el baḫer
fais du bien et jette dans-la mer

Fais du bien et jette-le à la mer (fais du bien sans t'attendre à rien en retour, comme si le bien était aussi perdu qu'un objet jeté à l'eau).

24. ed-dîk el-faṣîḫ men juwwêt el-bayḍa b-y-ṣîḫ
le-coq le-éloquent de l'intérieur de l'-œuf il chante

Le coq éloquent chante depuis l'intérieur de l'œuf (quand on est précoce et éloquent, on se fait entendre même si on est petit).

25. eza ḫabîb-ak ƹasal, ma t-elḫas-o kell-o
si amant-ton miel nég lèche-le tout-lui

Si ton amoureux est de miel, ne le lèche pas en entier (gardes-en pour plus tard, n'abuse pas de la gentillesse qui t'est offerte).

7. La cuisine libanaise

Les Libanais sont très fiers de leur gastronomie. Ils se considèrent comme les meilleurs héritiers d'une cuisine à l'origine commune à tous les pays sur lesquels s'étendait l'empire ottoman (la Turquie, Chypre, les pays du Levant, la Grèce...). En réalité, il existe deux types de cuisine libanaise : une cuisine typique des restaurants ou des jours de fête, et qui est d'influence turque, et une cuisine maison, assez différente, qui remonterait à une tradition perse. Le tout libanisé.

Dans les restaurants, on prend d'habitude des *mézzé* (**mêza** en libanais)[83], suivis de grillades (**machêwé**) ou de poisson (**samak**). Les **mêza** sont des hors-d'œuvres dont une sélection est présentée à table (un peu à la manière des *tapas* espagnoles). Au Liban, on ne compte pas moins d'une cinquante de spécialités. Certaines estimations enthousiastes poussent le nombre de plats **mêza** bien plus loin, jusqu'à 150. Il faut dire qu'il y a une grande place à la créativité culinaire, et que l'on peut toujours proposer sur le marché de nouvelles idées. Parmi les classiques incontournables citons : la **tabbûlé(-t)** (mot féminin en arabe) salade à base de persil, de tomates, d'oignons et de **berghol** fin[84] ; les **wara' ع énab** ou feuilles de vigne farcies ; le **hommoṣ** (purée de pois-chiches à la crème de sésame) ; le **mtabbal** (purée d'aubergines grillées à la crème de sésame) ; la **kébbé** (viande d'agneau ou de veau assaisonnée, souvent avec du bourghoul, et qui peut être servie crue (**nayyé)**, frite (**mé'liyyé)**, ou grillée (**mechwiyyé**).
La cuisine maison, d'influence plus perse que turque, est moins exportée à l'étranger. Elle est constituée de plats mijotés (viande **laḥmé**, ou légumes **khoḍra**), souvent servis avec du riz (**réz mfalfal**) en accompagnement, et parfois accompagnés également de yaourt (**laban**). Pour ne citer que quelques-uns : **mlûkhiyyé, sbênikh, kûsa meḥché,** etc... Un grand nombre de spécialités végétariennes également sont typiques des montagnes libanaises, dont beaucoup de plats à base de blé (**'ameḥ**). Les produits laitiers

---

[83] Qui viendrait de la racine arabe **tamazzaza**, qui signifie déguster en petites bouchées en prenant le temps de savourer.
[84] français : bourghoul, une sorte de blé concassé.

sont innombrables : différents types de **labné**, et de **jebné**. Ils sont servis le matin au petit déjeuner, ou même le soir si l'on veut dîner léger. Souvent ils sont accompagnés de thym (**zaɛtar**) à l'huile d'olive (**zêt zaytûn**), et d'olives noires (**zaytûn aswad**) ou vertes (**zaytûn aswad**).

Pour manger rapidement en bord de route, divers choix sont offerts : **man'ûché**, sorte de pizza fine qui se mange comme un sandwich, elle est en général au fromage, au thym, ou à la viande, des falafel (**falêfil**), des **chawarma**, ainsi qu'un grand nombre de sandwichs aussi variés que les *mézzé.*

Le **ɛara'** (l'*arak* en français), est une sorte d'anisette alcoolisée à 50 degrés (assez proche de l'*ouzo* grec et du *raki* turc) que l'on peut boire soit en apéritif soit en accompagnement de plats. Le Liban produit également plusieurs vins, principalement rouges. Parmi les vins les plus connus, figurent le **ksara** et le **kefraya** du nom des villages où ils sont produits dans la vallée de la Békaa, et le Chateau Musar ainsi que le Clos St Thomas. En guise de hors-d'œuvre, on grignote souvent des fruits grillés salés (**makhlûṭa**) : Pistaches (**festo'**), noix de cajou (**kajû**), pois-chiches secs (**'ḍâmé**) et différentes graines (**bézer**). Le café **'ahwé**, le thé **chây** et la tisane de fleurs **zhûrât** sont aussi des boissons très courantes. La **'ahwé bayḍa**, ou café blanc, est une boisson à base d'eau chaude et d'eau de fleurs d'oranger, excellent digestif.

Les pâtisseries sont une vieille tradition : les fameux baklavas (**ba'lêwa**), petits gâteaux à base de pâte feuilletée farcis de noisettes, d'amandes, de pistaches ou de noix de cajou. Dès leur sortie du four, ils sont arrosés d'un sirop légèrement parfumé à l'eau de rose et à l'eau de fleur d'oranger. Ils se présentent sous différentes formes et ont des noms très évocateurs, comme **kol w chkôr** (litt. *mange et remercie*), ou comme **'aṣabîɛ zaynab** (litt. *les doigts de* Zaynab). Les **maɛmûl** (gâteaux de semoule farcis de pistaches, d'amandes, de noix ou de pâtes de dattes) se dégustent généralement aux périodes de fêtes (Pâques, Ramadan....). La Halva (**halêwé**), mangée hors occasions spéciales, est une confiserie à base de racine de saponaire[85]. Et d'autres encore : le **meghlé** (riz en poudre, sucre, cannelle, carvi, servi frais à l'occasion des naissances), la **mhallabiyyé** (à base de lait et parfumé à l'eau de rose et à l'eau de fleur d'oranger, se déguste frais), le **saḥlab** (poudre de bulbe d'orchidée, sucre, amidon aromatisée à la préparation d'eau de fleur d'oranger, d'eau de rose et de mastic, se mange chaud).

Quand on est invité chez quelqu'un, tous les plats sont mis à table en même temps, tout le monde mange ensemble, et il n'est pas de mauvais goût de se resservir d'un plat. On dit : **ṣaḥtên** ou **ṣaḥtên ع a-'alb-ak/-ik/-kon** en fin de repas, à la place du *bon appétit* français en début de repas, et la réponse est **ع a 'alb-ak/-ik/-kon.**

[85] Plante à fleurs roses dont la tige et les racines contiennent de la saponine qui a la propriété de faire mousser l'eau comme du savon.

V. Lexique

Note pour le lexique

Les quelques 3000 entrées de ce lexique français-libanais, libanais-français (environ 1500 entrées dans chaque sens) sont présentées ici par le système de transcription simplifiée qui a été utilisé tout au long de ce livre. L'écriture arabe n'a pas été incluse parce qu'il n'y a pas de consensus quant à l'orthographe exacte du libanais.

Les substantifs ou noms communs sont présentés au singulier, suivis de la forme au pluriel. Exemple : *livre* = **ktêb, ketob**. Certains mots n'ont pas de pluriel courant dans la langue, ils sont indiqués uniquement sous la forme du singulier. Exemple : *climat* **ṭa'és**. Pour les mots ayant une forme de singulatif ou de collectif, les marques (sgt.) et (col.) sont utilisées respectivement. Quand un même terme présente plusieurs prononciations, la deuxième forme est mise entre parenthèses. Exemple : *loi* = **'ânûn (qânûn)**.

Les mots féminins se terminant par un **-t** qui n'apparaît qu'à la forme construite (cf. grammaire : le nom) sont suivis d'un (-**t**) entre parenthèses. Exemple : *chaise* = **kersé(-t)**, car à l'état construit on dirait **kersit bâbâ** *la chaise de papa*.

Les adjectifs et les participes actifs et passifs sont présentés sous 3 formes : le masculin singulier, suivi du féminin singulier, suivi du pluriel. Exemple *: beau* = **ḥelo** *beau*, **ḥelwé** *belle*, **ḥelwîn** *beaux ou belles*.

Comme il n'y a pas de forme verbale infinitive en arabe, chaque verbe est présenté à la forme de la troisième personne du singulier masculin (*il*) de l'accompli, suivie de celle de la première personne du singulier à l'inaccompli modal. Exemple : "*faire*" = **sêwa/sêwé** *il a fait/que je fasse*.

Une forme verbale en français peut être nominale en arabe et vice-versa. Certaines expressions sont figées en français (ou conjugables comme un verbe), mais déclinables en arabe (comme un nom, ou comme un adjectif), et vice-versa. La marque conjugable en arabe est soulignée, afin de montrer qu'il faut la conjuguer selon les personnes. Exemple : *avoir envie* = **jêyé ƹa bêl-é** (le **-é** suffixe 1ère personne du singulier indique que le sens de la phrase est ***j'ai*** *envie de...* (littéralement : *il* ***me*** *vient à l'esprit de...*) Pour dire ***nous avons*** *envie*, on dirait **jêyé ƹa bêl-na)**.

Lexique Français-Libanais

à l'endroit	**jêlis, jêlsé, jêlsîn**
à l'envers	**bél ma'lûb, b-éch-cha'lûb**
à propos de	**ع an..., ben nesbé la..., ع ala sîrit...**
abonnement	**'échtirâk**
abonner (s')	**chtarak/échtérik**
accepter	**'ebel/é'bal**
accompagnement	**murâfa'a(-t)**
accompagner	**râfi', râfa'et**
accord	**tafêhom.** *Ils sont d'accord :* **metfêhmîn, mettef'în**
accoucher	**khallaf/khalléf ; wallad/wallid**
accueil	**ésté'bêl**
accueillir	**sta'bal/ésta'bil**
achat	**charwé(-t)** (sgt), **chrâyé(-t)**
acheter	**chtara/échtéré**
acheteur	**mochtaré, mochtariyé, mechtariyîn**
acné	**ḥabb chabêb** *(bouton de jeunesse)*
addition	**jaméع**
aéroport	**maṭâr, maṭârât**
affaires	**ghrâḍ** *(objets) ;* **aعmêl** *(business)*
affamé	**juعân/ jiعân, juعâné, juعânîn**
affoler (s')	**jann/jénn**
âge	**عomor**
agréable	**laziz, lazîzé, lazîzîn**
agriculture	**zirâعa(-t)**
aider	**sêعad/sêعid**
aider (s')	**sêعid ḥâl-é̲** *je m'aide moi-même ;* **b-y-sêعd-o baعḍ** *ils s'aident entre eux, ils s'entraident*
aiguille	**'ébré, ébar**
aimé	**maḥbûb, maḥbûbé, maḥbûbîn.**
aimer	**ḥabb/ḥébb**
ajouter	**zêd/zîd**
alcool	**kuḥûl**
alimentation	**ghéza** (*nourriture*), **'akél**
aller	**râḥ/rûḥ**
allongé	**msaṭṭaḥ, msaṭṭḥa, msaṭṭḥîn ; mmaddad, mmaddadé, mmaddadîn.**
allonger	**maddid, maddadet**
allonger(s')	**tṣaṭṭaḥ/etsaṭṭaḥ ; tmaddad/etmaddad**

ambiance	**jaww, ajwê'**
ambulance	**ésƐâf, esƐâfêt**
âme	**rûḥ, 'arwêḥ ; nafés, 'anfos.**
amélioration	**taḥasson**
améliorer	**ḥassan/ḥassen**
amer	**morr, morra, morrîn**
ami	**ṣadî', ṣadî'a, 'aṣdiqâ'; ṣâḥéb, ṣâḥbé, aṣḥâb**
amour	**ḥobb** ; *amour passionnel* **gharâm** ; *tomber amoureux* **we'eƐ/ 'û'aƐ bél gharâm ; ngharam/enghérim bi ḥada** ; *faire l'amour (le sexe)* **mêrass/mêriss el-ḥobb (el-jénéss)**
ampoule	**lamba, lambât**
amusement	**tasliyé (-t)**
amuser	**salla/ sallé**
amuser(s')	**tsalla/étsalla**
ange	**malêk, malêyké(-t)**
année	**séné(-t), snîn**
antipathique	**zénikh, zénkha, zénkhîn**
appareil photo	**kaméra ; 'êlit teṣwîr**
appartement	**ché''a(-t), che'a'.**
appel	**nidê'** ; *appel téléphonique* **'ittiṣâl hêtifé.**
appeler	*interpeler quelqu'un* **Ɛayyaṭ la.../Ɛayyeṭ la...** ; *donner un nom* **samma ḥada/sammé ḥada** ; *téléphoner à* **talfan la.../talfin la...**
appétit	**chahiyyé(-t)** : *ça m'ouvre l'appétit* **b-y-éftaḥ-l-é chahiyyt-é.**
apporter	**jêb/jîb**
apprendre	**Ɛallam, Ɛallim** *enseigner* ; **tƐallam/ etƐallam** *apprendre soi-même.*
après	**baƐd** ; *l'un après l'autre* **wâḥad wara ét-têné** ; *après-demain* **baƐd bokra** ; *après-midi* **baƐd éḍ ḍohor**
arak	**Ɛara'**
arbre	**chajra(-t), chajar** (col.), **chajrât** (pl.)
archéologie	**Ɛélém âsâr**
architecte	**mhandis, mhandsé, mhandsîn**
argent	**foḍḍa** (*métal*) ; **maṣâré** (argent pour payer) ; *argent liquide* **kâch, na'dé**
armoire	**khzêné(-t), khzênêt**
arrêter	**wa''af/wa''éf**
arrêter (s')	**we'ef/'û'af** ou **w'efet**
arriver	**weṣil/'ûṣal**

arriviste **wuṣûlé, wuṣûliyyé, wuṣûliyyé**
arroser **sa'a/és'é** : *j'ai arrosé les plantes* **s'ît éz-zrêrîع**
art **fann, fnûn**
artifice **taṣannoع**
artificiel **moṣṭanaع, moṣṭanaعa, moṣṭanaعîn**
artiste **fannên, fannêné, fannênîn**
aspirateur **mékénsit él kahraba**
assassinat **éghtiyêl, éghtiyêlêt**
asseoir **'aععad/ 'aععid**
asseoir(s') **aعad/'e'عod**
assiette **ṣaḥen, ṣḥûn**
assistant **muعâwin, muعâwné(-t) ; musêععid, musêععidé(-t)**
assoiffé **عaṭchên, عaṭchêné, عaṭchênîn**
attendre **naṭar/onṭor**
attente **naṭra(-t)**
attention **éntibêh** ; *faire attention* **ntabah/éntébéh**
aubergine **batenjén**
aujourd'hui **lyôm**
automne **kharîf**
autoroute **otostrâd**
avaler **balaع/éblaع**
avant **abel** ; *avant-hier* **awwal mbêriḥ**
avare **bakhîl**
avec **maع**
avenir **mesta'bal**
avertissement **'énzâr**
aveugle **aعma, عamya, عémyên**
avion **ṭayyâra(-t), ṭayyârât**
avis **ra'y, arâ'**
avocat **mûḥâmé, muḥâmiyyé, muḥâmiyyé**
avoir **عandé** *j'ai..., **maعé** j'ai...,*
bague **khâtim, khawêtim**
baigner **ḥammam/ḥammim**
baigner (se) **tḥammam/étḥammam** ; *nager* **tsabbaḥ/étsabbaḥ,** ou **sebéḥ/ésbaḥ**
baiser **bawsé, bawsêt**
baisser (se) **waṭṭa/ waṭṭe ; nakhkh/nekhkh**
balai **mékénsé(-t), makênis**
balayé **mkannas**
balayer **kannas/kannis**
balcon **balkôn, blêkîn**

balle (de pistolet)	**kharṭûché(-t), khrâṭîch ; rṣâṣa(-t), rṣâṣ**
balle (pour jouer)	**ṭâbé(-t), ṭâbêt**
ballon	**balôn, bwêlîn**
banal	**têfih, têfha, têfhîn**
banane	**mawzé, mawzêt** (pl.), **môz** (col.)
banlieue	**ḍâḥié, ḍawâḥé**
banque	**bank, bnûké ; maṣrif, maṣarif**
barrage	**ḥâjez, ḥawêjiz**
bas (adj.)	**wâṭé, wâṭyé, wâṭyîn.**
bas (adv)	**taḥét**
batailles	**maꜫraké(-t), maꜫârek**
bateau	**chakhtoura, chkhâtîr ; bêkhra(-t), bawêkhir**
bave	**ri'**
beau	**ḥélo, ḥélwé, ḥélwîn**
beaucoup	**ktîr**
beau-frère	**ṣohr, aṣhira**
beau-père	**ḥama, ḥamawêt**
beauté	**jamêl**
bébé	**bébé, bébéyêt**
belle-fille	**kénné(-t), knêyin**
belle-mère	**ḥama/ ḥamêt, ḥamawêt**
besoin	**ḥâjé(-t)** ; *avoir besoin* **ḥtêj/eḥtaj**
biberon	**maṣṣâṣa, maṣṣâṣât**
bibliothèque	**maktabé, maktabêt**
bicyclette	**bésklêt, besklêtêt**
bien sûr	**tabꜫan**
bière	**bîra**
bizarre	**gharîb, gharîbé, gharîbîn**
blanc	**abyaḍ, bayḍa, bîḍ**
blasphème	**kefer**
blasphémer	**kafar/ékfor**
blesser	**jaraḥ/éjraḥ**
blessure	**jéréḥ, jrûḥa(-t)**
bleu	**azra', zar'a, zere'**
blond	**ach'ar, cha'ra, che'er**
boire	**chereb/échrab,**
boisson	**machrûb** (col.)
boîte	**ꜫelbé, ꜫelab**
bombardement	**'aṣéf / qaṣéf**
bombarder	**'aṣaf/o'ṣof,**
bombe	**'enblé (-t) /qonblé(-t), 'anêbil/ qanêbil** : *bombes à fragmentation* **'anêbil ꜫan'ûdiyyé**

bon	**mnîḥ, mnîḥa, mnêḥ** ; *pour la nourriture* **ṭayyib, ṭayybé, ṭayybîn**
bonheur	**faraḥ ; saɛâdé**
bottes	**bôṭ, bôṭât**
bouche	**témm, tmêm**
boucher	**laḥḥâm**
boucherie	**malḥmé(-t)**
boucles d'oreilles	**ḥala'** (col.), **ḥal'a** (sgt)
bouillir	**ghelé/'eghlé,**
boulanger	**khabbêz**
bouteille	**'annîné(-t), 'anêné**
boutique	**maḥall, maḥallêt ; dekkên, dkêkîn**
bouton	**ḥabbé, ḥbûb** *(acné)* ; *bouton (de chemise)* **zérr, zrâr**
bracelet	**éswâra(-t), 'asêwir**
branche	**jézéɛ, jzûɛ** *(arbre)* ; **féréɛ, frûɛa(-t)** *(magasin)*
briller	**lamaɛ/élmaɛ**
briller (faire)	**lammaɛ/lamméɛ**
brosse	**ferchéyé(-t), farâché**
brouillon	**kharṭûch ; méswaddé**
brûler	**ḥara'/eḥro'**
brûler (soi-même)	**ḥtara'/eḥteri'**
brun	**'asmar, samra, somor**
bureau	**maktab, makêtib**
bus	**bâṣ, bâṣât**
cacher	**khabba/khabbé**
cacher (se)	**tkhabba/étkhabba**
cadavre	**jéssé(-t)/jétté(-t), jésas/jétat**
cadre	**bérwêz, brâwîz** : *cadre photo* **bérwêz sûra ; iṭâr** *(cadre d'une situation)*
cafard	**ṣarṣûr, ṣrâṣîr**
café (boisson/lieu)	**'ahwé(-t), 'ahâwé** (pl. pour le lieu)
cahier	**daftar, dafêtir**
calcul	**ḥsêb**
camarade	**rfî', rfî'a(-t), réf'a**
canapé	**kanabéyé(-t), kanabêyet**
cancer	**ṣaraṭân**
capacité	**'edra(-t)**
caractère	**ṭabéɛ, 'aṭbéɛ**
caresser	**ḥalmas/ḥalmis**
carotte	**jazra, jazrât** (pl.), **jazar** (col.)
carré (adj.)	**mrabbaɛ, mrabbɛa, mrabbɛîn**

carré (nom) **mrabbaع, mrabbaعât**

carte **biṭâ'a(-t), biṭâ'ât :** *carte de crédit* **bitâ'it éعtimâd ;** *cartes (jeu)* **wara' :** *je joue aux cartes* **b-élعab wara'.**

cas **ḥâlé(-t), ḥâlêt :** *au cas où...* **bi ḥâl...**

casser **kasar/éksor**

catastrophe **mṣîbé(-t), mṣâyib**

cause **sabab, 'asbêb**

cécité **عama**

célibat **عuzûbiyyé(-t)**

célibataire **aعzab, عazba, عézzêb**

centre **markaz, marâkiz** *(institut)* **; waṣaṭ** *(centre d'un cercle, d'une ville)*

certain **akîd, akîdé, akîdîn**

certainement **عal akîd**

chacun, chacune **kell wâḥad, kell weḥdé**

chaîne (télévision) **mḥaṭṭa, mḥaṭṭât**

chaise **kersé(-t), karâsé**

chambre **ûḍa, uwaḍ ; gherfé(-t), gheraf**

chameau **jamal, jmêl**

change **ṣrâfé(-t)** *(argent)* **; ṣarrâf, ṣarrâfîn** *(bureau de change)*

changer **ghayyar/ghayyer** *; changer (l'argent)* **ṣarraf/ṣarréf**

chanson **ghénniyyé(-t), aghâné**

chant **ghéna**

chanter **ghanna/ghanné**

chanteur **mughanné, mughanniyé, mughanniyîn ; moṭrib, moṭerbé, moṭerbîn**

chaque **kell**

chariot **عarabiyyé(-t), عarabiyyêt**

chasse (pêche) **ṣêyd**

chasser **sṭad/esṭad** *(pêcher)* **; dachchar/dachcher** *(d'un endroit)*

chasseur **ṣayyâd, ṣayyâdiyyé**

chat **bsén, bsaynêt**

chaud **chôb** *il fait chaud*

chaud (adj.) **sokhôn, sekhné, sekhnîn ; ḥâmé, ḥamyé, ḥâmyîn**

chauffeur **choffêr, chofferiyyé ; sawwâ', sawwâ'în**

chaussettes **kalsêt**

chaussures **ṣobbât, ṣbâbîṭ** *chaussures d'hommes ou mixtes masculines ; chaussures de femmes* **skarbîné(-t),**

	skarbinêt.
chemin	**ṭarî', ṭor'ât**
chemise	**'amîṣ, 'omṣân**
chèque	**chak, chakkêt**
cher	*personne :* **ɛazîz, ɛazîzé, ɛazîzîn ;** *prix ou personne :* **ghâli, ghâlyé, ghâlyîn**
chercher	**fattach/fattech**
cheval	**ḥṣân, oḥṣné ; khêyl, khyûl**
cheveux	**chaɛra** (sgt), **chaɛér** (col.), **chaɛrât**(pl.)
chewing-gum	**ɛelké(-t)**
chic	**chîk**
chien	**kaléb, kalbé, klêb**
chuchoter	**wachwach/wachwich**
ciel	**sama, samawêt**
cigarette	**sigâra(-t), swêgîr**
cil	**remech, rmûch**
ciseaux	**m'aṣṣ, m'aṣṣât**
citron	**ḥâmḍa(-t)** (sgt.), **ḥâmoḍ** (col.), **ḥâmḍât** (pl.)
clef	**méftêḥ, mfêtîḥ**
climat	**ṭa'és**
cœur	**'aléb, 'lûb**
coiffeur	**kwaffêr ; ḥallâ'**
colère	**ghaḍab**
collègue	**zamîl, zamîlé, zomala**
collier	**ɛa'ed, ɛ'ûd**
colline	**tallé(-t), tlêl** (col.), **tallêt** (pl.)
colonne	**ɛamûd, ɛwêmîd ;** *colonne vertébrale***ɛ amûd fiqaré**
colorer	**lawwin, lawwanet**
coloriage	**télwîn**
combats	**'ichtibekêt**
combien ?	**'addêh ? 'addêch ?**
comment ?	**kîf ?**
compagnon	**rfî', rfî'a(-t), réf'a**
complexé,	**mɛa'ad, mɛa'adé, mɛa'adîn**
compliqué	**mɛa'ad, mɛa'adé, mɛa'adîn**
complot	**mu'âmara(-t)**
comportement	**taṣarrof, taṣarrofêt**
composer	*composer un numéro* **da''/de'' nomra, ṭalab/oṭlob nomra ;** *composer un poème, une musique* **'allaf/allif**
compositeur	**m'allif, m'allfé(-t), m'alfîn**

compréhension	**tafahhom**
comprendre	**fehem/éfham ; stawƐab/éstawƐib**
comptabilité	**muḥâsabé(-t)**
comptable	**muḥâsib, muḥâsbé(-t), mḥâsbîn**
compte	**ḥsêb**
concentration	**térkîz**
concentrer (se)	**rakkaz/rakkiz**
concierge	**nâṭûr, nâṭûra, nwâṭîr**
concombre	**khyâra(-t)** (sgt.), **khyâr**
condoléances	**taƐziyé(-t), taƐâzé** : *présenter ses condoléances* **'addim taƐâzé**
conduire (voiture)	**sâ'/sû'**
conduite (voiture)	**swâ'a(-t)**
confiance	**sé'a(-t)**
confiant	**wâsi', wâs'a, wâs'în**
connaître	**'aƐrif, Ɛrefet**
conscience	**waƐé**
considération	**éƐtibâr**
considérer	**Ɛtabar/éƐtébér**
construction	**teƐmîr ; Ɛamâr**
construire	**Ɛammar/ Ɛammer**
construit	**mƐammar, mƐamra, mƐamrîn**
consultant	**mustachâr, mustachâra(-t), mustachârîn**
consulter	**stachâ/'éstachîr**
contaminer	**Ɛada/eƐdé**
content	**mabṣût, mabṣûṭa, mabṣûṭîn**
continent	**'ârra(-t)/qârra(-t), qârrât**
continuer	**kammal/kammél**
contrat	**Ɛa'éd/Ɛaqed, Ɛ'ûdé(-t)**
conversation,	**ḥadîs, aḥadîs**
coq	**dîk, dyûk**
corde	**ḥablé, ḥbêl**
cordonnier	**kéndarjé, kendarjiyyé**
corps	**jesém, ajsêm**
corriger	**ṣallaḥ/ṣalliḥ**
costume(hommes)	**ṭa'ém, ṭ'ûmé ; badlé**
côte	**sêḥil, sawêḥil**
coucher (se)	**nêm/nêm**
coudre	**khayyat/khayyiṭ :** *machine à coudre* **makanit khyâṭa**
couette	**lḥâf, léḥéf**
couleur	**lôn, 'alwên**

coupable	**méznéb, mézénbé, mézénbîn**
courgette	**kûsa, kûsêyé(-t)** (sgt.) ; *courgette farcie :* **meḫché** (col.), **meḫchêyé(-t)** (sgt.), **meḫchêyet** (pl.)
cours	**darés, drûs**
court	**'aṣîr, 'aṣîré, 'ṣâr**
couteau	**sékkîné(-t), skêkîn**
couverture (de lit)	**ḫrêm, ḫrêmêt**
cracher	**ébzo', baza'ét**
crayon mine	**'alam rṣâṣ, 'lûmit rṣâṣ**
création	**khalé' ; 'ébdêƹ**
créature	**makhlû', makhlû'ât**
créer	**khala'/ékhlo'**
crime	**jarîmé(-t), jarâyim**
critique	**'énti'âd, 'enti'âdêt**
critiquer	**nta'ad/'énté'éd**
croire	**éƹté'id, ƹta'adet** *(penser)* ; **'êmin, 'êmanet** *(avoir de la foi)*
croyance	**ƹa'îdé ; îmén** *(foi)*
cueillir	**'aṭaf/o'ṭof**
cuillère	**malƹ'a(-t), mƹâli'**
cuir	**jéléd, jlûd**
cuisine	**ṭabîkh** *(nourriture)* ; **maṭbakh, maṭabikh** *(lieu)* ; *faire la cuisine* **ṭabakh/oṭbokh**
cuivre	**nḫâs**
cultivé	**msa''af, msa''afé, msa''fîn**
culture	**sa'âfé(-t)**
dame	**sett, settêt**
danger	**khaṭar, makhâṭir**
dangereux	**kheṭir, kheṭra, kheṭrîn**
danse	**ra'ṣa** (sgt.), **ra'eṣ**
danser	**ra'aṣ/er'oṣ**
date	**têrîkh, twêrîkh**
datte	**tamér, tamrât**
débrouillardise	**ḫarba'a(-t)**
décider	**'arrar/'arrer**
décision	**'arâr, 'arârât**
découverte	**éktichêf, éktichêfêt**
découvrir	**ktachaf/éktéchéf**
décrire	**waṣaf/'ûṣof**
dedans	**juwwâ**
défaite	**hazîmé (-t)**
défendre	**manaƹ/'émnaƹ** *(interdire) ;* **dêfaƹ/dêfiƹ ƹan...**

	(protéger)
défense	**difêع**
dégoûtant	**me'rif, me'erfé, me'erfîn**
dehors	**barrâ**
déjeuner	**ghada**
demain	**bokra**
demande	**ṭalab, maṭâlib**
demander	**ṭalab/oṭlob**
démarcation (ligne de)	**khaṭṭ tamês**
démontrer	**barhan/barhen**
dent	**sénn, snên** ; *dentiste* **ḥakîm snên**
député	**nêyib, nuwwêb**
derrière (prép.)	**wara**
désagréable	**mech lazîz, mech lazîzé, mech lazizîn**
descendre	**nezel/enzal**
descente	**nazlé(-t)**
description	**waṣéf**
désert	**ṣaḥra**
déshabiller	**challaḥ, challiḥ**
déshabiller (se)	**chalaḥ, echlaḥ**
dessin	**rasmé** (sgt.), **rasmêt, rsûm**
dessiner	**rasam/ersom**
destin	**'adar (qadar)**
destruction	**damâr**
détendu	**mértékhi, mértkhiyyé, mértkhiyyîn**
détestable	**ma b-yenṭâ'** (mas.sg.)
détester	**kereh/ekrah**
détruire	**dammar/dammer**
deuil	**ḥdêd** ; *qui est en deuil* **ḥâdid, ḥâddé, ḥâddîn**
devant	**éddêm**
développement	**tanmiyé(-t) ; teṭwîr**
développer	**ṭawwar/ ṭawwer**
devenir	**ṣâr/ ṣîr**
deviner	**ḥezir/eḥzar**
devinette	**ḥazzûra(-t)**
devoir (nom)	**fareḍ, frûḍa**
devoir (verbe)	**lêzim**
diabète	**sékkaré**
dialogue	**ni'âch ; ḥiwâr, ḥiwârât**
dictée	**'émlâ'**
dictionnaire	**'âmûs (qâmûs), 'wâmîs**

dieu	**'ilâh ; 'allâ**
difficilement	**b-ṣuɛûbé**
difficulté	**ṣuɛûbé(-t)**
diffusion	**téwzîɛ**
dîner	**ɛacha**
diplomatie	**diplomêsiyyé(-t)**
diplomatique	**diplomêsé, diplomêsiyyé, diplomêsiyyé**
dire	**'â/'ûl**
directeur	**mudîr, mudîra(-t), mudara**
diriger	**dâr/dîr ; wajjah/wajjeh**
diriger (se)	**twajjah/etwajjah**
discipline	**enḍibâṭ**
distance	**masêfé(-t), masêfêt**
diviser	**'asam /e'som**
division	**'esmé(-t)**
divorce	**ṭalâ'**
divorcé	**mṭalla', mṭall'a, mṭall'în**
divorcer	**ṭalla'/ṭalli'**
docteur	**ḥakîm, ḥakîmé(-t), ḥokama**
doigt	**oṣbaɛ, aṣabiɛ**
don	**hiba** *(donation)* **; mawhibé** *(talent)*
donner	**ɛaṭa /aɛṭe**
doré	**mdahhab, mdahhabé, mdahhabîn**
dormir	**nêm/nêm**
dos	**ḍahr**
dossier	**malaff, malaffêt**
doucement	**b-rawâ' ; chway chway**
doucher(se)	**tḥammam/etḥammam**
douleur	**wajaɛ, awjêɛ**
doute	**chak, chkûk**
douter	**chakk/chekk**
draps	**charchaf, charâchif : charchaf takhét** *drap de lit*
droit	**ḥa'', ḥ'û'(ḥuqûq)**
droit (adj.)	**jêlis, jêlsé, jêlsîn**
droite	**yamîn**
eau	**mayy**
éboueur	**zabbêl, zabbêlé**
échec	**fachal ; s'ûṭ**
échecs (jeu)	**chaṭaranj**
échouer	**fechil/éfchal ; sa'aṭ/es'oṭ**
éclair	**baré'**
éclaircissement	**ṭowḍîḥ**

école **madrasé(-t), madêris**
économie **eqtiṣâd**
écouter **tsamma/عétsammaع**
écouteurs **sammêعa(-t), sammêعât**
écran **chêché(-t)**
écrire **katab/éktob**
écriture **kitêbé** *(le fait d'écrire)* ; **khaṭṭ** *(écriture à la main)*
édition **nachér**
effacer **maḥḥa/ maḥḥé**
efféminé **mkhannat, mkhannaté, mkhannatîn**
effrayé **fazعân, fazعâné, fazعânîn**
effrayer **fazzaع/fazzéع**
électricien **kahrabje**
électricité **kahraba(-t)**
élégance **'anâqa**
élégant **'anîq**
éléphant **fîl, fyûlé**
élève **telmîz, telmîzé(-t), tlêmîz**
embellir **jammal/jammel**
embrasser **bês/bûs** *baiser* ; **عabaṭ/éعboṭ** *prendre dans les bras* : **عabbûṭa(-t)** *le fait de se prendre dans les bras*
emploi **waẓîfé(-t), waẓâyif**
employé **mwaẓẓaf, mwaẓẓafé(-t), mwaẓẓafîn**
encaisser **'abaḍ/é'baḍ**
enceinte (femme) **ḥeblé ; ḥâmél**
encre **ḥébér**
endormi **nêyim, nêymé, nêymîn**
endroit **maḥall, maḥallêt**
énergie **ṭâ'a(-t), ṭâ'ât**
énervé **mnakraz, mnakérzé, mnakérzîn**
enfance **ṭufûlé(-t)**
enfant **ṭofol, 'aṭfêl ; walad, wlêd**
enfer **jhannam**
enlever **chêl/chîl**
ennui **zaha'**
ennuyer **zahha'/zahhe'**
ennuyer (s') **zehe'/ézha'**
enseignant **estéz, estêzé(-t), asêtzé ; mعallim, mعallmé(-t), mعallmîn**
enseignement **teعlîm**
enseigner **عallam/عallem**
entendre **semeع/ésmaع**

enterrement	**dafén**
envie (avoir)	**ḥasad** *(mauvaise envie)* ; **chahwé** *(désir)* ; *avoir envie* **jêyé ʕa bêl-é : jêyé ʕa bêl-ak t-échtéghil** *tu as envie de travailler*
envoyer	**baʕat/ébʕat**
épaules	**ketef, ktêf**
épicier	**dekkanjé, dekkanjiyyé**
épilation	**natéf**
épiler	**nataf/éntof**
épingle	**dabbûs, dbêbîs**
épisode	**ḥal'a(-t), ḥal'ât**
éponge	**sfenjé(-t)**
espace	**masêḥa(-t), masêḥât** *(surface)* ; **faḍa** *(espace, ciel)*
espérer	**t'ammal/t'ammal**
espoir	**amal, âmêl**
essayer	**jarrab/jarrib**
essorer	**ʕaṣar/eʕṣor**
est	**char'**
estomac	**méʕdé(-t)**
et	**w ; wa**
étage	**ṭâbi', ṭawâbi'**
étagère	**raff, rfûf**
état	**ḥâl, ḥâlêt** (*situation)* ; **dawlé(-t), duwal** (*gouvernement*)
été	**ṣêyf, ṣayfiyye(-t)** (sgt.)
étoile	**nejmé, njûm**
étrange	**gharîb, gharîbé, gharîbîn : gharîb ʕajîb** *très étrange et bizarre*
étranger	**gharîb, gharîbé, ghoraba ; ajnabé, ajnabiyyé, ajênib**
être humain	**énsên, nês**
être vivant	**kê'in ḥayy, kâ'inêt ḥayyé**
étroit	**ḍayyi', ḍayy'a, ḍayy'în**
études	**dirâsêt : dirâsêt ʕolya** *hautes études*
étudiant	**ṭâlib, ṭâlbé, ṭollâb**
étudier	**daras/edros**
évanouir (s')	**ghâb ʕan el-waʕé/ghîb ʕan el-waʕé**
évoluer	**t'addam/et'addam**
évolution	**ta'addom**
exacte	**mazbûṭ, mazbûṭa, mazbûṭîn**
exactement	**b-éẓ-ẓabéṭ**

examen	**émtiḥân, emtiḥânêt** *(école)* **; faḥéṣ, fḥûṣa** *(médical + école)*
examiner	**faḥaṣ/éfḥaṣ**
exemple	**masal (matal), amsilé** : *par exemple* **masalan (matalan)**
expérience	**khebra(-t), khebrât** : *il a de l'expérience* **ƹand-o khebra ; tajrubé(-t), tajêrob** : *je suis en train de faire une expérience* **ƹam b-aƹmel tajrubé**
expliquer	**charaḥ/échraḥ**
expression	**ƹibâra(-t), ƹibârât** *(phrase)* **; téƹbîr** *(le fait de s'exprimer)*
exprimer	**ƹabbar/ƹabber**
extérieur (l')	**barra**
externe	**khârijé, khârijiyyé, khârijiyyé**
fabriquer	**fabrak/fabrik**
fâché	**zaƹlén, zaƹlêné, zaƹlênîn ; ghaḍbên, ghaḍbêné, ghaḍbênîn**
facilement	**b-suhûlé**
facilité	**suhûlé(-t)**
faible	**ḍƹîf, ḍƹîfé, ḍƹâf** ; **khafîf, khafîfé, khfêf***(léger)*
faiblesse	**ḍoƹof**
faim	**jûƹ** ; *qui a faim* **jûƹân, jûƹâné, jûƹânîn**
faire	**eƹmel/ aƹmil ; sêwa/sêwé**
falloir	**lêzim** *il faut* (inv.)
famille	**ƹaylé(-t), ƹiyal**
farine	**ṭḥîn**
fatigué	**taƹbén, taƹbêné, taƹbênîn**
fatiguer (se)	**teƹib/'etƹab**
faute	**ghalṭa ;** Exp. *c'est de ma faute* **él ḥa'' ƹlayy-é_ ;** *faire une faute* **gholiṭ/eghlaṭ**
faux	**ghalaṭ**
félicitations	**tahêné ;** Exp. **mabrûk**
féliciter	**hanna/hanné**
féminin	**bannêté, bannêtiyyé ; muannass**
femme	**mara, neswên** ; *femme de ménage* **el-mara elli bet-naḍḍif**
fenêtre	**chébbék, chbêbîk**
féodal	**éqṭâƹé, éqṭâƹiyyé**
fer	**ḥadîd**
fer à repasser	**mekwéyé (-t), makêwé**
fermer	**sakkar/sakkir**
fermeture éclair	**saḥḥâbé(-t), saḥḥâbêt**

fesses	**afa** *(derrière)* **; ṭîz**
feuille	**war'a, wara'** (col.), **war'ât** (pl.) : *feuilles de vigne* **wara' ɛenab, wara' ɛarîch**
feuilleton	**musalsal, musalsalêt**
fiançailles	**khutûbé(-t) ; khoṭbé(-t)**
fiancé	**khaṭîb, khaṭîbé(-t), khoṭṭâb**
fiancer	**khaṭṭab/khaṭṭib**
fiancer(se)	**khaṭab/ okhṭob**
fil (à coudre)	**kheyṭ, khiṭân**
fille	**bénét, banêt** : *devenir vielle fille* **ɛannas/ ɛannes**, *vieille fille* **ɛânis, ɛawênis**
film	**félém, flûmé**
fils	**eben, wlêd**
fin	**nihêyé(-t)**
fini	**khalaṣ**
finir	**khallaṣ/khallaṣ ; naha/énhé**
fleur	**zahra(-t), zhûr** (col.), **zahrât** (pl.)
fleur	**wardé(-t), ward**
foi	**imên**
foie	**kébéd, kbûd**
fois	**marra(-t), amrâr/marrât :** *quelques fois* **kam marra**
folie	**jnûn**
force	**uwwé(-t)**
forêt	**ghâbé(-t), ghâbêt**
forme	**chakél, achkêl**
fort	**'awé, 'awiyyé, 'awêya**
fou	**majnûn, majnûné, mjênîn**
fourchette	**chawké(t-), chuwak**
fourmi	**namlé(-t), namel** (col.), **namlêt** (pl.)
franc tireur	**annâṣ, annâṣiyyé/annâṣa**
frapper	**ḍarab/eḍrob**
frayeur	**fazaɛ, fazɛa** (sgt.)
frère	**'akh/khayy, ekhwé**
frères et sœurs	**ékhwé(-t), ékhwêt**
frire	**'élé/e'lé**
froid	**baréd :** *qui a froid* **bardén, bardéné, bardênîn**
froissé	**mjaɛlak, mjaɛlaké, mjaɛlakîn**
froisser	**jaɛlak/jaɛlik**
fromage	**jebné, ajbên**
frontières	**ḥdûd**

fumer	**dakhkhan/dakhkhin**
fusées éclairantes	**'anêbil muḍî'a**
futur	**musta'bal**
gagner	**rebéḥ/ érbaḥ** ; *gagner sa vie* **keseb maꜥîcht-o/éksab maꜥîcht-é**
garage	**karâj, karâjêt**
garçon	**ṣabé, ṣobyên**
garder	**ḥaras/eḥros** *(un immeuble)* **;** *(laisser)* **khalla/ khallé**
gardien	**nâṭûr, nâṭûra, nwâṭîr** *(concierge)* ; **ḥâris, ḥerrâs** (pl.)
gare	**mḥaṭṭa(-t), mḥaṭṭât** ; Exp. *gare à toi* **'ûꜥa !**
gauche	**chmêl**
gaz	**ghâz**
gendre	**ṣohr, aṣhira**
généreux	**karîm, karîmé, korama**
gens	**nês ; ꜥâlam**
géographie	**joghrâfya(-t)**
gomme	**maḥḥâyé(-t), maḥḥâyêt**
gommer	**maḥḥa/ maḥḥé**
gonfler	**nafakh/énfokh**
gorge	**zalꜥûm, zlêꜥîm**
goût	**zô', 'azwâ'** ; *qui a du bon goût* **mézwi', mezw'a, mezw'în**
goûter (nom)	**ꜥaṣrûniyyé(-t) : tꜥaṣran/étꜥaṣran** *goûter (prendre un goûter)*
goûter (verbe)	**dâ'/dû'**
gouvernement	**ḥukûmé(-t), ḥukûmêt**
grain	**bézré(-t), bézér**
grand	**kbîr, kbîré, kbâr ;** *grand de taille* **ṭawîl, ṭawîlé, ṭwâl**
grandir	**kebi/ékbar**
grand-mère	**têta** (terme d'adresse) ; **sett** (terme de référence)
grand-père	**jeddo** (terme d'adresse) ; **jedd** (terme de référence)
gratitude	**jmîl** : *avoir de la gratitude* **rebeḥ jmîl/erbaḥ jmîl**
gratter	**ḥakk/ḥekk**
grève	**éḍrâb :** *faire la grève* **'aḍrab/'aḍrib**
grillades	**machêwé(-t)**
griller	**chawa/echwé**
gris	**rmêdé, rmêdiyyé, rmêdiyyé**
gros	**nâṣiḥ, nâṣḥa, nâṣḥîn** *(d'une personne) ;* **kbîr, kbîré, kbâr** *(d'un objet).*

grossesse	**ḥabal ; ḥamal**
grotte	**mghâra(-t), maghâwir (mghârât)**
groupe	**majmûƹa(-t), majmûƹât**
guérir	**ṣaḥḥ/ṣoḥḥ**
guérison	**chefa**
guerre	**ḥarb, ḥrûb**
guide touristique	**morchid siyêḥé**
habileté	**chaṭâra(-t)**
habiller	**labbas/labbes**
habiller (s')	**lebes/élbos**
habiter	**sakan/eskon**
habits	**tyêb ; lébés**
haïr	**kereh/ekrah**
haïssable	**karîh, karîha, karîhîn**
haut	**ƹâlé, ƹâlyé, ƹâlyîn**
hauteur	**ƹluww**
hebdomadaire	**esbûƹé, esbûƹiyyé**
heure	**sêƹa(-t), sêƹât**
heureux	**saƹîd, saƹîdé, soƹada ; mabsûṭ, mabsûṭa, mabsûṭîn**
hier	**mbêriḥ**
histoire	**'oṣṣa(-t), 'oṣaṣ** *(conte)* **; têrîkh** *(Histoire)*
historique	**têrîkhé, têrîkhiyyé**
hiver	**chété** (col.), **chatwiyyé** (sgt.)
homme	**réjjêl, rjêl**
homosexuel	**mesli, mesliyyé(-t), mesliyyîn ; lûṭé** (terme péjoratif pour les hommes), **suḥâqiyyé(-t)** (terme péjoratif pour les femmes)
honte	**ƹayb**
hospitalité	**ḍiyêfé(-t)**
hôtel	**otêl, otêlêt ; fondo', fanêdi'**
huile	**zêt, zyût**
humiliation	**ihêné(-t), ihênêt**
humilier	**hên/hîn**
hystérie	**héstîrya(-t)**
hystérique	**mhastar, mhastra, mhastrîn**
idée	**fékra(-t), afkâr**
identité	**hawiyyé(-t), hawiyyêt :** *carte d'identité* **tazkara/tazêkir**
idiot	**ahbal, habla(hablé), hébél**
immeuble	**binêyé(-t), binêyêt**
impatienter (s')	**fa'ad ṣabr-o/ éf'od sabr-é**

impoli	**bala tehzîb ; bala marba**
important	**muhémm, muhemmé, muhhemîn**
imposer	**faraḍ/efroḍ**
impossible	**mustaḥîl, mustaḥîlé, mustaḥîlîn**
imprimerie	**ṭibâꜥa(-t)**
improviser	**rtajal/értejil**
impuissance	**ꜥajéz**
impuissant	**ꜥâjiz, ꜥâjzé, ꜥâjzîn**
incroyable	**mech maꜥ'ûl, mech maꜥ'ûlé, mech maꜥ'ûlîn**
indiquer	**dall/dell**
industrie	**ṣinâꜥa(-t)**
infirmier	**mumarriḍ, mumarriḍa, mumarriḍîn**
informer	**'aꜥlam/eꜥlom**
ingrat	**bala aṣél**
innocent	**barî', barî'a, barî'în**
inquiet	**machghûl bêl-é**
insecte	**ḥachara(-t), ḥacharât**
insignifiant	**bala maꜥna**
institut	**maꜥhad, maꜥâhid**
insultant	**muhîn, muhîné, muhînîn**
insulte	**msabbé (-t), msabbêt**
insulter	**sabb/sebb**
intellectuel	**msa''af, msa''afé, msa'afîn**
intelligence	**zaka**
intelligent	**zaké, zakiyyé, azkiya**
interdiction	**manéꜥ**
interdire	**manaꜥ/émnaꜥ**
interdit	**mamnûꜥ, mamnûꜥa, mamnûꜥîn**
intéressant	**musîr lal éhtimêm**
intérieur (l')	**juwwa**
interne	**dêkhlé, dêkhliyyé**
intimidant	**meḥrij, meḥrjé, meḥrjîn**
investir	**stasmar/éstasmir**
investissement	**éstésmâr**
invitation	**ꜥazîmé(-t), ꜥazêyim ; daꜥwé(-t), daꜥâwé (daꜥwêt)**
inviter	**ꜥazam/ éꜥzom ; daꜥa / édꜥi**
jamais	**abadan**
jambe	**ejer, ejrên**
jardin	**jnayné(-t), jnaynêt**
jaune	**aṣfar, ṣafra, ṣofor**
jeter	**kabb/kébb ; zatt/zett ; rama/ermé**
jeu	**léꜥbé(-t), 'alꜥâb**

jeune	*jeune homme* **chabb, chabêb** ; *jeune fille* **ṣabiyyé, ṣabâya**
jeunesse	**chabêb**
joie	**faraḥ**
joue	**khadd, khdûd**
jouer	**leƐeb/élƐab** *(enfants)* ; **massal/massel** *jouer (comédie)* ; **da''/de''** *(instrument de musique)*
jouet	**léƐbé(-t), 'alƐâb**
jour	**yôm, iyyêm** : *tous les jours* **kél él iyyêm** ; *chaque jour* **kél yôm** ; *aucun jour* **wala yôm** ; *jour après jour* **yôm baƐd yôm.**
journal	**jarîdé(-t), jarâyid**
journée	**nhâr, nhârât**
joyeux	**feriḥ, ferḥa, ferḥîn**
juge	**'âḍi, 'âḍyé(-t), 'uḍât**
jugement	**ḥékém, 'aḥkêm**
juger	**ḥakam/éḥkom**
jupe	**tannûra(-t), tnênîr**
jus	**Ɛaṣîr**
justification	**tébrîr**
justifier	**barrar/barrer**
klaxon	**zammûr, zmêmîr**
klaxonner	**zammar/zammer**
laid	**bechéƐ, bechƐa, bechƐîn**
lait	**ḥalîb**
langue	**legha(-t), leghât**
large	**Ɛarîḍ, Ɛarîḍa, Ɛarîḍîn**
larmes	**damƐa, dmûƐ**
lave linge	**ghassêlé(-t), ghassêlêt**
lave vaisselle	**jellêyé(-t), jallêyêt**
laver	**ghasal/eghsol** ; *laver/faire la vaisselle* **jala/ejlé**
laver (se)	**tghassal/etghassal**
leçon	**darés, drûs**
lecture	**'râyé(-t), 'râyêt (qirâ'a(-t) , qirâ'ât)** ; *lecture de livres comme loisir* **muṭâlaƐa(-t)**
léger	**khafîf, khafîfé, khfêf**
légumes	**khoḍra(-t)**
lendemain (le)	**têné yôm**
lent	**baṭî', baṭî'a, baṭî'în**
lentement	**Ɛa-mahél**
lentilles	**Ɛadas ;** *lentilles de contact* **Ɛadasêt lâsiqa**

lettre	**maktûb, mkêtîb ; risêlé(-t), rasêyil ;** *lettre alphabet* **ḥaréf, ḥrûf**
lever (se)	**'âm/'ûm**
lèvre	**cheffé(-t), chfêf**
libération	**téḥrîr**
libérer	**ḥarrar/ḥarrer**
liberté	**ḥorriyyé(-t)**
ligne	**saṭer, sṭûr** *(livre)* ; *(trait)* **khaṭṭ, khṭûṭ ; zîḥ, zyêḥ**
limite	**ḥadd, ḥdûd**
limité	**maḥdûd, maḥdûdé, maḥdûdîn**
linge	**ghasîl : nachar/enchor el ghasîl** *tendre le linge ;* **lamm/lemm el ghasîl** *ramasser le linge ;* **ṭawa/'eṭwé el ghasîl** *plier le linge*
lion	**'asad, 'sûdé**
lire	**ara/e'ra**
lit	**takhét, tkhûté** : *lit simple* **takhet mefrid***, lit double* **takhet mejwiz**
livre	**ktêb, kétob**
location	**ajâr**
loi	**'ânûn,'wênîn (qanun/qawânîn)**
long	**ṭawîl, ṭawîlé, ṭwâl**
louer	**'ajjar/'ajjer (***donner en location) ;* **sta'jar/ esta'jir** *(prendre en location) ;* **madaḥ/emdaḥ** *(faire l'éloge de quelqu'un)*
loup	**dîb, dyêb**
lourd	**t'îl, t'île, t'âl**
loyer	**ajâr, ajârât**
lumière	**nûr ; ḍaww**
lune	**'amar**
lunettes	**ع weynêt**
lustre électrique	**trayya(-t), trayyêt**
lutte	**maعraké(-t), maعârik**
mâcher	**عalak/eعlok**
magasin	**maḥall, maḥallêt**
magazine	**majallé(-t), majallêt**
magicien	**sêḥir, sêḥra, sêḥrîn**
magie	**seḥer**
magique	**seḥré, seḥriyyé**
maintenant	**halla'**
maison	**bêt, byût**
maître	**mعallim, mعallmé(-t), mعallmîn**
malade	**marîḍ, marîḍa, moraḍa ; ḍعîf, ḍعîfé, ḍعâf**

maladie	**maraḍ, 'amrâḍ**
malheur	**taƐâsé(-t) ; ḥézen**
malheureux	**taƐîs, taƐîsé, toƐasa ; ḥazîn, ḥazîné, ḥazînîn**
maman	**mâma** (terme d'adresse) ; **emm, emmêt** (terme de référence)
manger	**akal/êkol**
manteau	**kabbût, kbêbît**
marché	**sû', 'aswâ'**
marcher	**méché/emché**
mariage	**zawêj /jawêz ; Ɛérés, Ɛrâs** *(noces)*
marié	**mjawwaz, mjawwzé, mjawwzîn / mzawwai, mzawwjé, mzawwjîn**
marier	**jawwaz/jawwez**
marier (se)	**tjawwaz/etjawwa ; tzawwaj/etzawwaj**
marmite	**ṭanjara(-t), ṭanâjir**
marron	**benné, benniyyé, benniyyé**
martyr	**chahîd, chahîdé(-t), chohada.** *Place des martyrs* **sêḥit ech chohada.**
masculin	**ṣobyêné ; muzakkar**
massacre	**majzara(-t), majêzir**
matelas	**farché(-t), ferach**
matière	**mêddé(-t), mawêd**
matin	**ṣoboḥ :** *le matin* **Ɛa bukra ; éṣ-ṣoboḥ**
mauvais	**Ɛâṭil, Ɛâṭlé, Ɛâṭlîn**
médecin	**ḥakîm, ḥakîmé(-t), ḥokama ; ṭabîb, aṭobba**
médicament	**dawa, 'edwiyé**
méfiance	**Ɛadam sé'a**
membre	**faréd, afrâd** *(une personne)* ; **Ɛoḍuw, aƐḍâ'** *(objet ou personne)*
mendiant	**chaḥḥâd, chaḥḥâdé(-t), chaḥḥâdîn**
mendier	**chaḥad/echḥad**
mensuel	**chahré, chahriyyé**
menuisier	**najjâr, najjâriyyé**
mer	**baḥér, bḥûr**
merci	**chukran**
mère	**emm, emmêt**
message	**khabar ; risêlé(-t), rasêyil**
méthode	**ṭarî'a, ṭoro' ; 'eslûb, 'asêlîb**
métier	**méhné(-t), mehan**
midi	**ḍoḥor : eḍ ḍohor** *le midi*
mignon	**mahḍûm, mahḍûmé, mahḍûmîn**
mince	**ḍƐîf, ḍƐîfé, ḍƐâf**

mine **leghem, alghâm**
miné **malghûm, malghêmé, malghûmîn**
ministère **wizâra(-t), wizârât**
ministre **wazîr, wazîra(-t), wuzara**
minute **d'î'a, d'âye'**
miroir **mrêyé(-t), mrêyêt**
mission **muhemmé(-t)**
mois **chahr, chhûr**
monde **ɛâlam : kéll él ɛâlam** *tout le monde, tous les gens* **;** **él ɛâlam yalli ɛâychîn fîh** *le monde où nous vivons*
monnaie **ɛémlé(-t), ɛemlêt** *(d'un pays)* ; **frâṭa** *(petit argent)* ; **ṣarraf/ṣarréf maṣâré** *faire de la monnaie*
monothéisme **téwḥîd**
montagne **jabal, jbêl**
montée **ṭalɛa(-t), ṭalɛât** : *montées et descentes* **ṭalɛât w nazlêt**
monter **ṭeleɛ/eṭlaɛ**
montre **sêɛa(-t), sêɛât**
montrer **farja/farjé ; 'arja/'arjé**
moquer (se - de) **tmaskhar/'étmaskhar ɛala...**
moquerie **maskhara(-t)**
moralité **mawɛiẓa(-t), mawâɛi ẓ**
mordre **ɛaḍḍ/ɛaḍḍ**
mort **môt**
moto **motosîkl**
mouche **debbéné(-t), debênêt**
moucher (se) **makhkhaṭ/makhkheṭ ; naff/neff**
mouillé **mballal, mballalé, mballalîn**
mouiller **ballal/ballel**
mouiller(se) **tballal/etballal ; ballal ḥâl-o/ballil ḥâl-é**
mourir **mêt/mût**
moustique **barghaché, barghach ; némûsé, nêmûs**
multiplication **ḍaréb**
murmurer **hamas/ehmos**
musicien **musi'âr (musiqâr)**
musique **musî'a**
nager **tsabbaḥ/etsabbaḥ ; sébéḥ /ésbaḥ**
naissance **wilêdé(-t) :** *donner naissance* **wallad/ wallid ; khallaf/khallif**
naître **khele'/ekhla'**
nappe **charchaf, charâchif : charchaf ṭâwlé** *nappe de table*

narghileh	**argîlé(-t), arâgîl**
nature	**ṭabîɛa(-t)**
naturel	**ṭabîɛé, ṭabîɛiyyé, ṭabîɛiyyîn**
nausée	**laɛayên nafés**
négociations	**mufâwaḍât**
neige	**taléj (talj)**
neiger	**tetloj** (litt. *elle neige*)
nettoyage	**tonḍîf**
nettoyer	**naḍḍif, naḍḍafet**
neveu	**eben khay, wlêd khay ; eben ekhet, wlêd ekeht**
nez	**menkhâr, mnêkhîr**
nièce	**bent khay, banêt khay ; benet ekhet, banêt ekht**
noir	**'aswad, sawda, sûd**
nombril	**ṣorra(-t)**
non	**lâ ; la'a**
nord	**chmêl**
nourriture	**'akel**
nouveau	**jdîd, jdîdé, jdêd**
nouvelles	**khabar, 'akhbâr**
noyer	**gharra'/gharre'**
noyer (se)	**gehre'/éghra'**
nuage	**ghaymé, ghêm** (col.), **ghyûm** (pl.)
nuit	**laylé(-t)** (sgt.), **lêl**
numéro	**nomra, nomar ; ɛadad, aɛdêd ; ra'ém, ar'âm**
numéroter	**ra''am/ra''em**
oasis	**wêḥa(-t)**
objet	**gharaḍ, ghrâḍ**
obscurité	**ɛatmé(-t)**
observation	**mulâḥaẓa(-t), mulâḥazât**
observer	**râ'ab/râ'eb ; lâḥaẓ/lâḥeẓ**
océan	**muḥîṭ, muḥîṭât**
odeur	**rîḥa(-t), rawêyeḥ**
œil	**ɛên, ɛyûn**
œuf	**baïḍa, bêḍ : ṣafâr baïḍa** *jaune d'œuf*
oignon	**baṣlé(-t)** (sgt.), **baṣal** (col.), **baṣlêt** (pl.)
oiseau	**ɛaṣfûr, ɛaṣafîr**
OK	***Ok*** **; ṭayyib ; ɛâl**
ombre	**khyêl** *(d'une personne)* **; ẓoll** *ombre (du soleil)*
oncle maternel	**khâl, khwêl**
oncle paternel	**ɛamm, ɛmûmé**
ongle	**ḍofor, ḍafîr**

opinion	**ra'y, 'arâ'**
opportuniste	**intihêzé, intihêziyyé, intihêziyyé**
opportunité	**forṣa(-t), foraṣ**
optimiste	**metfê'il, metfê'lé, metfê'lîn**
or	**dahab**
orange	**berd'âné(-t)** (sgt.), **berd'ân ; laymûn**
ordonner	**'amar/e'mor**
ordre	**'amer, 'awêmir**
oreille	**dayné(-t), dînén**
oreiller	**mkhaddé(-t), mkhaddêt**
origine	**aṣl**
ou	**aw ; walla**
oubli	**naswé** (sgt.) ; **nésyên***(le fait d'oublier)*
oublier	**nésné/ensa**
ouest	**gharb**
oui	**naɛam ; ê**
ours	**debb, dbûb**
ouvrir	**fataḥ/eftaḥ**
page	**ṣafḥa, ṣafḥât**
paiement	**dafé**ɛ
pain	**khébéz : khébzé** *bout de pain ;* **lébb él khébéz** *mie de pain*
paix	**salêm ; selem**
panne (en)	**mɛaṭṭal, mɛaṭṭlé, mɛaṭṭlîn**
pantalon	**banṭalôn, bnâṭîl (banṭalonêt)**
pantoufles	**méchchêyé(-t), méchchêyêt ; sérmêyé(-t), srâmé**
papa	**bâba** (terme d'adresse) ; **bayy/abb** (terme de référence)
papier	**war'a, wara'**
paradis	**janné(-t), jannêt**
paralysé	**mkarsaḥ, mkarsḥa, mkarsḥîn**
parce que	**la-enno :** *parce que je...* **la-enné**...
pardonner	**sêmaḥ/sêmiḥ**
parents	**ahél, ahêlé**
paresse	**kasal**
paresseux	**kaslên, kaslêné, kaslênîn**
parfait	**kêmil, kêmlé, kêmlîn**
parfum	***parfum*** **; rîḥa**
parler	**ḥeke/eḥké**
partage	**'esme(-t)**
partir	**râḥ/rûḥ**
passé (le)	**el mâḍe**

passeport	**jawêz safar, jawézêt safar**
pastèque	**baṭṭîkh, baṭṭîkhât**
patient (adj.)	**ṣabûr, ṣabûra, ṣabûrîn**
patient (nom)	**marîḍ, marîḍa, moraḍa**
patienter	**ṣabar/oṣbor**
paupière	**jefen, jfûn**
pauvre	*(pas riche)* **fa'îr, fa'îra, fo'ara** ; **mɛattar, mɛattra, mɛattrîn** ; **meskîn, meskîné, msêkîn** *(triste)*
pauvreté	**fe'er**
payer	**dafaɛ/'edfaɛ**
pays	**balad, blêd**
peau	**jéldé(-t), jéléd** (col.), **jlûd** (pl.)
pêche (chasse)	**ṣêyd**
pêche (fruit)	**ḍerrâ'**
pêcher (chasser)	**sṭâd/esṭâd**
pêcheur	**ṣayyâd, ṣayyadîn**
peigne	**mecheṭ**
peindre (murs)	**dahan/edhan ; ṭarach/eṭroch**
peintre	**rassêm, rassêmé, rassêmîn**
peinture (art)	**lawḥa(-t), lawḥât**
peinture (murs)	**bôya ; dhên ; ṭaréch**
pendant	**khilêl**
penser	**fakkar/fakker**
perdre	**ḍayyaɛ/ḍayyiɛ ; fa'ad/ef'od**
perdre (se)	**ḍâɛ/ḍîɛ ; nfa'ad / enfe'ed**
père	**'abb, 'abawêt ; bayy, bayyêt**
perfection	**misêliyyé(-t)**
permettre	**samaḥ/esmaḥ**
permis	**masmûḥ, masmûḥa, masmûḥîn ;** *permis de conduire* **daftar swâ'a, dafêtir swâ'a**
personnalité	**chakhṣiyyé, chakhṣiyyêt**
personne	**ḥada : ma ḥada** *personne (négatif)* ; **ḥada eja** *quelqu'un est venu (positif)* ; **chakhéṣ**
perspicace	**ḥédé', ḥéd'a, ḥéd'în**
peser	**'ûzén, wazanet**
pessimiste	**metchê'im, metchê'mé, métchê'mîn**
petit	**zghîr, zghîré, zghâr**
petit-déjeuner	**terwî'a(-t) ; fṭûr**
petits-enfants	**aḥféd ;** *petite-fille* **ḥafîdé ; ḥafîd** *petit-fils*
peu	**'alîl ; chwey**
peur	**khôf** : *avoir peur* **khâf/khâf**
pharmacie	**ṣaydaliyé(-t), ṣaydaliyyêt**

philosopher **tfalsaf/etfalsaf** (péjoratif)
philosophie **falsafé(-t)**
photo **ṣûra(-t)** ; **ṣawwar/ṣawwir** *prendre des photos ;* **tṣawwar/etṣawwar** *se prendre en photos*
pièce **'ûḍa, 'uwaḍ** *(chambre) ;* **'oṭƐa, 'oṭaƐ** *(morceau) ; pièce de théâtre* **masraḫiyé(-t), masraḫiyyêt**
pied **éjér, éjrên** ; *à pieds* **maché**
pignon **ṣnûbar** (col.), **ṣnûbra(-t)** (sgt.), **ṣnûbrât** (pl.)
piment **ḫarr**
pisser **chékhkh, chakhkhêt**
pistolet **faréd, frûdé ; musaddas, musaddasêt**
plafond **saṭéḫ, sṭûḫa**
plaisanter **mazaḫ/emzaḫ**
plaisanterie **mazḫa(-t), mazḫât**
planète **kawkab, kawêkib**
plante **zarrîƐa, zrêrîƐ**
planter **zara/Ɛezraɛ**
plein **malên, malêné, malênîn**
pleurer **béké/ebké**
pleuvoir **chatta/chatté** (**chattet/tchatté,** litt. *elle a plu, elle pleut)*
plier **ṭawa/eṭwé ; ṭaƐaje/éṭƐaj**
plombier **sangarî, sangariyyé**
pluie **chété**
poème **'aṣîdé(-t), 'aṣâyed**
poésie **chéƐér**
poète **chêƐir, chêƐra, choƐara**
poids **wazén**
poil **wabra, wabér**
point **no'ṭa, no'aṭ**
pois-chiche **ḫommoṣ**
poisse (avoir la) **manḫûs, manḫûsé, manḫûsîn**
poisson **samké(-t), samak** (col.), **samkêt** (pl.)
poitrine **ṣeder, ṣdûra**
poivron **flayflé(-t)**
poli **mhazzab, mhazzabé, mhazzabîn**
politique **siyêsé(-t)** (nom), **siyêsé, siyêsiyyé** (adj.)
pomme **tefféha(-t), teffêḫ** (col.), **teffêḫat** (pl.)
pommes de terre **baṭâṭa**
pont **jésér, jsûra**
porte **bêb, bwêb**
porter **ḫamal/eḫmol**

possible **maع'ûl**
poubelle **zbêlé(-t)**
poule **djêjé(-t), djêj**
poulet **djêj**
pouls **nabaḍ : dass nabaḍ/dess nabaḍ** *tâter le pouls*
poumon **riyyé(-t), riyyêt**
poupée **léعbé(-t), leعbêt**
pourquoi ? **lêch ? ; lê ?**
poussière **ghabra**
pouvoir **'edir/e'der ; fiyy-é̲, kên fiyy-é̲** *je peux, je pouvais*
précisément **b-ét-téḫdîd**
prendre **akhad/êkhod**
préparation **toḫḍîr**
préparer **ḫaḍḍar/ ḫaḍḍer**
présence **ḫuḍûr**
présent (le) **el ḫâḍir**
présidence **ri'êse(-t)**
président **ra'îs, ro'asa**
presser **عaṣar/eعṣor**
preuve **bérhân ; ésbêt**
prévention **wi'âyé(-t)**
prier **ṣalla/ ṣallé**
prière **ṣalâ(-t)**
prince **amîr, 'amîra(-t), 'omara**
printemps **rabîع**
prix **seعer, 'asعâr**
problème **méchklé(-t), machêkil**
professeur **estéz, estêzé(-t), asêtzé**
profiter **staghall/estaghall**
profond **عamî', عamî'a, عamî'în ; ghamî', ghamî'a, ghamî'în**
programme **bernémij, barâmij**
progrès **taṭawwor ; ta'addom**
progresser **etṭawwar/etṭawwar ; et'addam/ et'addam**
promenade **kazdûra(-t), kazdûrât ; mechwâr, mchêwîr**
promener (se) **kazdar/kazder ; tmachcha/etmachcha ; tmachwar/etmachwar**
promesse **waعed, wûعd**
promettre **waعad/ûعod**
prophète **nabé, 'anbiya ; rasûl, rosol**
propre **nḍîf, nḍîfé, nḍâf**
propreté **naḍâfé(-t)**

protection	**ḥimêyé(-t)**
prouver	**asbat (sabat)/esbot**
publication	**nachér**
publicité	**diꜥâyé(-t), diꜥâyêt**
punition	**aṣâṣ ; ꜥi'âb (ꜥiqâb)**
quand	**lamma**
quand ?	**êmta? êmtan ? aymata ?**
quelqu'un	**ḥada, ḥadan : ḥada eja** *quelqu'un est venu*
question	**su'âl, 'as'ilé : sa'al/és'al** *poser une question*
quotidien	**yawmé, yawmiyyé**
raccourci	**âdûmiyyé(-t)**
raccourcir	**'aṣṣar/aṣṣer**
raccrocher	**sakkar/sakker el khaṭṭ** (litt. *raccrocher la ligne, le téléphone*)
racisme	**ꜥonsuriyyé(-t)**
raconter	**khabbar/khabber**
raison	**sabab** (*cause*) ; Exp. : **maꜥ-o̲ ḥa"** *il a raison*
rallonger	**ṭawwal/ṭawwel**
ramasser	**lamm/lemm ; lamlam/lamlem**
rapide	**sarîꜥ, sarîꜥa, sarîꜥîn**
rapidement	**b-sérꜥa ; b-ꜥajalé**
rappeler	**zakkar/zakker** *(mémoire* **zêkra***)*
rappeler (se - de)	**tzakkar/etzakkar**
rare	**nêdir, nêdra, nêdrîn**
rasoir	**makanit ḥlâ'a** (machine) **; chafra(-t), chafrât** *(lame)*
rassasié	**chabꜥân, chabꜥâné, chabꜥânîn**
rassurer	**ṭamman/ṭammen**
rayer	**chakhaṭ/échkhat**
recevoir	**tla"a/étla"a ; stalam/estelim**
recherche	**teftîch ; tedwîr**
rechercher	**fattach/fattech ; dawwar/dawwer**
réfléchir	**fakkar/fakker**
réfrigérateur	**barrâd, barrâdêt**
refuser	**rafaḍ /orfoḍ**
regard	**naẓar, naẓra**
regard	**naẓra(-t), naẓarât**
regarder	**eṭallaꜥ/eṭṭallaꜥ**
règle	**maṣṭara, maṣâṭir** *(papeterie) ;* **qâꜥidé(-t), qawâꜥed** *(loi) ;* **miꜥâd** *(menstruation)*
règlement	**ḥsêb, ḥsêbêt**
règne	**ḥekem**

relation	**ع ilâ'a(-t)** : **ع ilâ'a jensiyyé** *relation sexuelle*
religion	**dîn, adyên**
remarque	**mulâḥaẓa(-t), mulâḥaẓât**
remarquer	**lâḥaz/lâḥiẓ**
rempli	**mعabba, mعabbêyé, mعabbêyîn ; malên, malêné, malênîn**
remplir	**عabba/ عabbé ; malla/mallé**
rendre	**radd/rédd**
renseignements	**'éstéعlêmêt**
renseigner	**dall/ dell**
renseigner (se)	**staعlam/estaعlim ; stafham/estafhem ; stafsar/éstafsir**
repassage (linge)	**kawé**
repasser (linge)	**kawa/ekwé**
répondre	**jêwab/jêwib ; radd/redd**
réponse	**jawêb, 'ajwibé ; radd, raddêt**
repos	**riyêḥa(-t) ; estirâḥa(-t)**
reposer (se)	**rtêḥ/ertêḥ**
république	**jomhûriyyé(-t), jomhuriyyêt**
réseau	**chabaké(-t) ; érsêl** *réseau (téléphonique)*
résistance	**mu'âwamé(-t)** (ou **muqâwamé)**
résoudre	**ḥall/ḥell**
respect	**éḥtirâm**
respecter	**ḥtaram/'éḥtérim**
respirer	**tnaffas/etnaffas**
responsabilité	**mas'uliyyé(-t)**
responsable	**mas'ûl, mas'ûlé, mas'ûlîn**
restaurant	**maṭعam, maṭâعim**
résumé	**mulakhkhaṣ ; ikhtiṣâr ; mokhtaṣar**
résumer	**lakhkhaṣ/lakhkhiṣ ; khta ṣar/ekhteṣir**
retard	**té'khîr : t'akhkhar/ét'akhkhar** *être en retard*
retourner	**alab/e'lob ; baram/ebrom**
retourner (se)	**ltafat/éltéfit ; baram/ebrom**
retrait	**'insiḥâb**
réussir	**nejegḥ/enjaḥ**
réussite	**najêḥ**
réveillé	**fâyi', fây'a, fây'în ; wêعé, wêعyé, wêعyîn**
réveiller	**fayya'/fayye' ; waععa/waععé**
réveiller(se)	**fâ'/fî' ; w/éعûعa**
revenir	**rejéع/ érjaع**
revue	**majallé(-t), majallêt**
riche	**ghané, ghaniyyé, aghniya**

richesse	**ghéna**
rideaux	**bérdêyé(-t), barâdé**
rien	**ma chî ; wala chî**
rire	**ḍḥék/éḍḥak : b-y-ḍaḥḥik** *qui fait rire* (mas.sg.)
rires	**ḍeḥek, ḍeḥkêt**
riz	**rézz**
robe	**festân, fsâtîn**
roi	**malék, maliké(-t), mlûk**
roman	**riwêyé(-t), riwêyêt**
rond (adj)	**mdawwar, mdawwara, mdawwarîn**
rond (nom)	**duwwayra(-t), duwwayrât**
rose	**zahra, zaher**
rouge	**aḥmar, ḥamra, ḥomor**
route	**ṭarî', ṭor'ât**
roux	**abraṣ, barṣa, boroṣ**
royal	**mulûké, mulûkiyyé**
rue	**chêriع, chawêriع**
sac	**jézdên** *(de femmes)* ; **kîs** *(plastique, papier)* ; **chanṭa(-t)** *(cartable)*
saison	**mawsam, mawêsim**
salade	**salaṭa (slâṭa) ; khass** *feuilles de salade*
salaire	**maعâch, maعâchêt**
sale	**wésékh, wéskha, wéskhîn**
salé	**mêliḥ, mêlḥa, mêlḥîn**
saleté	**wasakh**
salive	**bzâ'**
salle	**ṣâlé(-t) ; ûḍa(-t) : ûḍit-es-ṣofra** *salle à manger* ; **ûḍit le'-'عûd** *salle de séjour*
salon	**ṣâlôn, ṣâlônêt**
sans	**bidûn ; bala ; men ghêr**
santé	**ṣaḥḥa(-t)**
sauver	**khallaṣ/khalleṣ**
savoir	**عeref/aعrif**
savon	**ṣâbûn**
scie	**ménchâr**
scier	**nachar/énchor**
sec	**nêchif, nêchfé, nêchfîn ; yêbis, yêbsé, yêbsîn**
sécher	**nachchaf/nachchef**
sécher (se)	**tnachcha/etnachchaf**
seconde (adj.)	**têné, tênyé, tênyîn**
seconde (nom)	**sênyé(-t), sawêné ; takké(-t), takkêt**
secours	**najdé(-t)**

secret	**serr**
secrétaire	**sékrétêra(-t), sekretêriyyé**
sécurité sociale	**eḍ-ḍamên el-'éjtimâꜥé**
sein	**bezz, bzéz ; ṣeder**
sel	**meleḥ**
sens	**maꜥna, maꜥâné** *(signification)* ; **ḥâssé(-t), ḥawês : él ḥawâs él khamsé** *les cinq sens*
sensation	**éḥsês, aḥâsîs**
sentiment	**chuꜥûr, machêꜥir**
sentir	**ḥass/ḥess ; chaꜥar/échꜥor ;** *sentir une odeur* **chamm/chemm**
sérieux (adj.)	**jaddé, jaddiyyé, jaddiyîn**
sérieux (nom)	**jadd**
serpillère	**mamsḥa(-t)**
servante	**khâdmé(-t), khâdmêt**
serviette	**manchafé(-t), manêchif**
serviteur	**khâdim, kheddêm** (pl.), **khadam** (col.)
sexe	**jénés ;** *sexe féminin* **ꜥoḍw el-mara ;** *sexe masculin* **ꜥoḍw er-réjjél**
si	(condition) **éza ; law ; mbala** (affirmation)
siècle	**'aren (qaren), qurûn**
sifflement	**toṣfîr ; ṣafîr**
siffler	**ṣaffar/ṣaffer**
sifflet	**ṣoffayra(-t), ṣoffayrât**
simple	**baṣîṭ, baṣîṭa, baṣîṭîn**
situation	**waḍéꜥ**
slip (culotte)	**kilôt, kilotêt**
social	**ijtimêꜥé, ijtimêꜥiyyé**
société	**mojtamaꜥ**
sœur	**ekhet, ekhwêt ;** *sœurs et frères* **ékhwé, ékhwêt ;** *bonne sœur* **râhbé(-t), râhbêt**
soie	**ḥarîr**
soif	**ꜥaṭach** : *avoir soif* **eꜥṭech/éꜥṭach,**
soin	**ꜥinêyé(-t)**
soir	**ꜥachiyyé**
soirée	**laylé(-t), layêlé ; sahra(-t) ; sahriyyé(-t)**
sol	**arḍ**
soleil	**chames**
solution	**ḥall, ḥlûl : kel mechklé el-a ḥall** *tout problème a une solution*
sombre	**ꜥétim, ꜥetmé, ꜥetmîn** *(avec peu de lumière)*
soucieux	**mahmûm, mahmûmé, mahmûmîn**

souder	**laḥam/élḥom**
souffrant	**mawjûع, mawjûعa, mawjûعîn**
souk	**sû', 'aswâ'**
sourd	**aṭrach, ṭarcha, ṭoroch**
sourire (nom)	**ébtisêmé(-t) ; basmé(-t)**
sourire (verbe)	**btasam/ébtésim**
soustraction	**ṭaréḥ**
soutien-gorge	**sutyân, sutyanêt ; ṣeḍriyyé(-t), ṣḍâré**
souvenir	**zékra**
souvenir (se)	**tzakkar/etzakkar**
spécifique	**mعayyan, mعayyané, mعayyanîn**
stable	**rêkiz, rêkzé, rêkzîn**
station	**mḥaṭṭa(-t) :** *station essence* **mḥaṭṭit bénzîn ;** *station radio* **mḥattit râdyô**
statistiques	**éḥsâ'**
studieux	**méjtéhid, méjtéhdé, mejtehdîn**
style	**éslûb, asêlîb**
stylo	**'alam, 'lêm**
sucre	**sékkar**
sucré	**ḥélo, ḥelwé, ḥelwîn**
sud	**jnûb**
suicide	**entiḥâr**
suicider (se)	**ntaḥar/entéḥir**
sujet (thème)	**mawḍûعmawâdî ,ع**
superficiel	**saṭḥé, saṭḥiyyé, saṭḥiyyîn**
sûr	**akîd**
surdité	**ṭarach**
surprenant	**mufêji', mujêf'a, mufêj'în**
surprise	**mufêja'a(-t), mufêja'êt**
sympathique	**lazîz, lazîzé, lazizîn**
table	**ṭâwlé(-t)**
tableau	**lawḥa(-t) : lawḥa fanniyyé** *tableau artistique ;* **lôḥ** : **ktôb -ala elعlôḥ** *écris sur la tableau*
taille-crayon	**barrâyé(-t), barrâyêt**
tailler (crayon)	**bara/ebré**
talent	**mawhibé(-t), mawêhib**
talentueux	**mawhûb, mawhûbé, mawhûbîn**
tante maternelle	**khâlé(-t), khâlêt**
tante paternelle	**عammé(-t), عammêt**
tapis	**séjjêdé(-t), séjjêd**
tard	**m'akhkhar**
téléphone	**talifôn ; hêtif** (plus littéraire) *; téléphone portable*

	khélyawi ; sellulèr
téléphoner	**talfann/talfin ; ettaṣal/ettoṣil**
télévision	**telfezyôn**
température	**ḥarâra(-t)**
tempête	**ƐâṢfé(-t)**
temps	**wa'ét**
tendre	**ḥanûn, ḥanûné, ḥanêyin/ ḥanûnîn**
tendresse	**ḥanên**
tendu	**mƐaṣṣab, mƐaṣṣbé, mƐaṣṣbîn ; mwattar, mwattra, mwattrîn**
terminer	**khallaṣ/khalliṣ**
terrasse	**térrâs ; sṭayḥa(-t)**
terre	**arḍ, arâḍé**
tête	**râs, rûs ;** Exp. *avoir la ête qui tourne* **dêkh/dûkh**
texte	**naṣṣ, nṣûṣ**
thé	**chây**
théâtre	**masraḥ, masêriḥ**
thèse de doctorat	**uṭrûḥa(-t), uṭrûḥât**
tigre	**nemer, nmûra**
timide	**khajûl, khajûlé, khajûlîn ;** Exp. **b-y-estéḥé** *il est timide*
tirer	**'awwas/'awweṣ ...alaƐ***tirer sur quelqu'un ;* **saḥab/'ésḥab** *tirer un objet*
tiroir	**jârûr, jwêrîr**
tissu	**'mêch, 'mêché(-t)** (sgt.)
toilettes	**ḥemmém, ḥammêmêt**
toit	**saṭéḥ, sṭûḥa**
tomate	**banadûra, banadûrâyé(-t)** (sgt.)
torchon	**fûṭa(-t), fuwaṭ**
tôt	**bakkîr**
toucher	**lamas/élmos ; da'ar/éd'ar ; saṭaƐ/ ésṭaƐ**
toujours	**dêyman ; Ɛaṭûl**
tour	**borj, brâj**
tourisme	**siyéḥa(-t)**
touriste	**séyiḥ, sêyḥa(-t), sûwwéḥ**
tourner	**ébrom, baramet**
traducteur	**mtarjim, mtarjmé, mtarjmîn ; terjmên**
traduction	**tarjamé(-t), tarjamêt**
traduire	**tarjim, tarjamé(-t)**
train	**trên, trênêt**
trait	**zîḥ, zyêḥ ; khaṭṭ, khṭûṭ**

traitement	**muεâlajé(-t)** (*d'un patient, d'un sujet*)
traiter	**εâlaj/εâlij**
transpiration	**εara'**
transpirer	**eεre'/ eεra'**
travail	**chéghél, achghâl**
travailler	**chtaghal/ echteghel**
trembler	**rajaf/erjof**
tresse de cheveux	**jeddûlé(-t), jdêdîl**
tresser	**jaddal/ jaddel**
triste	**ḥazîn, ḥazîné, ḥazînîn ; zaεlên, zaεlêné, zaεlênîn**
tristesse	**ḥézén ; zaεal**
tromper	**khada/εékhdaε**
trou	**fékhét ; békhéch**
trouer	**bakhach/ébkhoch ; fakhat/éfkhot**
trouver	**lâ'a/ lâ'é**
tuer	**atal/e'tol**
université	**jêmεa(-t), jêmεât**
urine	**bôl : bawwal/bawwil** *uriner*
usine	**maεmal, maεâmil**
utile	**mufîd, mufîdé, mufîdîn**
vacances	**εoṭlé(-t) :** *en vacances* **mεaṭṭal, mεaṭṭlé, mεaṭṭlîn**
vague	**mawjé(-t), mawjpet, môj** (col.)
vaincre	**hazam/éhzom**
vaincu	**mahzûm, mahzûmé, mahzûmîn**
vaisselle	**jalé :** *faire la vaisselle* **jala/ejlé**
valise	**ḥa'îbé(-t)** (diplomatique) ; **chanṭa** (voyage)
vallée	**wêdé, wedyên**
veille (la)	**'abl b-yôm**
vélo (bicyclette)	**bésklêt, besklêtêt**
vendeur	**bayyêε, bayyêεîn**
vendre	**bêε/bîε**
venir	**'éja/'éjé**
vent	**hawa ; rîḥ**
vente	**bayεa(-t), bayεât**
ventre	**baṭén, bṭûn**
véranda	**baranda, barandêt**
verre	**kébbêyé(-t) : kébbêyit may** *verre d'eau*
vert	**akhḍar, khaḍra, khoḍor**
vertueux	**êdamé, êdamiyyé, êdamiyyîn**
veste	**jakétta(-t), jakettêt**
vêtements	**tyêb ; lébés**
vexé	**mabkhûε, mabkhûεa, mabkhûεîn**

vexer	**bakha/ع ebkhaع**
vexer (se)	**nbakha/عénbékhiع**
viande	**laḫmé, laḫém** (col.), **laḫmêt** (pl.) **:** *viande grillée* **laḫmé mechwiyyé**
victime	**ḍaḫiyyé(-t), ḍaḫâya**
victoire	**naṣr ; éntiṣâr**
vide (adj.)	**fâḍé, fâḍyé, fâḍyîn**
vider	**faḍḍa/ faḍḍé**
vie	**ḫayêt**
vierge (adj.)	**bénét عazra, عazâra ;** *la Vierge Marie* **el عadra**
vieux (objet)	**adîm, adîmé, 'dêm ; عatî', عatî'a, عete'**
vieux (personne)	**khétyâr, khetyâra(-t), khatêyra ; عajûz, عajûzé(-t), عajûzîn**
village	**ḍayعa(-t), ḍiyaع**
ville	**madîné(-t), meden**
vin	**nbîd**
vinaigre	**khall**
virginité	**عezriyé(-t)**
virgule	**fâṣlé(-t), fawâṣil**
vite	**b-sérعa ; b-عajalé**
vitre	**'zêz** (col.)
vivant	**عâyich, عâyché, عâychîn ; ṭayyib, ṭayybé, ṭayybîn**
vivre	**عâch/عîch**
voir	**chêf/ chûf**
voisin	**jâr, jâra(-t), jirân**
voiture	**sayyâra(-t), sayyârât**
voler	**sara'/ésro'***(voleur)* **; ṭâr/ ṭîr** *(dans le ciel)*
vouloir	**badd-é̲** *je veux ;* **râd/rîd** (seulement dans certaines expressions idiomatiques : **eza b-t-rîd** *s'il te plaît ;* **enn 'alla râd** *si dieu le veut*)
voyage	**safar, safra** (sgt.) : *partir en voyage* **sêfar/sêfir**
vrai	**ṣaḫîḫ, ṣaḫîḫa, ṣaḫîḫîn**
vulgaire	**charchûḫ, charchûḫa, chrâchîḫ**
yaourt	**laban**
yeux	**عyûn**

Lexique libanais français

'abaḍ/é'baḍ	*encaisser de l'argent*
abadan	*jamais*
'abb, 'abawêt	*père*
abel	*avant*
'abl b-yôm	*la veille*
abraṣ, barṣa, boroṣ	*roux*
abyaḍ, bayḍa, bîḍ	*blanc*
ach'ar, cha'ra, che'er	*blond*
'âḍi, 'âḍyé(-t), 'uḍât	*juge*
'adar (qadar)	*destin*
'addêh ? 'addêch ?	*combien ?*
adîm, adîmé, 'dêm	*vieux (objet)*
âdûmiyyé(-t)	*raccourci*
afa	*derrière*
aḥmar, ḥamra, ḥomor	*rouge*
ahbal, habla(hablé), hébél	*idiot*
ahél, ahêlé	*parents*
'ahwé(-t), 'ahâwé	*café* (boisson/lieu ; le pluriel n'est utilisé que pour le lieu)
ajâr, ajârât	*location, loyer*
ajjar/ajjir	*louer (donner en location)*
ajnabé, ajnabiyyé, ajênib	*étranger*
akal/êkol	*manger*
'akél	*le fait de manger ; nourriture*
'akh, ekhwé	*frère*
akhad/êkhod	*prendre*
akhḍar, khaḍra, kheḍer	*vert*
akîd, akîdé, akîdîn	*sûr, certain*
'âl/ 'ûl	*dire*
'alab/e'lob	*retourner*
'alam rṣâṣ, 'lûmit rṣâṣ	*crayon mine*
'alam, 'lêm	*stylo*
'aléb, 'lûb	*cœur*
'alîl	*peu*
'allaf/allif	*composer (un poème, une musique)*
'âm/ 'ûm	*se lever*
amal, âmêl	*espoir*
'amar, 'mâr	*lune*
'amar/e'mor	*ordonner*
'ambaz / 'ambiz	*se redressser soudainement.*

'amer, 'awêmir	*ordre*
amîr, 'amîra(-t), 'omara	*prince*
'amîṣ, 'omṣân	*chemise*
'âmûs (qâmûs), 'wâmîs	*dictionnaire*
'anâqa	*élégance*
'anêbil muḍî'a	*fusées éclairantes*
'anêbil ɛan'ûdiyyé	*bombes à fragmentation*
'anîq	*élégant*
annâṣ, annâṣiyyé/annâṣa	*franc tireur*
'annîné(-t), 'anêné	*bouteille*
'arâr, 'arârât	*décision*
arḍ, arâḍé	*terre ; sol*
argîlé(-t), arâgîl	*narguileh*
'ârra(-t)(qârra), qârrât	*continent*
'arrar/'arrir	*décider*
'aṣaf/e'ṣof	*bombarder ;* Exp. **'aṣaf-l-a ɛomr-a** *il lui en a fait voir des vertes et des pas mûres*
aṣâṣ, aṣâṣât	*punition*
'aṣéf (qaṣéf)	*bombardement*
aṣfar, ṣafra, ṣofor	*jaune*
'aṣîdé(-t), 'aṣâyed	*poème*
'aṣîr, 'aṣîré, 'ṣâr	*court*
aṣl	*origine*
'aṣṣar/aṣṣer	*raccourcir ; ne pas être à la hauteur*
'asad, 'sûdé	*lion*
'asam /e'som	*diviser*
'asmar, samra, somor	*brun*
'aswad, sawda, sûd	*noir*
'aṭaf /e'ṭof	*cueillir*
aṭrach, ṭarcha, ṭerech	*sourd*
'atal/e'tol	*tuer*
aw	*ou*
'awé, 'awiyyé, 'awêya	*fort*
awwal	*premier*
awwal mbêriḫ	*avant-hier*
'awwaṣ/'awwéṣ	*tirer sur quelqu'un*
azra', zar'a, zere'	*bleu*
'aɛɛad/'aɛɛed	*asseoir*
aɛad/'e'ɛod	*s'asseoir*
'aɛlam/ eɛlom	*informer*

aƹma, ƹamya, ƹémyên	*aveugle*
aƹmêl	*affaires (business)*
aƹzab, ƹazba, ƹézzêb	*célibataire*
bâba	*papa* (terme d'adresse)
badd-é, kên badd-é	*vouloir* (litt. *je veux, je voulais*)
badlé(-t), badlêt	*costume (hommes)*
baḥér, bḥûr	*mer*
bakhach/ébkhoch	*trouer*
bakha/ƹebkhaƹ	*vexer*
bakhîl, bakhîlé, bokhala	*avare*
bakkîr	*tôt*
bala	*sans*
bala aṣél	*ingrat*
bala marba	*impoli*
bala maƹna	*insignifiant*
bala tehzîb	*impoli*
balad, blêd	*pays*
bala/ƹéblaƹ	*avaler*
balkôn, blêkîn	*balcon*
ballal/ballel	*mouiller* : **ballal ḥâl-o/ballel ḥâl-é** *se mouiller*
balôn, bwêlîn (balonêt)	*ballon*
banadûra, banadûrâyé(-t) (sgt.)	*tomate*
bank, bnûké	*banque*
bannêté, bannêtiyyé	*féminin*
banṭalôn, bnâṭîl (banṭalonêt)	*pantalon*
bara/ebré	*tailler (crayon)*
baram/ebrom	*tourner, se tourner*
baranda, barandêt	*véranda*
bardén, bardéné, bardênîn	*qui a froid*
baré'	*éclair*
baréd	*froid*
barghaché, barghach	*moustique*
barhan/barhen	*démontrer*
barî', barî'a, barî'în	*innocent*
barra	*l'extérieur ; dehors*
barrâd, barrâdêt	*réfrigérateur*
barrar/barrir	*justifier*
barrâyé(-t), barrâyêt	*taille-crayon*
barṭal/barṭel	*soudoyer*
bâṣ, bâṣât	*bus*
baṣîṭ, baṣîṭa, baṣîṭîn	*simple*
baṣlé(-t) , baṣal,baṣlêt	*oignon*

basmé(-t), basmêt	*sourire* (nom)
baṭâṭa	*pommes de terre*
baṭén, bṭûn	*ventre*
baṭî', baṭî'a, baṭî'în	*lent*
baṭṭîkh	*pastèque*
batenjén	*aubergine*
bawsé, bawsêt	*baiser*
bawwal/bawwil	*uriner*
bayḍa, bêḍ	*œuf* : *le jaune d'œuf* **ṣafâr el bayḍa**
bayy, bayyêt	*père*
bayyaḍ/bayyiḍ el wej	*rendre quelqu'un fier de soi* (litt. blanchir le visage de quelqu'un) : **bayyaḍ-l-na wej-na** *on peut être fier de lui.*
bayyêع, bayyêعîn	*vendeur*
bayعa(-t), bayعât	*vente*
baza'/ébzo'	*cracher*
baعat/ ébعat	*envoyer*
baعd	*après* : *après-midi* **baعd éḍ ḍohor**
baعza'/baعzi'	*gaspiller*
bêb, bwêb	*porte*
bébé, bébéyêt	*bébé*
b-éch-cha'lûb	*à l'envers*
bechéع, bechعa, bechعîn	*laid*
béké/ebké	*pleurer*
békhéch	*trou*
bêkhra(-t), bawêkhir	*bateau*
bêl	*esprit* : **jêyé عa bêl-é ...** *j'ai envie de...* (litt. *il me vient à l'esprit que je...*) ; **jêyé عa bêl-ak t-echteghil ?** *Est-ce que tu as envie de travailler ?*
b-él ma'lûb	*à l'envers*
b-en nesbé la…	*en ce qui concerne...*
benêt (bent), banêt	*fille*
benné, benniyyé, benniyyé	*marron*
berd'âné (sgt.), **berd'ân**	*orange*
bérdêyé(-t), barâdé	*rideaux*
bérhân	*preuve*
bernémij, barâmij	*programme*
bérwêz, brâwîz	*cadre* : *cadre photo* **bérwêz sûra**
bês/bûs	*embrasser*
bésklêt, besklêtêt	*bicyclette*

bêt, byût	*maison*
b-ét-téḥdîd	*précisément*
b-éẓ-ẓabéṭ	*exactement*
bézré(-t), bézér	*grain*
bezz, bzéz	*sein*
bêع/bîع	*vendre*
bidûn	*sans*
binêyé(-t), binêyêt	*immeuble*
bîra	*bière*
biṭâ'a(-t), biṭâ'ât	*carte : carte de crédit* **bitâ'it éعtimâd**
bokra	*demain*
bôl	*urine*
borj, brâj	*tour*
bôṭ, bôṭât	*bottes*
bôya	*peinture (murs)*
b-rawâ'	*doucement*
b-ṣuعûbé	*difficilement*
bsên, bsaynêt	*chat*
b-sérعa	*vite ; rapidement*
b-suhûlé	*facilement*
btasam/ébtésim	*sourire* (verbe)
bzâ'	*salive*
b-عajalé	*vite ; rapidement*
chabaké(-t), chabakêt	*réseau ; filet*
chabb, chabêb	*jeune homme*
chabêb	*jeunesse*
chabعân, chabعâné, chabعânîn	*rassasié*
chafra(-t), chafrât	*lame*
chaḥad/ echḥad	*mendier*
chaḥḥâd, chaḥḥâdé(-t), chaḥḥâdîn	*mendiant*
chahîd, chahîdé(-t), chohada..	*martyr : place des martyrs* **sêḥit ech chohada**
chahiyyé(-t)	*appétit : ça m'ouvre l'appétit* **b-y-éftaḥ-l-e chahiyyt-é.**
chahr, chhûr	*mois*
chahré, chahriyyé	*mensuel*
chahwé(-t), chahwêt	*désir, le fait de désirer*
chajra(-t), chajar (col.), **chajrât** (pl.)	*arbre*
chak, chakkêt	*chèque*
chak, chkûk	*doute*
chakél, achkêl	*forme*

chakhaṭ/échkhat	*rayer d'une liste ; crier*
chakhéṣ, achkhâṣ	*une personne*
chakhkh/ chekhkh	*pisser*
chakhṣiyyé, chakhṣiyyêt	*personnalité*
chakhtoura, chkhâtîr	*bateau*
chakk/chekk	*douter*
chalaḥ/échlaḥ	*se déshabiller*
challaḥ/challeḥ	*déshabiller*
chames	*soleil*
chamm/chemm	*sentir une odeur*
chanṭa(-t), chenaṭ	*sac, valise, cartable*
char'	*est :* **bayrût ech char'iyyé** *Beyrouth Est*
charaḥ/échraḥ	*expliquer*
charchaf, charâchif	*draps* : *drap de lit* **charchaf takhét** ; *nappe* : *nappe de table* **charchaf ṭâwlé**
charchûḥ, charchûḥa, chrâchîḥ	*vulgaire*
charwé(-t) (sgt)	*achat*
chaṭâra(-t)	*habileté*
chaṭaranj	*échecs (jeu)*
chattet /tchatté	*pleuvoir* (litt. *elle a plu, elle pleut)*
chatwiyyé (sgt.)	*saison d'hiver*
chawa/echwé	*griller*
chawké(t-), chuwak	*fourchette*
chây	*thé*
chaɛar/échɛor	*sentir, avoir un sentiment* (langage soutenu)
chaɛra (sgt), **chaɛér** (col.), **chaɛrât**(pl.)	*cheveux*
ché''a(-t), che'a'	*appartement*
chébbêk, chbêbîk	*fenêtre*
chebeɛ/echbaɛ	*se rassasier*
chéché(-t)	*écran*
chêf/ chûf	*voir*
chefa	*guérison*
cheffé(-t), chfêf	*lèvre*
chéghél, achghâl	*travail*
chêl/ chîl	*enlever*
chereb/échrab	*boire*
chêriɛ, chawêriɛ	*rue*
chété	*pluie*

chété *hiver ; pluie*
chéعér *poésie*
chêعir, chêعra, choعara *poète*
chmêl *nord ; gauche*
chôb *chaud ; il fait chaud*
choffêr, chofferiyyé *chauffeur*
chrâyé(-t) *le fait d'acheter*
chtaghal/échteghél *travailler*
chtara/échtéré *acheter*
chtarak/échtérik *s'abonner*
chukran *merci*
chuعûr *sentiment*
chway *un peu* : **chway chway** *doucement, lentement, petit à petit*

ḍabb/ḍobb *ranger*
ḍabḍab/ ḍabḍab *ranger* (intensif)
ḍaḥḥak/ ḍaḥḥek *faire rire*
ḍâḥié, ḍawâḥé *banlieue*
ḍaḥiyyé(-t), ḍaḥâya *victime*
ḍahr *dos*
ḍall/ḍall *rester ; continuer à faire quelque chose*

ḍamên ijtimâعé *sécurité sociale*
ḍarab/eḍrob *frapper*
ḍaréb *multiplication ; le fait de frapper ; le fait que les bombes tombent* (litt. "*ça frappe*).

ḍaww, ḍwêwé *lumière*
ḍayya/عḍayyiع *perdre*
ḍayعa(-t), ḍiyaع *village*
ḍâع/ḍîع *se perdre*
ḍeḥek, ḍeḥkêt *rires*
ḍeḥik/ éḍḥak *rire* (verbe)
ḍerrâ' *pêche (fruit)*
ḍiyêfé(-t) *hospitalité*
ḍofor, ḍafîr *ongle*
ḍoḥor *midi* : *le midi* **eḍ ḍohor**
ḍoعof *faiblesse*
ḍعîf, ḍعîfé, ḍعâf *mince ; faible ; malade*
da''/de'' *sonner ; jouer d'un instrument de musique* ; **da'' nomra/de'' nomra** *composer un numéro*

dâ'/dû'	*goûter* (verbe)
da'ar/éd'ar	*toucher*
dabbûs, dbêbîs	*épingle*
dachchar/dachcher	*chasser quelqu'un*
dafa/ع'edfaع	*payer*
dafén	*enterrement*
daféع	*paiement*
daftar, dafêtir	*cahier :* **daftar swâ'a, dafêtir swâ'a** *permis de conduire*
dahab	*or*
dahan/edhan	*peindre (murs)*
dâkh/dûkh	*avoir la tête qui tourne*
dakhkhan/ dakhkhen	*fumer*
dala'/edlo'	*renverser*
dall/dell	*indiquer ; renseigner*
damâr	*destruction*
dammar/ dammer	*détruire*
damعa, dmûع	*larmes*
dâr/dîr	*diriger*
daras/edros	*étudier*
darés, drûs	*cours ; leçon*
dawa, 'edwiyé	*médicament*
dawlé(-t), duwal	*état ; gouvernement*
dawwar /alaع dawwer ... alaع	*rechercher*
dayné(-t), dînén	*oreille*
dayyi', dayy'a, dayy'în	*étroit*
daعa/ édعi	*inviter*
daعwé(-t), daعâwé	*invitation*
debb, dbûb	*ours*
debbêné(-t)	*mouche*
dêfaع عan.../ dêfiع عan...	*protéger ; défendre*
dêkhlé, dêkhliyyé	*interne*
dekkanjé, dekkanjiyyé	*épicier*
dekkên, dkêkîn	*boutique*
dêyman	*toujours*
dhên	*peinture (murs)*
d'î'a, d'âye'	*minute*
dîb, dyêb	*loup*
difêع	*défense*
dîk, dyûk	*coq*
dîn, adyên	*religion*
diplomêsé, diplomêsiyyé, diplomêsiyyé	*diplomatique*

diplomêsiyyé(-t)	*diplomatie*
dirâsé(-t), dirâsêt	*études* : *hautes études* **dirâsêt ƹolya**
diƹâyé(-t), diƹâyêt	*publicité*
djêj	*poulet*
djêjé(-t), djêjêt	*poule*
duwwayra(-t), duwwayrât	*rond* (nom)
ê, êh	*oui* (familier)
'ébdêƹ	*création ; le fait de faire quelque chose de merveilleux*
'ebel/ é'bal	*accepter*
eben, wlêd	*fils*
'ébré, ébar	*aiguille*
ébtisêmé(-t) , ibtisêmêt	*sourire* (nom)
'échtirâk	*abonnement*
éḍrâb	*grève* : *faire la grève* **'aḍrab/'aḍrib**
êdamé, êdamiyyé, êdamiyyîn (awêdim)	*vertueux*
éddêm	*devant*
'eder/e'dir	*pouvoir* (verbe)
'edra(-t)	*capacité*
'eghtiyêl	*assassinat*
éghtiyêl, éghtiyêlêt	*assassinat*
éḥsâ'	*statistiques*
éḥsês	*sensation*
éḥtirâm	*respect*
'éja/'éjé	*venir*
ejer, ejrên	*jambe, pied*
ekhet, ekhwêt	*sœur*
ékhwé(-t), ékhwêt	*sœurs et frères*
éktichêf, éktichêfêt	*découverte*
'êlé(-t), êlêt	*appareil ; instrument*
'elé/ e'lé	*frire*
'êman/'êmin	*croire ; avoir la foi*
'émlâ'	*dictée*
emm, emmêt	*mère*
êmta ?	*quand ?*
émtiḥân, emtiḥânêt	*examen*
'enblé (-t), 'anêbil (qonblé(-t), qanêbil)	*bombe*
enḍibâṭ	*discipline*
énsên, nês	*être humain*
'énti'âd, 'enti'âdêt	*critique*

éntibêh	*attention*
entiḫâr	*suicide*
éntiṣâr	*victoire*
'énzâr	*avertissement*
éqṭâعé, éqṭâعiyyé	*féodal*
eqtiṣâd	*économie*
'ere/e'ra	*lire*
érsêl	*réseau*
'eṣṣa(-t), 'eṣaṣ	*histoire ; conte*
ésbêt	*preuve*
esbûعé, esbûعiyyé	*hebdomadaire*
'eslûb, 'asêlîb	*style, méthode*
éslûb, asêlîb	*style*
'esme(-t)	*partage, division*
ésté'bêl	*accueil*
éstésmâr	*investissement*
estéz, estêzé(-t), asêtzé	*professeur ; enseignant*
'éstéعlêmêt	*renseignements*
estirâḥa(-t)	*repos*
éswâra(-t), 'asêwir	*bracelet*
ésعâf, esعâfêt	*ambulance*
'eṭعa, 'oṭaع	*morceau*
etṭalla/عetṭallaع	*regarder*
ettaṣal/etteṣil	*appeler, contacter*
éza	*si* (condition)
éعtibâr	*considération*
fâ'/fî'	*se réveiller*
fa'ad/éf'od	*perdre :* **fa'ad ṣabr-o /éf'od sabr-é** *s'impatienter* (litt. *perdre sa patience*)
fabrak/fabrik	*fabriquer*
fachal	*échec*
fachchaṭ /fachchiṭ	*braguer, mentir pour se faire mousser.*
faḍa	*espace (dans le ciel)*
faḍḍa/ faḍḍé	*vider*
fâḍé, fâḍyé, fâḍyîn	*vide (adj.)*
faḍfaḍ ع an 'alb-o /faḍfiḍ عan 'alb-é	*dire ce que l'on a sur le cœur :* **faḍfiḍ-l-na عan 'alb-é chway** *raconte-nous un peu ce qui te tracasse*
faḥaṣ/ éfḥaṣ	*examiner ; ausculter*

faḥéṣ, fḥûṣa *examen ; test*
fa'îr, fa'îra, fo'ara *pauvre (pas riche)*
fakhat/éfkhot *trouer*
fakkar/fakkir *penser ; réfléchir*
falsafé(-t) *philosophie*
fannaṣ/fanneṣ *mentir*
fannâṣ *menteur, une personne qui adore mentir*
fann, fnûn *art*
fannên, fannêné, fannênîn *artiste*
faraḍ/efroḍ *imposer*
faraḥ *joie*
farché(-t), ferach *matelas*
faréd, afrâd *membre ; une personne*
faréd, frûdé *pistolet*
fareḍ, frûḍa *devoir* (nom)
farja/ farjé *montrer*
fâṣlé(-t), fawâṣil *virgule*
fataḥ/eftaḥ *ouvrir*
fatal/eftol *tourner*
fattach/fattich *chercher*
fâyi', fây'a, fây'în *réveillé*
fayya'/ fayyi' *réveiller*
fazaع, fazعa (sgt.) *frayeur*
fazzaع/ fazziع *effrayer*
fazعân, fazعâné, fazعânîn *effrayé*
fechel/éfchal *échouer*
fe'er *pauvreté*
fehem/éfham *comprendre*
fékhét *trou*
fékra(-t), afkâr *idée*
félém, flûmé *film*
ferchéyé(-t) *brosse*
féréع, frûعa(-t) *branche (magasin)*
feriḥ, ferḥa, ferḥîn *joyeux*
festân, fsâtîn *robe*
âlعaf ,elعfe *verbe*
fîl, fyûlé *éléphant*
fiyy-é, kên fiyy-é *pouvoir* (litt. *je peux ; je pouvais*)
flayflé(-t) *poivron*
foḍḍa *argent* (*métal*)
fondo', fanêdi' *hôtel*

forṣa(-t), foraṣ	*opportunité*
frâṭa	*monnaie (petit argent)*
fṭûr	*petit-déjeuner*
fûṭa(-t), fuwaṭ	*torchon*
ghâb/ghîb	*s'absenter* : **ghâb ɛan el-waɛé** *il s'est évanoui*
ghâbé(-t), ghâbêt	*forêt*
ghabra	*poussière*
ghaḍab	*colère*
ghaḍbên, ghaḍbêné, ghaḍbênîn	*fâché*
ghada	*déjeuner*
ghalaṭ	*faux*
ghâli, ghâlyé, ghâlyîn	*cher*
ghalṭa, ghalaṭ	*faute*
ghamî', ghamî'a, ghamî'în	*profond*
ghané, ghaniyyé, aghniya	*riche*
ghanna/ghanné	*chanter*
gharaḍ, ghrâḍ	*objet*
gharâm	*amour passionnel* : **'û'aɛ bél gharâm** *tomber amoureux*
ghareb	*ouest :* **bayrût el gharb'iyyé** *Beyrouth Ouest*
gharîb, gharîbé, gharîbîn	*étranger ; étrange* : **gharîb ɛajîb** *très étrange et bizarre*
gharra'/gharri'	*noyer quelqu'un*
ghasal/eghsol	*laver*
ghasîl	*linge*
ghassêlé(-t), ghassêlêt	*lave linge*
ghaymé, ghêm (col.), **ghyûm** (pl.)	*nuage*
ghayyar/ ghayyer	*changer*
ghâz	*gaz*
ghelé/ eghlé	*bouillir*
ghéna	*chant ; richesse*
ghénniyyé(-t), aghâné	*chanson*
ghere'/ 'eghra'	*se noyer*
gherfé(-t), gheraf	*chambre*
ghéza	*alimentation*
ghorra(-t)	*frange*
ghrâḍ	*affaires ; objets*
ḥa'', ḥ'û'(ḥuqûq)	*droit* : **ma el-ak ḥa''** *tu n'as pas le droit* ; **él ḥa'' ɛlayyé** *c'est de ma faute*

ḥabal	*grossesse*
ḥabb/ ḥebb	*aimer*
ḥabbé, ḥbûb	*bouton* : **ḥabb chabêb** *acné (bouton de jeunesse)*
ḥablé, ḥbêl	*corde*
ḥachara(-t), ḥacharât	*insecte*
ḥaḍḍar/ ḥaḍḍer	*préparer*
ḥâḍir	*présent*
ḥada (ḥadan)	*quelqu'un ; personne* : **ma ḥada** *personne* (négatif) **; ḥada eja** *quelqu'un est venu* (positif)
ḥadd, ḥdûd	*limite*
ḥadîd	*fer*
ḥâdid, ḥâddé, ḥâddîn	*personne qui est en deuil*
ḥadîs, aḥadîs	*conversation*
ḥafîd, ḥafîdé, aḥféd	*petit-fils, petite-fille, petits-enfants*
ḥa'îbé(-t), ḥa'âyeb	*valise* : **ḥa'îbé diplomêsiyyé** *valise diplomatique*
ḥâjé(-t)	*besoin*
ḥâjez, ḥawêjiz	*barrage*
ḥakam/éḥkom	*juger*
ḥakîm, ḥakîmé(-t), ḥokama	*docteur ; médecin :* **ḥakîm snên** *dentiste*
ḥakk/ ḥekk	*gratter*
ḥâl, ḥâlêt , ḥâlé(-t) (sgt.)	*état ; situation* : **bi ḥâl...** *au cas où...*
ḥal'a(-t)(sgt), **ḥal'ât, ḥala'** (col.)	*épisode ; boucles d'oreilles*
ḥala'/ eḥlo'	*raser* : **eḥlo' da'n-e̲** *me raser la barbe*
ḥalîb	*lait*
ḥall, ḥlûl	*solution (problème)*
ḥall/ḥell	*résoudre :* **ḥell machkal** *résoudre un problème.* Exp. **ḥall/ḥell ɛan ḥ ada** *ficher la paix à quelqu'un* **: ḥell ɛann-é** *fiche-moi la paix.*
ḥallâ'	*coiffeur, barbier*
ḥalmas/ḥalmis	*caresser*
ḥama / ḥamêt, ḥamawêt	*belle-mère*
ḥama, ḥamawêt	*beau-père*
ḥamal	*grossesse*
ḥamal/eḥmol	*porter*
ḥâmḍa(-t) (sgt.), **ḥâmoḍ** (col.),	*citron*

ḥâmḍât (pl.)

ḥâmé, ḥamyé, ḥâmyîn — *chaud* (adj.)

ḥâmél — *femme enceinte*

ḥammam/ ḥammim — *baigner*

ḥanên — *tendresse*

ḥanûn, ḥanûné, ḥanêyin (ḥanûnîn) — *tendre*

ḥara'/ eḥro' — *brûler*

ḥarâra(-t) — *température ; fièvre*

ḥaras/eḥros — *garder, protéger*

ḥarb, ḥrûb — *guerre*

ḥarba'a(-t) — *débrouillardise*

ḥaréf, ḥrûf — *lettre (alphabet)*

ḥarîr — *soie*

ḥâris, ḥorrâs (pl.) — *gardien*

ḥarr — *piment*

ḥarrar/ ḥarrir — *libérer*

ḥasad — *mauvaise envie*

ḥass/ḥess — *sentir*

ḥassan/ ḥassen — *améliorer*

ḥâssé(-t), ḥawês — *sens* : **él ḥawâs él khamsé** *les cinq sens*

ḥayêt — *vie*

ḥazîn, ḥazîné, ḥazînîn — *triste*

ḥazzûra(-t), ḥzêzîr/ḥazzûrât — *devinette*

ḥdêd — *deuil*

ḥdûd — *frontières*

ḥébér — *encre*

ḥeblé — *femme enceinte*

ḥédé', ḥéd'a, ḥéd'în — *perspicace*

ḥeke/eḥké — *parler*

ḥékém, 'aḥkêm — *jugement ; règne*

ḥélo, ḥelwé, ḥelwîn — *sucré ; beau*

ḥemmém, ḥammêmêt — *toilettes ; salle de bain*

ḥézen — *tristesse*

ḥezer/eḥzar — *deviner*

ḥimêyé(-t) — *protection*

ḥiwâr, ḥiwârât — *dialogue*

ḥobb — *amour*

ḥommoṣ — *pois-chiche*

ḥorriyyé(-t), ḥorriyêt — *liberté*

ḥrêm, ḥrêmêt — *couverture de lit*

ḥṣân, oḥṣné	*cheval*
ḥsêb	*calcul ; compte ; règlement*
ḥtara'/eḥteri'	*brûler (soi-même)*
ḥtaram/ 'éḥtérim	*respecter*
ḥtêj /éḥtêj	*avoir besoin*
ḥuḍûr	*présence*
ḥukûmé(-t), ḥukûmêt	*gouvernement*
halak/ehlok	*épuiser quelqu'un*
halla'	*maintenant*
hamas/ehmos	*murmurer*
hanna/ hanné	*féliciter*
hawa	*vent*
hawiyyé(-t), hawiyyêt	*identité*
hazam/éhzom	*vaincre*
hazîmé(-t), hazêyim	*défaite*
hên/ hîn	*humilier*
héstîrya(-t)	*hystérie*
hêtif, hawêtif	*téléphone* (pas courant à l'oral)
hiba	*don ; donation*
'ichtibekêt	*combats*
ihêné(-t), ihênêt	*humiliation*
ijtimêع é, ijtimêع iyyé	*social*
ikhtiṣâr	*le fait de résumer*
ilâh	*dieu ; divinité*
imên	*foi*
'insiḥâb	*retrait*
intihêzé, intihêziyyé	*opportuniste*
iṭâr, 'oṭor	*cadre (d'une situation)*
'ittiṣâl hêtifé	*appel téléphonique*
jabal, jbêl	*montagne*
jadd	*sérieux* (nom)
jaddal/jaddil	*tresser*
jaddé, jaddiyyé, jaddiyîn	*sérieux* (adj.)
jakétta(-t)	*veste*
jakh	*le fait de s'habiller chic*
jakh/jekh	*s'habiller chic*
jala/ejlé	*faire la vaisselle ; laver*
jalé	*vaisselle*
jamal, jmêl	*chameau*
jamêl	*beauté*
jaméع	*addition*
jammal/ jammil	*embellir*

jann/ jenn	*s'affoler*
janné(-t), jannêt	*paradis*
jâr, jâra(-t), jirân	*voisin*
jaraḫ/éjraḫ	*blesser*
jarîdé(-t), jarâyid	*journal*
jarîmé(-t), jarâyim	*crime*
jarrab/jarrib	*essayer*
jârûr, jwêrîr	*tiroir*
jawêb, 'ajwibé	*réponse*
jawêz safar, jawézêt safar	*passeport*
jaww, ajwê'	*ambiance*
jawwaz/ jawwiz	*marier*
jazra, jazrât (pl.), **jazar** (col.)	*carotte*
jaɛlak/ jaɛlik	*froisser*
jdîd, jdîdé, jdêd	*nouveau*
jêb/ jîb	*apporter*
jebné, ajbên	*fromage*
jedd	*grand-père* (terme de référence ; terme d'adresse **jeddo**)
jeddûlé(-t), jdêdîl	*tresse*
jefen, jfûn	*paupière*
jéldé(-t), jéléd (col.), **jlûd** (pl.)	*peau*
jéléd, jlûd	*cuir*
jêlis, jêlsé, jêlsîn	*à l'endroit ; droit* (adj.)
jelléyé(-t), jallêyêt	*lave vaisselle*
jemal ,(t-)jemlé	*phrase*
jêmɛa(-t), jêmɛât	*université*
jénés	*sexe ; type ; espèce*
jéréḫ, jrûḫa(-t)	*blessure*
jesém, ajsêm	*corps*
jésér, jsûra	*pont*
jéssé(-t)(jétté), jésas (jetât)	*cadavre*
jêwab/ jêwib	*répondre*
jézdên	*sac (généralement de femmes)*
jézéɛ, jzûɛ	*branche (arbre)*
jhannam	*enfer*. Exp. **Jhannam el ḥamra** *un enfer ensanglanté*
jmîl	*gratitude* : **rabḫ jmîl** *le fait d'avoir de la gratitude*
jnayné(-t), jnaynêt	*jardin*
jnûb	*sud*
jnûn	*folie*
joghrâfya(-t)	*géographie*

jomhûriyyé(-t), jomhuriyyêt	*république*
juwwa	*intérieur ; dedans*
jûع	*faim*
jûعân, jûعâné, jûعânîn	*qui a faim ; affamé*
kabb/ kebb	*jeter*
kabbût, kbêbît	*manteau*
kabkab	*jeter* (intensif)
kafar/ékfor	*blasphémer*
kahraba(-t)	*électricité*
kahrabje, kahrabjiyyé	*électricien*
kaléb, kalbé, klêb	*chien*
kalsêt	*chaussettes*
kaméra(-t), kamerât	*appareil photo*
kammal/kammel	*continuer*
kanabéyé(-t), kanabêyet	*canapé*
kanas/ kannes	*balayer*
karâj, karâjêt	*garage*
karîh, karîha, karîhîn	*détestable*
karîm, karîmé, korama	*généreux*
kasal	*paresse*
kasar/éksor	*casser*
kaslên, kaslêné, kaslênîn	*paresseux*
katab/éktob	*écrire*
kawa/ekwé	*repasser (linge)*
kawé	*linge à repasser ; le fait de repasser*
kawkab, kawêkib	*planète*
kazdar/ kazder	*se promener*
kazdûra(-t), kazdûrât	*promenade*
kbîr, kbîré, kbâr	*grand*
kébbêyé(-t), kebbêyêt	*verre* : **kébbêyit may** *verre d'eau*
kébéd, kbûd	*foie*
keber/ékbar	*grandir*
kê'in ḥayy, kê'inêt ḥayyé	*être vivant*
kell	*chaque* : **kell wâḥad** *chacun ;* **kell weḥdé** *chacune*
kelmêt ,(t-)kelmé	*mot*
kêmil, kêmlé, kêmlîn	*parfait*
kéndarjé, kendarjiyyé	*cordonnier*
kénné(-t), kanêyin	*belle-fille*
kereh/ekrah	*détester ; haïr*
kersé(-t), karâsé	*chaise*
keseb/éksab	*gagner quelque chose*

ketef, ktêf	*épaules*
khabar, 'akhbâr	*nouvelles ; message*
khabba/ khabbé	*cacher*
khabbar/ khabber	*raconter*
khabbêz	*boulanger*
khada/ɛékhdaɛ	*tromper*
khadd, khdûd	*joue*
khâdim, kheddêm (pl.), **khadam** (col.)	*serviteur*
khâdmé(-t), khâdmêt	*servante*
khâf/khâf	*avoir peur*
khafîf, khafîfé, khfêf	*léger*
khajûl, khajûlé, khajûlîn	*timide*
khâl, khwêl	*oncle maternel*
khala'/ ékhlo'	*créer*
khalaṣ	*fini* (interjection)
khalé'	*création*
khâlé(-t), khâlêt	*tante maternelle*
khall	*vinaigre*
khalla/ khallé	*laisser*
khallaf/ khallif	*accoucher ; donner naissance*
khallaṣ/ khalliṣ	*terminer ; finir ; sauver*
kharîf	*automne*
khârijé, khârijiyyé, khârijiyyé	*externe*
kharṭûch	*brouillon*
kharṭûché(-t), khrâṭîch	*balle (de pistolet)*
khass	*feuilles de salade*
khaṭab/ekhṭob	*se fiancer*
khaṭar, makhâṭir	*danger*
khaṭar/ekhṭor ɛa bê l-	*venir à l'esprit...* Ex. **khaṭaro a ɛbêl-na** *Nous avons pensé à eux* (litt. *ils nous sont venus à l'esprit*) ; **mbêriḥ khaṭar ɛa bê l-é̱ rûḥ la-ɛand-on** *Hier j'ai pensé aller chez eux* (litt. *Hier il m'est venu à l'esprit que j'aille chez eux*)
khaṭîb, khaṭîbé(-t), khoṭṭâb	*fiancé*
khaṭṭ tamês	*ligne de démarcation*
khaṭṭ, khṭûṭ	*trait ; écriture à la main*
khaṭṭab/ khaṭṭib	*fiancer*
khâtim, khawêtim	*bague*
khay, ekhwé	*frère*

khayyat/khayyiṭ	*coudre*
khébéz (col.), **khébzé** (sgt.)	*pain*
khebra(-t), khebrât	*expérience* : **ع and-o khebra** *il a de l'expérience*
khejel/ekhjal	*avoir honte ; être intimidé*
khêl, khyûl	*cheval*
khele'/ekhla'	*naître*
khélyawi	*téléphone portable (cellulaire)*
khêṭ, khiṭân	*fil (à coudre)*
kheṭir, kheṭra, kheṭrîn	*dangereux*
khétyâr, khetyâra(-t), khatêyra	*vieux (personne)*
khilêl	*pendant*
khoḍra(-t)	*légumes*
khôf	*peur*
khoṭbé(-t)	*fiançailles*
khtaṣar/ekhteṣir	*résumer*
khyâra(-t) (sgt.), **khyâr**	*concombre*
khyêl	*ombre (d'une personne)*
khzêné(-t), khzênêt	*armoire*
kîf ?	*comment ?*
kilôt, kilotêt	*slip (culotte)*
kîs, kyês	*sac (plastique, papier)*
kitêbé(-t), kitêbêt	*écriture, le fait d'écrire*
kofor	*blasphème*
ktachaf/éktéchif	*découvrir*
ktêb, kétob	*livre*
ktîr	*beaucoup*
kuḥûl	*alcool*
kûsa, kûsêyé(-t) (sgt.)	*courgette*
kwaffêr	*coiffeur*
lâ /la' / la'a	*non*
lâ'a/ lâ'é	*trouver*
laban	*yaourt*
labbas/ labbis	*habiller*
la-enno	*parce que* : *parce que (je)* **la-enn<u>é</u>**
laḥam/ élḥom	*souder*
lâḥaẓ/ lâḥiẓ	*remarquer*
laḥḥâm, laḥḥâmiyyé	*boucher*
laḥmé, laḥém (col.), **laḥmêt** (pl.)	*viande* : *viande grillée* **laḥmé mechwiyyé**
lakhkhaṣ/ lakhkhiṣ	*résumer*
lakk/lekk	*tourner, tordre*

lamas/élmos	*toucher*
lama/ɛélmaɛ	*briller*
lamba, lambât	*ampoule*
lamlam	*ramasser* (intensif)
lamm/lemm	*ramasser* : **lamm el ghasîl** *il a ramassé le linge*
lamma	*quand*
lammaɛ/lammeɛ	*faire briller*
law	*si* (condition)
lawḫa(-t), lawḫât	*peinture (art)* : **lawḫa fanniyyé** *tableau artistique*
lawwan/ lawwin	*colorer*
laylé(-t), layêlé	*soirée*
laymûn	*orange*
lazîz, lazîzé, lazizîn	*sympathique, agréable*
laɛayên nafés	*nausée*
lê ? /lêh ?/ lêch ?	*pourquoi ?*
lébb él khébéz	*mie de pain*
lébés	*le fait de s'habiller ; habits*
lebis/élbos	*s'habiller*
legha(-t), lughât	*langue*
leghem, alghâm	*mine*
lêl, layêlé	*nuit*
lêzim	*il faut que...*
léɛbé(-t), 'alɛâb	*jeu ; joue ; poupée*
leɛeb/élɛab	*jouer*
lḫâf, léḫéf	*couette*
lôn, 'alwên	*couleur*
ltafat/éltéfit	*se retourner*
lyôm	*aujourd'hui*
ma	particule de négation
ma chî	*rien*
mabkhûɛ, mabkhûɛa, mbkhûɛîn	*vexé*
mabrûk	*félicitations* (interjection)
mabṣût, mabṣûṭa, mabṣûṭîn	*content, heureux*
maché	*à pieds ; le fait de marcher*
machêwé(-t)	*grillades*
machghûl bêl-é	*inquiet*
machrûb (col.)	*boisson*
mâḍe	*passé*
maddad/maddid	*allonger*
madîné(-t), meden	*ville*
madrasé(-t), madêris	*école*

maḥall, maḥallêt	*magasin ; endroit*
maḥbûb, maḥbêbé, maḥbûbîn	*aimé*
maḥdûd, maḥdûdé, maḥdûdîn	*limité*
maḥḥa/ maḥḥé	*effacer ; gommer*
maḥḥayé(-t), maḥḥâyêt	*gomme*
mahḍûm, mahḍûmé, mahḍûmîn	*mignon*
mahmûm, mahmûmé, mahmûmîn	*soucieux*
mahzûm, mahzûmé, mahzûmîn	*vaincu*
majallé(-t), majallêt	*magazine ; revue*
majmûع a(-t), majmûعât	*groupe*
majnûn, majnûné, mjênîn	*fou*
majzara(-t), majêzir	*massacre*
makana(-t), makanêt	*machine* : **makanit khyâta** *machine à coudre ;* **makanit ḥlâ'a** *rasoir*
m'akhkhar, m'akhkhara, m'akhkharîn	*tard, en retard, ajourné*
makhkhaṭ/ makhkheṭ	*se moucher*
makhlû', makhlû'ât	*créature*
maktab, makêtib	*bureau*
maktabé, maktabêt	*bibliothèque*
maktûb, mkêtîb	*lettre*
malaff, malaffêt	*dossier*
malêk, malêyké(-t)	*ange*
malék, maliké(-t), mlûk	*roi*
malên, malêné, malênîn	*plein, rempli*
malghûm, malghêmé, malghûmîn	*miné*
malḥmé(-t), malḥamêt	*boucherie*
m'allif, m'allfé(-t), m'alfîn	*compositeur*
malع'a(-t), mعâli'	*cuillère*
mâma	*maman* (terme d'adresse)
mamnûع, mamnûعa, mamnûعîn	*interdit*
mamsḥa(-t)	*serpillère*
manaع /émnaع	*interdire*
manchafé(-t), manêchif	*serviette*
manéع	*interdiction*
manḥûs, manḥûsé, manḥûsîn	*qui a la poisse*
mara, neswên	*femme*
maraḍ, 'amrâḍ	*maladie*
marîḍ, marîḍa, moraḍa	*patient* (nom)

markaz, marâkiz	*centre, institut*
marra(-t), amrâr/marrât	*fois : quelques fois* **kam marra**
maṣâré	*argent (pour payer)*
maṣrif, maṣarif	*banque*
m'aṣṣ, m'aṣṣât	*ciseaux*
maṣṣâṣa, maṣṣâṣât	*biberon*
maṣṭara, maṣâṭir	*règle (en papeterie)*
masal (matal), amsilé	*exemple*
masalan (matalan)	*par exemple*
masêfé(-t), masêfêt	*distance*
masêḥa(-t), masêḥât	*espace ; surface*
maskhara(-t)	*moquerie*
masmûḥ, masmûḥa, masmûḥîn	*permis* (adj.)
masraḥ, masêriḥ	*théâtre*
masraḥiyé(-t), masraḥiyyêt	*pièce de théâtre*
massal/massel	*jouer un rôle*
mas'ûl, mas'ûlé, mas'ûlîn	*responsable*
mas'uliyyé(-t), mas'ûliyyêt	*responsabilité*
maṭâr, maṭârât	*aéroport*
maṭbakh, maṭabikh	*cuisine*
maṭεam, maṭâεim	*restaurant*
mawḍûε	*sujet ; thème*
mawhibé(-t), mawêhib	*talent*
mawhûb, mawhûbé, mawhûbîn	*talentueux*
mawjé(-t), mawjêt (pl.), **môj** (col.)	*vague*
mawjûε, mawjûεa, mawjûεîn	*souffrant*
mawsam, mawêsim	*saison*
mawzé, mawzêt (pl.), **môz** (col.)	*banane*
mawεiẓa(-t), mawâεiẓ	*moralité*
mayy	*eau*
mazaḥ/emzaḥ	*plaisanter*
mazbûṭ, mazbûṭa, mazbûṭîn	*exacte*
mazḥa(-t), mazḥât	*plaisanterie*
maε	*avec*
maεâch, maεâchêt	*salaire*
maεhad, maεâhid	*institut*
maεmal, maεâmil	*usine*
maεna, maεâné	*sens ; signification*
maεraké(-t), maεârek	*batailles, lutte*
maε'ûl	*possible*
mbala	*si* (affirmation)

mballal, mballalé, mballalîn	*mouillé*
mbêriḥ	*hier*
mdahhab, mdahhabé, mdahhabîn	*doré*
mdawwar, mdawra, mdawrîn	*rond* (adj.)
mech	particule de négation
'mêch, 'mêché(-t) (sgt.)	*tissu*
méchchêyé(-t), méchchêyêt	*pantoufles*
méché/emché	*marcher*
méchklé(-t), machêkil	*problème*
mechwâr, mchêwîr	*promenade, balade*
mêddé(-t), mawêd	*matière*
méftêḥ, mfêtîḥ	*clef*
meḥché (col.), **meḥchêyé(-t)** (sgt.), **meḥchêyet** (pl.)	*courgette (farcie)*
meḥrij, meḥrjé, meḥrjîn	*intimidant*
méhné(-t), mehan	*métier*
méjtéhid, méjtéhdé, mejtehdîn	*studieux*
mékénsé(-t), makênis	*balai* : **mékénsit él kahraba** *aspirateur*
mekhrij, mekhrjé, mekhrjîn	*cinéaste, réalisateur cinéma*
mekwêyé (-t), makêwé	*fer à repasser*
meleḥ	*sel*
mêliḥ, mêlḥa, mêlḥîn	*salé*
men ghêr	*sans*
ménchâr	*scie*
menkhâr, manakhîr (mnêkhîr)	*nez*
mêras/mêris	*pratiquer :* **mêras-o el-ḥobb (el-jénéss)** *ils ont fait l'amour*
me'rif, me'erfé, me'erfîn	*dégoûtant*
mértékhi, mértkhiyyé, mértkhiyyîn	*détendu*
meskîn, meskîné, msêkîn	*pauvre ; triste à voir*
mesli, mesliyyé(-t), mesliyyîn	*homosexuel*
mesta'bal	*avenir*
méswaddé(-t)	*brouillon*
mêt/mût	*mourir*
metchê'im, metchê'mé, métchê'mîn	*pessimiste*
metfêhmîn	*ils sont d'accord*
metfê'il, metfê'lé, metfê'lîn	*optimiste*
mettef'în	*ils sont d'accord*
méznéb, mézénbé, mézénbîn	*coupable*

mézwi', mezw'a, mezw'în	*qui a du bon goût*
méɛdé(-t), meɛdêt	*estomac*
mghâra(-t), maghâwir (mghârât)	*grotte*
mḥaṭṭa(-t), mḥaṭṭât	*chaîne (télévision); station : station essence* **mḥaṭṭit bénzîn ;** *station radio* **mḥattit râdyô**
mhandis, mhandsé, mhandsîn	*architecte*
mhastar, mhastra, mhastrîn	*hystérique*
mhazzab, mhazzabé, mhazzbîn	*poli*
misêliyyé(-t)	*perfection*
miɛâd	*menstruation*
mjawwaz, mjawwzé, mjawwzîn	*marié*
mjaɛlak, mjaɛlké, mjaɛlkîn	*froissé*
mkannas	*balayé*
mkarsaḥ, mkarsḥa, mkarsḥîn	*paralysé*
mkhaddé(-t), mkhaddêt	*oreiller*
mkhannat, mkhannté, mkhanntîn	*efféminé*
mmaddad, mmaddadé, mmaddadîn	*allongé*
mnakraz, mnakérzé, mnakérzîn	*énervé*
mnîḥ, mnîḥa, mnêḥ	*bon*
mochoṭ	*peigne*
mochtaré, mochtariyé, mechtariyîn	*acheteur*
mojtamaɛ, mojtamaɛât	*société*
mokhtaṣar	*résumé*
morchid siyêḥé	*guide touristique*
morr, morra, morrîn	*amer*
moṣṭanaɛ, moṣṭanaɛa, moṣṭanaɛîn	*artificiel*
môt	*mort*
moṭrib, moṭerbé, moṭerbîn	*chanteur (classique)*
mrabbaɛ, mrabbaɛât	*carré* (nom)
mrabbaɛ, mrabbɛa, mrabbɛîn	*carré* (adj.)
mrêyé(-t), mrêyêt	*miroir*
mṣîbé(-t), mṣâyib	*catastrophe*
msa''af, msa''afé, msa''fîn	*cultivé, intellectuel*
msabbé(-t), msabbêt	*insulte*
msaṭṭaḥ, msaṭṭḥa, msaṭṭḥîn	*allongé*
mṭalla', mṭall'a, mṭall'în	*divorcé*
mtarjim, mtarjmé, mtarjmîn	*traducteur*

mu'âmara(-t), mu'âmarât	*complot*
mu'annas	*féminin*
mu'âwamé(-t) (muqâwame)	*résistance*
mudîr, mudîra(-t), mudara	*directeur*
mufâwaḍât	*négociations*
mufêja'a(-t), mufêja'êt	*surprise*
mufêji', mujêf'a, mufêj'în	*surprenant*
mufîd, mufîdé, mufîdîn	*utile*
mughanné, mughanniyé, mughannoyîn	*chanteur*
mûḥâmé, muḥâmiyyé, muḥâmiyyé	*avocat*
muḥâsabé(-t)	*comptabilité*
muḥâsib, muḥâsbé(-t), mḥâsbîn	*comptable*
muḥîṭ, muḥîṭât	*océan ; milieu social :* **neḥna mech men nafs el muḥîṭ** *nous ne sommes pas du même milieu social*
muhémm, muhemmé, muhhemîn	*important*
muhemmé(-t), muhemmêt	*mission*
muhîn, muhîné, muhînîn	*insultant*
mulâḥaẓa(-t), mulâḥaẓât	*remarque ; observation*
mulakhkhaṣ	*résumé*
mulûké, mulûkiyyé	*royal*
mumarriḍ, mumarriḍa, mumarriḍîn	*infirmier*
murâfa'a(-t)	*accompagnement*
musaddas, musaddasêt	*pistolet*
musalsal, musalsalêt	*feuilleton*
musêɛid, musêɛidé(-t)	*assistant*
musî'a	*musique*
musi'âr	*musicien*
musîr, musîra, musîrîn	*excitant* : **musîr lal éhtimêm** *intéressant*
musta'bal	*futur*
mustachâr, mustachâra(-t), mustachârîn	*consultant*
mustaḥîl	*impossible*
muṭâlaɛa(-t)	*lecture de livres comme loisir*
muzakkar	*masculin*
muɛâlajé(-t)	*traitement (d'un patient, d'un sujet)*
muɛâwin, muɛâwné(-t)	*assistant*
mwattar, mwattra, mwattrîn	*tendu ; énervé*

mwaẓẓaf, mwaẓẓfé(-t), mwaẓẓfîn	*employé*
mzawwaj, mzawwjé, mzawwjîn	*marié*
mɛa'ad, mɛa'adé, mɛa'adîn	*complexé ; compliqué*
mɛabba, mɛabbêyé, mɛabbêyîn	*rempli*
mɛallim, mɛallmé(-t), mɛallmîn	*enseignant ; maître*
mɛammar, mɛamra, mɛamrîn	*construit*
mɛaṣṣab, mɛaṣṣbé, mɛaṣṣbîn	*tendu, énervé*
mɛaṭṭal, mɛaṭṭlé, mɛaṭṭlîn	*qui est en panne ;qui est en vacances*
mɛattar, mɛattra, mɛattrîn	*pauvre*
mɛayyan, mɛayyané, mɛayyanîn	*spécifique*
nabaḍ	*pouls* : **dass nabaḍ/ dass nabaḍ** *tâter le pouls*
nabé, 'anboya	*prophète*
nachar/enchor	*scier ; tendre le linge* **ma tenchro el ghasîl** *ne tendez pas le linge*
nachchaf/nachchef	*sécher*
nachér	*édition ; publication*
naḍâfé(-t)	*propreté*
naḍḍaf/ naḍḍif	*nettoyer*
na'dé(-t)	*argent liquide*
nafakh/énfokh	*gonfler*
nafés, 'anfês (anfos)	*âme*
naff/neff	*se moucher*
naha/énhi	*finir*
najdé(-t)	*secours*
najêḥ	*réussite*
najjâr, najjâriyyé	*menuisier*
nakhkh/nekhkh	*se baisser*
namlé(-t), namel (col.), **namlêt** (pl.)	*fourmi*
nâṣiḥ, nâṣḥa, nâṣḥîn	*gros (d'une personne)*
naṣr	*victoire*
naṣṣ, nṣûṣ	*texte*
naswé	*oubli*
naṭar/enṭor	*attendre*
naṭra(-t)	*attente*
nâṭûr, nâṭûra, nwâṭîr	*concierge*
nataf/éntof	*épiler*
natéf	*épilation*
naẓar, naẓra(-t) (sgt.), **naẓarât**	*regard*
nazlé(-t)	*descente*

naعam	*oui*
nbakha/عénbékhiع	*se vexer*
nbîd	*vin*
nḍîf, nḍîfé, nḍâf	*propre*
ndala'/endele'	*se renverser*
nêchif, nêchfé, nêchfîn	*sec*
nêdir, nêdra, nêdrîn	*rare*
nejeḥ/ enjaḥ	*réussir*
nejmé, njûm	*étoile*
nêm/nêm	*dormir ; se coucher*
nemer, nmûra	*tigre*
némûsé, nêmûs	*moustique*
nês	*gens*
nésé/ensa	*oublier*
nésyên	*le fait d'oublier*
nêyib, nuwwêb	*député*
nêyim, nêymé, nêymîn	*endormi*
nezel/enzal	*descendre*
nfa'ad/enfe'ed	*disparaître, se perdre*
nfazar/'enfezer	*manger jusqu'à l'explosion ; farcir jusqu'à faire exploser ; en avoir marre de quelqu'un jusqu'à en exploser*
ngharam/enghérim bi…	*tomber amoureux*
nḥâs	*cuivre*
nhâr, nhârât	*journée*
nhâr/enhậr	*s'écrouler*
ni'âch	*dialogue*
nidê'	*appel*
nihêyé(-t)	*fin*
nomra, nomar	*numéro*
no'ṭa, no'aṭ	*point*
nta'ad/ 'énté'éd	*critiquer*
ntabah/éntébéh	*faire attention*
ntaḥar/entéḥir	*se suicider*
nûr, 'anwâr	*lumière*
oṣbaع, aṣâbiع	*doigt*
otêl, otêlêt	*hôtel*
otostrâd	*autoroute*
qânûn/'ânûn, qawânîn/'wênîn	*loi*
qaren/'aren, qurûn	*siècle*
qâعidé(-t), qawâعed	*loi ; règle*
qirâ'a(-t) ('râyé), qirâ'ât	*lecture*

rabîع	*printemps*
râd/rîd	*vouloir*
radd, rdûd	*réponse*
radd/ redd	*répondre ; rendre*
râ'eb, râ'abet	*observer*
ra'ém, ar'âm	*numéro ; chiffre*
ra''ém, ra''amét	*numéroter*
râfa'/ râfi'	*accompagner*
rafaḍ/erfoḍ	*refuser*
raff, rfûf	*étagère*
râḥ/ rûḥ	*aller, partir*
râhbé(-t), râhbêt	*bonne sœur*
ra'îs, ro'asa	*président*
rajaf/erjof	*trembler*
rakkaz/ rakkiz	*se concentrer*
rama/ermé	*jeter*
râs, rûs	*tête*
ra'ṣ/er'oṣ	*danser*
ra'ṣa (sgt.), **ra'eṣ**	*danse*
rasam/ersom	*dessiner*
rasmé (sgt.), **rasmêt, rsûm**	*dessin*
rassêm, rassêmé, rassêmîn	*peintre*
rasûl, resel	*prophète*
ra'y, 'arâ'	*opinion, avis*
rebéḥ/érbaḥ	*gagner*
rejé/عérjaع	*revenir*
réjjêl, rjêl	*homme*
rêkiz, rêkzé, rêkzîn	*stable*
remech, rmûch	*cil*
rézz	*riz*
rfî', rfî'a(-t), réf'a	*camarade ; compagnon*
ri'	*bave*
ri'êse(-t)	*présidence*
riḥ	*vent*
rîḥa(-t), rawêyiḥ	*odeur ; parfum*
risêlé(-t), rasêyil	*message ; lettre*
riwêyé(-t), riwêyêt	*roman*
riyêḥa(-t)	*repos*
riyyé(-t), riyyêt	*poumon*
rmêdé, rmêdiyyé, rmêdiyyé	*gris*
rṣâṣa(-t), rṣâṣ	*balle (de pistolet)*
rtajal/értejil	*improviser*

rtêḥ/ ertêḥ	*se reposer*
rûḥ, 'arwêḥ	*âme*
ṣabar/eṣbor	*patienter*
ṣabé, ṣobyên	*garçon*
ṣabiyyé(-t), ṣabâya	*jeune fille*
ṣâbûn	*savon*
ṣabûr, ṣabûra, ṣabûrîn	*patient* (adj.)
ṣadî', ṣadî'a, 'aṣdiqâ'	*ami*
ṣaffar/ ṣaffir	*siffler*
ṣafḥa, ṣafḥât	*page*
ṣafîr	*sifflement*
ṣâḥéb, ṣâḥbé, aṣḥâb	*ami*
ṣaḥen, ṣḥûn	*assiette*
ṣaḥḥ/ ṣeḥḥ	*guérir*
ṣaḥḥa(-t)	*santé*
ṣaḥîḥ, ṣaḥîḥa, ṣaḥîḥîn	*vrai*
ṣaḥra	*désert*
ṣalâ(-t), ṣalawêt	*prière*
ṣâlé(-t), ṣâlêt	*salle*
ṣalla/ ṣallé	*prier*
ṣallaḥ/ ṣalleḥ	*corriger ; réparer*
ṣâlôn, ṣâlônêt	*salon*
ṣammad/ṣammed	*économiser*
ṣaraṭân	*cancer*
ṣarrâf, ṣarrâfîn	*bureau de change*
ṣarraf/ ṣarref	*changer (l'argent) ; faire de la monnaie*
ṣarṣûr, ṣrâṣîr	*cafard*
ṣawwar/ ṣawwer	*prendre des photos ; filmer*
ṣaydaliyé(-t), ṣaydaliyyêt	*pharmacie*
ṣayyâd, ṣayyadîn (ṣayyâdiyyé)	*pêcheur ; chasseu)*
ṣêd	*chasse ; pêche*
ṣeḏriyyé(-t), ṣḏâré	*soutien-gorge*
ṣeder, ṣdûra	*poitrine ; grand plat*
ṣêyf, ṣayfiyyi (col.)	*été*
ṣinâعa(-t)	*industrie*
ṣîr, ṣerét	*devenir*
ṣnûbar (col.), **ṣnûbra(-t)** (sgt.), **ṣnûbrât** (pl.)	*pignon*
ṣobbât, ṣbâbîṭ	*chaussures d'hommes ou chaussures masculines*
ṣoboḥ	*matin*

ṣobyêné	*masculin*
ṣoffayra(-t), ṣoffayrât	*sifflet*
ṣohr, aṣhira	*beau-frère ; gendre*
ṣorra(-t)	*nombril*
ṣrâfé(-t)	*change (argent)*
ṣûra(-t), ṣuwar	*photo*
ṣuƐûbé(-t)	*difficulté*
sâ'/ sé'ét	*conduire (voiture)*
sa'âfé(-t)	*culture*
sa'al/és'al	*poser une question*
sa'aṭ/es'oṭ	*échouer*
sabab, 'asbêb	*cause, raison*
sabaḥ/ ésbaḥ	*nager*
sabat ('asbat)/esbot	*prouver*
sabb/ sebb	*insulter*
sa'ef, s'ûfé	*plafond ; toit*
safar, safra (sgt.)	*voyage*
saffar/saffer	*faire partir en voyage*
saḥab/ 'ésḥab	*tirer (un objet)*
saḥḥâbé(-t), saḥḥâbêt	*fermeture éclair*
sahra(-t)	*soirée*
sahriyyé(-t)	*soirée*
sakan/eskon	*habiter*
sakat/eskot	*se taire*
sakkar/ sakker	*fermer* : **sakkarét el khaṭṭ** *j'ai raccroché (le téléphone)*
salaṭa/ slâṭa	*salade*
salêm	*paix*
salla/sallé	*amuser*
sama, samawêt	*ciel*
samaḥ/esmaḥ	*permettre*
samké(-t), samak (col.), **samkêt** (pl.)	*poisson*
samma ḥada/ samme ḥada	*appeler quelqu'un, lui donner un nom*
sammêƐa(-t), sammêƐât	*écouteurs*
sangarî, sangariyyé	*plombier*
sara'/ésro'	*voler (comme un voleur)*
sarîƐ, sarîƐa, sarîƐîn	*rapide*
saṭa/ƐésṭaƐ	*toucher*
saṭéḥ, sṭûḥa	*toit*
saṭer, sṭûr	*trait ; ligne (d'un livre)*

saṭḥé, saṭḥiyyé, saṭḥiyyîn	*superficiel*
sawwâ', sawwâ'în	*conducteur*
sawwad/sawwid el wej	*faire honte à quelqu'un* (litt. noircir le visage de quelqu'un) : **sawwadû-l-na wej-na** *ils vous ont ridiculisés.*
sayyâra(-t), sayyârât	*voiture*
saꜫâdé(-t)	*bonheur*
saꜫîd, saꜫîdé, sas)îdîn ꜫoꜫada)	*heureux*
sé'a(-t)	*confiance*
se'e/és'é	*arroser* : *arroser les plantes* **és'é éz zrêrîꜫ**
sêfar/sêfir	*partir en voyage*
seḥer	*magie*
sêḥil, sawêḥil	*côte*
sêḥir, sêḥra, sêḥrîn	*magicien*
seḥré, seḥriyyé	*magique*
séjjêdé(-t), séjjêd	*tapis*
sekhen, sekhné, sekhnîn	*chaud* (adj.)
sékkar	*sucre*
sékkaré	*diabète*
sékkîné(-t), skêkîn	*couteau*
sékrétêra(-t), sekretêriyyé	*secrétaire*
selem	*paix*
sellulèr	*téléphone portable (cellulaire)*
sêmaḥ/ sêmiḥ	*pardonner*
semeꜫ/ ésmaꜫ	*entendre*
séné, snîn	*année*
sénn, snên	*dent*
sênyé(-t), sawêné	*seconde* (nom)
sérmêyé(-t), srâmé	*pantoufles*
serr, asrâr	*secret*
sett, settêt	*dame ; grand-mère* (terme de référence)
sêwa/sêwé	*faire*
sêyiḥ, sêyḥa(-t), sûwwéḥ	*touriste*
sêꜫa(-t), sêꜫât	*heure ; montre*
sêꜫad/ sêꜫid	*aider* : **sêꜫid ḥâl-é** *je m'aide moi-même ;* **b-y-sêꜫd-o baꜫḍ** *ils s'aident, ils s'entraident*
seꜫer, 'asꜫâr	*prix*
sfenjé(-t)	*éponge*
sigâra(-t), swêgîr	*cigarette*

siyêḥa(-t)	*tourisme*
siyêsé(-t)	*politique*
skarbîné(-t), skarbinêt	*chaussures de femmes*
sṭâd/ esṭâd	*pêcher ; chasser*
sṭayḥa(-t)	*terrasse*
sta'bal/ésta'bil	*accueillir*
stachâr/ 'éstachîr	*consulter*
stafham/éstafhim	*se renseigner, essayer de comprendre*
stafsar/éstafsir	*se renseigner*
staghall/estaghéll	*profiter*
staḥa/esteḥe	*être intimidé :* Exp. **b-y-estéḥé** *il est timide*
sta'jar/esta'jir	*louer (prendre en location)*
stalam/estelim	*recevoir*
starja/'estarjé	*oser*
stasmar/éstasmir	*investir*
stawƐab/éstawƐib	*comprendre*
staƐlam/éstaƐlim	*se renseigner*
sû', 'aswâ'	*marché ; souk*
su'âl, 'as'ilé	*question*
suhûlé(-t)	*facilité*
s'ûṭ	*échec*
swâ'a(-t)	*conduite (voiture)*
ṭâ'a(-t), ṭâ'ât	*énergie*
ṭabakh/eṭbokh	*faire la cuisine*
ṭâbé(-t), ṭâbêt	*balle (pour jouer)*
ṭabéƐ, 'aṭbéƐ	*caractère*
ṭâbi', ṭawâbi'	*étage*
ṭabîb, ṭabîbé(-t), aṭobba	*médecin*
ṭabîkh	*nourriture, cuisine*
ṭâbiƐ/ ṭawâbiƐ	*timbre postal*
ṭabîƐa(-t)	*nature*
ṭabîƐé, ṭabîƐiyyé, ṭabîƐiyyîn	*naturel*
ṭa'ém, ṭ'ûmé	*costume (hommes)*
ṭa'és	*climat*
ṭalâ'	*divorce*
ṭalab, maṭâlib	*demande*
ṭalab/eṭlob	*demander ;* **ṭalabét nomra** *j'ai composé un numéro*
ṭâlib, ṭâlbé, ṭollâb	*étudiant*
ṭalla'/ ṭalle'	*divorcer*

ṭalꜫa(-t), ṭalâtꜫ	*montée*
ṭamman/ṭammin	*rassurer*
ṭanjara(-t), ṭanâjir	*marmite*
ṭâr/ ṭîr	*voler (dans le ciel)*
ṭarach	*surdité*
ṭarach/eṭroch	*peindre (murs)*
ṭaréch	*peinture (murs)*
ṭaréḥ	*soustraction*
ṭarî', ṭor'ât	*chemin, route*
ṭarî'a, ṭoro'	*méthode*
ṭawa/'eṭwé	*plier :* **ṭawêt el ghasîl** *j'ai plié le linge*
ṭawîl, ṭawîlé, ṭwâl	*long ; grand de taille*
ṭâwlé(-t)	*table*
ṭawwal/ṭawwel	*rallonger ; allonger ; mettre du temps :* **ṭawwalo la weṣlo** *ils ont mis du temps pour arriver*
ṭawwar/ ṭawwir	*développer*
ṭayyâra(-t), ṭayyârât	*avion*
ṭayyib	*OK, c'est bon*
ṭayyib, ṭayybé, ṭayybîn	*bon* (adj. pour la nourriture) ; *vivant*
ṭaꜫaj/ éṭꜫaj	*tordre ; plier*
ṭeleꜫ/ eṭlaꜫ	*monter*
ṭḥîn	*farine*
ṭibâꜫa(-t)	*imprimerie*
ṭîz, ṭyêz	*fesses*
ṭofol, 'aṭfêl	*enfant*
ṭowḍîḥ	*éclaircissement*
ṭufûlé(-t)	*enfance*
ta'addom	*progrès, évolution*
tabꜫan	*bien sûr*
t'addam/et'addam	*progresser ; évoluer ; avancer*
tafahhom	*compréhension*
tafêhom	*accord*
taḥasson	*amélioration*
taḥét	*bas* (adv.)
tahêné	*félicitations*
tajrubé(-t), tajêrob	*expérience :* **ꜫam b-aꜫmel tajrubé** *je suis en train de faire une expérience*
takhét, tkhûté	*lit* : *lit simple* **takhet mefrid**, *lit*

	double **takhet mejwiz**
t'akhkhar/ét'akhkhar	*être en retard ; tarder*
takké(-t), takkêt	*instant*
talajit/tetloj	*neiger* (litt. *elle a neigé, elle neige*)
taléj (talj)	*neige*
talfan la.../ talfin la...	*téléphoner à...*
talfezyôn	*télévision*
talifôn, talifonêt	*téléphone*
tallé(-t), tlêl (col.), **tallêt** (pl.)	*colline*
tamér, tamrât	*datte*
t'ammal/ét'ammal	*espérer ; contempler ; méditer*
tanmiyé(-t)	*développement*
tannûra(-t), tnênîr	*jupe*
tarjam/ tarjim	*traduire*
tarjamé(-t), tarjamêt	*traduction*
taṣannoɛ	*artifice*
taṣarrof	*comportement*
tasliyé (-t)	*amusement*
taṭawwor	*progrès, développement*
tazkara(-t), tazêkir	*carte d'identité*
taɛâsé(-t)	*malheur*
taɛbén, taɛbêné, taɛbênîn	*fatigué*
taɛîs, taɛîsé, toɛasa	*malheureux*
taɛziyé(-t), taɛâzé	*condoléances* : **ɛam b-y-'addem taɛâzé** *il présente ses condoléances.*
tbajjaḥ/etbajjaḥ	*se vanter*
tballal/ etballal	*se mouiller*
tébrîr	*justification*
tedwîr	*recherche*
teffêḥa(-t), teffêḥ (col.), **teffêḥat** (pl.)	*pomme*
têfih, têfha, têfhîn	*banal*
teftîch	*recherche*
téḥrîr	*libération*
té'khîr	*retard*
telmîz, telmîzé(-t), tlêmîz	*élève*
télwîn	*coloriage*
témm, tmêm	*bouche*
têné yôm	*le lendemain*
têné, tênyé, tênyîn	*seconde* (adj.)
têrîkh, twêrîkh	*date ; Histoire*
têrîkhé, têrîkhiyyé	*historique*

terjmên	*traducteur*
térkîz	*concentration mentale*
terras, terrasêt	*terrasse*
terwî'a(-t)	*petit-déjeuner*
teṭwîr	*développement*
têta	*grand-mère* (terme d'adresse)
téwḥîd	*monothéisme*
téwzîع	*diffusion*
téعbîr	*le fait de s'exprimer*
teعib/'etعab	*se fatiguer*
teعlîm	*enseignement*
tfaṣḥan/etfaṣḥan	*faire l'intéressant*
tghassal/etghassal	*se laver*
tḥammam/etḥammam	*se doucher, se baigner*
t'îl, t'île, t'âl	*lourd*
tjawwaz/'etjawwaz	*se marier*
tkhabba/étkhabba	*se cacher*
tla''a/étla''	*recevoir*
tmachcha/etmachcha	*se promener*
tmachwar/etmachwar	*se promener, se balader*
tmaddad/etmaddad	*s'allonger*
tmaskhar/'étmaskhar عala...	*se moquer de*
tnachchaf/etnachchaf	*se sécher*
tnaffas/etnaffas	*respirer*
toḥḍîr	*préparation*
tonḍîf	*nettoyage*
toṣfîr	*le fait de siffler*
toعmîr	*le fait de construire*
trayya(-t), trayyêt	*lustre (lumière)*
trên, trênêt	*train*
tṣarraf/etṣarraf	*se comporter*
tṣaṭṭaḥ/ etṣaṭṭaḥ	*s'allonger*
tsabbaḥ/étsabbaḥ	*nager*
tsalla/étsalla	*s'amuser*
tsamma/عétsammaع	*écouter*
tṭawwar/etṭawwar	*progresser*
twajjah/etwajjah	*se diriger*
twajjaع/etwajjaع	*avoir mal, sentir la douleur*
tyêb	*vêtements*
tzakkar/etzakkar	*se rappeler, se souvenir*
tzamra'/etzamra'	*manger* (péjoratif, familier)
tzawwaj/ etzawwaj	*se marier*

tɛallam/etɛallam	*apprendre soi-même*
tɛaṣran/étɛaṣran	*prendre un goûter*
ûḍa(-t), 'uwaḍ	*chambre, salle, pièce :* **ûḍit-es-ṣofra** *salle à manger* ; **ûḍit le'-'ɛûd** *salle de séjour*
uṭrûḥa(-t), uṭrûḥât	*thèse (étude.* Ex. : *thèse de doctorat)*
'uwwé(-t), 'uwwêt	*force*
'ûɛa !	Exp. *gare à toi* (inv.)
w (wa)	*et*
wa''af/wa''éf	*arrêter*
wabra, wabér	*poil*
wachwach/ wachwich	*chuchoter*
waḍé ,ɛ'awḍâɛ	*situation*
wa'ét, 'aw'ât	*temps*
wajaɛ, awjêɛ	*douleur*
wajjah/ wajjeh	*diriger ; adresser*
wajjaɛ/wajjiɛ	*faire mal*
wala chî	*rien*
wala marra	*aucune fois*
wala wâḥad	*aucun ; aucune personne*
walad, wlêd	*enfant*
walla	*ou bien*
wallad/ wallid	*accoucher*
wallah (wallâhi)	*par dieu ; au nom de dieu*
wara	*derrière* (préposition) *:* **wâḥad wara ét-têné** *l'un après l'autre*
war'a, wara' (col.), **war'ât** (pl.)	*feuille : feuilles de vigne* **wara' ɛinab** ou **wara' ɛarîch ; wara'** *cartes (jeu)* : *que je joue aux cartes* **élɛab wara'**.
wardé(-t), ward	*fleur*
waṣaf/ 'ûṣof	*décrire*
waṣaṭ, 'awṣâṭ	*centre (d'un cercle, d'une ville)*
waṣéf	*description*
wasakh	*saleté*
wâsi', wâs'a, wâs'în	*confiant*
wâṭé, wâṭyé, wâṭyîn	*bas* (adj.)
waṭṭa/ waṭṭé	*se baisser*
waẓîfé(-t), waẓâyif	*emploi*
wazan/'ûzon	*peser*
wazén	*poids*

wazîr, wazîra(-t), wuzara	*ministre*
waɛad/'ûɛod	*promettre*
waɛé	*conscience* : **ghâb ɛan el-waɛé/ ghîb ɛan el-waɛé** *s'évanouir, perdre conscience*
waɛed, wɛûd	*promesse*
waɛɛa/ waɛɛé	*réveiller*
wêdé, wedyên	*vallée*
we'ef/'û'af	*s'arrêter*
wêḫa(-t), wêḥât	*oasis*
weṣel/ 'ûṣal	*arriver*
wésékh, wéskha, wéskhîn	*sale*
weɛé /'ûɛa	*se réveiller*
wêɛé, wêɛyé, wêɛyîn	*réveillé ; conscient*
wi'âyé(-t)	*prévention*
wilêdé(-t)	*naissance*
wizâra(-t), wizârât	*ministère*
wuṣûlé, wuṣûliyyé, wuṣûliyyé	*arriviste*
yamîn	*droite*
yawmé, yawmiyyé	*quotidien*
yêbis, yêbsé, yêbsîn	*sec*
yetfalsaf	*philosopher* (péjoratif)
yôm, iyyêm	*jour* : *tous les jours* **kél él iyyêm** ; *chaque jour* **kél yôm** ; *aucun jour* **wala yôm** ; *jour après jour* **yôm baɛd yôm.**
ẓoll	*ombre (du soleil)*
zabbêl, zabbêlé	*éboueur*
zaha'	*ennui*
zahha'/ zahhe'	*ennuyer*
zahra(-t), zhûr (col.), **zaher** (col.), **zahrât** (pl.)	*fleur*
zaka	*intelligence*
zaké, zakiyyé, azkiya	*intelligent*
zakkar/ zakker	*rappeler (mémoire)*
zalɛûm, zlêɛîm	*gorge*
zamîl, zamîlé, zomala	*collègue*
zammar/ zammer	*klaxonner*
zammûr, zmêmîr	*klaxon*
zara/ɛezraɛ	*planter*
zarrîɛa, zrêrîɛ	*plante*
zatt/ zett	*jeter*
zawêj (jawêz)	*mariage*

zaɛal	*tristesse*
zaɛlên, zaɛlêné, zaɛlênîn	*triste ; fâché*
zbêlé(-t)	*poubelle*
zêd/ zîd	*ajouter*
zehe'/ézha'	*s'ennuyer*
zékra	*souvenir*
zêkra(-t)	*mémoire*
zénikh, zénkha, zénkhîn	*antipathique*
zérr, zrâr	*bouton (de chemise)*
zêt, zyût	*huile*
'zêz (col.)	*vitre*
zghîr, zghîré, zghâr	*petit*
zhûrât	*tisane à bases de fleurs*
zîḥ, zyêḥ	*ligne ; trait*
zirâɛa(-t)	*agriculture*
zô', 'azwâ'	*goût*
ɛa bukra	*le matin*
ɛabaṭ/éɛboṭ	*prendre dans les bras*
ɛabba/ ɛabbé	*remplir*
ɛabbar/ ɛabber	*exprimer*
ɛabbûṭa(-t)	*le fait de se prendre dans les bras*
ɛâch/ ɛîch	*vivre*
ɛacha	*dîner*
ɛachiyyé	*soir*
ɛaḍḍ/ ɛaḍḍ	*mordre*
ɛadad, 'aɛdêd	*numéro ; nombre*
ɛadam sé'a	*méfiance*
ɛadas	*lentilles*
ɛadasêt lâsiqa	*lentilles de contact*
ɛadd/ ɛedd	*compter*
ɛadra (el)	*La Vierge*
ɛa'éd (ɛaqed), ɛ'ûdé(-t)	*contrat ; collier*
ɛa'îdé	*croyance*
ɛajéz	*impuissance*
ɛâjiz, ɛâjzé, ɛâjzîn	*impuissant*
ɛajûz, ɛajûzé(-t), ɛajûzîn	*vieux (personne)*
ɛâl	*OK, parfait*
ɛal akîd	*certainement*
ɛala sîrit...	*à propos de...*
ɛalâ'a(-t)	*relation*: **ɛalâ'a jensiyyé** *relation sexuelle*
ɛâlaj/ ɛâlij	*traiter*
ɛalak/eɛlok	*mâcher*

ɛâlam — *monde* : **kéll él ɛâlam** *tout le monde, tous les gens* ; **él ɛâlam yalli ɛâychîn fîh** *le monde où nous vivons*

ɛâlé, ɛâlyé, ɛâlyîn — *haut*

ɛallam/ ɛallim — *enseigner*

ɛama — *cécité*

ɛa-mahél — *lentement*

ɛamâr — *construction*

ɛamî', ɛamî'a, ɛamî'în — *profond*

ɛamm, ɛmûmé — *oncle paternel*

ɛammar/ ɛammir — *construire*

ɛammé(-t), ɛammêt — *tante paternelle*

ɛamûd, ɛwêmîd — *colonne* : **ɛamûd fiqaré** *colonne vertébrale*

ɛan... — *à propos de...*

ɛand — *chez*

ɛânis, ɛawênis — *vieille fille*

ɛannas/ɛannis — *devenir vielle fille*

ɛara' — *arak ; transpiration*

ɛarabiyyé(-t), ɛarabiyyêt — *chariot*

ɛaṣar/eɛṣor — *essorer ; presser*

ɛâṣfé(-t) — *tempête*

ɛaṣfûr, ɛaṣafîr — *oiseau*

ɛaṣîr — *jus*

ɛaṣrûniyyé(-t) — *goûter* (nom)

ɛaṭa/ aɛṭé — *donner*

ɛaṭach — *soif*

ɛaṭchên, ɛaṭchêné, ɛaṭchênîn — *assoiffé*

ɛâṭil, ɛâṭlé, ɛâṭlîn — *mauvais*

ɛaṭûl — *toujours*

ɛatî', ɛatî'a, ɛete' — *vieux (objet)*

ɛatmé(-t) — *obscurité*

ɛayb — *honte*

ɛâyich, ɛâyché, ɛâychîn — *vivant*

ɛaylé(-t), ɛiyal — *famille*

ɛayyaṭ la.../ ɛayyiṭṭ la... — *appeler ; interpeler quelqu'un*

ɛazam/ éɛzom — *inviter*

ɛazîmé(-t), ɛazêyim — *invitation*

ɛazîz, ɛazîzé, ɛazîzîn — *cher (personne)*

ɛazra, ɛazâra — *vierge* (adj.)

ɛedé/ eɛdé	*contaminer*
ɛelbé, ɛelab	*boîte*
ɛélém âsâr	*archéologie*
ɛelké(-t)	*chewing-gum*
eɛmil/ aɛmil	*faire*
ɛémlé(-t), ɛemlêt	*monnaie (d'un pays)*
ɛên, ɛyûn	*œil*
eɛre'/eɛra'	*transpirer*
eɛref / 'aɛrif	*connaître ; savoir*
eɛref/ aɛrif	*savoir*
ɛérés, ɛrâs	*noces*
eɛṭich/éɛṭach	*avoir soif*
ɛétim, ɛetmé, ɛetmîn	*sombre (obscurité)*
ɛezriyé(-t)	*virginité*
ɛibâra(-t), ɛibârât	*expression*
ɛinêyé(-t)	*soin*
ɛiqâb/ ɛi'âb	*punition*
ɛluww	*hauteur*
ɛoḍuw, aɛḍâ'	*membre (objet ou personne)*
ɛoḍw el-mara	*sexe féminin*
ɛoḍw er-réjjél	*sexe masculin*
ɛomor, 'amârɛ	*âge*
ɛonsuriyyé(-t)	*racisme*
ɛoṭlé(-t), ɛoṭal	*vacances*
ɛta'ad/ éɛté'id	*croire ; penser*
ɛtabar/éɛtébér	*considérer*
ɛuzûbiyyé(-t)	*célibat*
ɛweynêt	*lunettes*

Bibliographie

Études sur l'arabe libanais et dictionnaires :

ABDENNOUR, Jabbour. 1986. Dictionnaire Abdel-Nour el-Mouffassal arabe-français, Beyrouth : Dar el-Ilm lil-malayin.

ALVERNY, André. 1970. *Petite introduction au parler libanais : textes d'étude, vocabulaire, grammaire*. Beyrouth : Dar el Machreq

BARTHÉLEMY, A. 1935-55 et 1969. *Dictionnaire arabe-français. Dialectes de Syrie : Alep, Damas, Liban, Jérusalem,* 5 fascicules. Paris : Geuthner.

DOZY, R. 1968 (édition originale 1881, Leyde : E.J. Brill). *Supplément aux dictionnaires arabes*, 2vols. Beyrouth : Librairie du Liban.

EL-HAJJE, Hassan. 1954. *Le parler arabe de Tripoli (Liban).* Paris : Klincksiek.

FEGHALI, Mgr. Michel. 1928. *Syntaxe des parlers arabes actuels du Liban*. Paris : Imprimerie Nationale.

FLEISCH, Henri. 1974. *Etudes d'arabe dialectal.* Beyrouth : Dar el Machreq.

KASSAB, Jean. 1970-1987. *Manuel du parler arabe moderne au Moyen Orient*. Paris : Geuthner.

NAHLA, Le Père Raphaël. 1938. *Grammaire du dialecte libano-syrien : phonologie, morphologie et syntaxe*. Beyrouth : Imprimerie Catholique.

Livres cités sur la politique et la culture, et autres livres :

ABOU, S. 1984. *Béchir Gemayel ou l'esprit d'un peuple*, Éditions Anthropos, Paris.

ASSAF, R. 2000. *Les multiples naissances du théâtre libanais*. Académie libanaise des Beaux Arts. Beyrouth.

BAYDOUN, A. 1994. *L'identité des Libanais,* In Fadia KIWAN (dir.), *Le Liban contemporain,* CERMOC, éditions CNRS, Paris.

BIZRI, F. 2010. *Pidgin Madame : une grammaire de la servitude.* Paris : Geuthner.

CHAMI, Joseph G. 2003. *Le mémorial de la guerre : 1975-1990.* Dans la collection "Le mémorial du Liban". Joseph G. Chami.

CHIHA, M. 1964. *Politique intérieure*. Beyrouth : Éditions du Trident.

CLAUSEWITZ. 1955. *De la guerre (Vom Kriege*), traduction de Denise Naville, préface de Camille Rougeron et Pierre Naville), Paris : Minuit.

CORM, G.
1971. *Contribution à l'étude des sociétés pluriconfessionnelles, effets socio-juridiques et politiques du pluralisme religieux*. Paris : LGDJ.
1986. *Géopolitique du conflit libanais.* La Découverte.
1991. *Le Proche-Orient éclaté (1956-1991).* Gallimard.

HARRIS, W. 1996. *Faces of Lebanon. Sects, Wars, and Global Extensions* Markus Wiener Publishers, Princeton, USA.

JAMMAL Mouawiyah, Rola. 1994. *L'identité socioculturelle libanaise et ses représentations. Etude d'une population immigrée à Paris*. Thèse de doctorat en psychologie sociale, Paris, EHESS.

KERBAJ, M. 2007. *Beyrouth Juillet Août 2006.* Paris : l'Association

NACCACHE, G. 1983. *Un rêve libanais* 1943-1972. Editions FMA

MERMIER, F. 2005. *Le Livre et la ville. Beyrouth et l'édition arabe.* Arles : Actes Sud/Sindbad.

PICADOU, N. 1989. *La déchirure libanaise*. Paris : Complexe.

PICARD, E. 1988. *Liban : état de discorde. Des fondations aux guerres fratricides*. Paris : Flammarion

PLONKA, A. 2004 : L'idée de langue libanaise d'après Sa'īd 'Aql. Paris : Geuthner

RABBATH, E. 1986. *La Formation Historique du Liban politique et constitutionnel,* Université Libanaise, Beyrouth.

SAADE, A.
1977. *La formation des Nations*, Beyrouth, (en arabe).
1977. *L'Islam dans ses deux messages : chrétien et mahométan* Beyrouth (en arabe).

SALIBI, K.
1988. *Histoire du Liban : du XVIIe à nos jours.* Paris : Naufal
1989. *Une maison aux nombreuses demeures*. L'identité libanaise au creuset de l'histoire, Paris, Naufal,

SAMADI-NAAMAN, H. 2010. *Les proverbes de ma mère*. Paris : Geuthner.

SEURAT, M. 1989. *L'Etat de Barbarie*. Paris : Seuil.

TABLE DES MATIÈRES

L'HARMATTAN, ITALIA
Via Degli Artisti 15 ; 10124 Torino

L'HARMATTAN HONGRIE
Könyvesbolt ; Kossuth L. u. 14-16
1053 Budapest

L'HARMATTAN BURKINA FASO
Rue 15.167 Route du Pô Patte d'oie
12 BP 226
Ouagadougou 12
(00226) 76 59 79 86

ESPACE L'HARMATTAN KINSHASA
Faculté des Sciences Sociales,
Politiques et Administratives
BP243, KIN XI ; Université de Kinshasa

L'HARMATTAN GUINÉE
Almamya Rue KA 028
En face du restaurant le cèdre
OKB agency BP 3470 Conakry
(00224) 60 20 85 08
harmattanguinee@yahoo.fr

L'HARMATTAN CÔTE D'IVOIRE
M. Etien N'dah Ahmon
Résidence Karl / cité des arts
Abidjan-Cocody 03 BP 1588 Abidjan 03
(00225) 05 77 87 31

L'HARMATTAN MAURITANIE
Espace El Kettab du livre francophone
N° 472 avenue Palais des Congrès
BP 316 Nouakchott
(00222) 63 25 980

L'HARMATTAN CAMEROUN
Immeuble Olympia face à la Camair
BP 11486 Yaoundé
(237) 458.67.00/976.61.66
harmattancam@yahoo.fr

L'HARMATTAN SÉNÉGAL
« Villa Rose », rue de Diourbel X G, Point E
BP 45034 Dakar FANN
(00221) 33 825 98 58 / 77 242 25 08
senharmattan@gmail.com

611591 - Juin 2015
Achevé d'imprimer par

1livre.com
du rêve à la réalité !

Explore Green Men is the first detailed study of the history of this motif for 25 years. Dr MacDermott's research follows the Green Man back from the previous earliest known examples into its hitherto unrecognised origins in India more than two thousand years ago.

The book starts by discussing the 'paganization' of Green Men in recent decades, then traces them back through the Victorian Gothic Revival and the Italianate periods, to their heyday in the Gothic and their supposed origins in the Romanesque. For every period there is background information on the cultural changes that affected how Green Men were regarded. The author also discusses the comparisons that have been made with Cernunnus, Robin Hood, Jack-in-the-Green, woodwoses, Baphomet, Al Khidr and Bulgarian *peperuda.* She also investigates which pagan god Green Men supposedly represent.

Explore Green Men is illustrated with 110 photographs and drawings, mostly of Green Men who have never before showed their faces in books.

This book will appeal to all with an interest in Green Men and to art historians looking for a reliable study of this fascinating decorative motif.

Mercia MacDermott read Russian at Oxford and then specialized in Bulgarian history and culture. Her previous publications include studies of Bulgarian folk customs and national liberation movements against Ottoman rule. She has been researching Green Men for over seven years.

Ruth Wylie trained in art and photography. During the 1980s, alerted to Kathleen Basford's book *The Green Man,* she began cataloguing sightings reported by other researchers and has travelled extensively in Britain and Europe to photograph many of these carvings.

The aim of Heart of Albion's 'Explore' series is to provide accessible introductions to folklore and mythology. Some books will provide overviews of quite broad topics, drawing together current academic research with popular beliefs. Other books in the series will deal with more specific topics, but still with the aim of providing a wide-ranging introduction to the topic.

Series editor: Bob Trubshaw

Other titles in the 'Explore' series include:

Explore Folklore Bob Trubshaw

Explore Mythology Bob Trubshaw

Explore Shamanism Alby Stone

Forthcoming titles include

Explore Sacred Places Bob Trubshaw

Explore Faeries Jeremy Harte

Explore Phantom Black Dogs edited by Bob Trubshaw

EXPLORE GREEN MEN

Mercia MacDermott

Photographs by Ruth Wylie

Heart of Albion Press

Explore Green Men

Mercia MacDermott
Photographs by Ruth Wylie

Cover illustration by Ruth Wylie.

Roof boss in the north aisle of Collegiale St Martin, Colmar, Haut Rhin, Alsace, France.

ISBN 1 872883 66 4

Explore Books
An imprint of Heart of Albion Press
2 Cross Hill Close, Wymeswold
Loughborough, LE12 6UJ

albion@indigogroup.co.uk

To the memory of our good friend, Kathleen Basford, who brought us together and inspired us to question and explore.

CONTENTS

Four Green Men and the Scottish lion on a roof-boss in the Chapter House of Glenluce Abbey, Dumfries and Galloway. Sixteenth century. Photo: Ruth Wylie.

ACKNOWLEDGEMENTS

We are deeply grateful to all the deans, chapters, vicars, curators and other custodians of Green Men whose kindness and co-operation made it possible to produce this book. We would also like to thank the Bildarchiv Foto Marburg; British Library; Churches Conservation Trust; Dorset Natural History and Archaeological Society at the Dorset County Museum; the Museo Arqueológico Nacional, Madrid; The Museum of Fine Arts, Boston; Principal of St Edmund Hall, Oxford; *Science* and the American Association for the Advancement of Science; the State Administration of Cultural Heritage, People's Republic of China; Sussex Archaeological Museum; Thames and Hudson; Victoria and Albert Picture Library; Benoy B. Behl; Ivo Hadzhimishev; Spaska Paskova (Director of the Historical Museum in Gotsé Delchev, Bulgaria), who went personally to the Rozhen Monastery to photograph the Green Man for this book; Tina Negus; Helen Ward; Stephen Weeks; and all the other individuals who made their photographs available to us and who helped in various ways.

A capital in the nave of the church of St Andoche, Saulieu, Côte d'Or, Burgundy. Twelfth century. Photo: Ruth Wylie.

1: IN SEARCH OF GREEN MEN

Finding Green Men

Strange leafy faces may stare back at us if we look carefully at the details of most cathedrals and many ancient parish churches. Sometimes the face is composed entirely of leaves; sometimes sprays of foliage issue from the mouth, nose, forehead, or even eyes. Its expression may range from sad, anguished, tormented or downright sinister to benign and almost jovial. Sometimes it peers out through petals or greenery, scowling, or serene, or smiling like a Cheshire Cat; sometimes it actually has a cat's face, and sometimes there is no real face at all, but just an arrangement of leaves whose indentations suggest a mouth, nose and eyes.

All these leafy faces are commonly supposed to be aspects of the Green Man – an image so potent and mysterious that some people, having once set eyes upon it, become as addicted to the pursuit of fresh sightings as spotters of birds and trains.

Discovering Green Men is comparatively easy, since, unlike birds and trains, they conveniently stay put for centuries on end. They are, moreover, not confined to ecclesiastical buildings, but can also be found in a great variety of secular and domestic settings, from streets and gardens to suits of armour, tapestries and table-legs. They know no frontiers, and lurk in countries as far apart as China and Spain, as well as in most of those in between. We merely have to keep our eyes open, and searching for Green Men can add purpose and excitement to sightseeing.

Interpreting Green Men

Many enthusiasts are content simply to be 'Green Man spotters', checking off lists and recording new examples. Others want to delve deeper and discover the hidden meaning behind the enigmatical leafy faces. This is a far more difficult and tricky undertaking. There are virtually no clues in contemporary historical documents to guide us in our quest. We cannot even be sure of the name given to the images by those who commissioned them or carried out the work.

The now familiar term 'Green Man' is, in the context of church carving, a comparatively recent invention, dating only from 1939 when it was introduced by Lady Raglan in an article published in *Folklore*. Here she expresses the opinion that the motif represents an archetypal 'green' folk-figure, whom she identifies with Jack-in-the-

Chancel arch respond in the church of St Mary the Virgin, Finedon, Northamptonshire. Fourteenth century. Photo: Ruth Wylie.

Green, Robin Hood, the May King and the Garland. The term 'Green Man' caught on, probably because it was both straightforward and evocative, and because growing interest in the image required that it had a name. Thus, nowadays, the name is accepted and used by everyone, including those who are sceptical about Lady Raglan's conclusions.

Explorers should, however, be wary of basing any theories on a name that is not only new, but also purely English. The terms used in other countries where the motif occurs are likely to be totally different. Present-day French writers, for example, usually describe Green Men as *masques de feuilles* (leaf-masks) or *masques feuillus* (foliate masks). By so doing they are following the tradition of a rare written reference to the motif. This occurs in an illustrated architectural notebook compiled by the thirteenth-century master mason, Villard de Honnecourt. He shows four examples of foliate heads: two in which the leaves seem to be sprouting like hair and beards from otherwise human heads, and two in which leaves, with stalks instead of necks, have acquired eyes, noses, mouths and other human features. De Honnecourt refers to both types as *têtes de feuilles* (leaf heads). We do not know whether he used the same term to describe heads disgorging sprigs and sprays, because these are not illustrated in his notebook, although they certainly existed at the time.

Explorers eager to get to the root of things may find 'foliate heads' a better and more accurate term than 'Green Man', but we appear to be stuck with the popular name, even though it can give rise to misconceptions and confusion.

In one form or another, foliate heads have been around for centuries, even millennia. In recent years, however, the motif has, as it were, been 're-discovered', and now attracts a great deal of attention. Groups and individuals, justifiably alarmed by certain negative aspects of modern 'progress' and 'development', and by the growing threat to the natural environment, have adopted the Green Man as their emblem. In the process they have invested the image with significance and meanings of their own choosing. These may or may not reflect the intentions of the original carvers. For example, what some people today like to regard as a symbol of our unity with Nature may at times have been perceived by our mediaeval ancestors as a warning against becoming entangled in the weeds and wild wood of Sin!

Thus, paradoxically, this 're-discovery' of the Green Man has often proved more conducive to the creation of new mythologies than to a better understanding of his real significance.

Some contrasting approaches to the Green Man

Fresh interest in the image has produced a spate of books and articles with fundamentally differing approaches to the topic. Most fall into two main categories. The first of these assumes the existence of an ancient, all-pervading concept or deity, identified as the Green Man, who plays a leading role in practically every belief and custom regarded as traditional.

The idea that the leafy Green Man represents something archetypal and fundamental to all mankind is an attractive one. Indeed, in most ancient cultures and religions, trees and other forms of vegetation are objects of veneration and even worship. Most societies, apart from the seal-hunting ones of the north, depend for survival on vegetation of some kind or other, whether as fodder for cattle or food for humans. All the early civilizations of Asia Minor and the Eastern Mediterranean had among their many gods one or more who originally represented vegetation in general and who came increasingly to represent the corn-seed that was buried in the earth to rise again in the new harvest. Such gods include the Mesopotamian Dumuzi (Tammuz); the Egyptian Osiris, who, originally a nature god, took on the role of the God of the Dead; the Phoenician Adonis, born of a mother who had been transformed into a myrrh-tree; and the Phrygian Attis, whom Cybele turned into a pine-tree.

Pagan religions were generally broad-minded and prepared to show respect for, and even to adopt, gods not originally their own. These would be incorporated into the local pantheon, sometimes under different names and sometimes with additional, newly created myths. The Greeks, for example, had their own corn goddess, Demeter, who was known to the Romans as Ceres (hence cereals), but this did not prevent them from adopting Adonis, the dying and rising Phoenician deity, in whose honour they would plant shards or shallow dishes with fast-growing seeds, which would spring up rapidly and wither equally rapidly. These short-lived 'Adonis Gardens' would be displayed during the Adonia festival, celebrated immediately after the harvest, and they would then be thrown into the sea or some other source of water. Shakespeare and his contemporaries were clearly familiar with this ancient custom, for, in *Henry VI Part 1* (Act I, scene 8), the Dauphin tells Joan of Arc: 'Thy promises are like Adonis' garden, That one day bloomed and fruitful were the next'. Shakespeare refers to the custom in the past tense, but in staunchly Catholic Malta, once colonized by the Phoenicians, it survives to this day in a thin Christian disguise. Each year as Christmas approaches, Maltese children sow wheat and canary-seed in shallow dishes, which are kept in the dark until the seeds sprout. The dishes are then placed near the figure of Baby Jesus in the crib under the Christmas tree.

Trees, as well as corn, have played an important role in cults and customs throughout the ages, and the reasons for this are easy to grasp. Trees are so much larger and stronger than people, and live so much longer. With their roots in the earth and their crowns in the sky, they appear to bridge the three worlds – Lower, Middle and Upper – which figure in many mythologies. Some trees appear to possess the secret of life by remaining green in winter when most vegetation dies back, while others give the same impression by losing their leaves in autumn and becoming green again in spring. Trees provide people with fruit for food, and wood for fires, houses, boats, utensils, and even idols. Trees flourish by essential sources of water. They attract lightning, and they assemble in terrifying large numbers in dark forests where a man may lose his way and be assailed by named and nameless fears and perils.

Folk imagination has peopled these forests with innumerable supernatural beings, such as nymphs, fairies, elves, sprites, goblins and witches, many of whom are essentially malevolent, and most of whom are, at best, capricious and treacherous. The beauty and majesty of trees led people to regard individual specimens, and even

Two foliate heads over the west portal of the church of Notre Dame, Caudebec-en-Caux, Seine Maritime, Normandy. 1426–1539. Photo: Ruth Wylie.

whole groves, as sacred. Few who have walked among the great Redwoods of the United States will think this strange. Even today, in the twenty-first century, people both plain and sophisticated still make sure of obtaining suitable greenery for Christmas and other traditional festivals which require it.

One of the earliest and most influential of a number of publications belonging to this first category is *Green Man: The Archetype of our Oneness with the Earth* by William Anderson, with photographs by Clive Hicks, who later went on to write other books from a similar standpoint. Anderson's book, which appeared in 1990, undoubtedly had the effect of bringing foliate heads to the attention of a wider public, and of turning many readers into Green Man enthusiasts. However, not all of those who were initially intrigued and inspired by the book remained wholly satisfied with its approach and its assumptions. Some felt that, on closer inspection, it contained too many flights of fancy and failed to make a proper distinction between proven fact and the author's own personal, subjective reaction to the image. Not everyone was convinced that the foliate heads in churches actually represented all that was claimed.

A different approach is adopted by writers such as Kathleen Basford [*The Green Man,* 1978, reprinted 1996], Mike Harding [*The*

Roof boss in vaulted chancel of Holy Cross church, Avening, Gloucestershire. Photo: Ruth Wylie.

Little Book of the Green Man, 1998], and Jeremy Harte [*The Green Man,* 2001], who are reluctant to venture beyond what can be asserted with reasonable certainty, and who do not set out to create an icon for environmentalists, or gather the maximum number of religious and folkloric phenomena under a single green umbrella. There is wisdom in their wariness. Much progress has, indeed, been made in tracking down and recording examples of Green Men, but our understanding of their significance is still comparatively limited. For this reason, the most reliable and sensible books are often those with the least text and the most illustrations!

The Green Man in Britain by Fran and Geoff Doel (2001) is a cautious book which does not fit neatly into either of the above two categories. Although many of the illustrations are of ecclesiastical carvings and there is a gazetteer of them, only one short chapter is

A foliate head on a corner of the Taverne de l'Ours, Rue Champeaux, Troyes, Aude, Champagne-Ardennes. Photo: Ruth Wylie.

specifically devoted to them. The rest explore concepts of greenness, the tale of Sir Gawain and the Green Knight, various folk customs involving flowers and foliage, and some modern interpretations of the Green Man in the arts, without reaching any hard and fast conclusions.

Definite conclusions are, indeed, hard to reach, given the many forms of the motif, spread over so wide an area and so great a time-span. A lot of nonsense has been written about Green Men, much of it imaginative and thus superficially attractive. This has had the effect of leading some enthusiasts into blind alleys, and of preventing them from picking up vital clues.

The present book explores the Green Men found in churches and elsewhere without making any limiting prior assumptions of the kind that all Green Men represent a single archetype or some pagan fertility deity. It aims to dispel some popular misconceptions and to trace the history of the image, as far as it can be ascertained, taking into account the changing character and outlook of the communities which used the motif in their architecture and applied arts.

Some conclusions are reached but failure to find all the answers need not impair our enjoyment of the motif. It certainly did not worry Kathleen Basford, one of the pioneers in the study of the Green Man. Not long before her death, she sent me a letter in which she wrote: 'I have never tried to 'explain' the theme. Indeed, I am happy that the Green Man remains an enigma. Oh, but he is such an opportunist, and full of surprises.'

And so he is! In evolutionary terms, Green Men form an extraordinarily successful species. For centuries, they have survived by colonizing new niches and adapting to changing conditions, and, as we shall see, they are still at it.

2: SOME SUPPOSED ALIASES OF THE GREEN MAN

This chapter will explore some of the figures commonly identified with the Green Man and the foliate heads in churches. Since Lady Raglan first suggested that the Green Man might be connected with certain figures in folklore the list of his possible aliases has grown apace. In one book or another, an amazing assortment of images has been identified with the Green Man. They include ancient deities, such as Tammuz, Osiris, Dionysus, Pan and Cernunnus; semi-historical and wholly legendary figures, such as King Arthur, Robin Hood, the Green Knight, St George, Herne the Hunter, and al-Khidr; and folkloric characters, such as the May King and Queen, Maid Marion, Jack-in-the-Green, Morris dancers, the Castleton Garland, the Wodewose, and a great many more besides.

This line of approach is a hangover from the days when even eminent anthropologists and folklorists were apt to interpret data in terms of some preconceived fixed idea, such as the notion that all folk customs were, at bottom, survivals of ancient fertility rites, or represented the struggle between summer and winter. Sir James Frazer (1853–1941), author of *The Golden Bough* (1890), was probably the most famous of those whose interpretation of valuable data suffered from the prevailing urge to find a single common denominator. After him, others continued to fall into the same trap, although nowadays most folklorists seek to fit the theory to the facts and not vice versa.

During the last two or three decades, much good, scholarly research has been done in the field of traditional British customs and rituals by people who employ the methods and standards accepted in other branches of history. Some oft-repeated myths have been exploded, and some faulty assumptions have been corrected, not least those concerning the antiquity of certain customs.

Many scholarly monographs and articles on individual aspects of British folklore have already been published in journals and as separate works, but those seeking a single volume which will acquaint them with the present state of research on major customs and rituals cannot do better than consult Ronald Hutton's *The Stations of the Sun: A History of the Ritual Year in Britain*, 1996.

Parallels and connections undoubtedly exist in the realms of folklore and religion but, when searching for them, Green Man enthusiasts would do well to take a leaf out of the rule-book of mushroom gatherers. In the world of fungi, superficial resemblances are common, but failure to take note of essential differences can have unfortunate consequences!

Cernunnus, King Arthur and Robin Hood

Green Man 'twinnings' on the scale adopted by some writers bring their own problems, because, if the Green Man can be identified with a number of different images, then it must follow that all these different images are fundamentally the same, and can also be identified with each other. This, however, is clearly not the case.

Some ancient Mesopotamian and Mediterranean deities do, indeed, possess sufficient common characteristics to justify our regarding them as one god under different local names, but this is not the case with other figures sometimes identified with the Green Man. We would, for example, be hard put to say precisely what Cernunnus, King Arthur and Robin Hood had in common.

Robin Hood and the Celtic deity, Cernunnus, certainly shared an interest in deer, but Cernunnus wears the magnificent antlers of a red stag on his head, while Robin sees deer primarily as a source of food. Robin, moreover, is a thoroughly down-to-earth human being, unsuited to the role of a forest spirit. He is a reflection of specific historical circumstances, and represents the voice of those whose ancient rights to gather wood and pasture animals in royal forests were being whittled away by various newcomers in the shape of barons, abbots, sheriffs and other officials. Due to the weakness or impecunity of the monarch, these newcomers were able to acquire land, including forests, and power, which they used unjustly. Far from being the King's enemy, Robin acts as his self-appointed steward, dispensing justice and preserving in the greenwood the traditional features of an ideal realm until such time as they can be officially re-established nationwide. Whether we take the earliest ballads about Robin Hood or the nineteenth-century novel *Ivanhoe,* an important element in the tales is the appearance of the King in the greenwood, where the outlaws entertain him, convince him that right and virtue are on their side, and declare themselves to be his most true and loyal subjects.

In contrast to the Arthurian legends, the traditional ballads and tales about Robin Hood contain nothing that is magical or supernatural. They have no equivalent of Merlin or Excalibur.

Robin's bow was neither made from a magic yew, nor acquired under special circumstances and, intrinsically, it was no different from those issued to the Sheriff of Nottingham's men. Robin was simply a highly skilled archer and fighter, like the bowmen who brought England victory at Agincourt, and he did not always dress in Lincoln green.

The tale of Sir Gawain and the Green Knight

The story of Sir Gawain's strange encounter with the Green Knight has attracted considerable attention from those interested in the Green Man. At first sight, the magical Knight - green-named, green-skinned, and green-clad - may well seem a promising match for the Green Man. Closer inspection of the text will, however, reveal more differences than similarities between them.

This Arthurian adventure does not appear in Sir Thomas Malory's work *Le Morte D'Arthur,* written during the second half of the fifteenth century, and is known only from a poem composed by an unknown author towards the end of the fourteenth century. For those who do not know or have forgotten the details of the tale, I will summarize them here.

The story begins with the unexpected appearance of the Green Knight during the Yuletide celebrations at King Arthur's court. The Knight's clothes, skin, hair, armour and horse are all green - an indication of magic, since green was the fairy colour. Indeed, at the end of the tale, we learn that he is, in fact, an ordinary human knight, Sir Bertilak, who had been temporarily rendered green in appearance by Arthur's often malicious half-sister, the sorceress Morgan le Fay, in pursuit of a plan to make Queen Guinevere die of shock. Unarmed except for a mighty axe, the Green Knight carries a holly branch in his hand as a sign of peace, and requests 'a Christmas game'. This consists of allowing anyone bold enough to take the axe and strike him a single blow, in any way that he pleases, on condition that, a year and a day later, the contender will appear at the Green Chapel to receive a return blow without flinching.

The proposal is greeted with derision and incredulity, and nobody makes a move until Arthur himself rises in response to the Knight's taunting remarks about the company's apparent cowardice. Then Arthur's nephew, Sir Gawain, declares that it is not fitting for the King to accept such a challenge, and volunteers to take his place. Gawain strikes off the Green Knight's head, but, to everybody's astonishment, the stranger survives, picks up his head, which continues to speak calmly, and, holding it by the hair, he rides away.

In the following November, Sir Gawain sets out to seek the Green Chapel, the whereabouts of which are unknown. After much travelling, he finds shelter in a magnificent castle, where he is royally entertained by its lord and lady. His host, whom he does not recognize, is the mysterious Green Knight in his normal, ungreen, state as Sir Bertilak, and he makes a new bargain with his guest: at the end of each day, each will give the other anything that he has received. On three successive days, Sir Bertilak goes out hunting, while Sir Gawain remains in the castle, where his hostess attempts to seduce him. She is, in fact, testing his knightly honour on the instructions of her husband. Sir Gawain successfully resists temptation, and, on the first day, he receives a chaste kiss, followed by two on the second day, and all these he passes on to Sir Bertilak, who hands over his share of the hunting bag. On the third day, however, the lady forces Gawain to accept her green silk girdle as a gift, in addition to a kiss, and asks him to conceal the gift. This he does, thus breaking his word to Sir Bertilak.

In due course, guided by one of Sir Bertilak's retainers, who tries to dissuade him from continuing, Sir Gawain arrives at the Green Chapel – a kind of cave, overgrown with weeds, which strikes him as evil-looking and associated with the Devil. The Green Knight duly appears, with his head once more on his shoulders, and armed with a new Danish axe. Gawain submits to being struck, and the Green Knight makes two feints. Only with the third stroke does he inflict a slight cut on Gawain's neck. The Green Knight now tells Gawain that the cut represents his breach of faith over the girdle, and explains all the other circumstances of the adventure, including his own identity and the role of Morgan le Fay. Sir Gawain is mortified by the stain on his honour, and freely admits his guilt. The two knights part as friends, and Sir Gawain returns to King Arthur's court to tell of his adventures and his shame. The full original text of the poem, together with a prose translation into modern English, Introduction and notes by W.R.J. Barron, can be found in *Sir Gawain and the Green Knight,* 1979.

The central theme of the tale has less to do with greenness than with the code of chivalry, with the shame that results from its least infringement, and with the frailty than can lurk beneath the shining armour of the most faultless knight. All things considered, it is hard, if not impossible, to make any firm connection between Sir Bertilak and the foliate heads which we find in churches. As for the Green Knight, he may be green all over but, apart from the holly branch which he carries when he enters Arthur's hall (but not subsequently),

Sean Connery as the Green Knight in Sword of the Valiant, *1984. Copyright Stephen Weeks Collection.*

there is nothing leafy about him or his apparel. In any case, holly is virtually unknown among the identifiable leaves of Green Man carvings.

One attempt to link the Green Knight to vegetation offers the suggestion that only a plant can be beheaded and live. However, this ingenious argument appears less convincing when we realize that the strange challenge issued by the Green Knight is not exclusive and unique to him, but represents a recycling of an older legend relating to the Irish hero Cuchulain. Here, the challenge forms the final round in a series of trials involving magic to determine which of the three outstanding warriors of Ulster – Laegaire, Conall Cernach, and Cuchulain – is entitled to the Champion's Portion at feasts. Of the three, only Cuchulain finds the courage to submit to the return blow, which, naturally, does not harm him, and he therefore wins the contest. The unknown challenger then reveals himself to be the very chieftain whom the three rivals had earlier invited to judge between them, and who was skilled in magic.

Al-Khidr – the 'Green One'

Another exotic figure supposed by some to be one of the Green Man's aliases is al-Khidr (more properly al-Khadir), who is a legendary Islamic immortal especially revered by Sufis (Islamic mystics). Muslims identify al-Khidr with the unnamed Servant of Allah who, in the section of the Koran entitled 'The Cave' (Chapter 18), is described as having been endowed with Allah's own mercy and knowledge, and who therefore possesses insight denied to most. The Koran relates how Musa (Moses) makes a journey in the company of al-Khidr, and finds his actions extremely hard to understand or justify. He looks on in amazement while al-Khidr bores a hole in the bottom of a ship, kills a boy, and rebuilds without payment a damaged wall in a city whose inhospitable inhabitants refuse to give them shelter. Musa's questioning of these actions leads to their parting company, but not before al-Khidr has explained how, in each case, he acted at the command of Allah to avert still greater evils.

In the Koran, Musa's strange companion is anonymous, and in no way associated with greenery of any kind. He owes his nickname to later Arab commentators, who embroidered the original story and dubbed him al-Khidr, meaning the 'Green One', because, according to some, he turned green after he had drunk of, or dived into, the Spring of Life – an incident not recorded in the Koran itself. In these later stories he appears as a supernatural being to chosen mortals, who recognize him by his shimmering robes of brilliant green, a colour regarded by Muslims as their own. Indeed a ban on the wearing of green garments was among the many restrictions imposed upon the subject Christian population during the Ottoman occupation of the Balkans.

The mythologies surrounding al-Khidr received further local embellishment in various parts of the Islamic world, where he gained much popularity as a kind of guardian angel or saviour in time of danger. He was also regarded as a saint blessed with special metaphysical insight which enabled him to penetrate the truth beneath appearances and to discover another, more God-like, dimension. In parts of what is now India and Pakistan, he became transformed into Khwadja Khidr, a deity who protects travellers by water. One of the more widespread legends about him tells he turned himself into a log to save a man who had fallen into a river.

Yet despite the greenness of his robes, he too, even more than the Green Knight, lacks the foliage which is an essential feature of Green Men.

Jack-in-the-Green

Much nearer home there is a truly leafy character widely believed to be the incarnation of the Green Man. This is Jack-in-the-Green – a man in a basketwork frame covered with greenery and flowers, who dances during May Day festivities.

Lady Raglan was the first to connect the two in her historic article of 1939. Unfortunately this seemingly plausible theory was disproved by one of the next generation of folklorists, Roy Judge, whose research was first published in 1975 as *The Jack in the Green: A May Day Custom.* He showed that the custom, which is peculiar to chimney sweeps, went no further back than the late eighteenth century.

On the basis of contemporary drawings and descriptions, Roy Judge traced the changes in the dress and practices of the chimney sweeps and other professions which took to the streets on May Day. He found that, up to the middle of the seventeenth century, it was the custom for milkmaids to dance with flower-decked pails on their heads. The fashion then changed and they abandoned their pails for a pyramid of borrowed silver plate (jugs, tankards, platters, etc.), which was known as a Garland although it was mostly metal. During the eighteenth century, some chimney sweeps and bunters (rag-pickers and other women at the bottom of the social scale) took to appearing on the streets on May Day with Garlands of silver plate on their heads, apparently in imitation of the milkmaids. The sweeps had previously dressed up as Lords and Ladies, wearing huge wigs and fine clothing, with their faces whitened with chalk in contrast to their usual layer of soot, and they would bang the brushes and shovels of their trade.

The earliest reference to the inclusion in the sweeps' procession of a Jack-in-the-Green dates from 1795 and describes a leafy, bush-shaped structure which covered the entire bearer, apart from his feet

A contemporary Jack-in-the-Green at the Sweeps' Festival in Rochester, Kent. The Festival was revived in 1983 after a lapse of some eighty years. Photo: Ruth Wylie.

and lower legs. The prime purpose of the sweeps' procession through the streets was to collect money to see them through the summer season when there was less work. Since, more often than not, they would squander the lot on drink, they soon came to be regarded as mere beggars and a sordid public nuisance.

By the middle of the nineteenth century, the custom had virtually died out, but it was later revived in a sanitized form by those nostalgic for a vanished Arcadian Merry England. Roy Judge's investigations suggest that, in its heyday, Jack-in-the-Green was predominantly a London custom which spread to other urban areas, mainly in the south, and especially between London and Oxford.

Unfortunately, this meticulously documented research has not prevented sincere, but ill-informed, enthusiasts from perpetuating an imagined connection between Jack-in-the-Green and the Green Man heads in religious buildings erected long before there were sweeps or even chimneys. Recently, a number of towns and organizations have re-introduced Jacks-in-the-Green into their 'traditional' festivities. No doubt this adds colour to the proceedings, and gives pleasure to both citizens and visitors alike. It is, however, a modern interpretation of a largely imagined ritual, which can add nothing to our understanding of foliate heads.

The *peperuda* in Bulgaria

A person covered from head to foot in foliage and known by a variety of names, including *peperuda*, was once a familiar sight in the villages of Bulgaria and other Balkan countries. The similarity to Jack-in-the-Green is, however, only 'leaf-deep', and this underlines the importance of not jumping to conclusions on the basis of superficial resemblances.

The Bulgarian *peperuda* is always a specially selected young girl, preferably an orphan, and her role is to induce rain during periods of drought. The custom has no fixed date, but is performed as and when necessary. The *peperuda* dances round the village, pausing to allow householders to pour water over her and to offer her entourage gifts of flour, onions and other produce, but never eggs, because these are too suggestive of destructive hailstones! When all the houses in the village have been visited, the *peperuda* goes to the nearest river, where her greenery is taken off and thrown into the water.

The name *peperuda* means 'butterfly' in Bulgarian, and the term may reflect the rapid arm movements of the dance. It has also been suggested that the word is a corruption of the name of Perun, the ancient Slav God of Thunder – and, therefore, of summer rain. The same god is commemorated in the name of the Pirin Mountains in the south-west of Bulgaria, and in the Bulgarian word for 'iris' (perunika), a flower which blooms in the season when thunderstorms are frequent.

While *peperuda* is the most common Bulgarian name for the custom, other words, such as *rosomanka, voidanka, dudola, vay-dudola, vay-gugu* and *oy-lyulé*, are found in some southern and western districts of Bulgaria, and in parts of what is now the Former Yugoslav Republic of Macedonia. *Rosomanka* and *voidanka* are derived from words meaning 'dew' and 'water' respectively, but the origin of the other names has not yet been satisfactorily explained. [MacDermott 1998: 230–2]

The study of folk customs is easier in the Balkans than in England. In most Balkan countries the traditional rural way of life, together with a complete system of folk customs relating to key events in the life of the community and the individual, survived well into the twentieth century. Prior to the Second World War, no upheavals comparable to those caused by the Reformation, Puritanism, and the Industrial Revolution, interrupted the natural evolution of tried and trusted customs. Thus the pioneer ethnographers of the nineteenth century and their more recent successors were not delving for relics of a vanished culture, but recording a living tradition in all its local peculiarities and variations. Fortunately they were recorded! At the end of the Second World War, three-quarters of the population of Bulgaria was still living in villages without paved roads and farming scattered strips of land as their forefathers had done for generations. Industrialization began in earnest during the 1950s, and by the end of the 1970s the majority of the population had moved into rapidly expanding towns and cities to do jobs that were unknown to their parents. Rapid urbanization and other far-reaching social and economic changes soon rendered many folk customs irrelevant. The introduction of large-scale modern farming and the building of dams to provide irrigation put an end to the need for *peperuda.* Numerous other customs disappeared from everyday life, while some survived in a modified form.

The change came about so fast that, unlike their British counterparts, Bulgarian folklorists do not yet have the problem of having to distinguish the genuine tradition from the inventions of well-meaning revivers. When obsolete, discontinued customs are re-enacted for the public at folk festivals, the actors or producers are often elderly people who, in their youth, performed the selfsame customs as part of their everyday life.

A similar situation exists in other recently industrialized Eastern European states. If, in our exploration of Green Men, I seem to favour Bulgarian parallels, this is because I have lived and worked in Bulgaria for many years, and have first hand knowledge of local customs both currently practised and already relegated to the stage.

Foliate heads in religious buildings are extremely rare in Slav countries such as Bulgaria and Russia, which are Eastern Orthodox in religion. Some occur on the exterior of ancient Russian churches built during the twelfth and thirteenth centuries, and further mention of these will be made in a later chapter. In Bulgaria, the motif appears in the great church of the Rila Monastery, on the carved wooden pulpit and altar screen, but these date only from the nineteenth century.

A foliate head quite unlike any other can seen on the altar screen of a side chapel in the Rozhen Monastery, which is situated in south-west Bulgaria, close to the frontier with Greece. The heart-shaped face has thin black moustaches, sparse black hair, and pig-like ears on the top of the head. This face is so constructed that it seems to consist of two profiles, joined by a single broad nose and a wide mouth, which disgorges leaves and huge brightly painted flowers. The screen is believed to date from the sixteenth century.

A foliate head on the altar screen of a side chapel in the Rozhen Monastery, Bulgaria. Photo: Spaska Paskova.

Nobody in Bulgaria appears to have paid any special attention to these foliate heads, and as yet they have no name. Obviously they cannot be connected with the *peperuda*. The only Bulgarian art-historian to venture an opinion said that possibly the Rozhen head represented the Tree of Jesse – a theme to which we shall later return.

The May King and May Festivities

In Britain, May Kings and Queens have a much longer and more respectable pedigree than Jack-in-the-Green, but they, too, have been objects of imaginative speculation. While they have been identified with the Green Man by Lady Raglan and others, they have also been seen as folk memories of a deposed pagan god, and as relics of an ancient fertility rite in which they were sacrificial victims.

These are theories based more on wishful thinking than on real historical evidence. As far as sacrifice is concerned, the timing does not seem right. In May, the cereal crops are already green and sprouting, and require little thought or attention. Recorded customs aimed at ensuring a good harvest tend to coincide with an earlier phase of the agricultural year, namely, ploughing and sowing. This is the case in Britain, where, on Plough Monday (early in January), a plough would be blessed by the parish priest and then decorated and paraded around the village by the local ploughboys. These would collect money to keep 'plough lights' (candles) burning in the church during the vital work of preparing the fields for sowing.

The same timing was observed at the opposite end of Europe in Bulgaria. Here the individual farmer would perform a whole string of rituals when preparing to sow his fields. In some districts, the Shrovetide festivities include ritual ploughing, accompanied by a kind of play in which one of the participants represents a 'tsar' who 'dies' and is 'resurrected'. [MacDermott. 1998: 196–7] Fertility rites to encourage the vines to produce an abundant harvest are likewise performed, not when the leaves or grapes appear, but when the bare canes are pruned on February 14 and libations of last year's wine are poured on the soil. This custom is still popular in Bulgaria, and is annually observed by all who have vineyards, however small. [MacDermott 1998: 182–3]

Extremely little is known for sure about the pre-Christian rites of either Celtic or Anglo-Saxon Britain. Some Celtic tribes celebrated May Day under the name of Beltane, which means 'bright fire', and most of the evidence indicates that it was a festival primarily concerned with cattle rather than crops. By the beginning of May, the weather was usually sufficiently warm and the grass sufficiently grown for cattle to be taken further afield, or up into the hills, to graze, and they were driven out between two fires to protect them from evil influences.

Similar ceremonies involving cattle and purifying bonfires still take place in the Carpathian Mountains in Eastern Europe on May 6 (St George's Day according to the old Julian Calendar), when cattle and sheep depart for the high meadows where they are pastured during the summer [Milovsky 1987: 51–9]. In Russia, too, the same date saw ceremonies connected with cattle. There, St George's Day was the traditional date when animals were allowed to graze in the open for the first time after the long, hard winter. Women would drive them out of the farmyards with branches of pussy-willow - a tree believed to have powerful magical qualities for good. As the animals went out, the women would recite charms for high milk yields. Prayers would be said to St George, whom the Slav peasantry regarded first and foremost as a protector of cattle, even though the Church usually portrayed him as a knight on a white horse, slaying a dragon. He was also thought to send down the first dew of the year, and Russian peasants would roll in the dewy grass for their own health and welfare [Rozhnova 1992: 84]. The vital importance of the reappearance of succulent fresh grazing is reflected in the old Russian name for the month of May – *Traven* – which means 'grassy'. April was known as *Snegogon* – 'snow-chaser'.

In Bulgaria, St George's Day (known as *Gergyovden* and also celebrated on May 6) has livestock in the form of sheep as the focal point of the numerous customs associated with this festival. The ewes are milked for the first time, and lambs are ritually slaughtered and eaten at communal feasts in the open air. In a modified form, these customs are still widely observed, especially by shepherds, and even urban families do their best to get a whole lamb for lunch on *Gergyovden* [MacDermott 1998: 214–24].

The return of warmer weather and the greater availability of animal products, such as milk, cheese and fresh meat, is celebrated all over Europe with customs which often have much in common, and are clearly ancient. Milk, for example, forms a link between the Bulgarian celebration of St George's Day and the English milkmaids' processions on May Day, In both countries, too, the festivities begin with a mass exodus into the meadows and woods to fetch greenery, with young people spending the night or early hours of the morning out in the countryside, and with all and sundry bathing or rolling in the dew. There are also certain differences. Russia and Bulgaria, for example, have no Maypole or May King and Queen. In England and Bulgaria, the climate permits farmers to plough and sow their fields long before the Maytime festivities, but in Russia this work has to be done *after* St George's Day, so that May can be a very hectic month in regions where spring comes late.

In mediaeval Britain, the improved weather and the lull between seed time and haymaking allowed the country folk to organize events known by various names, such as the May Games. These would consist of all kinds of pleasant activities, including feasting, dancing, singing, pageants, sporting events and plays [Hutton 1996: 244–61]. The clergy did not always look with approval on such pastimes, but by the fifteenth century the games were used to raise funds for the village churches. Often the festivities included the election and crowning of a mock king or queen to preside over the events. This, however, was not always the case, and the 'king' was an additional attraction, rather than an essential feature of the games.

During the fifteenth century some Scottish towns elected mock 'Abbots' with fanciful names, such as the 'Abbot of Unreason' or the 'Abbot of Bon Accord', to preside over their early summer revels. These 'Abbots' performed a role similar to that of the Lords of Misrule who organized the Christmas festivities in royal and aristocratic residences [Hutton 1996: 249].

In Tudor times the vogue for plays about Robin Hood led to people dressing up as the famous outlaw and his Merry Men, and joining in the pageants and processions as well as, or instead of, the May King.

If any connection existed between the May King and the Green Man carvings in churches, we would expect the revellers to pay some kind of attention to them at some point in the proceedings. There is, however, absolutely no evidence of foliate heads ever being the focus of open or furtive public attention during the May Day revels or, indeed, at any other time. Some churches appear to have been closed during the games, but for much the same reasons as Eros in Piccadilly is boarded up as a precautionary measure at times of modern national rejoicing. Those who voiced criticism of the games did so either because they thought that they encouraged immorality and unseemly behaviour, or because they were afraid, especially after the Peasants' Revolt of 1381, that large gatherings in the open air might lead to insurrection.

Contemporary descriptions, both factual and in fiction (such as Malory's account of Queen Guinivere's Maying in *Le Morte D'Arthur*), portray 'bringing in the May' simply as an enjoyable festive excursion into the woods in the company of friends (and lovers - hence fears of immorality). There is nothing to suggest that either the participants or onlookers saw the May King and his entourage as anything more than gorgeously attired carnival figures. This is borne out by those sources which describe Robert the Bruce, newly crowned King of Scotland, as resembling 'a Summer King' or 'a King of Summer'. They cannot have meant that he was dressed as a forest deity, or kitted out with leaves and branches like one of Malcolm's soldiers advancing on Dunsinane! (Luyard 1890 iii:130 and Robbins 1959: 16; cited in Hutton 1996: 247)

By now some readers may be thinking: 'This chapter has got us no nearer to finding out who the Green Man is.' To some extent this is true, but the elimination of suspects and the investigation of false trails has always formed part of a detective's work, and the same holds good for exploring Green Men. Having cleared the ground a little, we shall be able to make greater progress towards the truth.

3: THE GOTHIC REVIVAL

Those who are curious about the real origin and meaning of the Green Man will, by now, be aware of the pitfalls and dead ends involved in trying to assimilate a variety of images into a single entity. A net spread too widely may catch so many red herrings that the truth may slip through unnoticed!

Instead of pursuing the maximum of possible 'green' connections, we should concentrate on the specific characteristics of the mysterious foliate heads, paying due attention to the historical circumstances of time and place.

In this chapter we shall begin a journey of exploration, tracking the Green Man back towards his origins. Our route will resemble an archaeological dig in that we shall start by examining the 'layers' closest to the present. We shall then work our way back through the major stylistic periods, including Italianate, Gothic and Romanesque, until we unearth the earliest images of the Green Man.

Two key questions for explorers

As we delve into the past, we shall be searching for answers to two questions that are crucial to solving the 'riddle' of the Green Man. The first question concerns the precise identity of the pagan god whom he is thought to represent.

Like Christian saints, most pagan deities are usually portrayed with certain features and attributes which make them instantly recognizable to devotees, and to archeologists and art historians. Pallas Athene with her helmet, Gorgon-decorated shield and Little Owl; Ganesha with his elephant's head, rat companion and handful of sweets; Kali with her black face, protruding tongue and necklace of skulls; Dionysus with his wreath of vineleaves, grapes or ivy, and his *thyrsos* topped with a fir-cone; Horus with his falcon's head; Thor with his hammer; Zeus with his eagle and thunderbolt; Pan with his reed pipes and goat's legs, ears and horns; Mithras with his Phrygian cap and bull – all these are familiar to most of us.

If, however, you do not know what to look for, you may not be able to distinguish between, say, Shiva and Vishnu, or Ra and Osiris. To the uninitiated all Indian deities tend to look alike and the same could also be said of Green Men. The latter all have foliage of some kind, just as all Indian gods have more than one pair of arms. But, despite their many arms, Shiva and Vishnu differ in origin, attributes

A Victorian misericord in the church of St Peter, Wintringham, North Yorkshire. The misericord was designed by Temple Moore and carved by James Elwell in 1889.
Photo: Ruth Wylie.

and mythology, and most Hindus concentrate their devotion on either one or the other.

Could Green Men with leaf-mask faces be different in origin and significance to those who disgorge vegetation? Until we know, we would be wise to explore 'Green Men' rather than 'the Green Man', and to be prepared to find the trail running in more than one direction. To do otherwise would be to assume too much too early.

The second key question follows on from the first: if the Green Men represent pagan deities, how can we account for the apparent absence of any objection on the part of the Church hierarchy or individual Christians to their presence in Christian buildings?

Devotees of Sherlock Holmes will recall the 'curious incident of the dog in the night time', which, to the great detective, was significant precisely because the dog did nothing in the night time. An analogous and equally significant non-event occurs in the history of the Green Man. At the present time theories and claims about Green Men abound, but, if we step back into the past, whether a few decades or several centuries, there is silence. The Green Men are there, all right, multiplying and mutating, but nobody makes any comment or displays any curiosity about their meaning and origin. Why?

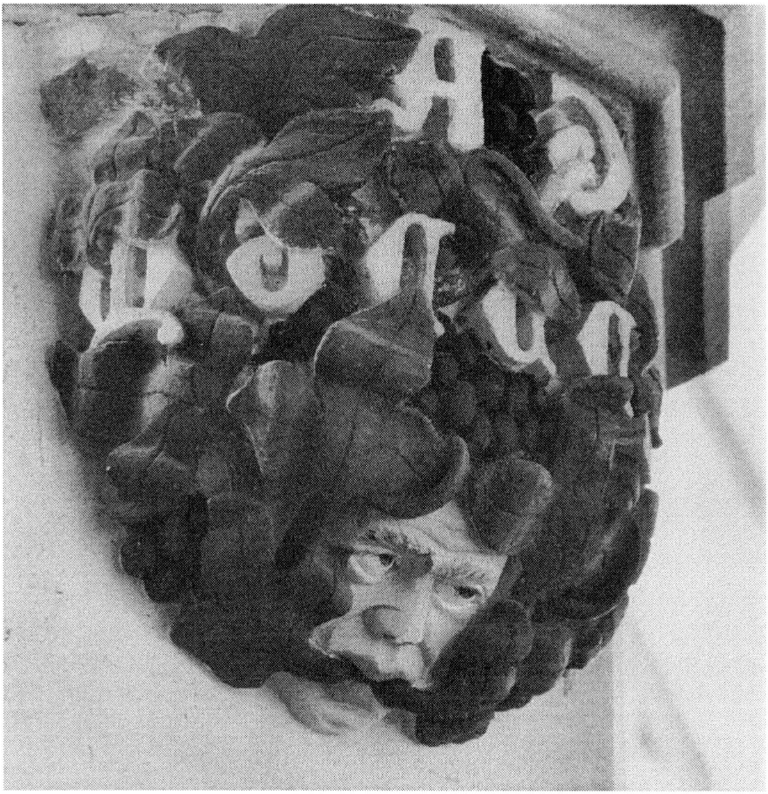

A foliate head on the chancel arch of the church of St Michael, Aston Tirrold, Oxfordshire. The date on the head is 1852. Photo: Ruth Wylie.

We will now begin our journey of exploration in the most recent period when, as it were, Green Men were seen but not heard, namely in Sherlock Holmes's own Victorian age.

The Victorian background

The God-fearing Victorians clearly had no doubts about the respectability of Green Men. They energetically restored them in existing churches, lovingly fashioned new ones for the churches built to accommodate the expanding urban population, and extended their habitat to include business premises and secular public buildings.

Theirs was the age when iron and steam transformed Britain from a largely agricultural country into the industr)al centre of a world-wide Empire. In the process, both wealth and squalor were created on an unprecedented scale. Manufacturing towns and cities acquired imposing civic centres, with solidly built banks, exchanges and emporia, surrounded by a dingy jungle of slums and grimy factories.

The technical and scientific advances of the Victorian age were not always paralleled by architecture that was as revolutionary in appearance as the Crystal Palace. On the contrary, when the arbiters of public taste grew bored with eighteenth-century classicism, they looked to the more distant past for inspiration. Isolated examples of a renewed interest in Gothic had appeared during the late eighteenth century, but in Victorian times this trickle became a mainstream flood.

Among the pioneers of the Gothic Revival were members of the Oxford Movement, formed in 1833 by Anglican clergy who wanted to resurrect certain Catholic doctrines and rituals that had been discarded during the Reformation. Their reintroduction required changes in the layout and furnishing of churches. By then, most of the old fear and animosity felt by Anglicans for the Catholic Church had evaporated, and the Catholic Emancipation act of 1829 had lifted the remaining restrictions on those who still adhered to Catholicism.

The most famous of the professional architects who supported the revival of Gothic for secular as well as ecclesiastical buildings is Augustus Welby Northmore Pugin (1812–52), who was a Catholic convert. As well as making designs, he wrote books offering philosophical and moral arguments in favour of the Gothic style.

Similarly high-minded, intellectual support for Gothic came from the critic, artist and social reformer John Ruskin (1819–1900), who was the first man in England to be appointed Professor of Art. His beautifully written books (especially *The Seven Lamps of Architecture* and *The Stones of Venice*) were immensely influential, and he introduced a new note by concentrating his attention on Continental Gothic. Gothic architecture also found favour with the Pre-Raphaelite Brotherhood, and with William Morris (1834–95) and his circle.

Ruskin had been brought up in a strictly Evangelical tradition and, indeed, enthusiasm for the Gothic Revival was found right across the religious spectrum, and even among the irreligious. William Morris, for example, had originally intended to enter the

A pair of nineteenth-century foliate heads on the stepped gable of a mansion in the Esplanade Park in Metz, Lorraine, France. Photo: Ruth Wylie.

Anglican Church. He lost his religion but not his admiration for Gothic architecture and certain other aspects of the Middle Ages.

For Morris the attraction lay in the creativity and independence enjoyed by the mediaeval craftsman and denied to the factory worker. He was not opposed to machinery and modern inventions as such, but deplored the shoddiness and poor taste of mass-produced goods.

The Victorians' fondness for Gothic was not always as backwards-looking as it might seem at first glance. The engineering used to construct Gothic-style buildings was often the very latest that the Industrial Revolution had made possible. William Morris's love of beauty and craftsmanship led him to seek not merely new designs in furnishings, but a new form of society. In later life he became an active Socialist, writing militant songs and speaking on soap-boxes at street corners.

Victorian Green Men

Victorian buildings provide an excellent hunting-ground for Green Man spotters. The architects who copied the pointed arches, towers and spires of glorious mediaeval churches also copied, in their own

way, many of the minor decorative elements that went with them, including foliate heads of various kinds. They reproduced these elements on houses and public buildings as well as on churches.

A number of Green Men appear on the Houses of Parliament, designed by Charles Barry (1795–1860) and Augustus Pugin. Several are easily visible around the entrance under the Victoria Tower. After the old Palace of Westminster was destroyed by fire in 1834, the powers-that-be stipulated that it should be rebuilt in either Gothic or Elizabethan style. Barry's own preference was for Italianate architecture, and the young Pugin assisted him to draw up the prize-winning design and to make the finished building sufficiently Gothic in detail to please the traditionalists who were to sit in it.

One of the best places to see Victorian Green Men is Lancing College in West Sussex. The magnificent chapel, breathtakingly high, in French Gothic style, was designed by R.C. Carpenter in the middle of the nineteenth century. An enormous number of Green Men can be found on the richly carved choir stalls. The Chapel is regularly open to the public.

A fine colony of Victorian Green Men reside in the centre of Birmingham, most of them on secular buildings, with two on St Philip's Cathedral and one on St Chad's. Twenty-three of Birmingham's Green Men are listed, with illustrations and a map, in a convenient booklet written by Anthony Hayward [*The Green Men of Birmingham*, 2002].

So what can the Green Men of the Victorian age tell us about the meaning and origin of the image? Unfortunately, practically nothing.

Foliate heads as such were not discussed by any of the gurus of the Gothic Revival. Not even by the prolific Ruskin, who described the Nature of Gothic in such wonderful English prose, and who actively encouraged the young ladies of Whitelands College in London to celebrate May Day according to a 'tradition' devised by himself. He personally designed costumes and jewellery for the students' May Queens, but his imagination did not stretch to including Green Men in the proceedings. Ruskin was just one of

Opposite: *One of the many Green Men on the choirstalls of Lancing College Chapel, Sussex. The Chapel is in early French Gothic style and the foundation stone was laid in 1868. The stalls, designed by Walter Tower, and their canopies, designed by Gilbert Scott, were presented to Lancing by Eton College. Photo: Ruth Wylie. Reproduced by kind permission of the Friends of Lancing College.*

many enthusiastic Victorian revivers of 'traditions'. None of them attempted to link foliate heads with folk customs, either genuine or imagined.

We must conclude that, for the Victorians, foliate heads were simply part and parcel of the Gothic style. Any message that they may have carried for mediaeval worshippers had been lost during the intervening centuries. They were regarded as a traditional decorative motif, which was to be enjoyed and exploited, but which did not require analysis.

We, too, may enjoy the ubiquitous Victorian Green Men, but they can tell us no secrets, because none was embodied in them. To learn more we must continue our journey back into the past.

4: FROM THE RENAISSANCE TO ROMANTICISM

Between the Gothic Revival and the genuine article which inspired it lay several centuries of growth and upheaval. During this time, people's ideas, attitudes and way of life underwent so many radical changes that little, other than the enduring stones of surviving Gothic churches, remained the same.

Green Men continued to appear, but, like everything else, they assumed new forms and different roles. If our object is not simply to discover Green Men, but to try and make sense of them, then dates and contexts are of paramount importance. So, before exploring the Green Men of this long and exciting period, we shall look briefly at the salient features of the historical and cultural background.

The Renaissance

During the fourteenth and fifteenth centuries, Western Europe began to experience a complete transformation of the ways in which people thought, acted and viewed the world in which they lived. This process became known as the Renaissance (meaning 'rebirth') – a reference to the rediscovery and revival of the classical heritage of Greece and Rome. This, however, was only one aspect of the Renaissance as a whole, which both arose from and gave rise to a wide range of economic, political, social and cultural changes.

Although English and several other European languages, including Russian, adopted the French for 'rebirth', the Renaissance actually began in Italy, in the city states ruled by the middle classes. These newly emerged classes had values and aspirations that were different from those of the mediaeval knights and clerics who had dominated society during the age of Gothic. They no longer saw the material world as an unavoidable 'Vale of Tears' – a kind of dark, uncongenial corridor through which one made one's way to the blissful Life Beyond, practising austerity and self-denial, as advocated by the Church, in order to avoid ending up in Hell. Their paramount virtues were those necessary to succeed in business, such as thrift, industriousness, and pride in craftsmanship, and they boldly asserted Man's right to happiness and pleasure on Earth as well as in Heaven.

A sixteenth-century grandfather clock in the Cathedral of Saint-Cyr and Sainte-Julitte, Nevers, Nièvre, Burgundy. Photo: Ruth Wylie.

Despite being people of action rather than contemplation, they were bursting with fresh ideas. These they embodied in a new philosophical system, known as 'humanism' because it shifted the centre of attention from God to Man as an individual. In retrospect, we can recognize that the humanist ideas of the Renaissance contained the seeds of future secularization, but this would not have been apparent to those who formulated these ideas, nor was it their intention.

Renaissance humanists were neither irreligious nor agnostic. They saw the world as a heavenly creation, essentially beautiful and harmonious, and they sought to discover and comprehend the laws governing this heavenly harmony. Observation and exploration of the world and the individual were central to the aspirations and activities of the Renaissance humanist. People were recognized to be complicated, many-sided creatures, and individuals were encouraged to develop in as many directions as possible. Those who sought prominence strove to combine scholarship with public

A leaf-mask and other foliate heads on a sixteenth-century screen in the south aisle of the church of St Michael, Marwood, Devon. Photo: Ruth Wylie.

service, and the ideal Renaissance Man was one with encyclopaedic interests and abilities, who was equally competent as a statesman and a poet, as a warrior and an intellectual. Thus, the Renaissance brought not only the revival and utilization of the achievements of the classical world, but also the proliferation of experiments and discoveries in numerous other fields, including literature, art, architecture, natural history, anatomy, astronomy, mechanics and geography. Politically, it saw the emergence of national states and absolute monarchies.

Italy then had far more surviving relics of Roman buildings than it has today, so Renaissance architects had no lack of models to inspire their churches, palaces and civic buildings. Pediments, rectangular windows, round arches, friezes, balustrades, and columns and pilasters with capitals of various classical orders, were some of the salient features of their work.

The circle was widely regarded as the most harmonious and perfect of forms, so many of the new churches were round or polygonal in shape, with a huge dome (representing the Universe) over a central altar. Churches in the form of a square or a Greek cross (one with four equal arms) were also popular at this time. For some, the innovations were too extreme, and they adopted the dome while retaining the nave. In many northern countries, the new style found expression in the addition of fashionable classical elements to existing churches in local style, rather than entire new buildings.

The Reformation

During the sixteenth century, certain aspects of the Renaissance combined to fuel the Reformation and the spread of Protestantism. These aspects included the importance given to the individual, the excessive pursuit of worldly pleasures by the higher clergy, and even the Popes, and the invention of printing, which made books, among them the Bible, available to far more people than had ever previously been possible.

In Germany pressure for reform of the Church came from below, with Martin Luther's protests against the sale of Indulgences in 1517. Theoretically, Indulgences permitted people to buy remission of punishment on Earth or in Purgatory for their sins but, in reality, their sale funded the upper clergy's extravagant life style.

In contrast England's Reformation began at the top, with Henry VIII's quarrel with the Pope (1533–4), and with the Dissolution of the Monasteries (1536–9) to the benefit of the Crown and nobility, but Protestantism gained ground and popularity during the reign of Elizabeth I (1558–1603), though not without some violent suppression of Catholicism.

Protestants rejected the supremacy of the Papacy, accepted the Bible as the only source of truth, and believed that individuals could be saved only through their own faith. In the eyes of Protestants, priests were not authorized to forgive sins; neither could saints nor the Virgin Mary act as mediators between individuals and their God. Some more extreme Protestants, such as the Puritans, went much further than the Church of England in their desire to simplify church ritual and dispose of all the trappings of Rome. During the period of the English Civil War (1642–9) especially, there was wholesale destruction of images of saints and the Virgin Mary, stained-glass windows, and anything else that smacked of 'Popery' in churches and cathedrals throughout the country.

The Counter-Reformation

Faced by the serious challenge to its teaching posed by the expansion of rational sciences, by growing criticism, and even by loss of power

A panel on the Fontaine d'Amboise in the park in Clermont-Ferrand, Puy de Dôme, Auvergne. 1515. The seed capsules are poppy-heads. Photo: Ruth Wylie.

in some European states, the Catholic Church embarked on a Counter-Reformation, in a determined effort to reform itself.

Numerous theological definitions and measures to meet the crisis were debated and agreed at the sessions of the Nineteenth Ecumenical Council of the Roman Catholic Church (the 'Council of Trent'), which took place in Trento (northern Italy) between 1545 and 1563. The Society of Jesus, usually known as the Jesuits, was founded in 1543 as an organization of Roman Catholic priests devoted to educational and missionary work.

The dramatically ornate style of architecture known as Baroque, which developed during the seventeenth century, was closely associated with the Counter-Reformation, and reflected the Catholic Church's desire to impress and overwhelm worshippers emotionally, so that there would be no room in their minds for dissident thoughts.

Adapted to secular use, as in Louis XIV's palace complex at Versailles, the grand scale and flamboyant opulence of Baroque art and architecture aimed to express the absolute power of the monarch in the same way as it expressed that of the Roman Catholic Church in an ecclesiastical setting.

Interestingly enough, the term 'Baroque' was, like 'Gothic', originally used pejoratively, and it was derived from a Portuguese word denoting a 'misshapen pearl' by those who regarded the style as a distortion of the harmonious simplicity of early Renaissance

The back panel of a choirstall in the Cathedral in Sées, Orne, Normandy. Photo: Ruth Wylie.

architecture. Even at the time, some felt that Baroque had gone 'over the top', and during the early part of the eighteenth century, a new style known as 'Rococco' came into fashion. If still complicated, it was lighter and more delicate. The term 'Rococco' was derived from the French word *rocaille,* meaning 'loose pebbles', and refers to the shells and pebble-like shapes which, together with twining flowers and vines, were typical elements of the style. Although it originated in Paris some of the finest examples of Rococco as applied to ecclesiastical buildings are to be found in Germany and Austria.

The Enlightenment

England had accomplished her bourgeois revolution in the seventeenth century, with the victory of Parliament and the middle classes over absolutism and the establishment of a constitutional monarchy. In France and elsewhere, however, absolutism continued to flourish and the middle classes, despite their growing economic importance, remained excluded from political life and power.

The years leading up to the American and French Revolutions at the end of the eighteenth century saw the development of a philosophical trend known as the Enlightenment, or Age of Reason, whose representatives in many countries were formulating new, democratic ideas, based on a rational, scientific approach to a wide range of issues, such as education and the State. These ideas included opposition to all vestiges of feudalism and absolutism, hostility towards religion which used superstition to enslave men's minds, and an optimistic belief in human progress.

The architecture of the eighteenth and early nineteenth centuries was characterized by a return to classicism, which found its main expression not in churches, but in secular and public buildings, such as museums, theatres, libraries and seats of government.

Romanticism

During the late eighteenth and early nineteenth centuries, Romanticism appeared as a reaction to classicism and philosophical rationalism. In literature, art and music, the Romantics rejected classical restraint and reason in favour of emotion, imagination, and a belief in the innate goodness of human beings, and the need to return to unspoilt nature. Romanticism was also characterized by admiration for the heroic individual and a fascination with all things exotic, such as the East and the Middle Ages.

There was also an increased interest in folklore and ancient religions. One of the earliest phenomena to attract attention was Druidism, about which little is known even today apart from what Roman authors, such as Caesar, recorded. John Aubrey (1626–97) was the first to suggest that Stonehenge, whose true age was then unknown, had been built by the Druids. This idea was taken up in the 1740s by the antiquarian William Stukeley, who, carried away by his own romantic fantasies, extended them to other ancient monuments as well. His enthusiasm was contagious and, during the eighteenth and nineteenth centuries, Neo-Druidic orders were established on historically dubious foundations, which, however, proved lasting, since 'Druids' still appear at Welsh Eisteddfods, and at Stonehenge for the summer solstice! Neo-Druidism was the first of many 'revivals' characteristic of the nineteenth and twentieth centuries.

Gardens during the Renaissance and after

As part of our preparation to explore Green Men we should equip ourselves with at least a general understanding of how people related to plants and nature during the period under examination.

Botany was among the many subjects scientifically investigated by inquisitive men of the Renaissance, who founded the first botanic gardens where medicinal herbs and rare plants were carefully studied and classified. Voyages of exploration and the establishment of better communications with distant lands brought all kinds of new plants into Europe.

The period of the Renaissance was one of relative peace and prosperity, so that the rich no longer felt the need to live in fortified castles or to restrict their gardens to tiny enclosed plots. Italians with the money to do so emulated the classical philosophers and public figures who, like Pliny the Younger, sought tranquility in rural retreats, where artistic and intellectual activity could flourish away from the noise and bustle of the towns. The first such country villas were, indeed, fairly modest and secluded but, inevitably, as time passed, they became grander and grander, until they were less of a rural sanctuary and more of a means of impressing visitors!

Among the pioneers of Renaissance country villas were members of the Medici family, which, though obscure in origin, had acquired immense wealth and power through commerce and banking. Probably the most magnificent Renaissance garden of all is that of the Villa d'Este, created between 1550 and 1580 for Cardinal Ippoliti II d'Este, a scion of an ancient noble family which had ruled

Leaf-mask with cornucopiae emerging from the eyes. On a panel screening a side chapel in the Church of the Trinity, Fécamp, Seine Maritime, Normandy. Commissioned by Antoine Bohrer, 25th Abbot (1507–19). Photo: Ruth Wylie.

Ferrara and Modena since the thirteenth century. The site of the Villa d'Este, to the east of Rome, is appropriately close to where the Emperor Hadrian (117–138) once commissioned a comparable establishment, and relics from the Emperor's villa were removed and recycled by the Cardinal.

Classical statuary, greenery, topiary (a feature of ancient Roman gardens), mazes with low hedges, grottoes, fountains, cascades and other elaborate contrivances using water, and rising terrain with panoramic views over the surrounding countryside, even though the gardens were walled, constituted important elements of the Renaissance rural retreat. No actual Roman gardens had survived, so the garden-makers of the Renaissance found inspiration and guidance in the works of classical authors, such as Pliny and Ovid, which they interpreted in their own way.

In the flatter, more heavily forested land of France, two of whose sixteenth-century kings, Henri II and Henri IV, married brides from the Medici family, Renaissance gardens were less vertically designed than those of Italy. The sunny hills of Italy, with their cypresses, olive trees and vines, provided suitable vistas. Even their wild thickets could be incorporated into the corners and edges of the more unpredictable and dramatic Baroque creations, but the darker, thicker forests of France still seemed threatening, untamed and uncongenial, and they had to be excluded from gardens altogether.

Typical of the French version of the Renaissance were the huge, rigorously ordered geometric *parterres*, resembling carpets or embroideries, created by André le Nôtre (1613–1700) at Vaux-le-Vicomte, and brought to a dazzling climax at the Palace of Versailles (begun in 1665).

To all intents and purposes, Versailles was conceived as the temple of the 'Sun King', Louis XIV (1643–1715), with ubiquitous allusions to Apollo, the Sun God, and his sister, Diana, Goddess of the Hunt. Hunting was a sport passionately enjoyed by the Bourbon monarchs of France. Everything at Versailles was designed to reflect the power and glory of the absolute King, who embodied the State in his own person, who required even the vegetable kingdom to obey his will and every whim, and who, according to the Duc de Saint-Simon, 'took superb pleasure in compelling nature'.

Elements of Italian and French gardens spread to many other countries through travellers, royal marriages and books. Elizabethan England favoured the knot-garden, which consists of intricate symmetrical patterns formed from lines of low, neatly clipped

A panel on the tomb of Thomas James, Bishop of Dol, in the Cathedral of St-Samson, Dol-de-Bretagne, Ille et Vilaine, Brittany. Sixteenth century. The work of two Florentine sculptors, Antoine and Jean Juste. Photo: Ruth Wylie.

greenery, such as box or thyme, enclosing flowers or herbs. During the seventeenth century, English gardens became bigger and more ambitious, but they remained walled enclosures formally planted, where cultivated nature was never confused with the wild nature of the countryside beyond.

By the middle of the seventeenth century, however, a new vision of unspoilt nature was encouraged by the works of artists such as Nicola Poussin (1594–1665) and Claude Lorrain (1600–82), who painted exquisite Italian landscapes which evoked a past Golden Age.

The dream of Arcadia – a rustic paradise, where it was always summer, and where carefree shepherds and shepherdesses had nothing more arduous to do than join nymphs and sundry sylvan deities in making music and love – was not a new one. Arcadia was, in fact, a real historical place – a region of ancient Greece famed for its flocks and herds, and seen by classical writers in nostalgic, idyllic light, thus tempting Renaissance writers and poets to do the same.

By the eighteenth century, some people were tiring of the excessive formality and order that characterized Renaissance garden style and were ready for a change. In England, 'Capability' Brown (1716–83) pioneered the landscape garden, uprooting knots and *parterres* to bring green meadows, lakes and naturally shaped trees right up to the windows of great houses, with only an invisible ha-ha to keep the deer and cattle out. The fact that Brown's 'natural' landscapes, with their bodies of water, temples, and clusters of trees, were every bit as meticulously planned and engineered as le Nôtre's formal vistas in no way dismayed his clients, who were satisfied that their estates had been transformed into something approaching Arcadia.

Not everybody approved of 'Capability' Brown's transformations. One critic is supposed to have said to him: 'Mr Brown, I very sincerely desire that I may die before you.''Why so?' enquired Brown. 'Because I should like to see Heaven before you had improved it.'

By the time that the Gothic Revival was in full swing, the Industrial Revolution had dispelled dreams of a pastoral Utopia. Mass displays of flowers were once again fashionable in gardens large and small, and in the public parks that graced Victorian cities.

Green Men 'reborn'

For many Green Man enthusiasts, the flamboyant, sometimes startling, Green Men of the Gothic period form the star attraction,

A carving in the choir of the Cathedral, Córdoba, Spain. Eighteenth century. Photo: Mercia MacDermott.

with the result that other periods tend to receive less attention. This is a pity, because much can be discovered both in the intermediary period which we are now exploring and in the earlier Romanesque age.

Much more work needs to be done in recording and analyzing the foliate heads of the Renaissance and subsequent eras, but certain changes in location and design are readily discernable, together with a tendency towards what is unquestionably a purely decorative role.

As we shall see when we reach the next chapter, the earlier Gothic form of architecture had provided plenty of opportunities for Green Men to be incorporated into roof-bosses and the capitals of pillars. These traditional Green Man habitats were lost with the change to Classical forms of architecture. Roof-bosses became unnecessary and capitals were carved in imitation of Greek and Roman models, and masons could no longer give free rein to their imagination. However, as if to compensate for this, foliate heads began appearing in secular and domestic settings which provide exciting new hunting grounds for both spotters and explorers.

Following the Renaissance the grotesque, often disturbing, Green Men of the Middle Ages went out of fashion, and the new disgorgers were more stylized in form, and less prone to be oppressed and stifled by their foliage. The latter frequently takes the form of decorative swags, or intricate arabesques, or even drapery, all of which the heads seem not so much to be disgorging as simply holding in their mouths.

In general, disgorging heads, or ones with facial features that sprout foliage, are far less common than they were in Gothic times. There are, of course, exceptions, among them the fine disgorging heads on the Baroque woodwork of the Catholic cathedral built in the middle of the great Mosque in Córdoba.

The geometric leaf-mask, which fits conveniently into triangular and rhomboid spaces, as well as on corners, continues to be popular, which is not surprising, since its ancestry stretches back into classical times.

In Italy – birthplace of the Renaissance, and a country which had previously shown comparatively little interest in foliate heads – the most ubiquitous form of the Green Men is the type which we shall dub 'Italianate'. This has a roughly bell-shaped head, and the foliage is concentrated around the lower part of the face to form a short well-kempt, frill-like beard, which curls outwards and upwards on either side. Such heads may also have foliate moustaches and eyebrows – a style which may be traced back to ancient Rome.

In classical times, such heads represented the Titan Okeanos, one of the older generation of Greek deities, who were eventually ousted by the Olympians. The name Okeanos was also given to the great River Ocean, which, the ancient Greeks believed, surrounded the whole world. The Titan Okeanos married his sister, Tethys, and from the union were born three thousand daughters – the Okeanid nymphs, and three thousand sons – all the rivers and springs. After Zeus and the Olympians had defeated both the Titans and the Giants, Poseidon – usually depicted with a trident – became the dominant water-deity, and Okeanos departed into distant retirement, although he continued to be a popular subject for decorative art, if not for temple-dedication and worship. He is usually portrayed with a beard formed of seaweed, and his horns of power take the form of crab's claws. Sea creatures may be entwined in his hair and beard, and sometimes his face also bears traces of seaweed.

Easily recognizable with his marine beard and crab's claws, Okeanos can still be seen in the House of the Vetti in Pompeii, as a

A Roman mosaic of Neptune, with the seaweed beard and hair characteristic of his predecessor, Okeanos. From a tessellated pavement discovered near the village of Maiden Newton, and now in the Dorset County Museum, Dorchester. Photo: Ruth Wylie. Reproduced by courtesy of Dorset County Museum.

repetitive design on the walls around the peristyle garden, while in Herculaneum he appears, flanked by winged beasts with curling foliate hindquarters, over the arch of an alcove in the inner courtyard of the House of Neptune and Amphitrite.

Seaweed is easily transformed into terrestrial foliage, and a similar motif, with a short curving leafy beard, minus claws, but with large ears, and a foliate cap or crown, frequently appears in Italian art of the fifteenth and sixteenth centuries, such as altar-pieces, tombs, fountains, and the borders of illuminated manuscripts. Heads of this kind can also be seen around a portrait of the Madonna and Child (Santa Maria di Osri Merios) in Seville Cathedral.

Other types of foliate motifs popular during the Renaissance include half-figures rising out of plants, heads surrounded by arabesques of stems and foliage, and animals and birds shown in profile with curling vegetation instead of hind legs and tails. Even the legs of angels have been transformed into coiling tendrils on a wrought-iron grille in Seville Cathedral!

All these are adaptations of Roman prototypes which tourists can see in Pompeii and Herculaneum. Similar examples would have been visible, if less well preserved, on Roman ruins all over Renaissance Italy. Some of the heads may represent Okeanos, or Bacchus, or even the latter's drunken companion, Silenus, but most appear to have been anonymous, purely ornamental figures.

Two foliate figures on the frontispiece (architectural gateway) in the Fellows Quadrangle, Merton College, Oxford. The frontispiece was completed in 1610.
Photo: Mercia MacDermott. Reproduced by kind permission of The Warden and Fellows of Merton College, Oxford.

Explorers do not have to go all the way to Italy to see examples of the 'reborn' Roman Green Man. The galleries of the Victoria and Albert Museum in London contain numerous examples of Italian applied art, including plaster casts of objects still in Italy. So many of the exhibits are ornamented with foliate heads that a visit to the Museum can prove a real treasure-hunt for Green Man explorers!

There is, for example, an altar-piece from Florence (dated c.1493–97) by Andrea Ferrucci, with a typical 'Italianate' Green Man, wearing a kind of hat or crown, surrounded by coiling stems, two of which develop into burning torches, encircling a central motif with ears of barley.

A variant of the Renaissance Green Man which gained permanent popularity in Spain consists of a coil of vegetation with a figure or head (animal, bird, or human) at either end. This type of design appears, for example, on a wrought-iron screen above the doors of Seville's sixteenth-century *Ayuntamiento*, or Town Hall, where several more foliate heads, both human and animal, can be

Twentieth-century tiles in the Plaza de España, Seville.
Photo: Mercia MacDermott.

seen carved in stone on the highly decorated, plateresque-style façade. Some four centuries later, similar motifs were used to great effect in coloured tiles in the Plaza de España, constructed for the Ibero-American Exhibition held in Seville during 1929.

The same type of motif occurs in a German setting in a picture painted by Lucas Cranach the Elder (1472–1553) for the base of an altar-piece for the town church in Wittenburg. Here the artist shows his friend, Martin Luther, preaching from a pulpit decorated with a carving of a foliate boar's head, whose leafy 'tail' coils round to end in a tiny human head. Cranach had contacts with humanist circles and was an enthusiastic supporter of the Reformation.

Green Men on tombs and memorials

Although foliate heads lost ground as architectural elements during and following the Renaissance, they gained popularity as motifs on tombs and memorial tablets.

Of particular interest, in view of the royal connection, are those in the Capilla de los Reyes (Royal Chapel) in Granada, Spain. The chapel was commissioned at the beginning of the sixteenth century by that most pious royal couple, the Catholic Monarchs Ferdinand and Isabella, to house their own tombs. Here many foliate images

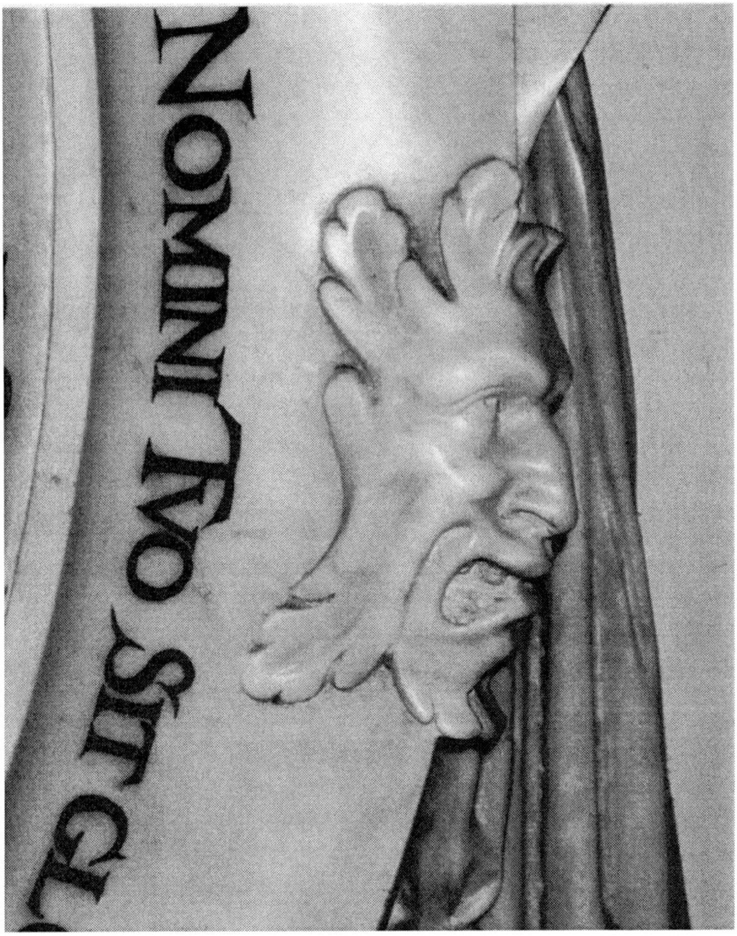

A foliate head on the memorial to John Bankes (died 1644) in Christ Church Cathedral, Oxford. Photo: Mercia MacDermott. Reproduced by kind permission of the Dean and Chapter of Christ Church Cathedral, Oxford.

can be seen. On the sacristy door there is a head emitting greenery. Leaf-masks form part of the decoration on the tombs of the Catholic Monarchs themselves, and also on those of their daughter, Joan the Mad, and her husband, Philip the Handsome.

In Italy, too, they appear on the tombs of the high and mighty, such as Pope Julius II, in Rome, and Lorenzo and Giuliano de' Medici, in the Medici Chapel in Florence, which were the work of Michelangelo himself.

A Green Man appears on the frieze at the base of Cardinal Ascania Sforza's highly ornate, sixteenth century tomb in the church of Santa Maria del Populo in Rome. A plaster cast of this can be seen in the Victoria and Albert Museum.

In Britain, too, there are many examples of Green Men decorating the tombs of worthies who died during the sixteenth and seventeenth centuries. Several can be seen on the lavishly carved tomb of Anthony Harvy (died 1564) in the north choir aisle of Exeter Cathedral. Here, in addition to family crests and coats-of-arms, and a cockle shell, one can see a large foliate head, prominently set in a quatrefoil on the front panel of the tomb itself, as well as a disgorging head, and several foliate figures, both human and animal, in the coiling branches which decorate the arch of the canopy above.

Harvy's tomb is largely mediaeval in design and appearance, but the change to a new style is obvious in the slightly later tomb of Sir Willia [sic] Gerrarde in Chester Cathedral. This gentleman died in 1581, having held a number of public posts, including that of Recorder of Chester. The tablet above his tomb resembles a classical portal with an arch between two pillars with Ionic capitals, and on it there are no less than four foliate heads, centrally placed one above the other, on the arch, architrave and frieze, and just below the coat of arms which surmounts the whole.

The memory of Edward Cole, thrice Mayor of Winchester, who died in 1617, is perpetuated in the city's cathedral by a monument in the shape of a portal or window, with many classical features, including an arch, side pillars and pilasters, all lavishly ornamented, painted in several colours and additionally gilded. The structure rests on three corbels, on each of which there is a carved head with a leafy neck and hair. There are three gilded leaf-masks on the base of each of the pillars flanking the arch, and, on the frieze between them, two more heads hold festoons of ribbons in their mouths.

John Bankes, who died in 1644 and was buried in Oxford Cathedral, is commemorated by a fine marble tablet, carved with cherubs' heads, drapery, swags and various convoluted scrolls. On either side of the memorial inscription (flanked by the words *Non nobis, Domine, non nobis, sed nomini Tuo sit gloria* – 'Not to us, O Lord, not to us, but to Thy name be glory') is a leaf-mask with the corners of its mouth turned down in the style of a tragic theatrical mask.

All these grand tombs and memorials are inside churches but, in many parts of Scotland, tombstones with Green Men on them can be seen in churchyards and cemeteries, including Greyfriars, in

A disgorging head on an eighteenth-century tablestone in Tranent kirkyard, East Lothian. Photo: Ruth Wylie.

Edinburgh, and Tranent, East Lothian. Burials inside churches were forbidden there in 1560, following the Reformation, and all new churches were of the simplest design, without 'Popish' carving. Masons were, however, permitted to exercise their skill on tombstones, and many of them are elaborately carved with various edifying and consoling Christian symbols.

Green Men started to appear on Scottish tombstones during the seventeenth century and achieved their greatest popularity during the eighteenth century, at the end of which they apparently became less

A disgorging head on an upright eighteenth-century gravestone in Tranent kirkyard, East Lothian. Photo: Ruth Wylie.

fashionable. Scottish Green Men are extremely varied in design, and some were clearly inspired by carvings in ancient churches. One finds, for example, some 'cat-faced' Green Men – a style typical of Romanesque architecture, and abandoned in Gothic times.

Betty Willsher has made a special study of Scottish tombstones, and some of her findings in relation to Green Men (which she, too, prefers to call 'foliate heads') were published, together with a gazetteer, in an article entitled 'The Green Man' in the *Scottish Local History Journal* (Willsher 1996).

Secular and domestic Green Men

One of the most striking results of the Renaissance as it affected Green Men was their migration out of the churches into the secular world. Deprived of their traditional homes on roof-bosses, capitals, misericords and choir-stalls by changes in architectural fashion and Protestant insistence on unadorned simplicity, foliate heads re-appeared in all manner of secular settings from lintels to door-knockers.

The examples given in this section are just a taste to whet your appetite for what can be discovered once you learn to look out for Green Men in streets, museums, antique shops, stately homes, gardens, Mediterranean holiday resorts, and just about everywhere, instead of just in churches.

Aberdeen's Mercat Cross is another striking example of how Scottish masons found a secular outlet for skills that were no longer required in churches. Built in 1686 with funds provided by local guilds, the Cross is of the type that consists of a smallish open-sided structure designed to provide shelter for merchants and market-goers. The richly carved stonework includes such an astonishingly high concentration of foliate heads of various kinds that no single photograph could give an adequate impression of the whole.

Well-heads are among the items that were often decorated with 'Italianate' Green Men. Fine specimens can be seen in the gardens at Kingston Lacy (Dorset), Stansted Park (Hampshire), and Sandringham (Norfolk).

Italian wall-fountains also often have foliate heads, and two can been seen in the Victoria and Albert Museum. One is an elaborate affair from Florence, dating from the first quarter of the sixteenth century and consisting of an alcove within a highly decorated door-like frame, which is ornamented with birds, shells, twirling foliage and two 'Italianate' heads. The other fountain, made in Verona during the second half of the sixteenth century, has at its corners ferocious-looking beasts, which disgorge foliage ending in smaller heads of a similar kind.

The same museum has two Italian chimney-pieces displaying foliate heads. The first is a marble original, made in Milan during the late sixteenth century. It is richly decorated with numerous 'Italianate' heads, figures of Pan, vegetation, and other motifs, in coloured marble inlay. The second is a plaster cast of one made in Lombardy during the first half of the sixteenth century. It is ornamented with carved coils of vegetation beginning and ending with heads and half-figures. A third chimney-piece, of similar date,

An Italianate head on a well-head in the garden of Sandringham, Norfolk. Photo: Mercia MacDermott.

but from Florence, is decorated in classical Roman style with winged horses whose tails and hindquarters have been replaced by leafy arabesques.

An elaborate English fireplace and overmantle of the 1590s with numerous foliate heads, both human and animal, can still be seen *in situ* in the drawing room at Canons Ashby (Northamptonshire).

A large Italianate Green Man, surmounted by the salamander emblem of the French King François I (1515–47), embellishes the ornate apex of a French dormer window (thought to be from the Chateau de Chambord), once again in the Victoria and Albert Museum.

A much less glamorous situation is occupied by a mid-sixteenth-century English Green Man at Wilton House, Wiltshire, seat of the Earl of Pembroke. Here, a leaf-mask, with a resigned but proud stare, guards the top of a lead drainpipe on the Tudor section of the house. It is visible from the windows of the corridors known as the Upper Cloisters. Early eighteenth-century drainpipes decorated with leaf-masks can also be seen on the west front of Canons Ashby.

Early examples of the domestic use of typically Classical foliate motifs can be found at Powis Castle (Powys, Wales), in the Long Gallery completed in 1593. Here foliate heads, full face and in profile, and beasts with long tails, modelled in plaster and reminiscent of the kind then popular in Seville, form part of the decoration. Less ambitious, but clearly indicative of a desire to introduce into one's own home elements of the latest Renaissance fashion, are the foliate heads at Little Moreton Hall in Cheshire – a quintessential 'black and white' Tudor house, creaking, crooked and apparently kept standing by faith alone! The Hall is surrounded by a moat, which visitors cross to enter the cobbled inner courtyard through a late sixteenth-century gatehouse. On either side of the inner door there are vertical friezes of weathered wood, carved with various motifs, including foliate heads in profile.

An unusual foliate head with a long thin beard decorates another timber frame gatehouse, this time at Stokesay Castle in Shropshire. Stokesay is, in fact, not a castle at all but a fortified and moated manor house, built during the thirteenth century by a leading wool merchant from nearby Ludlow. The present gatehouse replaced an earlier stone one and dates from the late sixteenth or early seventeenth century. The Green Man head can be seen on the north-west corner-post of the gatehouse, within the courtyard.

The inspiration for this strange carved head remains a mystery, but, like those at Little Moreton Hall, he may represent a

A sixteenth-century French dormer window, decorated with a foliate head and the salamander emblem of François I (1515–47). Copyright Victoria and Albert Picture Library.

determination to keep up with the Joneses in respect of Italian fashion. A similar head, with a long beard composed of pairs of leaves, decorates the leg of a marble bench in a bath-house at Herculaneum. The bench-leg is shaped like a human leg with two feet, and the head is situated just below the knee, with the beard running right down to the ankles. Neither Pompeii nor Herculaneum had been excavated at the time when the Stokesay corner-post was carved, but Romans in other cities could have had similar benches which may have come to the attention of those eager to embrace Classical modes.

Foliate heads were extremely fashionable in Jacobean England. There is one, for example, on the wall of the inner courtyard of Blickling Hall (Norfolk), one of the country's great Jacobean houses, built at the beginning of the seventeenth century.

Several leaf-masks, copied from engravings made by Hans Leifrink about 1555–57, look down from the magnificent strapwork ceiling of the dining-room in Aston Hall (Birmingham), built between 1618 and 1635 by Sir Thomas Holte. On the Great Stairs of the same mansion there are creatures with long coiling tails, carved in oak. In the Long Gallery there is a foliate head on the lower border of a tapestry woven in the Paris workshop of François de la Planche and Marc du Coman between 1607 and 1627.

Foliate heads also occur on some English tapestries woven at Mortlake during the seventeenth century. Examples can be seen at Boughton House, Northamptonshire home of the Dukes of Buccleuch and Queensberry. A former owner of Boughton House – Ralph, 1st Duke of Montagu (died 1709) also owned the Mortlake works.

One of the best hunting-grounds for explorers in search of Jacobean domestic Green Men is Knole, in Kent. Reputed to be a calendar house with seven courtyards, twelve entrances, fifty-two staircases and three hundred and sixty-five rooms, Knole's interior decoration offers a commensurate number of Green Men. I gave up counting after recording more than fifty: on panelling, plaster work, grisaille painting up the Grand Staircase, a chimney-piece made of marble and alabaster, pilasters in window recesses, and the frames of pictures.

The first 'green' picture-frame that I noticed was at Ham House, where two leafy faces 'attend' a portrait of Charles I by Vandyke, or a

Opposite: *Carving on the gatehouse of Stokesay Castle, Shropshire. Late sixteenth or early seventeenth century. Photo: Mercia MacDermott.*

member of his studio. Since then I have examined the frames as well as the pictures inside! At the National Gallery in London, a visit to a temporary exhibition entitled 'Fabric of Vision' yielded two clues to the history of the Renaissance Green Man. A painting by El Greco of 'Christ driving the traders from the Temple' (c.1600) had a frame decorated all over with golden foliate half-figures and winged animals, with coils and arabesques of foliage in Classical Roman style. Even more striking was the frame of Tintoretto's 'St George and the Dragon' (c.1560). Corinthian columns formed its vertical sides, and, in the middle of the bottom section, a Green Man emitted curls of vegetation which turned into cornucopiae, out of which more vegetation coiled. What was particularly unusual about this Green Man was everything flowed not from his mouth, but from his eyes.

Foliage bursting from the eyes occurs in a few of the more revolting Green Men of the Gothic age, but this is the only non-Gothic specimen that I have so far encountered. This Renaissance Green Man does not, however, shock. He appears serene and untroubled, as though he were simply reminding us of the joy and spiritual riches to be gained by looking at great art. We shall be returning to this head in Chapter 8, because it may be able to shed some light on the mysterious Green Man on the tomb of St Abre in Poitiers, hitherto thought to be unique.

Domestic furniture is another place where foliate heads were employed as decoration during the Renaissance and after. They appear, for example, on some ornate black and gold chairs, made in Venice about 1590, and now in the Victoria and Albert Museum. While these Venetian heads are human in aspect, snarling animal heads were popular as decoration on massive seventeenth- century English furniture, such as chairs and sideboards.

During the eighteenth century furniture became lighter in style, and, in the picture gallery at Temple Newsam, Yorkshire (a large part-Tudor, part-Jacobean house) visitors can see a pair of Japanese lacquer cabinets (c.1690) which stand on English frames (c.1730) with cabriole legs, claw-and-ball feet, and leaf-masks at each corner.

Opposite above: *A chair-back with a foliate head of the kind that became popular in the seventeenth century. This example is nineteenth-century French, probably from Brittany. Copyright Stephen Weeks Collection.*
Opposite below: *A sixteenth-century Venetian chair. Copyright Victoria and Albert Picture Library.*

A foliate head by Jean Tijou on the ornamental screen of the Privy Garden at Hampton Court. Photo: Mercia MacDermott.

Among the other Green Men which I have spotted in odd domestic situations is one forming the door-knocker on the front entrance of Blenheim Palace.

At the end of the seventeenth century, the Green Man made a courtly entrance into the English garden in the form of gilded leaf-masks on the ornamental iron screen which separated the Privy Garden at Hampton Court from the river and the populace. The garden was laid out to complement the adjacent royal apartments, rebuilt for William (1689–1702) and Mary (1689–94) by Sir Christopher Wren. The screen was the work of the French blacksmith Jean Tijou, who also made the choir screens, decorated with foliage and leaf-masks, for Wren's great masterpiece – St Paul's Cathedral.

London society followed Italian fashion and the royal example by commissioning foliate heads for the façades of their new town houses, such as those in Queen Anne's Gate, built at the beginning of the eighteenth century.

Green Men abroad

Green Man enthusiasts are accustomed to searching high and low in churches for the objects of their desire, and that is fine, provided that they are interested only in Romanesque and Gothic specimens. Where the Green Men of the Renaissance and later are concerned, the field is much wider and, wherever you may be, there is a possibility of finding a Green Man. I recall, for example, looking out of my hotel window in Malaga, on my first night in Spain, and being greeted by two Green Men, each disgorging neat coils of Classical-style foliage above the lintel of a window across the street (Molina Larib). Much the same thing happened in Granada, only this time the Green Man – part of an elaborate lintel – was 'Italianate', and the coils of foliage were the tails of birds, which ended in secondary heads. In Granada, too, while visiting the Alhambra, I noticed foliate heads on iron rings fixed to the wall of the Palace of Charles V (sixteenth century). Even from the window of the coach in which we were travelling through Spain, I caught sight of foliate heads on various buildings, including an eighteenth-century convent in Jerez and a house in Ecija. The village of Güejar Sierra, near Granada, has an outdoor basin with water flowing from spouts set in what appeared to be very worn foliate heads. Most visitors to Seville walk through the picturesque quarter of Santa Cruz. There, a house on the Plaza Alfaro has an ancient door (probably dating from the seventeenth century) decorated with a number of grotesque heads, and topped by a lintel with a foliate head, disgorging stems ending in one human and one bird-like head.

Malta is another good place for Green Man spotters. Casual strolls through the streets of towns, such as Valetta, Mdina and Rabat, will reveal foliate heads over doors and windows, and on fountains. There are even sixteenth-century organ pipes and parts decorated with foliate heads on view in the Cathedral Museum in Mdina.

I have mentioned the Victoria and Albert Museum on several occasions, but many museums hold pleasant surprises for those interested in Green Men. In the Goya Museum in the French town of Castres, for example, there is an extremely ornate ivory helmet, associated with the British King George II (1722–60). In addition to the British Royal coat of arms on the front, and a winged dragon as a crest, it has two leaf-masks in profile on either side. During the War of the Austrian Succession, George II did, in fact, lead his troops into battle personally, and was the last British monarch to do so, but this magnificent helmet can scarcely have been intended for active service.

The Archangel Michael torments a rich man's soul. Fresco in the narthex of the great church, Rila Monastery, Bulgaria. 1848. Photo by Ivo Hadzhimishev.

Foliate heads did not feature on the Green Knight's armour, but they can be seen on helmets, breastplates and greaves, mostly in works of art, influenced, perhaps by Classical statues of Pallas Athene. A late example is the nineteenth-century bust of Caligula, attributed to Angelo Minghetti, in the Victoria and Albert Museum.

William Anderson [Anderson and Hicks 1990: 128] noted a foliate head on a carving of St Michael in the choirstalls of St Bertrand de Comminges (Pyrenees), completed in 1535. It takes the form of a rhomboid leaf-mask on the boot or greave protecting the saint's left knee. His left foot is placed firmly on a diminutive and rather pathetic Devil with a foliate head.

In the West, St Michael is usually portrayed triumphing over the Devil, but in Eastern Orthodox icons, he is usually shown half-length with a raised naked sword. Sometimes, as in a fresco in Bulgaria's Rila Monastery, the sword is used to torment the soul of an expiring rich man. I have not had the opportunity to study Russian or Greek icons of the saint, but in the Bulgarian examples which I have seen his armour is usually decorated with one or more ornamental heads.

In a Bulgarian icon dating from the late sixteenth or early seventeenth century (now in the collection of the National Art Gallery in Sofia), St Michael has what art historians have described as a 'Medusa head' on his breastplate. It is not, in fact, particularly 'snaky', but consists of a round face with Roman-style coiled tendrils to either side. By the middle of the nineteenth century, when the Ottoman authorities had lifted restrictions on the building of Christian churches, thus creating a need for many new icons, the faces on St Michael's armour had evolved into jawless heads disgorging strap-like fringes. These usually form part of the shoulder-pieces or sleeve of the armour. Such heads also occasionally occur on the armour of other warrior saints, such as St George and St Mina.

The Wild Man or Woodwose

Before completing our exploration of this period by drawing some conclusions from what we know about Renaissance Green Men, we need to give some attention to another popular figure, who, confusingly, was sometimes known as the 'Green Man'.

Although the term 'Green Man' as applied to foliate heads is relatively modern, it was sometimes used in earlier centuries to describe another image: the Woodwose, Woodhouse, or Wildman of the Woods - a shaggy creature, brandishing a club, who, in churches and cathedrals, is generally to be found on misericords, and who, at times, featured in certain types of procession and entertainment.

The name 'Woodwose' was derived from the Old English *wudu wasa* – a 'woodland being', and the idea of 'wildness' entered through the influence of the Middle English 'wood' (*wod*), which signified 'mad' or 'furious'. 'Woodhouse' is a corruption or misreading of 'woodwose'.

The concept of a shaggy, half-human creature which lives with the beasts in the wilderness – desert or forest – can be found in the mythologies and literature of many peoples. In the Assyro-Babylonian epic of *Gilgamesh*, which dates back to the second millennium BC, the hero fights and then makes friends with Enkidu – a hairy being, who had previously lived with the wild animals in the desert. In Greek and Roman mythology, there are fauns, satyrs, centaurs, and the Great God Pan – all of whom are shaggy and part-man, part-beast. Classical writers, such as Herodotus and Pliny the Elder, wrote of strange beings – half-ape, half-human – which were said to inhabit forests and distant parts of the world. Even today, public fondness for the idea that mysterious hirsute creatures still survive in remote regions lingers on in tales of 'Big Foot' and the 'Abominable Snowman', or *Yeti*. Classical representations of Hercules, clad in the skin of the Nemean Lion and carrying his club, may also have influenced the appearance of the Woodwose.

The various Wild Men were generally thought to have a dual nature. On the one hand, they were savage, lustful and uncivilized. On the other, they possessed a natural innocence, which could be turned to good account and transform them into loyal friends and protectors.

In Tudor and Stuart England, Wild Men, dressed either in skins or garments sewn with leaves, were a popular feature in pageants and processions. In the course of an elaborate entertainment offered to Queen Elizabeth I during a visit to Kenilworth Castle, a poet clad in moss and ivy emerged from a wood to compliment the Queen with a suitably loyal address.

Men dressed as Wild Men often acted as 'Whifflers' – people who marched at the head of civic and other processions to clear a way through the crowds. The leaf-clad ones were often referred to as 'Green Men'. This has led one researcher [Centerwall 1977 25–33] to suggest that the pageant 'Green Men' were representations of the Green Man of church architecture, and that Lady Raglan had, in fact, unwittingly hit upon the correct name. However, not all 'Whifflers' were thus attired. Indeed, in Norwich, whose cathedral boasts a fine Woodwose misericord as well as some Green-Man ones, the local 'Whifflers' were quite different in appearance.

An early eighteenth-century account of the procession which traditionally accompanied the election of a new Mayor of Norwich describes the dress of the 'Whifflers' as being scarlet satin breeches, white satin jerkins and hats decorated with a cockade of feathers and ribbons. Moreover, they carried swords, not cudgels, and were

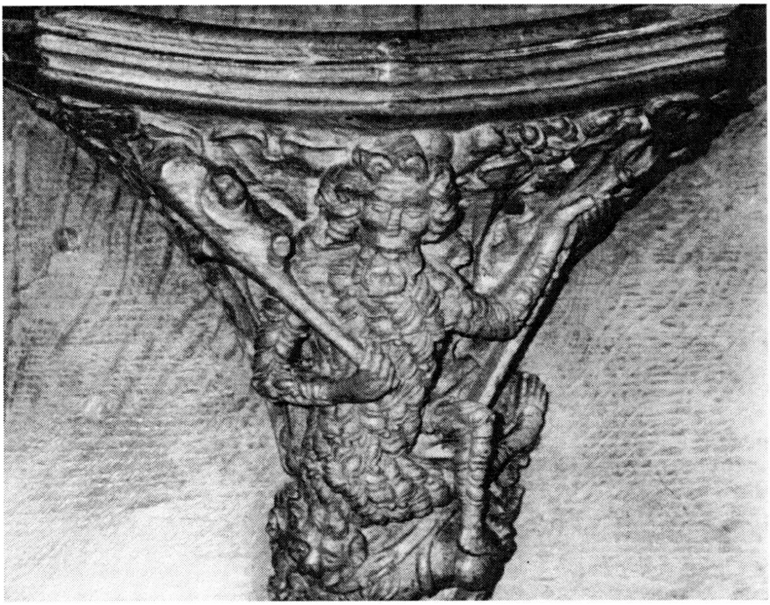

A woodwose on a misericord in Norwich Cathedral.
Photo: Mercia MacDermott. Reproduced by kind permission of the Chapter of Norwich Cathedral.

assisted by the 'Dick Fools', who wore painted canvas coats with red and yellow cloth caps, adorned with fox or cats' tails and small bells. They were also accompanied by the famous Norwich 'Snapdragon' a fearsome creature made of wood and basket-work covered with painted canvas, with moveable jaws and wings, carried by a man, and associated with the celebration of St George's Day organized by the Norwich Guild of St George, founded in 1385. The Norwich mayoral processions were, however, not entirely without their 'green' aspect, for, on the day of the ceremony, the street where the new Mayor lived would be strewn with rushes and planted with trees [Mackerell 1852].

During Tudor and Stuart times, the terms 'Wild Man', 'Savage' and 'Green Man' were interchangeable, and when, during the seventeenth century, the Distillers' Company took as its heraldic arms the 'Green Man and Still', the supporters took the form of club-bearing shaggy figures. Transferred to inn signs, they tended to be known as 'Green Men', but when Wild Men and Green Men ceased to appear in masques and processions, the relevant inns renewed their signs with pictures of foresters or Robin Hood. Quite recently some have adopted the foliate head.

The connection of foliage with intoxicating liquor is ancient. Ivy was sacred to Bacchus, since it was believed to counteract the ill effects of alcohol. The custom of displaying ivy, or some other greenery, outside premises with wine to sell goes back to Classical times. The saying 'Good wine needs no bush' was known to Shakespeare (*As You Like It* – Epilogue), and to the Romans, who said *Vino vendibili hedera non opus est* (Saleable wine needs no ivy), and passed the saying on to France, where they say *Au vin qui se vend bien, il ne faut point de lierre* (A wine which sells well needs no ivy). In other words, you do not need to advertise a good product!

Distillers and publicans were, however, not the only people to use Wild Men and Green Men as their symbols. A naked but shaggy Wild Man and a similar Wild Woman, both crowned with leaves, act as supporters in a representation of the Royal Arms of Sweden dated 1541. In this case, the man holds a cudgel which appears to have vestiges of roots still attached to it. The weapon is represented even more clearly as an uprooted tree on a Brunswick *taler* issued in 1578. This coin depicts a shaggy Wild Man holding a burning light and a small tree with the jagged remains of broken roots and branches. Wild Men and Green Men, bearded, but otherwise smooth-skinned, and wearing garlands of leaves on their heads and about their loins, were popular as supporters for the Arms of several German aristocratic and royal families, including the Kings of Prussia (from 1701 onwards), the Dukes of Pomerania, the Counts and Princes of Schwarzburg (Thuringia), and the Holzhausen family of Frankfurt, as well as the Dukes of Brunswick.[Neubecker and Little 1997].

The popularity of Wild Men and Green Men in German heraldry can be explained by the growth of German national consciousness during the sixteenth century. Patriotic Germans drew on descriptions by Roman authors, such as Tacitus, of the forest-living Germanic tribes who resisted conquest by Rome, and who, under Arminius (Hermann), annihilated a Roman army led by Publius Quintilius Varus in the Teutoburg Forest in 9 AD. The ancient contrast between the sophisticated, but often effete and corrupt, Roman world and the healthier, more virtuous forest-dwellers was fully exploited by German nationalists of the sixteenth and subsequent centuries, who did not see why the Latin races should have all the admiration and be regarded as the model for everybody else. The forest, with its mighty oak trees, became an essential symbol of German national identity

Modern Green Man pub signs.
Top left: *Hurst, Berkshire.* Top right: *Rackheath, Norfolk.*
Bottom left: *Shatterling, Kent. Photos: Ruth Wylie*

and pride; Simon Schama has described this process in detail in his book *Landscape and Memory* (1996: 75–134).

Some conclusions

If we turn to literature in the hope of discovering the meaning of the various foliate heads and figures which appear in so many contexts in post-Renaissance Europe, we shall draw a blank. There was no lack of books during this period. The prevailing mood of curiosity and enquiry, coupled with the invention of printing, ensured an abundance of writing of every kind from poetry to scholarly study. Yet, unless we are prepared to see a possible coded reference to the Green Man in every mention of trees or the colour green – and there is no good reason why we should – it appears that no contemporary considered the motif sufficiently important to merit mention.

We must therefore rely on circumstantial evidence and our own good judgement.

The Italianate Green Man did not figure in mediaeval churches, but made its appearance – or, rather, reappearance – at the time of the Renaissance as one of the many motifs borrowed from ancient Rome and used decoratively, without any deep significance. The people of the Renaissance and later, who filled their poetry, plays, paintings, gardens, and so forth, with Classical images and allusions, remained solidly Christian, whether Catholic or Protestant, and neither worshipped the ancient gods whom they resurrected, nor believed in the existence of nymphs, satyrs, cherubs and the rest, although they revelled in portraying them.

The use of foliate heads to decorate garden urns, well-heads and fountains, and its extension to wrought iron gates, is a perfectly logical adaptation of Roman precedents.

The frequent occurrence of foliate heads over, or flanking, domestic doorways and windows, suggests that some people may have regarded them as auspicious or protective, as well as decorative. The same may be true of foliate heads on armour, although we must stress that in neither case is there direct evidence that this is so. The urge to protect openings of all kinds against the intrusion of unspecified, unseen evil is both ancient and widespread. Ethnographers consider, for example, that the lavish embroidery at the neck, sleeve edges and bottom hem of Bulgarian folk costumes was originally intended as much to ward off evil as to decorate. It is the unadorned opening which is vulnerable, and the foliate head is just one of many forms of decoration used to remedy the situation by people who may well no longer be aware of the original reason for the custom.

Whatever messages foliate heads may have carried, they were clearly non-controversial, arousing no passions and offending no one. A Green Man, breathing out foliage and cornucopiae filled with leaves and fruit, appears on the decorative border of the title page of Martin Luther's appeal to a General Council (Wittenburg, 1520). The Puritans who took hammers to carvings of the Virgin and the Saints saw no great harm in Green Men and let them be. In staunchly Catholic Spain and Malta, as in Protestant England, Green Men were tolerated in churches and allowed to proliferate in homes and public places. In Italy, where the Renaissance resurrected Green Men and gave them a new lease of life, they appeared in situations both sacred and profane, including a seventeenth-century wine-cooler (Scacchi's frigidarium, 1622), which has prominent leaf-masks above its legs. [illustration, David 1996: 23] Their despondent expression does not, however, encourage the idea that they represent Bacchus. Rather they seem to be ornamental stereotypes, suitable to fill any bare corner.

Much the same type of leaf-mask appears on the memorial to John Bankes (died 1644) in Oxford Cathedral. Here the down-turned corners of the mouth may be intended to emphasize the tragedy of death (see photo page 48).

Tombs and memorials are among the few sites where it is possible to arrive at an accurate interpretation of the original messages conveyed by the Green Men set upon them. Greenery of any description generally expresses the idea of remembrance and renewal. Those foliate heads, and even skulls, which disgorge leaves may symbolize the passage of the immortal soul from the body to eternal life. Foliate heads may also be intended to remind the beholder of one or more of the numerous Biblical references to vegetation in connection with the brevity and transient character of life on Earth, such as 'all flesh is grass' (Isaiah 40.6), or 'there is hope of a tree, if it be cut down, that it will sprout again... but man dieth and wasteth away' (Job 14:7–10). We may be certain, however, that whatever particular idea was in the minds of those who chose to include a foliate head among the symbols on the tombs and memorials of those whom they had loved or respected, the image undoubtedly conveyed a Christian message.

An interesting tomb which combines coarsely grotesque foliate heads with fashionable Classical allusion is that of Richard Harford and his wife (1578), in Holy Trinity Church, Bosbury, Herefordshire. This is adorned by two large human heads, with wide mouths and rows of fearsome teeth, disgorging sprigs of pomegranates split to show the seeds. The pomegranate found its way into Tudor applied art during the reign of Henry VIII, since it was the emblem of Catherine of Aragon. At Ightham Mote (Kent), for example, it occurs in several places, including the painted wooden ceiling of the chapel, together with the Tudor Rose, in celebration of the King's marriage. To the ancients, however, the pomegranate was associated with the legend of Persephone and her sojourn in the Underworld, and it can be found in Roman tomb paintings dating from the fourth century BC, and preserved in the museum at Paestum in Italy. It was adopted into Christian art as a symbol of the resurrection, and sometimes the Christ Child is shown holding a pomegranate, as in Botticelli's 'Madonna of the Magnificat' (in the Uffici, Florence). A pomegranate also makes a symbolic appearance in the basket of fruit on the table of 'The Supper at Emmaus' by Caravaggio (National Gallery, London). Thus, the Green Men watching over the mortal remains of the Harfords in Herefordshire – a part of the world not suited to pomegranate growing – could well indicate a desire on the part of the couple to be seen as up-to-date people with a knowledge of the Classics.

From the information at our disposal, the most logical conclusion is that, in the wake of the Renaissance, Green Men survived and flourished mainly because of their Classical connections and decorative potential, aided and abetted by fashion.

We have traced the ancestry of some Green Men back to Roman prototypes, but the Classical foliate head does not disgorge foliage. The lineage of those Green Men who do must be sought elsewhere. In pursuit of their pedigree, we will now go still further back into the past – to the Gothic 'Golden Age' of disgorging Green Men.

5: THE GOTHIC AGE AND ITS GREEN MEN

Gothic architecture flourished in the Catholic countries of Europe from the middle of the twelfth century to the end of the fifteenth. Despite its name, it has nothing to do with the Goths – a Germanic people who played a leading role in the downfall of the Roman Empire. The term 'Gothic' as applied to architecture was unknown to those who built the great Gothic cathedrals. Like Baroque, it was originally a pejorative word, and was first used by Renaissance Italians who disliked the style and considered it 'crude' and 'barbarous'. Foremost among them was the sixteenth-century art-historian and architect, Giorgio Vasari, who chose to believe that 'Gothic' forms had been introduced to Italy by the barbarians who sacked Rome. Many of his fellow-countrymen were equally unenthusiastic about Gothic architecture, and in Italy it never achieved the universal popularity that it did in France, Germany and England.

The essence and origin of Gothic style

The most obvious and best-known feature of Gothic architecture is the pointed arch. This was not merely a change of aesthetic fashion from the previously ubiquitous round arch. It was also a technical innovation which opened up a whole new range of architectural possibilities.

Pointed arches exert less lateral thrust than round ones, and, in the form of rib-vaulting, they can also bridge wider and more varied spaces than the Romanesque barrel vaults. Strengthened by external flying buttresses, ribs function as a skeleton, supporting the weight of the building, so that the structural role of the walls is minimized. Solid blank stone can be replaced by huge windows. Mediaeval craftsmen were not able to produce large sheets of glass but they made a virtue out of necessity by filling window space with small pieces of stained or painted glass. These were held in place by lead framing and formed beautiful patterns or depicted scenes from the Scriptures. Thus colour, light and airiness of a kind impossible in earlier buildings became the hallmark of Gothic architecture.

Contrary to Italian prejudice Gothic architecture was not a barbarian import but developed in what was then one of the most civilized parts of Europe – the Ile de France around Paris. The region was the power base of the Capet dynasty, named after Hugh Capet, who became king in 987, after the last Carolingian monarch had died childless. The Capetians reunited the country, and set in motion the process which made twelfth-century Paris an international centre of culture and learning. There learned men like Peter Abelard (1079–1142) taught and debated. The first Chancellor of Oxford University, Robert Grosseteste (1175–1255) travelled from England to study in Paris.

Louis VI (1108–37) consolidated his realm and his own royal authority by successfully combatting external enemies and suppressing banditry on the part of local barons. He was also a generous benefactor of the Church, and took as his close adviser Suger, Abbot of St Denis (1081–1151). St Denis is the patron saint of France, and the abbey had been founded as a royal mausoleum by King Clovis in 507. In Suger's time it was still being used as such, although it had become somewhat dilapidated and needed extensive work.

Suger was a learned and energetic man, who held strong views on the role that architecture could play in strengthening faith and piety. He believed in the power of vast, awe-inspiring churches, with forests of columns and soaring arches, with glowing, jewel-like windows telling stories of the Saviour and His Saints, and with every stick and stone gilded, enamelled or richly painted in vibrant colours to convey to the dazzled worshippers, who lived in pokey, smoke-filled hovels, something of the majesty of God and the wonders of Heaven which awaited repentant sinners. He stretched his imagination to the limit in order to find Christian symbolism in all the new architectural elements: he saw, for example, the ribs as representing the Prophets and Apostles, who were the carriers and upholders of Christianity.

Ribs had long been used as a purely decorative element in earlier buildings and the earliest known use of rib vaults occurs in Durham Cathedral (1093). Suger, however, was the first to build entirely in the new style. Between 1137 and 1144, he reconstructed parts of his abbey, and his example inspired the building of other Gothic churches in the Ile de France. Soon the style spread to other areas of France and beyond her borders.

Gothic architecture was born in the Abbey of St Denis, but many monastic foundations already had churches adequate for their needs. Most of the new-style Gothic cathedrals were built to serve the needs, not of monks, but the motley populations of the rapidly developing towns.

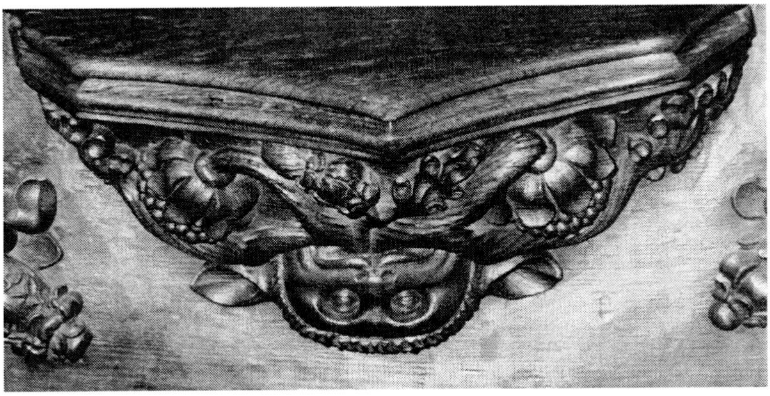

A misericord from Ripon Cathedral. c. 1494. Photo: Mercia MacDermott. Reproduced by kind permission of the Chapter.

Mediaeval society

The majority of the Green Men found in Gothic churches are different in style from those of the Renaissance period which we have just explored. They are also unlike those of the earlier Romanesque period which we have yet to visit in our search for the origin of the motif. In each era the outlook and priorities of the dominant classes played a part in determining the form of minor decorative elements, as well as whole buildings.

To have any chance of understanding what meaning the Green Men in Gothic churches may have had, we need to know something about the people who built these churches and worshipped in them. Indeed, the more we know the better but there is room in this book only for some basic information and a few signposts. Serious explorers will need to go further under their own steam!

Gothic architecture developed at a time when towns were beginning to assume greater economic and political importance. The long-established concept of Christian society as a three-fold entity, consisting of those who prayed (monks and clergy), those who fought (knights) and those who laboured (peasants), was being dented and called into question by the appearance of a new urban class of merchants and craftsmen. Tightly organized in guilds and confraternities, and proudly jealous of their liberties as townsfolk, the newcomers derived their status from wealth, rather than from birth or sanctity, and challenged the supremacy of feudal lords and clerics.

Then, as now, the world of commerce was a risky place and fortunes could be lost as well as won. Indeed, images of the Wheel of

A foliate head in the choirstalls of Christ Church Cathedral, Oxford. Photo: Mercia MacDermott. Reproduced by kind permission of the Dean and Chapter of Christ Church Cathedral, Oxford.

Fortune, borrowed from antiquity, appear in mediaeval art and churches. Naturally those with the greatest wealth played the leading role in civic affairs, including the building of cathedrals, but the very rich represented only a small percentage of those who crowded into the limited space within the walls which every city considered necessary to its safety and prestige. Princes, patricians, artisans, apprentices, vendors of this and that, bakers, vintners, labourers, beggars, prostitutes, musicians, clergy, friars, lawyers, physicians, foreigners, servants, thieves and philosophers all found a place in the urban communities for whom the great Gothic cathedrals were built.

In many cases almost everybody contributed something towards the construction of a cathedral or church, whose size and magnificence would reflect the community's pride in its city and itself. Not only kings, bishops and abbots, but also city councils, guilds and groups of citizens acted as initiators and patrons of ambitious building projects. Gothic cathedrals were so expensive and took so long to complete that often a succession of patrons and architects was involved in their construction.

Wealth in the form of money, rather than land, was suspect in the eyes of the Church. In the pre-Gothic churches, built mainly by monks, lurid carvings warned worshippers against *Avaritia* (greed for money) and its attendant vice, *Luxuria* (which may be translated as 'debauchery'). The mediaeval Church was particularly opposed to usury, and taught that eternal damnation awaited the money-lender, who lived without working by the sweat of his brow and earned interest even when he was asleep! Initially the Church made little distinction between moneylending, pure and simple, from which only the lender gained financially, and investment in commercial enterprises from which, if successful, all parties eventually profited. Even when the Church acknowledged the necessity for trade, it did not altogether cease to regard commerce as something shameful and degrading, and to condemn usury out of hand.

Among the most vehement critics of usury were the mendicant friars of the Dominican and Franciscan Orders, who, unlike most monks, were based in the towns and cities. They used stories known as *exempla* to illustrate the points made in their sermons. One of these concerned a freak accident, said to have occurred in Dijon in 1240, when a stone purse forming part of the figure of a condemned usurer in the carving of the Last Judgement above the church portal miraculously detached itself and fatally struck the head of a living usurer, who was attending a wedding! [Le Goff 1997: 250]

The merchants, for their part, were clearly worried, even fearful, about their fate in the next world, and there were many cases of rich men giving their wealth to the poor, late in life or in their wills. Merchants often meticulously recorded sums set aside for charity in their business accounts, in the hope that this would stand them in good stead on the Day of Judgement, since the greater the profit, the greater the donation. One successful merchant, Uomobuono Tucingo of Cremona (whose apt baptismal name means 'Good Man'), was so regular in his attendance at church and so generous in his charitable works that, when he died suddenly at Mass in 1197, Pope Innocent III yielded to clamour from his fellow-citizens and canonized him as St Homobonus a mere two years later!

Though guilty fears about the spiritual consequences of making money through trade persisted, they did not, of course, inhibit the growth of commerce. Some churchmen, like the Franciscan Berthold of Regensberg, sought theological formulae which would reconcile 'honest trading' with God's will and purpose. The development of the doctrine of Purgatory also provided some comfort for troubled consciences. This offered sinners a second chance to expiate their sins and avoid eternal damnation by spending an appropriate period of purification through torment in Purgatory. Here, as in the world of business, money appeared to talk. Those who could afford to do so left large sums for masses to be said for their souls preferably in specially built chantry chapels, in the belief that this would shorten their term in Purgatory and hasten their entry into Heaven.

The urge to save one's soul by renouncing personal wealth was a constant phenomenon during the Middle Ages. One expression of this urge was the foundation of orders of mendicant preaching friars, who relied on charity for support and who were approved by the Church. Another was the appearance of unofficial groups of lay people who attempted to follow the example of the Apostles and early Christians, who 'had all in common'. These groups included settled communities who, like the French *beghards* and *beguines,* lived semi-monastic lives without taking binding monastic vows, and a great assortment of itinerant preachers and would-be Messiahs [Cohn 1993; Lerner 1972].

Disaster and upheavals, such as war and epidemics, were common during the Middle Ages. Many people thought that these

A bench end in the parish church of St George, Bicknoller, Somerset. 1534. The seed-capsules are poppy heads. Photo: Ruth Wylie.

occurrences foretold the imminent appearance of the Antichrist and the start of the apocalyptic events which would lead to the establishment of a new heaven and a new earth, as described in the Book of Revelation (Chapters 20–21). Some felt that the Church itself was losing its way, and that the clergy, and even the Pope himself, had become too worldly and lacking in Christian virtues. As a result, there was always a ready audience for preachers who fuelled millenniarist hopes, identified the clergy with the Antichrist, proclaimed themselves to be the new Messiah, or offered new extreme ways of achieving salvation.

Many of these preachers, and even some harmless members of settled lay communities, were accused by the Church of heresy and all manner of immorality. The same allegations of shocking practices, couched in almost the same words and generally unsubstantiated, were regularly trotted out against groups and individuals as diverse as the Cathars, *beguines* and so-called 'Free Spirits'.

Throughout the Middle Ages, heresies, extremist movements and religious persecutions formed a constant undercurrent, and we need to be aware of them. So far absolutely no evidence has been found to support the speculation that some Green Men might reflect this undercurrent.

The changes in the siting and patronage of cathedrals affected certain aspects of architecture and decoration, apart from the main structural ones. Most cathedrals were now built within walled cities, amid a labyrinth of narrow streets and jumbled houses, where space was at a premium. An uninterrupted view of the building was often possible only from one direction, and therefore the main external decoration was concentrated on that side of the cathedral. In most cases, this was the west front, where the main portals opened onto an approach road or town square. West fronts were often adorned with serried ranks of the great and good: Apostles, Old Testament Patriarchs, saints and kings and queens.

Scenes of the Last Judgement and depictions of the Vices were fewer, less prominent and less horrific than in monastic churches. Unlike the monks, who had renounced the world and its vanities, the townsfolk (especially the more affluent and influential) were firmly rooted in material things, and preferred to dwell on the rewards of virtue rather than the punishment of sin. The new cathedrals, filled with colour and light, were designed to give the worshipper a foretaste of Paradise, and so the decoration placed the emphasis on the joys of Heaven, rather than the horrors of Hell.

A double-headed roof-boss in the cloisters of the Cathedral of the Holy Trinity, Norwich, Norfolk. Fourteenth to fifteenth century. Photo: Ruth Wylie. Reproduced by kind permission of the Chapter of Norwich Cathedral.

While grandiose west fronts offered patrons and artisans opportunities to create sublime spectacles of holiness, other aspects of the new style of architecture provided suitable sites for small-scale artistic initiative. Prominent among them were the intersections of the ribs that supported the roofs of naves, aisles, chapels and cloisters. These could be enlivened with carved roof-bosses of a decorative or didactic nature. Like misericords, arm-rests, and other parts of choir-stalls, roof-bosses soon became a favourite haunt of foliate heads.

Multiple Green Men on a roof-boss in the church of St Mary, Haverfordwest, Pembrokeshire. Early sixteenth century. Photo: Ruth Wylie.

Before examining the Green Men associated with Gothic architecture, we shall take a brief look at the gardens of the period. By so doing we shall gain further insight into the intriguing workings of the mediaeval mind and may find some clue to the meaning of the Gothic Green Man.

Mediaeval gardens and attitudes towards nature

The early years of Gothic architecture coincided with the reappearance of gardens purely for pleasure. Such gardens had existed in Roman times and still existed in countries under Islamic rule. For many centuries after the collapse of the Roman Empire, however, the only gardens in western Europe were those where plants were grown either for food or for medicinal purposes, as they were in monasteries. Charlemagne (742–814) encouraged the revival of garden-making, but it was from the thirteenth century, onwards that gardens really become popular, both in art and literature and in reality.

Mediaeval people loved flowers and trees, but they made no attempt to identify with nature. On the contrary, they tried to tame it for their own enjoyment in small, manageable, well-fenced units. The wildwood was too wild and too dangerous, and the forest was the province of those rich enough to exploit its resources by hunting or for timber. The mediaeval garden, or herber, was essentially a tiny Garden of Eden: an enclosed space, usually under an acre in size, protected against the outside world. Inside, there would be grassy banks to sit upon, herbaceous borders, trellises, a bower or a shady alley of pleached trees (trees closely planted in two rows and carefully trained and pruned so that their intertwined branches form a continuous tunnel), a lawn – either green and close cut, or studded with daisies, with a fountain in the middle, and, perhaps, a small 'flowery mead'. Richer people with more space might also have an enclosed orchard, and even a much larger, but also enclosed, pleasure garden, where wild animals were kept to be looked at and not hunted.

Small private herbers appeared in the growing towns and cities, where people first began to feel the need to have some contact with nature, albeit of a severely domesticated kind. Such gardens were the prerogative of the upper classes. The ladies would sit at leisure in a fragrant green oasis, well insulated against the outside world, and, indeed, against Nature in her freer, more natural form.

Mediaeval Christians endowed everything possible with religious symbolism, and they made the herber, or *hortus conclusus* (enclosed garden) a metaphor for the Virgin Mary, whose cult was becoming increasingly popular. The idea of the *hortus conclusus* originated in those verses of the Song of Solomon – written in a very different context – which state: 'A garden enclosed is my sister, my spouse; a spring shut up, a fountain sealed. Thy plants are an orchard of pomegranates, with pleasant fruits; camphire, with spikenard, spikenard and saffron; calamus and cinnamon, with all trees of frankincense; myrrh and aloes, with all the chief spices; a fountain of gardens, a well of living water, and streams from Lebanon.' (Song of Solomon, 4.12–15). Much of our knowledge of the appearance of mediaeval gardens and the flowers grown in them is derived from

A roof-boss in the gatehouse of Jumièges Abbey, Seine Maritime, Normandy. Thirteenth century. Photo: Ruth Wylie.

paintings of 'Mary Gardens', i.e. pictures of the Virgin sitting in just such an enclosed garden, in which the plants are not only recognizable, but also had symbolic Christian meanings.

The leaves of Southwell

During the thirteenth century, when enclosed gardens and plant symbolism were popular, naturalistic leaves began to replace stiff, stylized foliage in a number of newly-built cathedrals. Some thirty different species of plants and flowers have been identified in Reims Cathedral, and the new fashion was copied in several other cathedrals, including Naumburg, Magdeburg, Leon, Chartres, and Lincoln.

Lincoln Cathedral has an unusual Green Man at the base of an arch of naturalistic foliage which leads into the choir aisle. For Green Man enthusiasts, however, the best place to see the motif combined with botanically accurate stone plants is Southwell Minster, Nottinghamshire.

Southwell Minster was founded in Anglo-Saxon times, and a fragment of Anglo-Saxon carving, including a wyvern with a coiling, leafy appendage, is preserved over a door in the west wall of the Romanesque north transept, The Minster was a collegiate foundation within the Diocese of York. It was governed by a Chapter of secular canons, who had not taken monastic vows but were priests in Holy Orders in receipt of a prebend, or special stipend.

About the middle of the twelfth century the original Anglo-Saxon church had been replaced by a Romanesque one whose nave, transepts and towers (crossing and western) are still standing. During the first half of the thirteenth century the Chapter decided to demolish the Romanesque chancel and build a much larger choir (or quire) in the new Gothic style. Towards the end of the thirteenth century, they added a glorious octagonal Chapter House with huge windows and carved foliage remarkable both for its profusion and its naturalistic precision.

The Chapter House is entered from the north side of the choir through a passage where all the archways and capitals are decorated as though for a festival, with garlands and bunches of exquisitely carved vegetation. Around the walls of the Chapter House there are thirty-six seats, separated by columns with leafy capitals. Above each seat is a trefoil arch, surmounted by a leafy gable, and in each case the tympanum (the space between the arch and the gable) is richly decorated.

In six of the thirty-six tympana there are heads disgorging various types of foliage, mainly plants rather than trees. In the seventh a pensive young man, with a foliage-spewing Green Man as his neighbour, gazes out intently from behind sprays of hawthorn, which he holds apart with his hands. There is also a hawthorn mask, with leaves arising from its chin and forehead, above the abacus of a capital decorated with flowering hawthorn. The ninth foliate head in the Chapter House is on a corbel and disgorges ivy to the right and maple to the left. One tympanum in the Chapter House contains an example of foliate tails: two reptiles, whose linked tails turn into sprigs of hawthorn with berries.

In two of the tympana containing Green Men, birds are also present. In one, they peck at sprouting buttercups and, in the other,

at an ivy stem and a smaller bird, possibly a chick. Birds in combination with Green Men are fairly rare. Other examples occur in the Chapter House of Noyon Cathedral (Oise, France), where they are seen stealing grapes from a vine disgorged by a pleasant-faced Green Man, and at Sutton Benger (Wiltshire), where finely sculpted birds, reminiscent of William Morris's 'Strawberry Thieves', are eating berries from a mass of hawthorn emerging from the mouth of one of the most celebrated Green Men. This Green Man has an unusually intelligent and refined face, and, although he is believed to date from the thirteenth or fourteenth century, some re-working may have been done by Victorian restorers.

In 1933, Professor A.C. Seward made a systematic study of the leaves of Southwell, with a view to identifying them botanically. Not

Opposite: *A face peeps through fruiting hawthorn branches in one of the tympana of the Chapter House of the Minster of the Blessed Virgin Mary, Southwell, Nottinghamshire. c.1290.*

Above: *A head disgorging ivy, with two birds and a fledgeling, in a tympanum in the Chapter House of the Minster of the Blessed Virgin Mary, Southwell, Nottinghamshire. c.1290.*

Photos: Ruth Wylie. Reproduced by kind permission of the Dean and Chapter of Southwell.

One of the many Green Men in the tympana of the Chapter House of the Minster of the Blessed Virgin Mary, Southwell, Nottinghamshire. c.1290. The plants have been identified as buttercups and hops. Photo: Ruth Wylie. Reproduced by kind permission of the Dean and Chapter of Southwell.

all could be identified beyond doubt, but he was able to establish that maple leaves were the favourite choice, occurring some thirty times in the one hundred and forty examples examined. Oak came next, with twenty-six examples, followed by hawthorn (nineteen or twenty examples), ranunculus (buttercups) and potentilla (nineteen), and vine (eighteen). Together, these account for over eighty percent of the examples, with ivy, hops, and two examples each of rose and bryony as part of the remaining twenty percent [Seward 1933–34: 1–32].

The leaves appear to have been chosen for their decorative qualities rather than for their magical significance. The maple so favoured by the Southwell masons does not figure prominently in English folklore as a magic tree. Neither, strangely, does the oak, although it is universally venerated for its size, long life and strength, and often served as a boundary marker, or place of assembly. Hawthorn is, indeed, a magical plant associated with a whole range of rites and superstitions, but these are almost all centred on the flowers, (i.e. the May blossom) while, as often as not, it is the fruit which the Southwell and other masons chose to depict in addition to the leaves. For obvious reasons buttercups were included in May Day garlands and rituals aimed at increasing the quality of dairy produce, while potentilla was believed to protect against witches and to cure fevers. Potentilla's alternative name of Cinquefoil gives the clue to its popularity with masons, since its five-fingered leaf is exceedingly decorative, like those of the maple, oak and buttercup.

The leaves themselves are the most important element in Southwell, and the Green Men seem subordinate to the wonderful foliage in the same way that vases are subordinate to the flowers which they display. The actual heads are not particularly striking, and their expressions tend to be calm and untroubled. The same can also be said of the foliate figures on the Minster's unusual fourteenth-century misericords. On one, a man in a long robe sits in a relaxed position, with his hands resting on his knees, calmly disgorging huge leaves to left and right. On another, two jolly twins embrace each other, with foliage, flowers and grapes emerging like tails from under their short tunics. On a third, a curious figure, with a human head and a body reminiscent of a grub or woodlouse, contentedly strokes foliage arising from a tail, which it holds in front of itself with its other hand. More foliage flows behind it from the tip of its cap.

Green Man enthusiasts tend to notice Green Men to the exclusion of all else, and explorers bent on assessing the significance of the Green Men of Southwell need to bear in mind that they represent only a small part of the decoration as a whole. Many other images appear among the famous greenery. On one capital, for example, two boars eat acorns among huge oak-leaves; on another, a hare is cornered by two hounds among ivy. There are also numerous other motifs, including heads, both portraits and caricatures, dragon-

A thirteenth-century misericord in the Minster of the Blessed Virgin Mary, Southwell, Nottinghamshire. Photo: Ruth Wylie. Reproduced by kind permission of the Dean and Chapter of Southwell.

like creatures, lions, a ram, a dog, a bull, a merman, a man gathering grapes, a goatherd and goat, and sundry birds.

Elsewhere, Green Men also occur among naturalistically carved foliage, but not in such great numbers as to make them part and parcel of the style. In Reims Cathedral, for example, the inner west wall is decorated with fifty-two niches containing Old Testament figures, framed by panels and spandrels filled with naturalistically carved leaves and flowers. There are, however, only two Green Men – both of them stereotype leaf-masks which occur in the spandrels on either side of just one of the fifty-two niches.

The naturalistic style did not catch on everywhere, neither did it last. By the fifteenth century, there was a return to more abstract forms of foliage.

Green Men with recognizable foliage occur not only in those cathedrals noted for their naturalistically carved vegetation. They can also be found in other, less leafy, sites. The most popular foliage includes oak, ivy and vines. The Green Man roof-bosses of Exeter Cathedral are unusual in disgorging what may be either wormwood (*Artemisia absinthium*), or mugwort (*Artemisia vulgaris*), or possibly even silverweed (*Potentilla anserina*). The vast majority of Gothic Green Men, however, have vegetation to which one could not hazard a name.

Where to look and what to look for

Examples of foliate heads can be found in virtually every Gothic cathedral, and in many parish churches as well. Part of the pleasure of visiting them lies in searching for Green Men and coming upon them unawares. But beware! Always make sure that you look properly, and, if possible, do some homework or take advice before you go. There is nothing more galling for a Green Man enthusiast than to visit a wonderful church, only to discover, when it is too late, that you have missed something important!

Some cathedrals built in the new Gothic style during the thirteenth century already contain several types of Green Man, including both leaf-masks and heads sprouting or spewing out vegetation. These proliferated in an astonishing range of imaginative variations throughout the fourteenth and fifteenth centuries. Capitals, corbels, doorways, porches, canopied tombs, fonts, roof-bosses, choir-stalls, misericords, Lady Chapels, and Easter Sepulchres are among the more promising sites. Some churches are so rich in foliate figures that even the most assiduous spotter may fail to notice a few less obvious examples.

Italianate heads are, of course, absent, and, if the building is pure Gothic, so are the characteristic Romanesque 'cat-faces' which, for some unknown reason, became extinct following the introduction of pointed arches. Such is the profusion of new images that their absence is not missed.

There is nothing grotesque, menacing or anguished about the early Gothic heads of Southwell, but this is by no means the norm. Many Gothic Green Men look haggard, wrathful, malevolent, aggressive, or despairing. Some leer or snarl, or stick out their tongues. Some are plainly demons, while others seem to be suffocating in their foliage, or being consumed by it.

The least variable of foliate heads is the perennial leaf-mask, because the concept itself imposes certain limitations. The leaves used to create such faces are usually non-botanical, or stylized acanthus, with the nose, eyes and lips taking the simplest of human forms. Despite these limitations, this genre has provided what is possibly the most striking and unforgettable Green Man ever created. This is the mask composed of a single acanthus leaf on the plinth supporting the statue of the Rider in Bamberg Cathedral (c.1237). Exceptionally, it is oblong in shape, unlike the majority of leaf-masks, which tend to be rhomboid, roughly triangular, or five-pointed like a vine or maple-leaf.

A face or simply foliage? The Cathedral porch, Villefranche-de-Rouergue, Aveyron, France. Photo: Mercia MacDermott.

A few foliate designs are composed entirely of leaves arranged in such a way that they suggest a face without actually having any human features. Unlike other leaf-masks, which have added eyes, noses, lips, etc., these rely on such devices as curls in a leaf and hollowed-out spaces between the leaves to produce the effect of a face. In some cases, the 'face' is plain to see, while in others it may exist only in the imagination of eager Green Man spotters.

In comparison with leaf-masks, the 'spewers' and 'sprouters' are far more varied, both botanically and in composition. In the most common form, the vegetation proceeds from the mouth in twin shoots which curl upwards, outwards, or downwards. In many cases, leaves may emerge – instead of or in addition to the mouth – from the nostrils, the corners of the eyes, the eyebrows, the upper lips (like moustaches), the cheeks, the temples, the centre of the forehead, the top of the head, and, more rarely, the ears. Occasionally - and these are, perhaps, the most unpleasant and disturbing images of all - the leaves sprout from the eye-sockets like some parasitic growth that has blotted out the light. These are totally different in character and effect to the Renaissance image on the picture frame described in the previous chapter.

Most Gothic Green Men are, to a greater or lesser extent, distorted or grotesque in appearance. Some are cross-eyed. Some have irregular or unpleasantly prominent teeth. Many have their tongues out, and a few even have double tongues. Some have beards, either leafy or hairy. Some have horns, and some have ears more like those of animals than humans. Most are bareheaded, while a few have leaves in place of hair, and some have crowns or various other types of headgear. A few even appear to have employed skilled hairdressers!

Occasionally Green Men occur in pairs, as on a roof-boss in Exeter Cathedral, or in clusters – a fine example can be found on a boss in the south aisle of Chichester Cathedral (see photo on next page), where a ring of six interlocking faces share six eyes between them. In Chartres Cathedral, near Paris, there is a group of three thirteenth-century heads, side by side above the portal of the south transept. The central head is an acanthus leaf-mask, while its companions to either side respectively disgorge vines with grapes and oak-leaves with acorns.

Some Green Men have triple faces – one full and two in profile, with the latter disgorging foliage. Triple heads representing certain local deities occur in the art of Celtic tribes, both in the Gallo-Roman

Six Green Men with just six eyes between them. A roof-boss in the south choir aisle of the Cathedral of the Holy Trinity, Chichester, West Sussex. Early thirteenth century. Photo: Ruth Wylie.

period and earlier. They were particularly associated with the Remi – a tribe who lived in northeastern Gaul around present-day Reims, but examples have also been found in other areas, including Provence, the Dordogne, Scotland and Ireland [Green 1994: 171–9]. These Celtic heads could have provided the inspiration for the later mediaeval ones, but, unlike the latter, they were never foliate and never disgorged leaves. Triplication was common in Celtic art, both in the form of heads alone, and in the form of separate identical figures. Its probable purpose was to emphasize and augment the power of the image by repetition. In mediaeval Christian art, triple heads, or 'tricephaloi', can convey two entirely contradictory meanings: they can represent either the Holy Trinity or Triceps Beelzebub, Prince of Hell! This makes things difficult for Green Man explorers, and each example requires individual interpretation.

A face or not a face? A misericord from a Benedictine monastery in Ghent, Belgium, now in the church of St Andrew, Gatton, Surrey. c.1500. This misericord is one of several in the same style. All the others have clearly defined faces with various expressions. Photo: Ruth Wylie.

There seems little doubt as to the infernal nature of the impressive tricephaloi on the facade of the twelfth-century church of San Pietro in Toscanella (Viterbo, Italy). These are situated above and below an unglazed window with three columns. The lower tricephalos has a torso and arms, with which he embraces a large serpent. From his two mouths in profile there emerge stems which coil upwards, enclosing leafy medallions, a dragon, and two half-human, half-monster figures. These stems enter the side mouths of the upper figure, which consists simply of a triple head with two horns. The tongues of both central faces are protruding, and recognizable among the vegetation are two large poppy seed-heads, close to the side mouths of the lower tricephalos. As the source of opium, poppy seed-heads generally symbolize sleep or death. This particular composition is, as far as I know, unique.

The same infernal association can probably be assigned to the disgorging tricephaloi found on rare English fifteenth-century

A wooden roof-boss in the church of St Mary, Atherington, Devon. Photo: Ruth Wylie.

misericords. Misericords were usually sites for grotesque and humorously profane carvings. It seems unlikely that the monks of Whalley Abbey (Lancashire) or Cartmel Priory (Cumbria), for whom the tricephalic misericords were made, would have been so blasphemous as to rest their backsides on the Holy Trinity!

On the other hand, you can never tell! What shocks us would not necessarily have shocked mediaeval people, and vice versa. Who knows for certain whether the monks, seated upon their tricephalic misericords, saw themselves as subduing Beelzebub or as supported in their infirmity by the Holy Trinity?

In St Mary and All Saints in Whalley (once the church of a Cistercian Abbey), the carvings on the misericords include a wife hitting her husband with a frying-pan, a single-faced, bearded head

*A nave roof-boss in the Priory Church of SS Mary and Cuthbert at Bolton Abbey, North Yorkshire. Sixteenth century.
Photo: Ruth Wylie.*

disgorging foliage, and a tricephalos with two other heads in profile as supporters, dangling on stems which emerge from its side mouths. Little remains of Cartmel Priory apart from the gatehouse and the church, where, on one of the misericords, there is a fine tricephalos, with a crown, a wrinkled brow and corkscrew-curled moustaches and beard (see photograph page 98).

As we have already seen in Southwell Minster, not all foliate heads fall into one of the two main categories of leaf-masks and disgorgers. Some merely peep out through foliage which surrounds them but does not form part of them. In most cases, the foliage fits quite closely around the face, especially if the motif occurs on a roof-boss. Examples of 'peerers' can be seen on the tomb of St Frideswide in Oxford Cathedral; on a section of a screen made for Siena Cathedral in the third quarter of the thirteenth-century (now in the Victoria and Albert Museum), and in the vestibule of York Minster's Chapter House.

Occasionally faces are surrounded with leaves or petals so that they resemble anthropomorphic flowers. Leaf-ringed faces can be found in company with spewing Green Men and various animal and tongue-showing masks on the roof-bosses in the cloisters of Canterbury Cathedral. 'Flower-faces' are especially numerous in Gloucester Cathedral, where they appear on bosses in the north aisle of the nave and in the south porch. Unlike most other foliate heads, 'flower-faces' are generally smiling, like representations of the Sun.

Most Green Men are simply severed heads but a few have limbs and bodies. Apart from those already mentioned in the section about Southwell Minster other notable examples can be seen in the spandrels of the early fourteenth-century choir-stalls of Winchester Cathedral. Here, in addition to profile heads disgorging tangles of leafy branches, there are also complete figures, clothed like mediaeval warriors in tunics and armed with swords and bucklers, with sprays of foliage sprouting from their mouths.

Sometimes the roles of man and leaf are reversed, so that heads grow out of foliage instead of emitting it, Yet another variation on the half-plant, half-human theme is the design in which the head and torso of a man or woman rises like a flower-spike or fruit from a basis of vegetation. Good examples can be seen on the tympanum of the Royal Portal of Chartres Cathedral in France.

Some Green Men do not have flesh at all, but are merely skulls, placed in *memento mori* situations, as in Haddon Hall chapel, in Derbyshire (fourteenth to fifteenth centuries).

We have yet to explore the typically Romanesque 'cat-faces' which disgorge long stems rather than leaves. Although these went out of fashion with round arches, foliate animals of a different design continued to be popular in the Gothic period and were treated in the same style as human heads. Often, on closer examination, a particularly repulsive foliate head on a boss or poppy-head bench-end will turn out to be a lion – the beast most favoured by carvers. Other animals, however, do occur, and one fine example – a dog-like creature disgorging greenery – can be seen, unusually situated, at the *base* of one of the pillars in the Trinity Chapel in Salisbury Cathedral.

Explorers wishing to find and compare a great variety of Green Men in the form of bosses should visit the cloisters of Norwich

A double-headed roof-boss in the retro-choir of the Cathedral of St Peter, Exeter, Devon. Early fourteenth century. The foliage is mugwort or wormwood. Photo: Ruth Wylie. Reproduced by kind permission of the Dean and Chapter of Exeter.

Cathedral, rebuilt in the fourteenth century after the original Romanesque ones were destroyed in a riot in 1272. Here, among some four hundred bosses depicting everything from scenes from the Book of Revelation and the lives of the saints to a windmill and an owl, there are clusters of leaves – oak, hawthorn, grapes and wild rose – and at least a dozen or more wonderful foliate heads.

The cloisters of Canterbury Cathedral (early fifteenth century) are also rich in foliate heads of various kinds. Unusually, some of those who are shown peeping through leaves rather than disgorging them actually appear to be laughing.

For sheer numbers of Green Men within a relatively small area, the ancient buildings of Oxford are hard to beat. Numerous heads can be found in college chapels (e.g. New College), cloisters and

A tricephalos misericord in the priory church of SS Mary and Michael, Cartmel, Cumbria. 1416–41. Photo: Ruth Wylie.

passage ways (e.g. Magdalen), and entrances and exteriors (e.g. Pembroke, Magdalen, and Merton). Not all of them, of course, are mediaeval. Some are eighteenth or nineteenth-century restorations or additions. Many are Renaissance. One, at least, in the garden of St Edmund Hall, is late twentieth century (see page 189).

Green Man explorers will sometimes find visits to small country churches as rewarding as those to great cathedrals. Interesting examples, often carved in wood rather than stone, can be found as roof-bosses (fourteenth or fifteenth century) in churches in Devon, such as St Andrew's in South Tawton and St Andrew's in Sampford Courtenay. Many of these are neither happy not serene, but look hostile, tormented or even close to death, with bared teeth or protruding tongues. Some of the more afflicted and moribund may reflect the terror of the Black Death, which decimated whole populations on the Continent and in England during the middle of the fourteenth century.

One remote parish church – Hawton in Nottinghamshire – has a rare example of a Green Man with protruding tongue and foliage growing out of its ears carved on the spandrel of an Easter Sepulchre (see photograph on page 100). Few Easter Sepulchres have survived in England, and many people are no longer aware of their existence and role in the symbolic re-enactment of Christ's burial and resurrection which, prior to the Reformation, began on Maundy Thursday and continued until Easter morning.

Easter Sepulchres were often moveable structures, consisting of a wooden frame covered with rich cloths, brought into the church when required and then removed again after standing empty from

One of the several 'flower-faces' in the Cathedral of St Peter and the Holy Trinity, Gloucester. This roof-boss in the south porch is nineteenth century. A similar one can be seen in the north aisle. Photo: Ruth Wylie.

Easter Day until the Friday after Easter. In some churches, however, they consisted of a special recess built into the wall on the north side of the chancel (as is the case at Hawton), or a chamber built into the tomb of a parishioner sufficiently pious and wealthy to leave money for the purpose. Lincoln Cathedral has a richly carved thirteenth-century Easter Sepulchre, and examples can still be found in a few parish churches, including Heckington, Navenby and Irnham (all in Lincolnshire). Hawton's Easter Sepulchre is the most elaborate to survive in a parish church.

On the Continent, chapels containing sculpted figures representing the Entombment or the Lamentation over the dead Christ are widespread. Unlike the English Easter Sepulchre, these chapels were not used for any special rites in connection with Easter, but simply for contemplation and meditation on stories connected with the Crucifixion and Mary's experiences and sufferings. This type of chapel is also sometimes decorated with foliate heads, as is the

Foliate head on the Easter Sepulchre, All Saints church, Hawton, Nottinghamshire. Photo: Mercia MacDermott.

case in the Minster in Freiburg im Breisgau, Germany (c.1330), where the columns of the sepulchre containing a sculpture of the dead Christ, watched over by mourning figures, are decorated with heads disgorging greenery. The same Minster has a spectacular openwork octagonal spire, each of whose eight ribs, decorated with leafy stems, rises from a head.

During the Gothic period, personal tombs and memorials were sometimes decorated with Green Men, though less frequently than in post-Renaissance times. The shrine of St Frideswide (c.1289) in Oxford Cathedral, for example, is decorated with several heads of serene appearance, peering through leaves which are naturalistically carved and have been identified as maple, hawthorn, greater celandine, bryony, sycamore, oak, vine and ivy [Rice-Oxley.1934: 212], (see photo page 103).

A Green Man, with large stylized leaves emerging from his nostrils and smaller leaves instead of hair, can be seen at the foot of the recumbent effigy of William Harrington, who was rector of St Chad's, Harpswell, in Lincolnshire, and died in 1350. Harrington's more illustrious contemporary, Robert Stratford, who was Bishop of Chichester from 1337–62, also has a Green Man at his feet, but situated above them on the ceiling of his canopy tomb in the south transept of Chichester Cathedral. This Green Man is disgorging stylized foliage from its mouth.

A foliate animal at the base of a pillar in the Trinity Chapel of the Cathedral of the Blessed Virgin Mary, Salisbury. Photo: Mercia MacDermott.

The enormous variety of Gothic foliate images obliges us seriously to consider the possibility that mediaeval Christians did not necessarily regard all these forms as being aspects of one and the same image, and that the differences in design may indicate differences in symbolism and purpose.

There is no uniformity of design even when Green Men are used for a similar purpose, such as to adorn a tomb. Do leaves emerging from the mouth convey a different message to those emerging from the nose? What are the 'peepers' on St Frideswide's shrine trying to tell us? Are those in Southwell's Chapter House saying the same thing?

There are no easy answers to these questions, but in the next section we shall follow up a few possible clues by looking at mediaeval literature.

What we can learn from mediaeval best-sellers

In mediaeval times few people could read. Indeed, prior to the invention of printing, books were a luxury that few could afford. Most of the laboriously hand-copied books of the period were commissioned and owned by kings, nobles and religious foundations. In Western Europe the use of Latin, rather than the vernacular, further limited public access to literature.

During the twelfth and thirteenth centuries the first universities were founded, closely linked to the Church and concentrating on the study of subjects related to theology and Christian morality. The rising class of merchants and mastercraftsmen could manage without instruction in such matters, but they needed to be able to keep accurate accounts, to write legible business letters, and even to have some understanding of foreign languages if they traded with other countries. This need led to the development in towns and cities of lay schools, both private and municipal, offering the necessary tuition.

For the illiterate majority, however, the spoken word of the clergy, monks and friars, illustrated by the carvings, frescoes and pictorial windows in the local church or cathedral, took the place of books. Many of these images were copied by craftsmen from illuminated manuscripts made available to them by clients. Some masons had specialized sketchbooks in which they recorded new ideas picked up on their travels and sample designs to offer their clients. The only mediaeval book of this kind known to have survived is the sketchbook compiled by Villard de Honnecourt in the late 1220s. Its contents include illustrations of tools and building practices, hints on applied geometry, drawing of elevations and rose windows, and designs for sculpted figures, both human and animal, taken from bestiaries, ivories, and other sources. Among these designs are the leaf-masks referred to in Chapter 1.

For centuries during the Middle Ages, the books known as bestiaries enjoyed enduring popularity among both those who could read and those to whom their subject matter was conveyed by word of mouth. Bestiaries consisted of illustrations and engaging descriptions – some fact, much fiction and fantasy – of various animals, whose habits, real or imagined, were given a symbolic or didactic Christian meaning. Often these meanings were ambivalent or contradictory. A donkey, for example, could be viewed either as a model of patience and humility, or as the incarnation of stupidity and obstinacy. Lions could be seen as voracious adversaries or noble guardians, and even as a symbol of Christ himself.

Bestiaries were ultimately derived from a Greek work entitled *Physiologus* (The Naturalist) and compiled by an unknown author about the fourth century AD, or earlier, probably in Alexandria. It was copied again and again, and translated into many languages, including Ethiopian, Syriac and Armenian. It first appeared in Latin during the eighth century. In the course of copying and translation, new information and more creatures were added to the original nucleus, so that twelfth and thirteenth-century bestiaries have double

The tomb of St Frideswide in the Lady Chapel of Christ Church Cathedral, Oxford. 1289. Photo: Ruth Wylie. By kind permission of the Dean and Chapter of Christ Church Cathedral, Oxford.

or treble the number of entries as the original *Physiologus*. Most of the creatures described are ordinary domestic and wild animals, but there is a fair sprinkling of monsters and mythical beasts, to which we will return in the next chapter. (English translations of mediaeval bestiaries, with illustrations, include T.S. White, *The Book of Beasts*. 1954, and Richard Barber, *Bestiary*. 1999.)

Bestiaries are the key to many of the weird and wonderful carvings found in churches. Mediaeval worshippers were familiar with the tales and symbolic meanings attached to each creature, and would have been suitably edified when they saw them reproduced in stone and wood. Although unicorns, dragons, mermaids, and various plants and trees are among the fabulous and mundane items described in bestiaries, there are no Green Men, or anything remotely suggestive of them. This omission could, in itself, be significant, and is worth pondering over.

Another popular mediaeval book, which may indeed have some bearing on the presence of Green Men in churches, is the work known in England as *The Golden Legend* and written by Jacobus de Voragine (or Voraigne) between 1255 and 1266. Jacobus was born about 1228 or 1230 at Varaggio, or Varazze, on the Gulf of Genoa. He entered the Dominican Order in 1244, and eventually became Archbishop of Genoa in 1292. On his death in 1298 he was venerated as a saint, and in 1816 he was officially beatified.

Jacobus called his book *Legenda Sanctorum* (Legends of the Saints), and, indeed, it consists mainly of attractively edifying stories about the saints, the miracles which they wrought, and their heroic struggles against the Devil and other adversaries. He collected his material from all kinds of sources, including earlier hagiographical literature and folk tales, and the book was designed to inspire believers and to strengthen their faith and resolve. Christian example, rather than historical truth, was Jacobus's aim, and he would sometimes include more than one version of an event and, on occasions, even admit that he was not sure of the veracity of something which, nevertheless, made a good moral story!

The Golden Legend is divided into four parts, corresponding to the Church's year. In addition to the lives of the saints it contains information about the life and mission of Christ, likewise culled from many sources, including apocryphal books not admitted to the Vulgate or Authorized Version of the Bible. The chapter entitled *The Finding of the True Cross* is of most interest to Green Man explorers because it contains a long and complicated story of how part of the wood used to construct the Cross came from a shoot of a tree which Adam's son, Seth, obtained from the Archangel Michael and planted on his father's grave.

The shoot grew to be a great tree, which was admired by Solomon, but could not be used in the construction of one of his houses (I Kings, 7) because it did not seem to fit anywhere. Instead it was made into a bridge. When the visiting Queen of Sheba intuitively realized that the Saviour of the World would one day hang upon that very wood and that, through His death, the kingdom of the Jews would be destroyed, Solomon had the wood taken out and buried deep in the earth. Later, a pond, identified with the Pool of Bethesda (John 5.2–4), welled up on the spot. Just before the Crucifixion, the piece of wood floated up to the surface and was used by the Jews to make the Cross. After a period of being hidden in the ground, the True Cross was rediscovered by Helena, whose son, the Byzantine Emperor Constantine, made Christianity the official religion of his Empire, having dreamt of the Cross on the eve of a decisive battle. [Jacobus de Voragine, trans. William Granges Ryan 1993: 277–8]

In retelling this story, Jacobus made use of several sources which give slightly different versions of Seth's transactions with the Archangel. From the apocryphal *Gospel of Nicodemus* (Chapter 14) he took a version in which Adam, already ill and infirm, sent Seth to the Gates of Paradise to ask the Archangel for some oil from the Tree of Mercy, which, he believed, could restore his health and vigour. The Archangel Michael told Seth that there was no way in which he could obtain it until 5,500 years had gone by, that is until the coming of Christ. Chapters 19 and 20 of the *Gospel of Nicodemus* describe how eventually Adam greeted Jesus and was brought out of Hell into Heaven.

Jacobus also offers his readers two more anonymous versions in which Michael gives cuttings to Seth – an essential element in the long miraculous saga of the True Cross. In one, the Archangel gives Seth a shoot from the Tree of Mercy, and orders him to plant it on the Mount of Lebanon. In the other, the shoot comes from the very tree under which Adam committed his original sin, and Seth is told that when the shoot bears fruit, meaning when Jesus hangs from the Cross, his father will be made whole. Seth plants the shoot on Adam's grave and sets in motion the chain of events which eventually lead to its being used for the Crucifixion.

In addition to the versions included by Jacobus in *The Golden Legend*, other variants of what the Archangel is supposed to have given to Seth, and what the latter did with the gift, were also in circulation during the Middle Ages. Of particular interest to us is the variant on which Piero della Francesca (1410–20 to 1492) based his cycle of frescoes illustrating the Legend of the True Cross in the church of San Francesco in Arezzo (1459). Here, Adam asks Seth to obtain oil from the Tree of Mercy, but, instead, the Archangel gives him seeds from the Tree of Sin, and instructs him to place them in his father's *mouth* when he is dead. Seth arrives home to find him already dead, and duly places the seeds in his mouth, from whence they grow into the mighty tree felled by Solomon. In one of Piero's frescoes, a leafy sapling can be seen emerging from Adam's mouth.

Seeds, trees and sprouting vegetation occur in all these versions of a popular legend associated with the redemption of Adam and, therefore, of all Mankind. Even before such legends were current, Christians often viewed the Cross not as dead wood but as a tree. When, for example, the Emperor Theodosius I (379–95) decided to erect a golden cross in Jerusalem, he had it made in the form of a plant encrusted with jewels [Schama 1996: 214]. Crosses sprouting or adorned with leaves are common in mediaeval art. A crucifix with a foliate cross, dating from the twelfth century can just be seen, roughly carved into the rock, in the Hermit's Cave, near Robin Hood's Stride, in Derbyshire.

Such associations could account for at least some of the Green Man carvings in churches. It might explain why, for example, Green Men appear on fonts, such as the fourteenth-century one in the church of St Mary the Virgin in Leckhampstead, Buckinghamshire, where an oak tree, complete with a trunk, branches, leaves and acorns, emerges from the mouth of a smallish head.

The legendary link between Adam's sapling and the redeeming Cross could also explain why Green Men are sometimes found in close proximity to images of the Virgin Mary, mother of the Redeemer.

Examples of this can be seen in the choir of Exeter Cathedral on two corbels dating from the end of the thirteenth or beginning of the fourteenth century. One corbel shows the Virgin holding the Child and standing on the head of a Green Man, with a flying angel above her – all surrounded by the gilded leaves which the Green Man disgorges. The second corbel shows the Coronation of the Virgin above an angel playing a viol on the head of a Green Man, whose leaves frame the whole scene.

In the nave of the same Cathedral, there is another corbel depicting the Coronation of the Virgin, above an image of the Virgin and Child, supported not by a Green Man this time, but by Jesse, out of whose loins the framing vegetation grows. Jesse was the father of King David, and Isaiah's prophecy concerning him – 'There shall come forth a rod out of the stem of Jesse, and a Branch shall grow out of his roots, and the spirit of the Lord shall rest upon him' (Isaiah 11.1–2) – was interpreted by Christians as referring to Jesus, who was

Opposite: *A Green Man with the Virgin Mary on a corbel in the choir of the Cathedral of St Peter, Exeter, Devon. Before 1309. Photo: Ruth Wylie. Reproduced by kind permission of the Dean and Chapter of Exeter.*

supposedly descended from David (see Matthew 1.1–17 and Luke 2.4). The theme of the Tree of Jesse became popular in sacred art, including stained-glass windows and illustrations in psalters, from the eleventh century onwards. The Legend of the True Cross would provide a suitable companion image as it too is a tale of a prophecy concerning a tree which was fulfilled in Christ.

Exeter Cathedral is by no means the only site where foliate heads appear in apparent association with the Virgin Mary. Indeed, when searching for Green Men in a cathedral, we should always examine the roof-bosses in the Lady Chapel as well as in the nave and the cloisters. The mid-fourteenth-century Lady Chapel of Ely Cathedral has several foliate heads while in Sheffield Cathedral there are foliate heads disgorging trees rather than mere leaves or twigs, and even a figure which could be interpreted as giving birth to a tree! Above her is a Lamb holding a banner with a cross upon it – the symbols of the risen, victorious Christ – and behind the Lamb is a sapling.

Curiously enough, this image echoes the woman – upside down and also seemingly giving birth to a tree – depicted on a seal excavated at Harappa in the Indus Valley and dating from around 2000 BC! [Marshall 1931 Vol.1: 52; Campbell 1962 (1991: 166)].

The only other remotely comparable Christian image of which I am aware is to be found in the Cathedral of St Bertrand de Comminges, in the Haute Garonne.

Here, in the choir-stalls (completed towards the middle of the sixteenth century and displaying several foliate heads), there is a misericord with the figure of a harpy – an unpleasant, predatory creature from Greek mythology, with the head and breasts of a woman, and the wings and feet of a bird, usually a vulture – apparently giving birth to a leaf-mask. Or could the sculptor have intended it as a fig-leaf? Maybe the Sheffield figure is not giving birth but doing acrobatics on an upturned tree stump. We cannot be too careful about jumping to conclusions!

The temptation to jump to conclusions could, indeed, be strong for the Green Man enthusiast who comes for the first time, unprepared, upon a 'lily- crucifixion', such as the one in a stained-glass window (c.1450) in St Michael's at the North Gate, in Oxford. Could this be a 'green' Christ, arising from a plant, with His arms metamorphosing into leaves and flowers? On closer inspection, the viewer will see that this is not the case. Christ is quite separate from the plant – a Madonna lily (*Lilium candidum*) – but is nailed to it. Images of Christ crucified on a lily plant in full bloom occur both in English and Continental churches. In some, as in the painting on the

An intriguing roof-boss of the Lady Chapel in the Cathedral of SS Peter and Paul, Sheffield. Fifteenth century. Photo Ruth Wylie. Reproduced by kind permission of the Administrator of Sheffield Cathedral.

ceiling of St Helen's, Abingdon, in Oxfordshire (1391), there is no cross at all, and Christ hangs directly from the branching plant. In others, there is a shadowy cross behind the lily. Sometimes the 'lily cross' grows out of a beautiful pot or urn. Lilies, either in pots or in the hand of Gabriel, first appear in representations of the Annunciation at the beginning of the fourteenth century. This offers a clue to the origin of 'lily crucifixions'. Mediaeval Christians believed that the Annunciation and Crucifixion both took place on March 25. Catholic tradition sees Mary as mediatrix and co-redemptrix with her Son by reason of her co-operation in the process of Redemption. The combination of Mary's lily with the Cross of Christ would have made perfect sense to ordinary mediaeval Christians, whose ever-increasing devotion to the Blessed Virgin prompted Pope Sixtus IV to proclaim the first official feast of the Immaculate Conception in 1476 [Rogers 1997].

An influential mediaeval book which fuelled interest in the Virgin Mary as a co-redemptrix was *Meditationes Vitae Christi* (Meditations on the Life of Christ), written early in the fourteenth century by a Franciscan whose identity has not been established. The book is based on the New Testament but includes material from apocryphal literature, and even from the author's imagination, to fill out the stories of the Crucifixion and Mary's experiences and sufferings, so as to make them appear more vivid and more moving. This book was partly responsible for the popularity of the continental chapels for meditation mentioned earlier in this chapter.

For some Christian theologians, such as Rabanus Maurus (780–856), rank vegetation served as a metaphor for sins of the flesh. Certain types of Green Man, especially the more horrific, half-suffocated ones, may have been inspired by the writings of these theologians rather than by the legends of Adam and Seth. However, like all the other clues which we have found, such a conclusion offers only a partial explanation.

The Bible itself has many references to leaves, branches and other greenery that can be found with the aid of a Concordance. Some of these references indeed associate vegetation with the wicked, such as the passage in Ezekiel (8.17), which Rabanus Maurus cites. Here God says of those who worship false gods 'Lo, they put the branch to their nose.' In Isaiah 14.19, Lucifer is told 'thou are cast out of thy grave like an abominable branch'. Advice given in the Apocrypha (Ecclesiasticus 6.3) may also have inspired some foliate heads: 'Extol not thyself in the counsel of thy heart; that

A Green Man roof-boss in the Lady Chapel of the Cathedral of SS Peter and Paul, Sheffield. Fifteenth century. Photos: Ruth Wylie. Reproduced by kind permission of the Administrator of Sheffield Cathedral.

thy soul be not torn in pieces as a bull [staying alone]. Thou shalt eat up thy leaves, and lose thy fruit and leave thyself as a dry tree.'

However, like so many other symbols, vegetation can have more than one meaning, even in the Bible. Here, there are also plenty of passages in which leaves and trees are associated with the Righteous. In Psalm 1, for example, we read 'And he shall be like a tree planted by the rivers of water, that bringeth forth his fruit in season; his leaf also shall not wither and whatsoever he doeth shall flourish'. A similar passage occurs in Jeremiah 17.8 concerning the man who trusts in the Lord. In contrast to Lucifer, who is to be cast out as an abominable branch, 'the righteous shall flourish like a branch', according to Proverbs 11.28. Perhaps, some Green Men were intended to make worshippers meditate on the choice between the fate of righteous and unrighteous vegetation.

As for those foliate heads whose tongues protrude, they may well represent a reminder of the need to govern the tongue,

A poppy-head in the choir-stalls of the church of St Mary, Beverley, East Yorkshire. 1445. Photo: Ruth Wylie.

described by James in the third chapter of his Epistle as 'a fire, a world of iniquity... an unruly evil, full of deadly poison.' A double tongue was the sign of a sinner and malefactor (Ecclesiasticus 5.9 and 14). There are, however, plenty of heads whose tongues protrude but which are free of greenery, so this may not be the whole explanation.

Unfortunately, little can be concluded with any certainty. We have discovered a series of circumstances and ideas that could explain the significance of some Gothic foliate heads, but we have not discovered a single, unifying concept common to them all.

Green Men, especially the disgorging variety, reached their pinnacle of diversity during the Gothic Age, but they go back even further. In the next chapter we shall make the acquaintance of their ancestors in Romanesque churches and elsewhere.

6: THE ROMANESQUE AGE AND ITS FOLIATE HEADS

Unlike us, Green Men appear to be descended from monstrous cats! That, at any rate, is the impression given by the majority of foliate heads dating from the Romanesque period. Humanoid heads are not totally absent, but the typical Romanesque foliate head is distinctly feline and disgorges long tangled stems, with little in the way of leaves. Often the stems are decorated with bead-like dots, and there may also be stylized flowers and motifs resembling fir-cones. In comparison with their Gothic descendants, Romanesque foliate heads show greater uniformity of design. They also have a more limited habitat, and are most likely to be seen on the carved capitals of columns or near doorways.

'Romanesque' is the term used for the style of art and architecture prevalent in Europe from the tenth to the twelfth century. In England the architectural style is also known as 'Norman' because it was introduced to this country around 1066. As its name suggests, Romanesque architecture was partially inspired by Roman buildings, but, in some places, it absorbed certain Byzantine and Arabic elements as well. The main characteristics of Romanesque architecture are round arches and massive masonry, which produce an atmosphere of sombre grandeur. Decoration is often sparse, but, when present, it is highly imaginative, displaying a love for the fantastic and grotesque, including foliate heads.

Some historical background

The year 800 is generally seen as the beginning of a new era in European history. For centuries, Western Europe had been troubled by barbarian incursions and civil strife that inhibited trade and led to a decline in the importance of once flourishing towns. On Christmas Day 800, after a long and ultimately successful struggle to consolidate his power and authority, Charlemagne, king of the Franks since 768, was crowned Emperor by his ally, Pope Leo III.

Claiming legitimate succession to the Roman Empire, Charlemagne proceeded to create a highly efficient administrative system and to lay the foundations of what became known as the Frankish, or Holy Roman, Empire. This Empire was conceived as a united Christian realm, whose Emperor, crowned by the Pope, was God's temporal Vicar on Earth, with the responsibility to protect the

A corbel in the transepts of the Liebfrauenkirche, Trier, Germany. 1235. These heads share stylistic similarities with those re-cycled by Archbishop Nicetius as well as those now in the city's Rheinisches Landesmuseum. Photo: Ruth Wylie.

Church – a duty which he interpreted as giving him the right to take the lead in all Church affairs, including the appointment of bishops.

During the centuries of confusion and instability most building projects had been modest in size and executed in wood but the establishment of a new Empire under Charlemagne brought a revival of monumental construction in stone on a scale unseen since Roman times. Both the Church and the Monarchy felt the need for buildings whose size and magnificence would reflect their God-given authority.

Charlemagne abandoned the tradition according to which the Frankish Court was peripatetic, constantly moving from one 'capital' to another on royal progress. He chose to settle at Aachen, where he built a royal palace, taking his inspiration from the Lateran in Rome, said to have been the palace of the Emperor Constantine, who had presented it to the Church. Adjoining the palace in Aachen was the imperial Palatine Chapel that incorporated classical columns brought on Charlemagne's instructions from Ravenna. The sixth-century church of San Vitale in the same city was one of the models for the Chapel.

Charlemagne also extended his generous patronage to the building, or reconstruction, of a number of churches including that dedicated to St Riquier in the monastery at Centula, near Abbeville. Centula's energetic abbot, Angibert, was a personal friend of the Emperor and a major luminary at Court, where he was known as 'Homer'. Charlemagne provided both money and specialized craftsmen to work on the church. He even sent to Rome itself for bases, columns and mouldings, which were brought to Centula at great expense, to enhance the beauty of the enormous new monastic church.

Charlemagne was not the first to recycle 'pagan' artifacts to beautify a Christian church. Three centuries earlier, Archbishop Nicetius of Trier (Germany) had raided the portico of a nearby Roman temple dating from the reign of Hadrian (112–38 AD) and known as Am Herrenbrünnchen. His activities are of interest to Green Man enthusiasts because what he took from the temple included several leaf-masks. These he caused to be placed on four pillars at the crossing of the cathedral built under his direction during the sixth century. The heads, which wear crowns of leaves, are human in appearance, with fairly normal features, apart from the flattish foliage which covers the forehead and cheeks as though it were pasted on. Although these leaf-masks were not purpose-made, they represent one of the earliest known instances of Green Men inside a Christian church.

These leaf-masks remained clearly on view in the centre of the cathedral for some five hundred years, until masonry erected during the great rebuilding programme of the eleventh century hid them from public view. They were rediscovered in the course of restoration work during the nineteenth century, when a plaster cast was made of one of the leaf-masks (now in the Rheinische Landesmuseum in Trier). The link with Am Herrenbrünnchen was established after a detailed examination of the stone during further restoration in 1961–3, when a small window was inserted into the screening masonry to enable visitors to view one of the masks *in situ*.

We can only guess at the bishop's reasons for removing the masks from the temple to so central a place in his new House of God. Perhaps he was simply trying to reduce the cost to the diocese by

The font in the church of St Mary, Luppitt, Devon. Twelfth century. Photo: Ruth Wylie.

utilizing existing decorative material. Or, maybe, he was hoping to recapture something of the prestige that Trier had enjoyed in Roman times.

Attitudes towards the classical world had been gradually changing as it became more remote in time. The early Christians had rejected everything that smacked of paganism, including even wreaths and garlands, and many centuries had to elapse before the rose lost its association with Roman orgies and was rehabilitated as a symbol of the Virgin Mary that gave its name to the rosary. By Charlemagne's time, the image of ancient Rome as a city of debauched heathens had given way to a new vision of a civilized city at the centre of an Empire where law and order prevailed.

Charlemagne's Palatine Chapel has survived to this day, and although Saint-Riquier was destroyed quite early on, its innovative architecture provided the pattern for many future Romanesque churches. In particular, its impressive size and numerous soaring towers established monumental proportions and vertical tendencies that were in complete contrast to the smaller, more horizontally aligned churches of earlier Christian communities.

Charlemagne was also a keen patron of learning and the arts, who summoned to his Court scholars, artisans, architects and other craftsmen from all over Europe, and encouraged the copying of manuscripts. Eminent teachers from places as far apart as England, Ireland, Lombardy and Spain, taught at the royal school which, on Charlemagne's insistence, was attended not only by his own sons but

A capital in the nave of the church of St Peter, Northampton. Twelfth century. Photo: Ruth Wylie. Reproduced by kind permission of the Churches Conservation Trust.

also by those of his nobles. Among the teachers was Alcuin of York - a city whose cathedral then boasted a fine library and a school which taught grammar, rhetoric, law, poetry, natural history, arithmetic and geometry, as well as the Scriptures and methods of calculating the date of Easter.

Now that pagan Rome had become a distant memory, superceded by early Christian Rome, the creators of the new Empire regarded the cultural history of both Romes as a source of pride and a model to be emulated. Four hundred years earlier, St Jerome had been seriously troubled lest his immortal soul be endangered by his fondness for the writers of classical antiquity. Carolingian scholars, including Alcuin of York (who was well acquainted with the writings of such pagan authors as Virgil and Ovid) no longer had any qualms of that kind, although these authors were often re-interpreted from a Christian standpoint. Indeed, many classical works have survived into modern times thanks to the activities of Carolingian scribes.

Charlemagne died in 814 but, under his successors, his Empire failed to maintain its strength and unity. This was in part because of Viking, Magyar and Saracen invasions, and also because of the Frankish custom of dividing property, including kingdoms, between the surviving sons. After decades of turmoil and confusion, order was restored under the Saxon Emperors, Henry I (919–36) and his son, Otto the Great. The latter was crowned King of Germany in

Charlemagne's capital at Aachen in 936 and in the following year, he was crowned Emperor in Rome.

However, the Empire over which Otto ruled was greatly reduced in size in comparison with that of Charlemagne, who had controlled most of western Europe apart from Spain and Portugal (these had been largely under Moorish rule since 711). The western half of the Empire had irrevocably gone its own way and was evolving into what is now France. At the time much of the territory was composed of semi-independent feudal duchies, such as Anjou, Aquitaine and Toulouse. Normandy had been formally ceded to the Vikings who, as settled Normans, soon became as enthusiastic about building as they had once been about sacking and destroying. Thus, the eastern half of the Empire over which Otto and subsequent 'Emperors of the Romans' ruled consisted of little more than the German principalities and Austria, and at times adjacent territories, including the Netherlands and northern Italy.

The detailed history of the two parts of Charlemagne's former Empire during the subsequent two hundred years does not concern us here. What matters is that the Christian religion continued to be the dominant influence in the lives of everyone from Emperor to peasant, while the monumental style of church building pioneered at Centula was emulated in a renewed frenzy of construction.

The rise of monasteries

Monasteries played a central role in the lives of mediaeval communities, and the eleventh and twelfth centuries were the Golden Age of monasticism. Most of the enormous Romanesque churches were built to serve the needs of both resident monks and the constant stream of lay folk that flocked to the monasteries as pilgrims, guests or supplicants. In the monasteries, kings and nobles were entertained by the abbots; the poor received charity from the almoners, and the sick were treated by the infirmarers. Mediaeval monasteries were not merely religious foundations, but also performed many of the functions that today belong to hotels, social services, hospitals, schools and universities.

The words 'monk' and 'monastery' ultimately derive from the Greek *monos*, meaning 'alone', and the first Christian monks were people who withdrew from the world to live solitary lives in quiet, even desolate, places, in caves or huts, where they could pray and meditate in peace. Such were the so-called 'Desert Fathers', who lived lives of extreme asceticism in the deserts of Egypt. During the fourth century, some began to group their separate huts into

A capital in the former abbey church of St Austremoine, Issoire, Puy-de-Dôme, Auvergne. Twelfth century. Photo: Ruth Wylie.

communities, or even to live in communal dwellings under the guidance of an abbot – a term derived from the Aramaic word for 'father'.

The movement towards an ever more structured way of life for monks reached an important landmark in the early sixth century, when St Benedict (c.480–c.550) established the monastery of Monte Cassino in Italy, and drew up a Rule which became the basis of monasticism in the Western Empire. The next development was towards greater centralization, initiated by St Benedict of Aniane (c.750–821), abbot of a monastery in Languedoc, who brought most of the monastic houses in Charlemagne's empire under a single authority. His ideas were revived in the tenth century when, in 932, Abbot Odo of Cluny received permission from the Pope to found daughter-houses governed, not by their own abbots, but by priors answerable to the Abbot of Cluny. Odo was also empowered to reform existing Benedictine monasteries and make them subordinate to Cluny.

The monastery at Cluny was founded in 910 on land in Burgundy donated for the purpose by William, Duke of Aquitaine and Marquis of Gothia. Its foundation charter granted it exemption from all ecclesiastical and lay interference, other than that of the Pope in the unlikely event that the house became seriously disordered. At the height of its power, Cluny controlled more than a thousand other Benedictine monastic houses.

The growing prestige of Cluny led to the rebuilding of its church twice within two hundred years, each time on a more magnificent scale. The final version, known to modern writers as Cluny III and begun in 1086, was largely destroyed at the time of the French Revolution, but an idea of the splendour of its fabulous decoration can be gained from other surviving monastic churches, such as those at Vézelay and Moissac, which were influenced by the example of Cluny. The great size and the lavish ornamentation of the Cluniac churches were matched by the pomp of the elaborate processions and services conducted in them, and by the beauty of the Gregorian chant, which was heard to perfect advantage under their barrel-vaulted stone roofs.

Although the original intention of monks was to isolate themselves from the world in order to devote themselves to God, those who built the great Romanesque monasteries formed an important element in the society of their day. Towns and commerce still played so minor a role that they were ignored by contemporaries, such as Adalbero, Bishop of Laon (France), who, writing in the 1020s, expressed the belief (referred to in the previous chapter) that God had ordained the division of his Church on Earth into three harmonious, interdependent categories: those who prayed, those who fought and defended the Church, and those who laboured. This static view of society reflected the prevailing feudal system by which a privileged class was granted land and the income produced by the peasants living on it in return for military service when required, or, in the case of religious foundations, in return for their prayers.

All three categories were devoutly Christian and preoccupied to the point of obsession with those aspects of their religion relating to the transitory nature of life on Earth, death, life after death, and divine judgement. The concept of Hell had been inherited by Christianity from Judaism, but did not loom large in the thinking of either the Jews or the early Christians. For the latter, the important thing was that, through Christ, they could be saved and enter Heaven. Gradually, however, the emphasis changed, and, by the end of the twelfth century, mediaeval Christians feared Hell more than they looked forward to Heaven.

A Tree of Life in the tympanum of the south doorway of the church of St Olave, Fritwell, Oxfordshire. Photo: Ruth Wylie.

Two books, in particular, helped to fuel this fear. One was the *Dialogues* attributed to Pope Gregory I (590–604), which included an account of the punishments that the wicked would suffer after death. The other was the *Vision of St Paul* by an unknown fourth-century writer, which likewise contained a terrifying description of Hell. St Augustine of Hippo (354–430) had dismissed the *Vision* as false but, being horrific, it continued to attract fascinated attention. Between 800 and 1300 it was repeatedly copied; its ideas were popularized in sermons, and probably influenced Dante's description of Hell and Purgatory [Chadwick 1995: 136]. As a result people were afraid, not so much of dying *per se* as of dying before they had had time to repent of their sins and make amends before facing their Maker. This preoccupation with death and damnation was reflected in the awesome scenes of Christ in Majesty and the Last Judgement placed over the portals of many Romanesque churches, and in the lurid images of vice and sin carved on the capitals of their naves.

The monastic life was seen as the most authentic and complete interpretation of the Christian ideal, and entering a monastery as the surest way to salvation. Monarchs and rich men could wipe out their sins and gain rewards in Heaven by founding a monastic house, or by giving land to an existing one, while a knight could save his soul, by participating in wars against the Moors in Spain, or by becoming a Crusader in the Holy Land.

The ordinary laity believed that crumbs of salvation fell from monastic tables and that the whole community benefited from the presence and prayers of the monks. Monasteries were regarded as citadels of spiritual power and Divine Grace, able to combat and hold at bay the Evil One, who 'as a roaring lion, walketh about, seeking whom he may devour' (1 Peter 5:8). Just by being there, with their ceaseless services and intercession, the monasteries appeared to offer comfort and protection to ordinary people. The prayers of the spiritually privileged assumed even greater significance with the development, during the eleventh century, of the doctrine of Purgatory – a place where souls neither sufficiently good to enter Heaven immediately, nor sufficiently evil to be damned for all eternity, underwent a process of purging and purification, which could be shortened or mitigated through the saying of special masses on behalf of the departed.

The importance of pilgrimages

For the laity, especially the poor, one of the chief means of atoning for sins, seeking cures, and obtaining spiritual merit was to make a pilgrimage to one or more of the many shrines now situated throughout Christendom and the Holy Land. At the same time, the cult of saints' relics developed into a major feature of mediaeval Christianity, as people came to believe in their miraculous powers and in the role of the departed saints as celestial advocates, able to plead before the throne of God on behalf of repentant sinners. Every monastery and cathedral strove to acquire as many relics as possible in order to gain prestige and to attract pilgrims seeking to enlist the aid of the saints in question.

In mediaeval times, to undertake a pilgrimage as a penance was not necessarily to get off lightly. Travelling was slow, arduous and exceedingly hazardous. The risks of falling ill, being robbed, or even killed, were great. The pilgrimage monasteries acted as staging-posts, providing shelter, succour, and the possibility of meeting up with other pilgrims to form larger groups more able to cope with bandits, accidents and other perils.

The cult of relics and the popular enthusiasm for pilgrimages influenced the architecture of churches in several ways. The need to give large numbers of people access to the shrines without disrupting the devotions and daily routine of the monks led to such developments as the raising of the choir above the crypt in which the relics were housed, the provision of aisles on either side of the nave, and the inclusion of an ambulatory around the apse.

Feline heads on the lid of the tomb of Gundrada (died 1085), wife of William de Warenne, who received Lewes from William the Conqueror. From a cast in the Sussex Archaeological Museum, Barbican House, Lewes. The original, made of Tournai marble, is in the church of St John, Southover, where the Warennes founded the Priory of St Pancras. Twelfth century. Photo: Ruth Wylie. Reproduced by kind permission of the Sussex Archaeological Museum, Barbican House, Lewes.

In this age of faith and fear of damnation, of pilgrimage and monastic zeal, of colossal expenditure on the construction of churches intended to reflect the splendour of Heaven, sculpture became an important means of teaching and bringing home the Christian messages and Christian virtues to monks and lay pilgrims alike. Few of the latter could read and, for these, pictures in stone took the place of books. What is particularly relevant to our explorations is that new sculptural motifs travelled, like souvenirs, along the pilgrimage routes. Most of the facilities along these routes were provided by the Cluniac Order, which was then foremost in the building and reconstruction of monastic houses and churches. This uniformity favoured the copying and rapid spread of motifs which found favour with the Order and its benefactors. Among these motifs was the disgorging foliate head, which, at this time, makes its first appearance as a popular and accepted motif throughout Western Christendom.

The Holy Places of Jerusalem were, of course, the major goal for pilgrims (Chaucer's Wife of Bath had been there no less than three times), but not all could afford either the time or the money necessary for the journey, and there were also periods when circumstances made access difficult or impossible. In 637 Jerusalem was captured by the Muslims, who themselves regarded the city as sacred. The Crusaders gained possession of it in 1099, but it was again lost to the Muslims less than a century later, in 1197. There were, however, many other places of pilgrimage, among them Santiago de Compostela, in Galicia, northern Spain (indeed, the Wife of Bath had been there too!).

The most northerly parts of Spain, bordering on the Pyrenees, had never been fully conquered by the Moors following their invasion of the peninsula in 711. After Charles Martel had halted the Moorish advance into the Frankish Kingdom in 732, Christian nobles who had fled into the Asturian mountains came down and established a small kingdom, which became the bridgehead for the long, slow reconquest of Spain, The capital of the kingdom was first Oviedo and then León. Following the discovery, early in the ninth century, of the supposed tomb of the Apostle James (according to legend by a peasant led to a field by a shining star), a shrine was built on the site. Santiago de Compostela (St James of the Starry Field) became the most famous city of the new Christian realm, and the most important place of pilgrimage after Rome and Jerusalem.

From all over Europe, people flocked to the shrine of St James, and many of the great Romanesque churches and monasteries were built along the routes taken by pilgrims. One route came from the north-east Channel coast, via Amiens, Paris-St Denis (where it was joined by pilgrims from Laon and Reims), Orleans, Tours (where pilgrims from Chartres joined the route), Poitiers, Saint-Jean-d'Angély, Saintes, Bordeaux, and Dax to Roncevalles, where it converged with a second route coming from Troyes and Langres, via Vézelay, La Charité-sur-Loire, Chateauroux, Neuvy-Saint-Sepulcre, Saint-Léonard-de-Noblat, Limoges, Périgueux, and Saint-Sever, and a third, coming from Clermont-Ferrand, Cluny and Lyon, via Le Puy, Conques, Rocamadour, Cahors and Moissac. From Roncevalles all the pilgrims from all three directions proceeded to Puente la Reina (south of Pamploma). Here they met up with pilgrims coming along the fourth main route: from Germany, via Luzern, Berne, Lucerne, Genf, Chambéry, Valence, Montelimar, Nîmes, Saint-Gille-du-Gard (the junction for travellers from Fréjus on the Mediterranean, Aix-en-Provence, and Arles), Montpellier, Narbonne, Carcassonne,

A boss under the entrance archway to the Chapter House of the Abbaye St Georges, St Martin-de-Boscherville, Seine Maritime, Normandy. Twelfth century. Photo: Ruth Wylie.

Toulouse, Lescar, Puerto de Somport and Jaca. All the pilgrims then took the same route: via Estella, Longroño, Najera, Burgos, Castrogeriz, Frómista, Carrion de los Condes, Sahagún, León, Astorga, and Villafranca del Bierzo, to their common destination at Santiago de Compostela near the Atlantic coast.

Romanesque sculpture as a whole

If you are a Green Man spotter, your first, if not only, concern on arriving at a church is to track down and record every foliate head. That is fine, if your curiosity stops there. If, however, you are a Green Man explorer, intent on trying to understand the motif, you will need to consider the whole context of Romanesque imagery and the company that the Green Men keep.

The typically cat-faced foliate head is just one of many unusual images to be seen in a Romanesque church. Most are just as strange, or even stranger than the Green Men.

The people of the eleventh and twelfth centuries were curious, impressionable, and fearful of the Devil. They wanted to know what Heaven and Hell were like, and how they could reach the former and avoid the latter. They were as fascinated by fabulous beasts, composite monsters, and half-humans, as today's children are by dinosaurs and aliens.

Popular curiosity about strange creatures was both satisfied and whetted by various books of the period, among them early bestiaries. Few people possessed or had direct access to such books, but those who did were often the patrons of sculptors and referred to them when commissioning work. Translated into stone carvings visible to all, extracts from these books achieved the mediaeval equivalent of mass circulation, and were never 'out of print'!

One rich source of inspiration for sculptors in search of fabulous beasts was the *Etymologies,* or *Origines,* of St Isidore of Seville (c.560–636), who believed that Christian lessons could be learnt even from the appearance and behaviour of monsters. Our word 'monster' is derived from the Latin *monere,* meaning 'to warn', and originally denoted a 'divine portent'. For the theologian John Scotus Erigena (c.815–77) pictorial representation was the highest form of perception, and beauty the perfect expression of being. In his view, art could bring the soul closer to salvation, and even flawed beauty and the deformities of demons and monsters could encourage the believer to seek the absolute beauty of God.

Another source for the sculptor was the *Speculum Ecclesiae* (c.1090–1120) by Honorius Augustodunensis, a monk who worked in Canterbury and Germany, but was known as Honorius of Autun although his connections with that town are unknown. *Speculum Ecclesiae* is a book of sermons which systematically explore parallels between the Old and New Testaments, making use of examples - often very farfetched – from the animal kingdom to confirm the fulfillment of the former in the latter.

Among the beasts described by St Isidore was the griffin, which had an eagle's head and a lion's body, and was reputed to guard a hoard of gold and emeralds in Scythia – a distant and, by then, largely mythical land. Many tales were told about these allegedly ferocious and powerful beasts, in whom most people implicitly believed. King Robert the Pious of France (996–1031) possessed a 'griffin's egg' (it was probably an ostrich egg), enclosed in a silver

A capital on the chancel arch in the church of St Michael and All Angels, Sutton, Cambridgeshire. Twelfth century. Photo: Ruth Wylie.

case, and even made people of lesser rank swear oaths upon it. Hildegard of Bingen (1098–1179) was sufficiently interested in the creature to collect information about it and its eggs, and she reached somewhat negative conclusions about its nature and its usefulness [Cherry 1995: 84; 859]. In general, this was the prevailing view, and stories about griffins were often the starting point for homilies against greed.

Another fabulous composite beast from the East was the manticore. In classical times, this was purported to come from Persia. It was given new life in mediaeval bestiaries. The creature's name is a corruption of a Persian term meaning 'man-eater'. Manticores were said to have the head of a man, the body of a lion, three rows of teeth in each jaw, and poisoned spines on their tails. Its ferocity and fleetness of foot led to its being associated in mediaeval times with Satan, who went about chasing and feeding on men's souls. A manticore, ridden by a horned devil, appears on the capital in the

A capital in the Chapelle de St Saturnin, St Wandrille, Seine Maritime, Normandy. Possibly recovered from an older Carolingian building on the site. Photo: Ruth Wylie.

crypt of Canterbury Cathedral, where its neighbours include other fantastic creatures, such as a two-headed wolf-woman; an amphisbaena (a kind of lizard with a head at each end); a wyvern (a two-legged, winged dragon, that was, among other things, the emblem of the Saxon Kings of Wessex, including Alfred, and can be seen on one of the English banners in the Bayeux Tapestry); a disgorging 'cat-face', and several more ordinary creatures playing musical instruments.

With an appetite no less insatiable than that of the manticore, the builders of churches ransacked every possible source – bestiaries, fables, Moslem and Christian manuscripts, the art forms of past cultures, local legends, and even patterns (including fabulous oriental beasts) woven into the luxury brocades and other textiles imported from the East to be made into altar cloths and church vestments - for ideas which would impress the worshipper with the wonders of God's creation and warn him against sin and the wiles of the Devil.

The idea of transferring images from manuscripts to carving on the exterior of churches for the edification of worshippers may have come from Oliba, Abbot of Ripoll, or one of his circle. Ripoll (some fifty miles north of Barcelona) was then a major centre of learning which, in 1046, had two hundred and forty-six volumes in its library [Conant 1973: 94]. From about 950 onwards monks in the Abbey's scriptorium were busy producing manuscripts whose iconography is reflected in the elaborately decorated west portal of their church of Santa Maria (c.1020–30) [illustration in Toman 1997: 295].

The inspiration for mediaeval illustrated manuscripts came from many sources, including Byzantine, Roman, Islamic, Celtic, Norse

A nave capital in the church of St Peter, Northampton. Twelfth century. Photo: Ruth Wylie. Reproduced by kind permission of the Churches Conservation Trust.

and Anglo-Saxon art. Latin was then the *lingua franca* of all literate persons, mainly monks, so that scholars and manuscripts could travel throughout Western Christendom and still be understood. Alcuin of York, for example, was able to teach at the court of Charlemagne and to oversee the work in the scriptorium at Tours, where he was abbot from 756 to 804. From the sixth century onwards, Irish monks were travelling through France, Italy and Germany, founding monasteries and scriptoria, among them Luxeuil (Haute Saône, France) in 590, Bobbio (halfway between Genoa and Piacenza, Italy) in 613, and St Gall (south of Lake Constance in Switzerland) in 614. The interlacing ribbons, curling foliage, and tiny, often inconsequential, heads typical of ornamentation in the Book of Durrow (c.680), the Lindesfarne Gospels (c.695), and the Book of Kells (end of the eighth century), appear in manuscripts all over Europe.

Many of the great Romanesque churches had vivid representations of set pieces from the Apocalypse, such as Christ in Majesty and the Last Judgement, carved in stone in the tympana above church porches. Here the Righteous can be seen at the right hand of Christ with the saints and angels, while sinners are being

Foliate female exhibitionist by the south entrance to the church of SS Michael and Mary, Melbourne, Derbyshire. Photo: Mercia MacDermott.

shoved and jostled into the mouth of Hell to His left, where demons and monsters eagerly await them.

Such representations first appeared in Catalonia during the early eleventh century, under the influence of illustrations from the popular and much copied commentary on the Apocalypse by Beatus, Abbot of Liébana (in northern Spain, south-west of Santander), who died in 798. The earliest surviving example of such sculpture is a lintel in the church of Saint-Genis-des-Fontaines (some forty miles north-east of Ripoll) dated 1020–21 [Conant 1973: 64], and the most spectacular is above the south portal of the former abbey church of Saint Pierre in Moissac (1120–35).

In mediaeval times, church portals were not simply places where worshippers entered and left a church. They were often also the place where trials, both secular and ecclesiastical, were held, where judgements were given, where oaths were sworn and where marriages were solemnized. Depictions of the Last Judgement and other solemn scenes were particularly appropriate in a place used for such important events. In addition, figures of guardian lions were often placed on either side of the entrance, in imitation of those said

A combined Green Man and female exhibitionist on a pillar at the crossing under the tower of the church of SS Michael and Mary, Melbourne, Derbyshire. Twelfth century. The church was built as an alternative court for the Bishop of Carlisle when raids by the Scots made that city too dangerous. Photo: Ruth Wylie.

to stand by the throne of Solomon, who was famed for his wise and just judgements. People seeking sanctuary in churches were often considered to be immune from arrest once they had grasped the ring of the knocker on the portal.

Great imagination also went into carving images to warn worshippers of the sins and vices which would result in their being in the wrong place on the Day of Judgement. During the eleventh and twelfth centuries, the main builders of churches were the monastic orders, bound by vows of poverty and chastity, and convinced to the point of fanaticism that women were instruments of Satan and that any form of sexuality was a sin.

The Romanesque churches built by misogynist monks abound with images of lust intended to portray all sexual activity as abhorrent and to warn of the divine punishment which awaited those who yielded to temptation. There are megaphallic and ithyphallic males; men whose penises are being attacked by reptiles; exhibitionist women exposing their vulvas; women who appear to be suckling snakes; and almost every form of indecent exposure and sexual symbol that can be imagined – all designed to disgust, frighten and deter. Even the grotesque heads on corbels which pull faces and stick out their tongues could have been intended to carry a sexual message, since the tongue often had phallic connotations. Thus, those figures who are using their fingers to stretch their mouths may be making a gesture analogous to that of the female exhibitionists who are pulling open their vulvas. They might equally be a reference to the verses in Isaiah 57, which say: 'But draw hither, ye sons of the sorceress, the seed of the adulterer and the whore. Against whom do you sport yourselves? Against whom make ye a wide mouth and draw out the tongue?'

Of these images, the female exhibitionists are of particular interest to Green Man explorers, because there are churches where the two images are combined, or in close proximity. One such example is the twelfth-century church of St Michael and St Mary in Melbourne, Derbyshire. Here, on a capital at the crossing, a female 'cat-face' both disgorges foliage and displays its private parts, while on a capital at the south portal there is a female exhibitionist whose arms end in foliage.

Female figures showing their genitalia can be found in the art of many different cultures throughout the ages, although their purpose and significance may not always be the same. Some Maori *hei tiki*, for example, were carved as overtly female figures displaying their genitalia, and were intended as talismans to ensure fertility and easy childbirth. In many traditions, both male and female genitalia are believed, by reason of their life-giving function, to have apotropaic (protective) properties [Jones 2002: 248–52].

The Romanesque female exhibitionist is often erroneously thought to be part of this ancient tradition of images and symbols promoting fertility and offering protection. The popular name for this image – Sheela-na-gig – is a corruption of an Irish term for a loose woman, and was introduced during the nineteenth century by folklorists who believed that the image was originally an ancient Irish talisman to encourage fertility.

The Romanesque 'Sheela', however, tends to be frantic in gesture and repulsive in appearance, and lacks such qualities as an impressive physique, beauty, repose and gravity, one or more of which generally characterize other magical and ritual images. Research by Jørgen Andersen [1977] and Anthony Weir and James Jerman [1986] indicates that, far from being a fertility goddess, the female exhibitionist is an *anti*-fertility image intended to arouse disgust in the beholder and to foster the idea that sex is sordid and sinful. Moreover, although 'Sheelas' are, indeed, widespread in Ireland, they came there (and to England) from Spain and south-west France, via the pilgrim routes to and from Santiago de Compostela. In churches all along the routes taken by pilgrims, female exhibitionists

Sheela-na-gig on the corbel table of the Romanesque church at Kilpeck, Herefordshire. Photo: Bob Trubshaw.

appear as one of the many types of grotesque, intentionally shocking, and repellant images carved to deter the beholder from yielding to such sins as lust and avarice.

In time, the original message of the female exhibitionists was forgotten, and, from being one of many images warning against the sins of lust and debauchery, they came to be seen by some women as talismans against childlessness. Some images show signs of rubbing, as though their aid had been invoked. Their presence on late mediaeval secular buildings, such as castles, both in Ireland and England suggests that, despite the efforts to make them appear edifyingly repellant, the exhibitionists eventually became confused in the popular mind with the ancient tradition of apotropaic sexual images and gestures. 'Sheelas' on secular buildings are more common in Ireland than in England, where, however, they are not altogether absent. The gateway of the castle of Tickhill, Yorkshire is protected not only by a 'Sheela', but also by a phallic male figure, both of which are now in a poor condition and hard to see.

The idea of placing earthy or even sexually explicit images in a church may strike us as peculiar in the extreme, accustomed as we are to associate churches with enhanced decorum and good behaviour. We might well be tempted to conclude that some irreverent mason had played a joke or cocked a snook at his venerable and pious employers. The position of 'rude' images, if nothing else, should convince us that this could not be the case. Most of them occur on doorways, porches, corbels and capitals clearly visible from ground level, and doubtless those who were financing the construction monitored both its overall growth (and cost!) and such details as the carvings.

The decoration of mediaeval churches was no more arbitrary or haphazard than the words of the sermons preached therein, and carvings were intended to be didactic and to provide a visual reminder of the teachings and admonishments received from the clergy. Even those carvings which appear to us to be fanciful or amusing may well have had a serious meaning for the mediaeval churchgoer. I recall asking an usher in the huge church in Cirencester whether she knew of any Green Men in the building. She replied that they had no Green Men, but they did have a 'Tom and Jerry'. She then directed me to a delightful carving of a cat and a mouse in the Lady Chapel! Later I discovered that, to the mediaeval mind, a cat usually suggested evil and heresy, and that a carving of a cat in pursuit of a mouse or bird, or carrying one in its mouth, could be intended as a warning to unwary Christians not to allow themselves

A capital in the nave of the Basilique St Julien, Brioude, Haute Loire, Auvergne. Twelfth century. Photo: Ruth Wylie.

to be ensnared by heresy. A frog could also have sinister connotations and be associated with the Devil, because of the reference in the sixteenth chapter of the Book of Revelation to three unclean spirits 'like frogs', which came out of the mouths of the dragon, the beast and the false prophet. Misericords, being largely hidden from view, are less likely to be didactic than capitals and corbels, but even there amusing domestic scenes, or ones involving animals, often have a moralizing or allegorical meaning.

The mediaeval world was one in which almost anything and any subject could be conscripted into the service of the Church and used to enforce its teachings. The lewd and the lurid coexisted with terrifying monsters and the holy and just, and all with a single purpose in mind: to save sinners from temptation and Hell, and to bind them to the Church.

Nothing was considered as an unsuitable subject if it brought home the need to avoid sin and to be ready at all times to meet one's

Maker. Mediaeval carvers had no compunction even about portraying a pope dying suddenly, seated on the lavatory, and being carted off to Hell by three horned devils, because he had died unprepared and without time for repentance (Saint-Hilaire, Semur-en-Brionnais, Saône-et-Loire, France).

The former collegiate church of Saint-Pierre-de-la-Tour in Aulnay-de-Saintonge (Charente-Maritime, France) has a great assortment of images on the archivolts above the portal of its south transept. Here there are haloed Apostles and Prophets, crowned Elders of the Apocalypse, mermaids, an owl, a centaur, a donkey playing the harp, a bird with a man's face and a snake growing out of the top of its head like a crest, and a whole chain of foliate roundels containing heraldic animals and linked by spewing heads. On a pillar in the apse of the same church, there is a carving similar in style to the many Romanesque 'cat-faces' which disgorge foliage, except that, instead of a 'cat-face', there is a naked figure in the pose of an exhibitionist apparently defecating, or possibly giving birth to, stems and leaves!

The church of San Marin in Frómista (Spain), on the pilgrimage route, has several carvings representing all things sexual as emanating from the Devil, and suggesting an association between the vulva and the Mouth of Hell. On the northern side of the tower there is a naked monk, playing the lute and displaying his penis, while on the consoles of pediments there are two phallic men – one with a hugely enlarged penis, and the other in close proximity to a female exhibitionist.

A less crude anti-sex symbol was the mermaid, who in Romanesque church sculpture was yet another warning against debauchery. On a capital in the church of San Sigismondo in Rivolta d'Adda (Lombardy, Italy), dating from about 1100, there is a double-tailed mermaid. Her face is far from beautiful, and she is holding up her tails to either side in a provocative manner. Another double-tailed mermaid, on a fragment of carving preserved in La Cour d'Or, in Metz (Lorraine, France), is of particular interest to Green Man enthusiasts: her twin tails, also splayed to either side, turn into curling foliage above her head, and she is flanked by creatures with forelegs, long jaws and reptilian foliate tails, which are disgorging coiling stems with stylized leaves or flowers.

Not everyone in the Romanesque world shared the prevailing enthusiasm for grotesque monsters, ugly sinners and fantastic beasts. There were those who came to believe that they were counterproductive. All forms of lavish decoration in churches, especially monastic ones, were rejected by the Cistercian Order. This came into being in 1098 when a group of monks, who felt that the Benedictine Rule was not being followed sufficiently strictly, left the Cluniac Abbey at Molesmes and founded a new house at Cîteaux. Initially they encountered great hardships and immense difficulties. Their fortunes turned in 1112 when they were joined by Bernard of Clairvaux and some thirty companions, including his five brothers. Whereas Cluniac monks concentrated on making their abbeys centres of learning and art, with the result that towns grew up around them, the Cistercians devoted themselves to agricultural work and their abbeys remained isolated in rural settings.

St Bernard believed that elaborate architecture and sculpture were an unnecessary extravagance which distracted monks from their devotions: 'What profit is there in those ridiculous monsters, in that marvellous and deformed comeliness, that comely deformity? To what purpose are those unclean apes, those fierce lions, those monstrous centaurs, those half-men, those striped tigers, those fighting knights, those hunters winding their horns? Many bodies are there seen under one head, or again, many heads to a single body. Here a four-footed beast with a serpent's tail; there a fish with a beast's head... We are more tempted to read in the marble than in our service books and to spend the whole day in wondering at these things than in meditating the Law of God.' [trans. Coulton 1910: 72]

The Cistercian initiative found favour with many people, and, by the end of the thirteenth century, the Order had some seven hundred houses, all built to much the same pattern and characterized by their unadorned simplicity. Important Cistercian monasteries in Britain include Fountains Abbey, Tintern Abbey and Rievaulx. The presence of a wonderful Green Man (the one which inspired Kathleen Basford to undertake her pioneering research) above one of the windows of the Chapel of Nine Altars at Fountains Abbey, poses something of a problem. It is not Romanesque and clearly not part of the original building. According to Kathleen Basford, it was inserted during repair work done late in the fifteenth century. By then, the Cistercians may have become less strict in their views, like the Cluniac brethren before them.

Fountains Abbey is well worth a visit for its unusual Green Man (and much else), but, by the nature of their austere beauty, most Cistercian foundations have little or nothing in the way of foliate heads.

Above: *An initial 'M' from the Stuttgarter Passionale. Twelfth century. Copyright Bildarchiv Foto Marburg, LA 2211/1.*

Opposite: *The dedication page of the Codex Egberti. 980 AD. Copyright Bildarchiv Foto Marburg, neg. 59662.*

Where to look and what you will find

Heads – often reptilian and animal – abound in the elaborate patterns found in the metalwork of the ancient Celtic tribes, in the art of the Vikings, and in the manuscripts illuminated by Irish monks, but they do not seem to be directly related to the disgorging, full-face head typical of the Romanesque and later periods. Such heads begin to appear in manuscripts during the late tenth century, and somewhat later in stone carvings.

In some manuscripts, foliate heads occur in illuminated capital letters, especially the initial 'B' on the Beatus page of psalters. The Beatus page is so called because Psalm One begins with the words *Beatus vir qui non abiit* ('Blessed is the man who walketh not in the counsel of the ungodly... '). Often the fierce face of a lion or monster

can be seen, facing the downstroke of the letter 'B' at the join of the two curving sections.

Foliate heads may also form a decorative border, as they do on the dedication page of two late tenth-century books presented to Egbert, Archbishop of Trier from 977 to 993 and Imperial Chaplain and Chancellor of the Empire. Both books were created in the scriptorium of a monastery either in Trier itself or in Reichenau (an island in Lake Constance).

The first book is a psalter (now kept in the Museo Archeologico Nazionale, in Cividale del Friuli, near Udine in Italy) and the border around the portrait of Egbert contains eight heads – four at the corners and four halfway down each side – disgorging curls of foliage which are being gnawed by sundry unidentifiable creatures – some with legs and tails, and some more snakelike, but all in profile. Some of the disgorging heads are more human than animal.

The second book, known as the *Codex Egberti* (kept in the Stadtsbibliothek in Trier) is a book of *pericopes* or extracts. It was presented to the Archbishop by two monks of Reichenau, named Keraldus and Heribertus, who are drawn as tiny figures on either side of the Archbishop. The border differs in style from that of the psalter; there are only two full-face disgorging heads, one at the top and one at the bottom, and both are beastlike. Serpents are emerging from the ears of the upper head, and birdlike creatures from those of the lower one. More birdlike creatures are eating or disgorging each other along the sides, while the topmost ones are being swallowed by animals linked to the stems emitted by the upper head.

The combination of a full-face disgorging head with attendant creatures in profile also occurs on an ivory crucifix, twenty inches high, made for King Fernando (Ferdinand) and Queen Sancha of León (northern Spain) in about 1063. It is one of only three early mediaeval ivory altar crosses to have survived, and it is now kept in the Museo Arqueologico Nacional in Madrid. Its original place, however, was on the high altar of the collegiate church built in León on the orders of the royal pair to house the relics of St Isidore of Seville. León is on the pilgrimage route to Santiago de Compostela, and so the cross would have been seen by many pilgrims. The more influential of them may have been able to take a closer look at its magnificent carving. This, according to Peter Lasko, shows some influence of Ottonian art, and, in particular, of the crosses commissioned by Abbess Mathilde of Essen. [Lasko 1972: 150]

The front of the León cross has elaborately ornamented borders, with numerous deeply undercut figures of men and animals, crowded together and bent into all kinds of strange positions. Below Christ's feet, there is a larger figure of Adam. It is, however, the back of the cross which is of greater interest to us. This has the Lamb of God in the centre, and a symbol of one of the Four Evangelists at each extremity. The rest of the cross is decorated with *rinceaux* (circles of foliage) containing figures of men and beasts, including a centaur. The *rinceau* just above the Lamb contains a small, full-faced head disgorging stems, and, on either side of it, there are large, long-

Top left: *Front of the ivory cross made for King Fernando and Queen Sancha of León. c.1063.*
Top right: *Reverse side, showing foliate heads above the Lamb of God. Copyright Archivo Fotográfico, Museo Arqueológico Nacional, Madrid.*
Bottom: *Detail of back showing Green Man.*

necked quadrupeds whose heads in profile, disgorge foliage. The main stem which forms this particular *rinceau* is decorated with small bead-like dots.

Several twelfth-century churches are decorated with sculptural compositions which include full-faced disgorging heads and others in profile. Among them is the former abbey church of Saint-Pierre in Moissac (Tarn et Garonne, France). This has an impressive Last Judgement in the tympanum over the south portal, dated 1120–35. At the bottom corner to Christ's left, there is a full-faced animal head, which disgorges two wide ribbons, decorated with dots. These ribbons go right round the upper periphery of the tympanum, with many folds and turns, and ultimately enter the mouth of a long-nosed beast shown in profile at the bottom corner to Christ's right. Similar long-nosed beasts, positioned at either end of the lintel below the tympanum, disgorge a row of *rinceaux* along the lintel.

A combination of full-faced and profile foliate heads can also be seen over the south portal of the abbey church of Saint-Pierre at Beaulieu-sur-Dordogne, not far from Cahors in France. The church dates from 1130–44. Here, however, foliate heads occur only on the lintel of the tympanum, and not all round it. The tympanum depicts the Second Coming of Christ, with angels sounding trumpets and the dead pushing up their coffin-lids to appear at the Last Judgement. At one end of the upper frieze on the lintel, there is a beast in profile disgorging ribbons which pile up at the other end, behind a fearsome full-faced head with a huge mouth that is either swallowing or disgorging some kind of animal. This animal, in turn, is doing the same with a man. In this particular context regurgitation is more likely than swallowing because in mediaeval times there existed a widely held belief that, prior to the Last Judgement, wild creatures would regurgitate the limbs or bodies of those whom they had eaten, so that their owners could be resurrected whole [Toman 1997: 329]. The lower frieze of the same lintel consists of rosette-like *rinceaux* with monsters of the kind that St Bernard condemned superimposed upon them, There is, for example, a creature with five heads in front and two more on its tail – a reference, perhaps to the seven-headed beast of the Apocalypse (Revelation 13.1).

The former convent church of St Cyriakus in Gernrode (Saxony-Anhalt, Germany) has a Holy Sepulchre (similar in purpose to the English Easter Sepulchre), dated between 1100 and 1130. On its outer wall a statue of Mary Magdalene stands between columns and surrounded by a frame composed of various animals and birds with symbolic Christian meanings, and the figures of Moses and John the

The Last Judgement in the tympanum over the south porch of the former abbey church of Saint Pierre, Moissac, c. 1115. Reproduced from Early Mediaeval Art *by John Beckwith, 1974 by kind permission of Thames and Hudson.*

Baptist. Around the whole, there runs a square frieze, reminiscent of the Egbert manuscripts in that it consists of full-face masks, with foliage coming out of their ears, disgorging long curling stems that flow into the mouths of animals in profile.

Ripoll itself, whose abbot may have initiated the transfer of manuscript motifs to church architecture, has a small head (beast-like and lacking a lower jaw) disgorging circles of stems and foliage down one of the jambs of the west portal of the abbey church of Santa Maria (second quarter, twelfth century) [illustration in Toman 1997: 295].

Not all churches have a tympanum with apocalyptic scenes over their main entrance. Some have portals decorated with a series of elaborately carved archivolts. Here, too, foliate heads can sometimes be found. Animal masks linking chains of *rinceaux* can be seen on the innermost of four archivolts, richly decorated with Biblical figures and animals both real and fabulous, above the south transept portal of the former collegiate church of Saint-Pierre-de-la-Tour in Aulnay-de-Saintonge (Charente-Maritime, France), dating from some time after 1130 [illustration in Toman 1997: 270].

Above the west portal of the former abbey church of Sainte-Marie-des-Dames at Sainte (Charente-Maritime) a feline head disgorges *rinceaux* in a decorative frieze which separates the innermost archivolt from the second. The head is just above a medallion containing the Hand of God, held by two angels over the middle of the entrance, and just below the Lamb of God on the next major archivolt. The portal dates from between 1130 and 1160 [illustration in Toman 1997: 274].

The west façade of the former collegiate church of Notre-Dame-la-Grande in Poitiers (Vienne, France) is decorated with tiers of blind arches and niches containing statues of Biblical personages and scenes, including an unusual Tree of Jesse, which emerges from the latter's head in two branches, instead of from his loins. At least seven full-face disgorging heads can be seen among the foliage which adorns the columns and arches around the main figures. The façade was probably completed about the middle of the twelfth century.

Tympana with scenes from the Apocalypse are not commonly found in England, but a relatively simple one, dated c.1160, can be seen on the church of St John the Baptist, in Elkstone, Gloucestershire. It shows Christ in Majesty pointing to the Lamb of God and attended by the symbols of the Four Evangelists: an eagle, a winged lion, a winged ox, and an angel. The scene is bordered with foliage, some of which is being disgorged by a cat-like Green Man in the bottom right-hand corner from the point of view of the viewer. Another disgorging head can be seen in the semicircle of heads, many with beaks, that borders the upper curving edge of the tympanum.

The twelfth-century church of St Leonard at Linley, in Shropshire, has a modestly-sized tympanum containing simply a curious, barely human, naked figure, surrounded by foliage and spewing out more.

The most common type of Romanesque foliate head is the 'cat-face', which disgorges vegetation whose stems seem as important as its leaves, if not more so. Such heads can be seen on the capitals of Romanesque churches in many countries, and often the stems are 'beaded'. Cat-masks disgorging whirling 'beaded' stems appear on the capitals of piers in the crypt of Canterbury Cathedral. One jawless cat-face, disgorging stylized leaves with 'beaded' stems, has two wyverns rising above it in profile, looking backwards at each other. In St Anselm's Chapel, off the south aisle of the cathedral, there is

A capital in the ambulatory of the Basilique St Julien, Brioude, Haute Loire, Auvergne. Twelfth century. Photo: Ruth Wylie.

another capital with masks disgorging 'beaded' stalks or ribbons. Deborah Kahn suggests that this is similar to a capital in the church of La Trinité in Caen, confirming the spread of fashions in motifs from one country to another [Kahn 1991]. French masons and Caen stone played an important part in the building of the cathedral, and Caen stone and 'cat-face' designs were also used for capitals in Reading Abbey.

In its day, Reading Abbey was an important monastic house, founded by Henry I, who personally laid the foundation stone in 1121. He was also buried before the high altar of the church. Monks from Cluny and its daughter house at Lewes formed the first community at Reading. Its principal relic was the hand of St James the Apostle, brought from Spain and presented to the Abbey by Henry I. This made the Abbey a centre of pilgrimage until the Abbey was dissolved in 1539 and demolished. Fortunately a few stones, including several capitals, were eventually recovered and are now displayed in Reading Museum. Some of these capitals are carved with feline-faced creatures disgorging 'beaded' stems. On one of them, the creature is flanked by two other beasts in profile.

The twelfth-century church of St Kyneburga at Castor, near Peterborough, has several Green Men on its capitals. One particularly fine 'cat-face' is disgorging foliage with long 'beaded' stems, which, unusually, it is holding with human hands. Another is breathing out foliage through its nose, while a third is simply spewing it out in a more conventional way.

Disgorging 'cat-faces' are not confined to tympana and capitals, but are found in other parts of churches. The mid-twelfth-century font in St Mary's Church, Stottesdon (Shropshire), for example, is decorated with a chain of roundels linked by 'cat-faces', while a lectern (c.1180) from Much Wenlock Priory, now preserved in the Victoria and Albert Museum, has small feline heads, upside-down and disgorging coils of stylized foliage on each of its three wider sides.

Disgorging lion-faces and heraldic animals and birds with foliated tails also appear on Russian churches dating from the twelfth and thirteenth centuries. Some of the motifs are so similar to those found in the West that direct influence must be supposed. Western architects and masons, as well as local ones, were sometimes employed by the Russian princes who commissioned the buildings. Heraldic beasts with foliate tails can be seen in large numbers on the exterior of the Cathedral of St Dmitri in Vladimir, built between 1194 and 1197 by Prince Vsevolod III [Faensen and Ivanov 1975: plates 56–60], while several heads, semi-human, semi-feline, disgorge foliage in its doorway [Anderson 1990: 18]. Typically Romanesque lion heads, lacking a bottom jaw and disgorging long stems, decorate the south facade of the Cathedral of St George in Yurev-Polsky [Faensen and Ivanov 1975: plates 72 and 79]. This was originally built between 1230 and 1234 by Prince Svyatoslav Vsevolodich, but, in the fifteenth century, it collapsed and was rebuilt. The restorers appeared unable to fit the sculpture together in the original sequence, so that it is now somewhat muddled in arrangement.

Curiously enough, 'cat-faces' reappear in the nineteenth century in some Bulgarian churches. In the central church of the Rila

Detail of the font in the church of St Mary, Stottesdon, Shropshire. Twelfth century. Photo: Ruth Wylie.

Monastery there are at least two jawless 'cat-faces' disgorging foliage on the iconostasis. Another disgorges flowers at the base of the pulpit. Above this head several triangular panels, edged with strings of 'beads' and decorated with oriental jugs containing bouquets of flowers, spread upwards to the main part of the pulpit.

The Bulgarian wood-carvers may possibly have seen Romanesque foliate heads in Russia, or closer to home in the Balkans (at the Studenica Monastery, for example, built in neighbouring Serbia as a royal mausoleum about 1200). Alternatively, the creatures may represent the lion emblem of Bulgaria. The nineteenth century was a period of intense struggles for cultural and political independence, in which the Church played an important role. These foliate heads are not, however, the only ones in the monastery complex. In a small chapel, dedicated to St Luke and forming part of a hermitage outside the monastery walls, there is a mural, dated 1790, in which leaf-masks form the main decoration on the golden throne of a king.

Some Romanesque churches have recognizable non-feline 'green' animals. The old cathedral in Salamanca, Spain, for example, has a bull disgorging foliage above the capital of one of the nave pillars (mid-twelfth or early thirteenth century). Nearby is a winged reptile, with fore-legs and a long tail.

A capital in the crypt of the Cathedral of St Bénigne, Dijon, Côte d'Or, Burgundy. Ninth century. Photo: Ruth Wylie.

A much older 'green' bull can be seen at the easternmost end of the Christian world – in Georgia, in the Caucasus. Christianity became the state religion of Georgia in the sixth century, but there had been bishops in the western part of the country since the fourth century. The 'green' bull's head, which has some damage to its horns, originally decorated a fifth-century basilica, but was later incorporated into the east façade of the eleventh-century church of Sveti-Tskhoveli, in Mtskheta, near Tbilisi [illustration in Mepisashvili and Tsintsadze 1979: 69].

The Green Men most typical of the Romanesque period have feline faces, but some are more human in appearance. An early example is the curious little person on a capital in the abbey church of Saint-Benigne in Dijon (Côte d'Or, France), who has his foliage bundled up and tied above his head, like the kerchief traditionally worn by sufferers from toothache! He dates from about 1000, when

The capital of the twelfth-century Hartmann column (so called because the mason left his signature upon it with a Latin sentence) from the former collegiate church of SS Simon and Jude in Goslar, Domvorhalle, Harz, Germany. The church once formed part of an imperial complex which included a palace built during the first half of the eleventh century. Photo: Ruth Wylie.

the church was commissioned by Abbot William of Volpiano, and is quite unlike any other known Green Men.

This also the case with most humanoid Romanesque Green Men, as opposed to 'cat-faces'. The latter appear to have been derived from a common source, while the former are far more individual. This is apparent in the examples to be seen in three German monastic foundations: the former convent church of St Servatius in Quedlinburg (Saxony-Anhalt), the former collegiate church of St Simon and St Jude in Goslar (Lower Saxony), and the former Premonstratensian monastery church of St John the Baptist in Spieskappel (Hesse).

Though otherwise quite different in appearance from each other, all three are bearded – which, in itself, is unusual – and, strictly speaking, only the last is truly 'green'. The Quedlinburg capital (before 1129) shows a human head whose moustaches turn into

The south doorway and tympanum of the church of SS Mary and David, Kilpeck, Herefordshire. Photo: Bob Trubshaw.

coiling winged creatures, with crocodile jaws that snatch at what might be foliage coming either from out of the sides of the head, or from behind it [illustration in Toman 1997: 315].

The Goslar capital (third quarter of the twelfth century) is thematically similar, but more sophisticated both in design and execution. The bearded human head is flanked by two winged reptiles, resembling wyverns and reminiscent of those in the cathedral in Salamanca. These reptiles link necks to form an arch above the head, and each places one fore-foot on the head's wavy hair, and the other near its mouth, from which the reptiles' coiled tails emerge, decorated with 'beads'.

The capital in Spieskappel (c.1200) is quite different again and particularly strange. It shows a large head with two stylized leaves emerging from its tightly closed mouth. Unusually it also has a body, small and hairy, and a long beard. To either side, at the corners of the capital, there are female heads wearing circlets over long tresses of hair that curl round to become the hairy arms of the Green Man, whose equally hairy legs are splayed out and coil over his arms to end in reptilian heads [illustration in Toman 1997: 315].

The tiny church of SS Mary and David in Kilpeck (Herefordshire) is of special interest to Green Man explorers, because its remarkable

Top: *The Green Man on a capital by the south doorway of the church of SS Mary and David, Kilpeck, Herefordshire.*

Bottom: *Detail of the voussoirs surrounding the tympanum over the south door of the church of SS Mary and David, Kilpeck, Herefordshire. Photos: Ruth Wylie.*

A capital in the nave of the Cathedral of St Lazare, Autun, Saône et Loire, Burgundy. Twelfth century. Photo: Ruth Wylie.

carving includes well-preserved examples of the main elements characteristic of Romanesque foliate heads. The church's founder, Oliver de Merlemont, made the pilgrimage to Santiago de Compostela and evidently examined and remembered what he had found in the monastic houses along the route.

Kilpeck has an archetypally unattractive 'Sheela-na-gig', who crudely and shamelessly displays on an outside corbel (see photo on page 133). It also has a definitive Green Man at the top of a jamb on the ornately carved main portal (1135–40). He is disgorging 'beaded' stems that end in foliage and an object resembling a fir-cone. On the opposite side of the doorway, rising above a sprig of foliage, there is a creature like a wingless wyvern, with a line of 'beading' running from its neck to the end of its long, twisting tail. Though not physically linked to the Green Man by stems, this creature strongly resembles the beast in profile that accompanies many Romanesque foliate heads.

Heads and 'fir-cones' on the west front of the church of Notre-Dame-la-Grande in Poitiers, Vienne, Poitou-Charente. Twelfth century. Photo: Ruth Wylie.

The tympanum contains, not an apocalyptic scene, but a single plant, possibly a Tree of Life. It, too, has 'beaded' stems, and there are also flowers of a kind found in other Romanesque sculptures and some of the mysterious 'fir-cones'. The two main archivolts around the tympanum also contain a number of Green Men: on the inner archivolt, two feline masks disgorge reptilian creatures, while on the outer archivolt, the carving consists of an animal-head at the base, disgorging nine medallions containing various birds, fishes, etc. and linked together in a chain by nine feline masks.

The motifs which, for the moment, we will call 'fir-cones' appear frequently in Romanesque sculpture. They are sometimes taken to be roughly carved bunches of grapes, although many of them point upwards or in other gravity-defying directions uncharacteristic of grapes. They also appear with leaves and flowers that certainly do not belong to vines – or to fir-trees, either.

Look carefully at Romanesque sculpture and you will sometimes find 'fir-cone' motifs associated with Green Men or with flowers that most closely resemble stylized lotuses – in which case the 'fir-cones' become lotus-buds.

One example can be seen on the facade of the church of Santa Maria in Pomposa (Emilia-Romagna, Italy), which dates from the second quarter of the eleventh century. Here the markedly oriental-style decoration consists of geometrically coiled stems, with cone-like buds, placed on either side of lotus-flowers, and framing small additional figures of men and beasts [illustration in Toman 1997: 300]. On a twelfth-century capital in Autun Cathedral (Saône-et-Loire, France), there is a peculiar naked figure, with legs but no arms, disgorging luxuriant foliage with 'beaded' stems and 'fir-cone' buds. 'Cones' are present in several of the Green Man examples already mentioned, including the frieze on the Holy Sepulchre in Gernrode, the west façade of Notre-Dame-la-Grande in Poitiers, and the 'Green Sheela' in St Michael's, Melbourne.

By concentrating their attention on the Green Men themselves to the exclusion of all else, many enthusiasts miss important clues that are staring them in the face. The plant in the tympanum at Kilpeck has something important to tell us. So has the 'wingless wyvern'! And so have the 'fir-cones'!

What this 'something' is will become clear after we have travelled and explored a little further.

7: PRE-ROMANESQUE DISCOVERIES AND DEAD ENDS

We have reached a critical point in our journey of exploration. Up till now, each new step into the past has revealed yet more examples of foliate heads that seem to bring us ever closer to their ultimate source. Suddenly, however, the trail peters out. We need to stop and take stock of our surroundings.

Much of what was created in the centuries preceding the great Romanesque abbeys has either been destroyed or remodelled, but enough remains to give us a rough idea of the situation. Whether we examine grandiose imperial edifices, such as those at Ravenna and Agia Sophia in Istanbul, or modest vernacular buildings, such as our own Saxon churches, everywhere we encounter the same puzzling dearth of Green Men.

The foliate heads of the Dark Ages

The so-called Dark Ages are indeed dark when it comes to foliate heads. Few such heads have been recorded, and they are not particularly enlightening. We will, nevertheless, take a closer look.

In the Archeological Museum in Istanbul there are a number of capitals, dating from the sixth century AD and decorated with leaf-masks. On one capital, found in the city walls during excavations in 1972, cornucopiae appear between leaf-masks that clearly represent Okeanus, since they display his telltale crab's claws [illustration in Basford 1996: plate 6a]. Cornucopiae also appear between leaf-masks on capitals discovered in 1885 at Mudanya on the Asiatic shore of the Sea of Marmara, due south of Istanbul [illustration in Basford 1996: plate 7]. These leaf-masks are carved in a somewhat different style, using a more hollowed-out technique. The cornucopiae are brimming with grapes, and, although the curling upper leaves are reminiscent of crab's claws, there are, in fact, no visible claws. This prevents a definite identification with Okeanus, although the latter is sometimes portrayed without them.

Another capital in the Istanbul Museum is decorated with what appear to be actual masks, because the faces below the leaves are cut off just above the eyebrows [illustration in Basford 1997: plates 8a and 8b]. Various other capitals with leaf-masks of differing designs are also exhibited in the Museum, demonstrating the continued popularity of the motif in the Roman world.

The Rheinisches Landesmuseum in Trier houses a number of leaf-masks, dating from the second or third century AD, which shed some light on the history of the motif. Some of them are to be found on the sarcophagi of wine merchants which actually take the form of wine-ships and were discovered at Neumagen on the Mosel. Kathleen Basford was of the opinion that one of these leaf-masks almost certainly represents Okeanus, and thus symbolizes a safe journey to the Islands of the Blessed – a paradise for the righteous dead, believed to lie in the great River Ocean. The other leaf-masks in the same museum, including some entirely fashioned from leaves, are harder to interpret. Kathleen Basford admits the possibility that although they, too, might represent Okeanus, they might equally have Bacchic significance – something quite feasible in a major wine-growing area. Participants in Dionysian rites are known to have made themselves crowns of leaves, which could have extended into masks [Basford 1996: 9–10; plates 3a and 4a].

One foliate head which poses something of an unsolved riddle can be seen in the church of Saint-Hilaire-le-Grand in Poitiers. It is carved on the lid of the sarcophagus of St Abre and is thought to date from the fourth or fifth century.

St Abre was the daughter of St Hilaire, or Hilary, (c.315–c.367), who was Bishop of Poitiers and a learned theologian. He was sufficiently well-known in England for his name to be given to the 'Hilary Term' of universities and law courts, which begins on or around his feast-day of January 13. He was born into a wealthy, cultured pagan family and, having converted to Christianity, he became an implacable opponent of Arianism – a heresy which alleged that Christ was not coequal and coeternal with God the Father, because the Latter had created the Former. Arianism was rejected by the First Council of Nicaea (325), called by the first Christian Emperor, Constantine the Great, but it came close to triumphing when his successor, Constantius II, chose to support Arianism. In 356, Constantius banished Hilaire to Phrygia in Asia Minor, where the zealous Bishop made himself such a nuisance to the local Arians that they sent him back to Gaul in 360.

The carving on his daughter's sarcophagus shows a benign human face, like a sun, or a flower surrounded with petal or bracts. At first glance, it is reminiscent of the faces favoured by the builders of the Perpendicular portions of Gloucester Cathedral some thousand years later. However, while those in Gloucester do not disgorge anything, the Poitiers head fills the whole shallow arc of the lid with stems, foliage and large five-petalled flowers. Whether or not we can regard this head as a true 'disgorger' is debatable, because the vegetation emerges, not from its mouth, but from its nose, and, moreover, not even directly from its nostrils, but out of two cornucopiae connected to them.

The uniqueness and significance of the foliate head on St Abre's tomb are open to debate. There are other, later, instances of cornucopiae in association with foliate heads and of foliage emerging from the nostrils rather than the mouth. We have already noted the cornucopiae on Martin Luther's *Appeal* of 1520, and on the frame of Tintoretto's painting, as well as the foliate head breathing out leaves on the tomb of William Harrington (1350) in St Chad's Church, Harpswell, Lincolnshire. Although it has no cornucopia, the Green Man on a roof-boss (fifteenth century, restored in the seventeenth century and repaired in the late nineteenth century) in the church of St Peter and St Paul, Kettering, bears some resemblance to St Abre's Green Man in that it has 'petals' around its face and is exhaling through its nose.

If there is a common thread between all these surviving images, it is likely to lead us back to classical times. St Abre's tomb dates from a period when Christian iconography was barely established and still borrowed heavily from Roman models. It was still the custom to portray Christ himself beardless, like a youthful pagan god or Roman aristocrat, when the Ostrogoth King Theodoric (474–526), who was an Arian Christian, established his capital at Ravenna and erected a baptistry and the church of Sant' Apollinare Nuovo. His Arian baptistry contains a mosaic representation of Christ's baptism in which the River Jordan is shown personified as a Roman river god, with an urn and a head-dress of crab's claws.

Pagan deities and pagan survivals

The Green Man has so often been described as a pagan god, a forest spirit, or a fertility symbol that many people assume unquestioningly that this is so. But is it?

Exactly which pagan god or spirit is the Green Man supposed to represent? And why was he everywhere tolerated by the none-too-tolerant Church?

These were the key questions that we asked ourselves at the start of our journey of exploration. Now that we have arrived at the point at which the Green Man first appeared in Christian art, it is time to provide some answers.

So, who is the Green Man?

Okeanus is an obvious candidate as far as visual form is concerned. Both the leaf-mask and the Italianate Green Man can confidently be traced back to models representing the Titan. When we consider content, however, things are less straightforward. Even to the Romans, Okeanus was a superannuated minor deity, lacking shrines and temples. His image was more of an auspicious ornament than a genuine religious symbol. Despite his numerous mythical offspring, Okeanus was never seen as a fertility god. Neither was he in any way associated with forests. His marine nature is clearly visible in the great silver dish, dating from the fourth century AD, discovered at Mildenhall in Suffolk and now on view in the British Museum. Here Okeanus is portrayed with a beard of seaweed, out of which dolphins are peeping, and all around him are some of his daughter nymphs.

Another source of inspiration for foliate heads, especially the uglier kind, is the Medusa or Gorgon, whose decorative potential was grasped, time out of mind, by Pallas Athene herself. The goddess placed the severed head of the monster killed by Perseus on her own shield, and Gorgons' heads appear throughout the Greek and Roman world as motifs in sculpture, mosaics, paintings, and ornamentation on vases. Bath has a splendid Romano-Celtic example of what appears to be a male Gorgon, with moustaches, which originally formed part of the pediment of the Temple of Sulis Minerva. As well as snakes, the Bath Gorgon has tiny wings on each side of its head, a feature which also appears in an image of the Gorgon from Pompeii. Like Okeanus's seaweed, the Gorgon's wild mop of writhing snakes can readily be transformed into leaves, although Gorgons are in no way connected with either forests or fertility, and were never worshipped as gods.

At first sight, the only known inscription to put a name to the Green Man offers a more promising lead. The inscription consists of a single word 'Silvan' – in rather rough letters, inscribed above a foliate face on a fountain made about 1200 for the cloisters of the Abbey of Saint-Denis in France. The head, which has oak-like leaves sprouting from its brow, is one of several representing Roman deities carved between the spouts of the basin of the fountain. Silvanus was one of the many Roman gods associated with agriculture and fertility and often confused with each other, among them Faunus, whose image also appears on the fountain. As his name suggests, Silvanus was a forest god, who also watched over aboriculture and the work of clearing woods to make fields and pasture. His, too, was the

The end panel on the lid of the tomb of St Abre in the church of St Hilaire-le-Grand, Poitiers, Vienne, Poitou-Charente, France. Fourth century. Photo: Ruth Wylie.

protection of the herds that grazed on the pastures, and cattle would be sacrificed to him.

Before leaping to the conclusion that the Green Man is the sylvan pagan god, we need to remember that Silvanus never appeared in Roman iconography with a foliate face, although he might carry a tree and a pruning-hook. It is therefore possible that the face on the fountain represents a unique identification on the part of the carver or commissioner, who, unsure of Silvanus's appearance but acquainted with foliate heads, simply decided to portray him in this manner. This is the conclusion reached by Kathleen Basford, who makes the point that, since there is no other evidence to suggest that the Green Man was widely known as Silvanus during the Middle Ages, this particular artist was just exercising his imagination [Basford 1996: 16; plates 23a and 23b].

Dionysus (Bacchus), the classical god of wine, is often assumed to be an aspect of some universal Green Man. Classical images of the god, crowned with ivy and vine leaves, may well have inspired some Gothic and Renaissance foliate heads, but we find no trace of him in the earlier, Romanesque period. Unless, of course, we are prepared to identify 'cat-faces' with the panthers that draw his chariot - an idea too farfetched to be seriously considered!

We will have the same difficulty in finding an exact, or even approximate, match when we look at the gods of the Celtic tribes which inhabited much of pre-Christian Europe. With some exceptions, these gods were seldom represented in the form of images until Roman times, when they tended to become identified or paired with Roman gods having similar characteristics or spheres of influence. One example is Sulis, the local tutelary Celtic deity of the hot spring at Bath, who was equated with the Roman goddess Minerva. A bronze head of the composite goddess, Sulis Minerva, and several dedications invoking her aid, have been found in Bath.

Even major Celtic deities who were worshipped by several, or even all, Celtic tribes, were similarly paired with Roman deities. Cernunnus was associated with Mercury and was often portrayed in his company or holding the purses appropriate to the Roman God of Commerce, in addition to having his own traditional attributes, which included antlers, torcs and ram-horned snakes. Cernunnus, however, unlike most Celtic gods, had acquired, and was portrayed with, his own well-defined iconography as early as the fourth century BC, as witnessed by a somewhat primitive rock-carving in Val Camonica (northern Italy) [Green 1994: 87]. Possibly the finest surviving portrayal of Cernunnus is to be found on one of the panels of the Gundestrup Cauldron, discovered in a Danish bog but probably made in what is now Bulgaria, during the first century AD. Whether or not there is any connection with Cernunnus, his characteristic ram-horned snakes can still be seen in Bulgaria as a favourite ornament on carved shepherds' crooks.

Despite the Celts' fondness for heads, to which they appear to have attached particular significance, Cernunnus is usually portrayed full length. In one unusual relief, now in the Corinium Museum in Cirencester, his legs have become ram-horned snakes. Like most Celtic deities he has numerous spheres of power. He is a part-human, part-animal Lord of Animals, both wild and domestic; a provider of abundance in the form of food and money; and a god of fertility and rebirth.

Some authors cannot resist the temptation of identifying every horned head as that of Cernunnus. William Anderson, for example, quite arbitrarily refers to the two foliate heads on the south porch at Moissac as 'Cernunnus heads'. Both heads, however, have short, bull-like horns, whereas Cernunnus invariably has antlers. These link him to the deer, whose king or brother he appears to be, and possibly also to the forest trees, which branch like antlers. Even the largest and most impressive antlers are shed annually and renewed, and the enaction of this may have formed part of the rituals performed in his honour, since some figures of Cernunnus have removable antlers [Green 1994: 86].

Opposite: *Foliate heads on the jambs of the south portal of the former abbey church of St Pierre, Moissac, Tarn and Garonne, Midi-Pyrenees. Twelfth century. Photo: Tina Negus.*

A fifteenth-century misericord in the Cathedral of the Holy Trinity, Norwich, Norfolk. Photo: Ruth Wylie. Reproduced by kind permission of the Chapter of Norwich Cathedral.

None of the surviving images of Cernunnus has a foliate face, but there is one Celtic god who is sometimes portrayed with a leaf-crown. This is the Gaulish hammer-god, known as Sucellus and associated in southern Gaul with the Roman god Silvanus. His leaf-crown is, however, merely an occasional addition to his iconography, and his constant attributes are his hammer and a pot. Thus neither Cernunnus nor Sucellus seems a likely model for the Green Man, whose greenery is not an optional extra but an integral part of his image.

What may be leaf-crowns also appear on some much older Celtic stone heads, found in southern Germany and uninfluenced by Roman art. Dating from about the fifth or fourth century BC, these heads have two great 'leaves' similar to a 'Tree of Life' or a Paisley-pattern motif, ballooning up on either side of their faces. Some of them (such as those on the stone pillar from Pfalzfeld, St Goar) have three-pointed beards which might just be regarded as foliate, and a trefoil on their foreheads [Cunliffe 1997: 126–7]. Trefoils occur on the foreheads of a few Green Men in Britain, including one on a misericord in Norwich Cathedral (fifteenth century); one on a pendant in the retrochoir of Rosslyn Chapel, near Edinburgh (also fifteenth century); one in All Saints' Church, Wilbarston, Northamptonshire (thirteenth century); and one in the Church of St Peter and St Paul, Kettering. There is, however, no evidence that British craftsmen were aware of a few carvings created in Germany over 1,500 years earlier. Coincidence of imagination is more probable than any actual connection.

A pendant boss in the east end of Rosslyn chapel, Roslin, Midlothian. Fifteenth century. Photo: Ruth Wylie.

The trail has become very faint indeed. Have you ever seen a Green Man with antlers? Or a Roman, Greek, Celtic, or even Egyptian, deity who disgorges foliage? No? In that case, we need to do some serious re-thinking.

In order to get back onto the right track, we have to reject the popular but anachronistic idea that the Green Man was smuggled into churches by recalcitrant, underground pagans. There is no evidence of any appreciable survival of paganism in Western Europe at the time when the first known Green Men were created, let alone of the presence of active, militant pagans in a position to influence patrons, architects and masons in the numerous dioceses where Green Men appear in monasteries and cathedrals.

Once Christianity had become the official religion of the Roman Empire, it spread so rapidly and to such good effect that even the barbarian invasions and the later Viking raids had little impact on the Church's power. Those raiders who became permanent settlers soon accepted the established faith. In most parts of western Europe, the old religions had crumbled and vanished centuries before the first foliate heads made their appearance in Romanesque art and sculpture. The dissidents of the day were no longer the unconverted worshippers of Dionysus, Cernunnus and Woden, but convinced Christians who, for various reasons, found themselves at odds with the official Church and were, therefore, dubbed 'heretics'. A good general survey of 'pagan survivals' in Britain can be found in the last two chapters ('The Clash of Faiths' and 'Legacy of Shadows') of *The Pagan Religions of the Ancient British Isles* by Ronald Hutton [1991].

The Christian Church owed its rapid and complete victory over paganism in part to its skill in borrowing from the religions which it replaced such things as the dates of its major festivals and feast-days, and giving them a new, Christian content. Many deeply-rooted customs and superstitions received baptism and new clothes, so that they were perpetuated by devout Christians no longer conscious of their pagan origin.

The popular carol *The Holly and the Ivy* provides an excellent, if relatively modern, illustration of how something originally pagan – in this case, the age-old magical connection between evergreen foliage and the Winter Solstice – can be re-interpreted in Christian terms:

The Holly bears a blossom
As white as the lily flower,
And Mary bore sweet Jesus Christ
To be our sweet Saviour.
The Holly bears a berry
As red as any blood,
And Mary bore sweet Jesus Christ
To do poor sinners good...

Although the enigmatic lines about 'the rising of the Sun and the running of the deer' may sound like echoes of a time when people worshipped solar deities and the antlered Cernunnus, those who sing these lines sweetly in the choir at Christmas to 'the playing of the merry organ' are certainly not covert pagans, but good Christians.

The locations in which the earliest Green Men appear indicate clearly that they entered the Christian world with the blessing of the Church. Romanesque Green Men do not skulk in dark places under misericords or on barely visible roof-bosses. They are prominently placed for all to see on buildings designed for monks who had chosen holiness and renounced the world, and on costly items presented to godly persons holding high office in Church and State.

Whatever meanings they may once have had in a previous existence, they were brought into churches to serve the purposes of the Church. Of that there can be no doubt.

Given the innumerable examples of Green Men and their wide distribution, every Christian in western Europe must have been familiar with the motif. Yet, as we noted at the beginning of our journey, the dog did nothing in the night time: the motif raised no eyebrows and excited no criticism in the many mediaeval writings that touch on the subject of imagery in churches. Even St Bernard, who listed so many strange creatures to which he took exception, failed to mention anything that we can identify as a Green Man.

Everything that we have so far discovered points to the conclusion that foliate heads either played a neutral, decorative role, like acanthus leaves or dog-tooth, or else were recruited, like griffins and manticores, to press home some Christian teaching. The classical lineage of leaf-masks is obvious, but what about the disgorgers? What about the 'cat-faces'?

The Green Man and the Knights Templar

Some valiant attempts have been made to link the disgorging Romanesque 'cat-faces' with the Knights Templar, who were accused, among other blasphemous and shocking things, of worshipping a demon called Baphomet, who took the form of a head, a skull, or a cat. Such a link could exist only if the accusations against the Templars were true. We would then expect to find 'cat-faces' in all Templar churches and nowhere else. But not all Templar churches have 'cat-faces' and many non-Templar churches do. Moreover, the Order of the Poor Fellow-Soldiers of Jesus Christ and the Temple of Solomon – to give the Templars their full, official name – was founded in 1119, which is later than the earliest examples of 'cat-faced' Green Men. The most that we can assume is that, like other builders of mediaeval churches, the Templars played a part in popularizing and spreading an already existing motif.

If, however, the accusations against the Order were false, then the whole hypothesis is rendered null and void. Most historians have long suspected that the Templars were framed and persecuted between 1308 and 1314 to give Philip IV of France an excuse to appropriate their lands and treasure. Quite recently, such suspicions were confirmed by the discovery in the Vatican of a long-lost parchment showing that the Pope of the day, Clement V, became convinced of their innocence and decreed that they were absolved by the Church and could once again receive Christian sacraments.

[Owen 2002]. Unfortunately, Philip went ahead and put the leading Templars to death before the Pope's decree could be made public.

By clearing the Templars of all charges of heresy and other crimes, the papal document restores them to the status of a respectable, if rather dull, monastic order. To hope that we shall now hear no more of the absurd myths and theories that have been spun around their name is, perhaps, over-optimistic. In any case, even the myths offered no explanation as to why Baphomet should be disgorging foliage! No mention of leaves was made in the original charges made against the Templars! [Two excellent books about the Templars are Peter Partner, *The Knights Templar and their Myth* (1981), and Piers Paul Reid, *The Templars* (1999).]

A passing glance at the Anglo-Saxons

Modern seekers after mysteries and pagan survivals seldom pay much attention to the Anglo-Saxons. This seems unfair, since six of the eight Anglo-Saxon royal houses once claimed the pagan god Woden as their ultimate ancestor, and he, together with three other Anglo-Saxon deities survived the transition to Christianity enshrined in the names of the days of the week – Tuesday (Tiw's day), Wednesday (Woden's day), Thursday (Thor's day) and Friday (Frigg or Friga's day). Sadly, no certain images of Anglo-Saxon gods have survived, but there is no reason to suppose that any of them was portrayed as disgorging foliage.

It is, however, in early Anglo-Saxon Christian manuscripts (and not 'Celtic' ones) that we find disgorging feline faces, often as part of the elaborate decoration of the letter 'B' on the 'Beatus Page' of psalters made during the tenth and eleventh centuries. In one such example, the foliage flows from the mouth of a full-faced beast into those of subsidiary non-feline, animal profiles – a design similar in concept, if not in style, to the heads and foliage in the decorative borders of the books produced for Archbishop Egbert of Trier.

These manuscripts offer us some of the earliest known examples of disgorging heads as opposed to leaf-masks. The latter have Roman antecedents, but disgorging heads do not. Disgorging heads do not occur in the art of the early Celtic, Nordic or Germanic peoples either.

Where do disgorging heads come from?

Providing that we refuse to be sidetracked by the idea that the Green Man is an archetypal relic of some pagan belief once common to all

The Beatus Page from an Anglo-Saxon psalter of the early eleventh century. Here both the full-face feline head and two heads in profile can be seen. By permission of the British Library (Arundel 155 f.12).

the peoples on whose territory Romanesque and Gothic churches were built, we will be able to make some progress towards the answer.

To find the answer, we have to look further afield. There is one ancient image that combines all the features most characteristic of Romanesque foliate heads: a feline or monstrous full-face, flanked by non-feline faces in profile, all disgorging long, 'beaded' stems, and often flowers and 'fir-cones' as well.

The homeland of this image is India, where the full-face is called the kirttimukha and the profiles the makara.

8: THE INDIAN CONNECTION

Indian foliate heads have names that have conveniently remained unchanged for two thousand years and more. They also have legends, equally old, that explain every element in their iconography.

The kirttimukha and the makara

The kirttimukha is a face, fierce and suggestive of a lion or some kind of monster, with large bulging eyes and a wide mouth, often lacking a lower jaw, from which emerges what appears sometimes to be foliage, sometimes flowers, sometimes ribbons strung with beads, and sometimes curling foam or smoke.

The word kirttimukha means 'Face of Glory', and its origin is explained in several Hindu legends. One tells how an ambitious king, named Jalandhara, became so full of his own importance that he sent Rahu, the Eclipse Demon, to the God Shiva, demanding that he surrender his bride, Parvati. Shiva was so enraged that his anger burst forth from his third eye in the form of a lion-headed demon, which would have consumed Rahu, had not the latter cunningly taken refuge in Shiva, who was bound to protect him. Deprived of his victim, the newly created hungry demon begged Shiva to provide him with food. The god advised him to eat his own hands and feet - which he promptly did, and he continued eating until only his head remained.

Impressed by the creature's all-consuming power, Shiva declared that he should henceforth be known as kirttimukha, and that he should dwell by his door to protect the righteous and to deter evil-doers from entering. In Indian art and architecture, the kirttimukha often appears as an auspicious, protective symbol above doorways, and also above the mandorla or aureole, behind images of the gods.

According to another legend, it is Rahu's head which became the kirttimukha, and Vishnu who was the deity involved. In this story, Rahu manages to steal some *amrita* – the elixir of immortality made by churning the primaeval ocean. The Sun and the Moon report the theft to Vishnu, who takes a sword and beheads Rahu. Since the demon has already tasted the *amrita,* his head becomes immortal and wanders about the Universe seeking revenge on the Sun and Moon. Every time he catches up with either of these heavenly bodies, he swallows it, thus causing an eclipse, but each time it slips through his severed neck and escapes. This version of the legend not only provided a popular, easily understood explanation of eclipses, but also served to illustrate the futility of desire, which is an important teaching in Indian theology.

Neither of these legends, however, explains why the kirttimukha should disgorge greenery or beads. Indeed, this element of the image came from another mythical creature – the makara, which became associated with the kirttimukha during the Gupta period (fourth to sixth centuries AD). The makara combines the features of several creatures, including the crocodile, elephant, and fish or dolphin. Makaras are depicted as the *vahana* (mount or vehicle) of Varuna, God of the Waters. They also appear on the banners of Kama, God of Love and Fertility. While the kirttimukha first occurs in Indian art in about the second century AD, the makara was already in evidence during the third century BC.

The makara is found in both Hindu and Buddhist iconography. An early form of the creature can be seen on the red sandstone north gate-post of the Bharhut stupa (second century BC). Here a seductive *yakshi* (earth spirit) stands with her arm round a tree and her foot on the head of a makara [Craven 1987: 64–5]. Another fine example of a makara – this time clearly showing its elephant's trunk, crocodile's head and jaws, and fish-tail – appears on a carving which once stood at the doorway of an early fifth century temple at Beshnagar (north-east of Bhopal in Madhya Pradesh), and is now in the Museum of Fine Arts in Boston. Here a *yakshi*, probably representing the goddess Ganga, stands on the back of the makara to symbolize the sacred river.

The makara is also sometimes present in the famous image of Shiva Natarja – Lord of the Dance – immortalized in the Chola bronzes (tenth to twelfth centuries AD). In the course of his dance, Shiva creates, destroys and renews the cosmos, which is shown as a ring of flames encircling the deity and issuing from the mouths of two makara.

The makara was believed to disgorge wonderful things, among them the 'Cosmic Tree' or 'Wish-fulfilling Tree', usually depicted as a kind of vine or tendril derived from the sacred lotus plant, combined

Opposite: *Yakshi (possibly Ganga Devi). Indian, Gupta period, about 405-15 AD. Object place: Besnagar, Madhya Pradesh, Central India. Sandstone, 73.5 cm (28 15/16 in). Museum of Fine Arts, Boston. Charles Amos Cummings Bequest Fund; 26.26. Copyright 2002 Museum of Fine Arts, Boston.*

A kirttimukha and makara on a capital in Cave Number One at Ajanta, India. Late fifth century AD.
Copyright Benoy B. Behl.

with strings of pearls. When the kirttimukha and the makara are shown together these pearls may flow from the mouth of one into the mouth of the other. On a late fifth-century AD pillar in cave number one at Ajanta (north-east of Mumbai/Bombay), two makara flank a magnificent kirttimukha, with multiple strings of pearls joining their mouths.

In early Indian art, the lotus is often shown not merely as flowers and leaves, but also together with its root-like rhizome, which grows horizontally under water or mud [Singhal 1972 Vol.2: 56; illustration 58]. The mysterious cone-like motif which we see in Romanesque sculpture is also in evidence, clearly identifiable as a lotus-bud. Examples can be seen in vases of lotus-flowers carved on the inner face of the north gate of the Great Stupa at Sanchi (first century BC to first century AD).

When the two images of the kirttimukha and the makara were combined, it was no longer obvious which was the disgorger and which the swallower. Since the combined image was used mainly as a protective device, the details of the myths surrounding its component parts were no longer of great importance. The differences between the two creatures became blurred, and the kirttimukha absorbed some of the attributes of the makara. As a result, even when

A detail of stone-carving on the north gateway of the Great Stupa at Sanchi. showing a vase containing lotus flowers and buds. The gateways and balustrades of the stupa were carved and dontated to the shrine by the ivory-workers' guild of Vidisha, a town near Sanchi. First century BC to first century AD. Copyright Helen Ward.

it appears alone, the kirttimukha now disgorges the pearls and lotus-stems of the absent makara.

Despite their Hindu origin, the kirttimukha and the makara were painlessly incorporated into the art of India's other religions – Jainism and Buddhism – in the role of auspicious, protective images. When Buddhism spread to neighbouring countries, including Tibet and China, the kirttimukha and the makara went with it, and their salient features were adapted to local needs.

A makara disgorging lotus flowers and a bud. From a medallion on the balustrade of the Bharhut stupa (1st century BC), now in the Museum of Calcutta. Copyright Helen Ward.

An exciting insight into what happened to the motifs in China was provided by items in an exhibition of sixth-century AD statues representing Buddhas and bodhisattvas at the Royal Academy in London during 2002. These statues had been unearthed by a bulldozer in the city of Qingzhou (Shandong Province, in north-east China) in 1996. One of the most beautiful exhibits was a free-standing bodhisattva, wearing elaborate jewellery, including two pendants adorned with disgorging animal masks. The more impressive of these masks disgorges strings of beads and pearly-petalled flowers.

Opposite: *A bronze Buddha from Tanjore (Thanjavur), South India, showing the traditional position of the kirttimukha and makara. Fifteenth or sixteenth century. Copyright Victoria and Albert Picture Library.*

Other items in the exhibition included fragments of triads – Buddhas, flanked by two smaller bodhisattvas and surrounded by a mandorla. In some cases, the bodhisattvas were sitting or standing on pedestals arising from lotus plants (sometimes complete with 'fir-cone' buds!), disgorged by dragons, which, on Chinese soil, replace the makara. The change is not as dramatic as it might at first seem, because the Chinese dragon, unlike its western relatives, is a benign, non-inflammable beast, traditionally associated with water and pearls, just like the original makara.

The Dorling-Kindersley Eyewitness book on *Religion* (1996: 28) has a picture of a beautiful oval amulet, showing a Tibetan adaptation of the kirttimukha in a mosaic of what appear to be turquoises, pearls, and other precious and semiprecious stones, set in gold. The fierce face, with tusks, pearly teeth and protruding ruby eyes, is intended to terrify hostile demons and to protect the wearer. Although there is no makara, the kirttimukha is disgorging golden stems bearing what seem to be lotus-flowers with petals made of pearls.

Parallels between Indian and Romanesque art

We are not the first to explore Indian territory in search of the Green Man. Others have been here before us. In most cases, however, their discoveries have either not been followed up, or failed to reach a wide enough public.

One of the very first to perceive a connection between Indian and Romanesque art was the French architect, E. Viollet-le-Duc, best known for his restoration of the mediaeval city of Carcassonne. In his *Dictionnaire Raisonné de l'Architecture Française du XIe au XVIe Siècle* (Paris, 1875, Vol. 7, 187 ff) Viollet-le-Duc suggested that the kirttimukha occurred on the facade of Notre Dame-la-Grande in Poitiers (c.1130–45). In 1931, an Indian scholar, Ananda K. Coomaraswamy, expressed his conviction that the makara occurred frequently in mediaeval European art [Coomaraswamy 1931].

These pointers inspired an American scholar, Millard B. Rogers (then Associate Director of the Seattle Art Museum, Washington State), to travel to Europe in the spring of 1959 in order to journey along the pilgrim routes to and from Santiago de Compostela, examining early Romanesque churches for signs of Indian influence. He found more than he had expected, and concluded that Coomaraswamy was correct and that Viollet-le-Duc's observation was 'an understatement'.

Standing Bodhisattva. Northern Qi dynasty (550–77). Qingzhou Municipal Museum, Shandong Province, China.
Copyright and reproduced by kind permission of the State Administration of Cultural Heritage, People's Republic of China.

Left: *Detail of the left side of the doorway at Kilpeck (shown complete in the photograph on page 150) with a makara-like motif. Photo: Bob Trubshaw.*
Right: *The kirttimukha-like Green Man on the opposite side of the KIlpeck doorway. Photo: Ruth Wylie.*

Rogers published an article about his findings in a leading American learned journal [Rogers 1960: 1176–82] but unfortunately this extremely important piece of research has largely gone unnoticed by those whom it would interest most – Green Man enthusiasts.

Rogers found that makara and kirttimukha appear on the majority of French and Spanish churches built during the twelfth century, but not on earlier Romanesque churches. He also noted that the use of the two motifs was discontinued after 1200.

His findings open up new avenues for exploration just when the trail is fading. Even if we know little about Indian art and have never visited the country, books and museums can equip us to look at Romanesque sculpture with new eyes.

We must not expect to see all the elements associated with the kirttimukha and makara in every Romanesque church. Variations and omissions also occur in Indian carvings, and we have to allow for the accidental changes that accompany repeated copying. Most Romanesque churches have little more to offer than the odd leonine kirttimukha disgorging tangles of long stems. There may not be anything resembling a makara, or it may take an unusual form. Even a solitary foliate head, however, may embody typical Indian features, such as the missing lower jaw of the kirttimukha, or the pearly stems, lotus-flowers or cone-like buds associated with the makara. Regardless of the range of elements present, the stylistic similarities between Indian and early Romanesque motifs are too close to be coincidental.

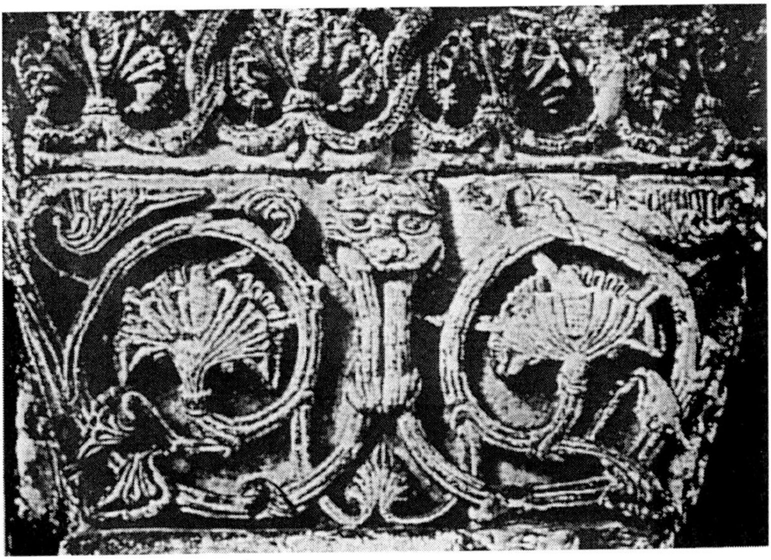

Fragment from the cloister of Saint-Etienne, Toulouse, c.1120, now in the Musée des Augustins, Toulouse. Note the lotus-like flowers. Reprinted with permission from Science, *Vol. 131, 1960. Copyright 1960 the American Association for the Advancement of Science.*

At Moissac, for example, the whole arc of the tympanum of the south porch is bordered by a ribbon ornament, studded with 'pearls', which runs from the mouth of a makara into that of a lion-faced kirttimukha (see page 143). The ornamentation on the lintel below consists of roundels of foliage issuing out of the mouth of two makara, with typically elephantine snouts, facing each other.

Rogers does not mention Kilpeck in his article, and almost certainly he never went there. Had he done so, he would surely have been delighted. Viewed in the light of the Indian connection, Kilpeck gains in excitement and importance. The disgorging Green Man on one side of the doorway is revealed as a kirttimukha, complete with pearly lotus-stems and a bud. The two-legged, long-tailed beast on the other side of the doorway then becomes a makara. The flowers and buds on the plant in the tympanum prove remarkably similar in style to those at the Great Stupa at Sanchi. And that is only the beginning! There is much more to intrigue and set us guessing.

Could, for example, the two beaded serpents issuing from the mouth of one of the heads on the tympanum arch be makara? And is

Above: *A detail of the lintel (shown complete in the photo on page 143) of the south portal of the former abbey church of St Pierre, Moissac, Tarn and Garonne, Midi-Pyrenees, showing a 'makara' below another profile head in the corner of the typanum. Twelfth century. Photo and copyright: Tina Negus*

Opposite: *A detail of the lintel of the south portal of the former abbey church of St Pierre, Moissac, Tarn and Garonne, Midi-Pyrenees, showing a 'makara' below the Green Man in the typanum. Twelfth century. Photo and copyright: Tina Negus*

that another makara, with double, criss-crossing stems or ribbons, at the base of the arch, just above the Green Man? Have a good look (see pages 150, 151 and 178) and decide for yourself.

As Rogers correctly observed, things changed after 1200. The Romanesque makara was forgotten entirely or transformed into a wyvern or some other creature. The kirttimukha, on the other hand, was imaginatively 'modernized' by Gothic sculptors, who perceived disgorged foliage as its only attribute, and substituted leaves of their own choice for the long-stemmed lotus-plants, which they neither recognized nor understood.

How Indian motifs reached the West

Establishing how Indian motifs reached the West offers a real challenge to Green Man explorers. The possible routes are unexpectedly numerous, but not well charted.

Distant as India appears to be from western Europe, trade and other contacts had united the two areas from classical times. About 45 AD, people came to understand the workings of the monsoons across the Indian Ocean, namely that in winter the prevailing winds blew from the north-east and in summer from the south-west. Using this knowledge, merchants were able to speed up maritime trade with India by bringing cargoes at the appropriate time to Egypt for distribution to the Mediterranean area. Here there was a tremendous demand among the richer citizens of the Roman Empire for costly oriental luxuries, such as pearls, gemstones, spices, ivory, perfumes, muslin and Chinese silk. Evidence of a Roman market for Indian *objets d'art* was provided by the discovery of an ivory figure of the Hindu goddess, Lakshmi, during excavations in Pompeii.

Indian embassies visited Rome during the early centuries AD, and there were Indian sects in Egypt during the Ptolemaic period.

Indeed, the development of monasticism among the native Coptic Christians may have been the result of Asian influence from India, since neither celibacy nor meditation formed part of the older religious traditions of Egypt [Singhal 1972 Vol.1: 88; 103].

According to legend, St Thomas is supposed to have taken Christianity to southern India, but, even if he did not get so far, India was visited by Christian missionaries during the third century, when Pantaenus found an existing Church (rightly or wrongly said to have been founded by St Bartholemew).

As the first millennium AD progressed, India came to play a far more important role in western Europe than simply that of a provider of luxuries for the wealthy. The decline of the Roman Empire during the fourth and fifth centuries coincided with the rise of the Gupta Empire in India, which ushered in a golden age of art, literature and learning. For the first time, Hindu temples were built of stone, and it was at this time that the kirttimukha and makara were combined as a decorative element. The study of astronomy, medicine and mathematics flourished, preserving the learning of the ancient Greeks and making fresh advances. In mathematics, especially, India led the world, with the invention of the decimal system and the concept of zero. India's superior learning was gradually transmitted to a Europe still retarded in the Dark Ages through the Arabs, who were the leading traders and navigators of the time. Arabic manuscripts became treasured possessions in monastery libraries.

More direct contact between East and West, not always under the most favourable of circumstances, occurred in Spain after the Moorish invasion (711), and in Palestine, where the Crusaders captured Jerusalem in 1099. Both points of contact are worth exploring. The victorious Moors established centres of Arabic culture and learning in Córdoba, Granada, Seville, and Toledo, and their influence extended almost to the very walls of Santiago de Compostela. Raymond IV, Count of Toulouse and one of the leaders of the First Crusade (1096–99), held lands to the north of the Pyrenees through which most of the pilgrims passed and where examples of kirttimukha and makara can be seen in the abbeys where they rested and found shelter.

Rogers claims to have seen motifs derived from the legend of Rahu over the Islamic gateway in Aleppo, and in a section of the Talisman Gate in Baghdad. He concludes, however, that these Islamic carvings bear less resemblance to the original Indian models than the Romanesque foliate heads do, and that the motif must have reached Europe by another route.

Lord Ganesha, protected by a kirttimukha and makara, in the Hindu temple in Singapore.

One possible route is through the import of ivory carvings, together with unworked ivory for the use of European craftsmen. Another is through the import of Arabic manuscripts for royal and monastic libraries.

Here attention to dates becomes of the utmost importance. The earliest known Western disgorging foliate heads appear on manuscripts and artefacts, such as the León Cross, which predate the Crusades. The presence of foliate heads in Crusader churches may have helped to popularize the motif among Crusaders and pilgrims, but it could not have provided the original stimulus. Prior to the Crusades, there were Christian communities in Jerusalem that, despite Muslim rule, were able to worship freely. Unfortunately, we have no information as to whether there were any foliate heads in these early churches.

Manuscripts appear to offer the most promising leads. We already know of foliate heads on Anglo-Saxon manuscripts and on books prepared for the Archbishop of Trier at the end of the tenth century. According to Rogers, kirttimukha appear in Beatus manuscripts of Spanish origin (see page 130), one of the earliest known copies of which, made about 900, is now in the Morgan Library in New York. Illuminated manuscripts were an important source of guidance for masons engaged in pioneering work on the early mediaeval churches.

We can easily imagine an abbot embarking on the construction of one of the huge new monastic churches and discussing plans with his chief mason: 'And, over the main portal, make us a truly impressive Last Judgement, like this one'. He would then produce one of the treasured manuscripts from the monastery's library, perhaps, one of the many copies of the Beatus commentaries on the Apocalypse, with some eighty illustrations of the episodes described. The mason would examine it carefully, noting the iconography of the main figures and their arrangement. He might also be attracted by the less important elements, such as illuminated capital letters and decorative borders. Seeing a foliate head, he might decide to incorporate one into the border of his tympanum, together with the rosettes and coils of foliage which he had noticed on an ivory cross or reliquary.

The probability is that the disgorging Green Man originated in India. All the elements associated with the earliest Romanesque foliate heads are attributes of the kirttimukha or the makara, and cannot be found in any western European prototype. The possibility of Indian influence reaching the areas where Romanesque art developed is also abundantly present. The motifs could have travelled in many ways, along a variety of channels. We have yet to determine beyond doubt exactly how this happened. The secret may be concealed under our very noses in some museum, library, or ancient monument, waiting to be discovered by a persistent explorer following the right trail and looking in the right place.

9: UNDERSTANDING GREEN MEN

Our explorations, however incomplete, show a picture of the Green Man that differs radically from some commonly held current views of him. We have found no grounds for supposing that the Green Man is a once popular pagan deity who, refusing to fade away, was willy-nilly admitted to churches, or that he represents the underlying idea behind a multitude of folk customs and beliefs.

Ours is a more complex and exciting picture, which offers new challenges and opens new doors.

Foliate heads and folklore

The earliest examples of post-Classical foliate heads are to be found on manuscripts and artefacts made for the Christian elite and in churches built by the wealthy privileged classes, primarily for the use of monastic communities. The relationship between the Green Man and the less affluent, ordinary people, who formed the majority of the population, is obscure.

Attempts to link the foliate head to various aspects of the traditional culture of these ordinary people, such as folk customs, legends, songs, etc., seldom stand up to serious investigation, since such attempts tend to assume the existence of something akin to a 'Great Green Universal Principle' behind various phenomena which may appear superficially similar, but are disparate in origin.

Leaves, trees and flowers feature in numerous customs and rituals, but this does not automatically denote some connection with foliate images found in churches. Those who see the Green Man as the whole behind the parts, rather than a tiny part of the whole – the whole being the versatile use by all cultures of vegetation in imagery and symbolism – run the risk of reaching lopsided and erroneous conclusions. So far, no one has suggested that the crowning of a victor or poet with bay and laurel leaves once signified his symbolic transformation into the Green Man, or that a bride's wreath and bouquet once signified her mystic union with the Green Man! Yet some equally picturesque, but groundless, assertions have been made, and continue to be represented as fact.

Were the Green Man in any way connected with certain folk customs, these would have included some form of recognition of the carved images on or in the local church, such as the bringing of a wreath, the lighting of a candle, or a passing bow or muttered formula. There would be mention of the practice somewhere in surviving letters, memoirs, reports, parish records, or even court proceedings against blasphemers, idolaters and witches. So far, nothing of the kind has come to light.

Examination of such records does, however, reveal that many customs, or parts of customs, thought to be ancient are, in fact, of relatively recent origin. In Britain, this is partly the result of the suppression of many mediaeval traditions by the Puritans, and their later revival in a somewhat different form, often by enthusiastic, well-meaning intellectuals, dancing-masters and impresarios, and partly due to the fact that customs naturally evolve and change. Maypoles, for example, were known in mediaeval England, the earliest known references being from the fourteenth century. Banned by the Puritans in the 1640s, they returned to popularity after the Restoration, but the 'traditional' ribbons and plaiting dance were introduced only during the nineteenth century. In order to realize the need for caution in interpreting customs and their origins, we need only consider how, within less than a lifetime, the celebration of Hallowe'en has changed from remembrance of the dead, soul-cakes, apple-bobbing, divination and turnip lanterns to witches, bats, creepy-crawlies, and 'Trick or Treat'.

The foliate head of ecclesiastical architecture is not native to these Isles, but was brought here by Norman masons from the Continent. It owed its rapid spread, both in this country and throughout Europe, to the Catholic Church, monastic orders and pilgrims. Yet the motif never became so identified with Catholic dogma and ritual that it was unacceptable to Anglicans, Presbyterians, Lutherans and other Protestants. Even the most rigid Puritans evidently did not connect foliate heads with either popery or paganism, or else they would have attacked them as energetically as they attacked maypoles and statues of the Virgin. By then, foliate heads clearly had no particular hard and fast significance.

But was this always so?

A look at symbols and their uses

As we have discovered, foliate heads do not originate from a single source. Some types were present in Europe in Roman times; others came from further afield. All were probably adopted into Christian art by people who had little or no understanding of their original significance and who simply seized upon them as a novel, attractive alternative to straightforward acanthus leaves and other forms of ornamentation. From time immemorial in many parts of the world people have delighted in putting faces on such things as jars and images of the Sun and Moon. So why not enliven foliage as well?

Once they had been discovered and established in churches, foliate heads may well have been used, like animals from the bestiaries, to reinforce Christian teachings. They may have been used to illustrate the assertion, found in St Isidore's *Etymologies,* that evil men whose souls were already forfeit to the Devil were made to eat magic plants that transformed them into animals or hybrid creatures, or the fairly widespread belief that the Devil used coiled foliage to ensnare humans and bind them fast.

Any particular meaning given to foliate heads may not necessarily have remained constant or been everywhere the same. Like messages passed on by word of mouth, motifs imperfectly understood are liable to undergo strange changes as they travel. The recycling and re-interpretation of existing symbols to meet new needs and situations is nothing novel, but is a process which has gone on throughout history. Innumerable examples, both ancient and recent, can be cited to demonstrate how symbols can acquire different, even totally contradictory, meanings when transferred or borrowed.

Most people today would be surprised to learn that, in Britain, the robin redbreast was once widely regarded as a bird of ill-omen, especially if it appeared at a window, or entered the home. Even in the twentieth century, cases were recorded of people expressing alarm on the receipt of Christmas cards featuring jolly robins!

In China, chrysanthemums have for centuries been an auspicious symbol of long life and scholarship; in Japan, they form the traditional foundation of the Imperial Throne, but in modern Italy they have become so associated with funerals that they are never presented to people on other occasions. Some language textbooks even warn visitors to Italy never to take chrysanthemums to their hostess when invited to dinner!

During the twentieth century, the red field poppy, once associated with the Greek Corn Goddess, Demeter, acquired two special meanings that it never previously possessed. In Britain, it became the symbol of Remembrance of those killed in battle. In Bulgaria, it became an emblem of the Communist Party.

Opposite: *A twentieth-century Green Man in the garden of St Edmund Hall, Oxford. Sculpted by the Rev Graham Midgely. Photo: Mercia MacDermott. Reproduced by kind permission of the Principal of St Edmund Hall, Oxford.*

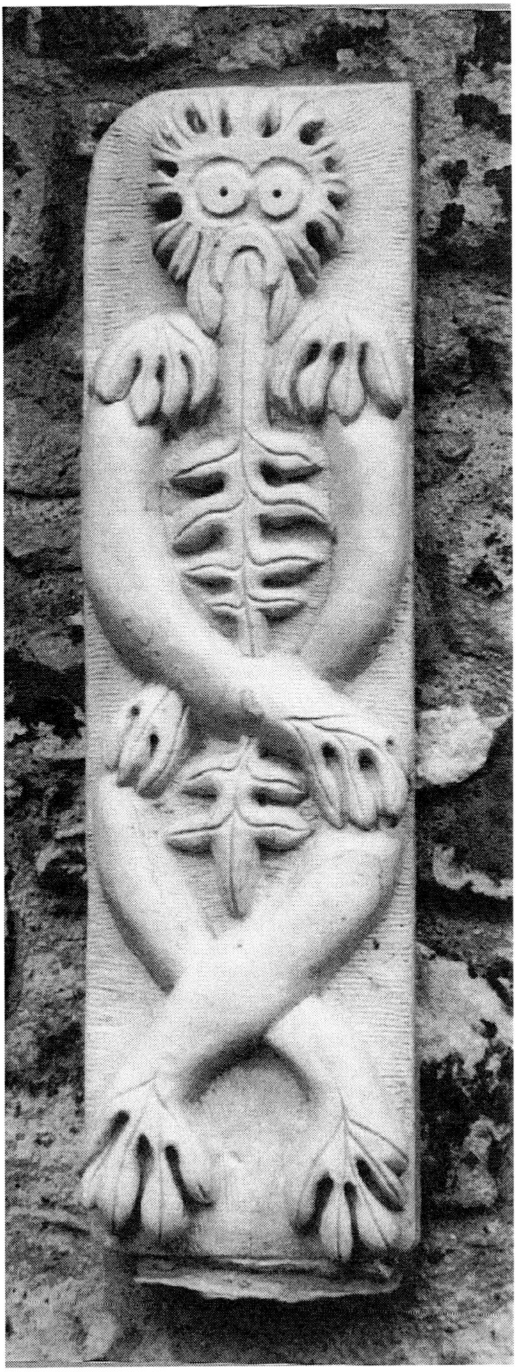

Snakes are among the most ambiguous of symbols, revered and worshipped in many cultures, but demonized in Christian iconography. Olympias, mother of Alexander the Great, is said to have kept tame snakes as part of some ancient Balkan cult, and something of this tradition appears to have been communicated to later settlers in the area. More than eleven centuries of Christianity failed to dim the Bulgarian peasant's perception of the snake as the guardian of the home and the fields, or to deter his womenfolk from decorating ritual loaves baked for Christmas, Easter and other festivals with serpents fashioned out of dough.

The swastika is another now ambiguous symbol which Bulgarian peasant women might place upon their ritual loaves, or incorporate into their embroidery. Those who are aware of this ancient symbol only in its modern role as the emblem of Hitler's Nazis are often both shocked and surprised to encounter it in other far more ancient contexts – as an auspicious symbol in India (as early as the second millennium BC) and in Native American art; on a mosaic pavement at Lullington Roman Villa in Kent; or as decoration on the garments of a fragment of statuary, dating from the sixth century BC, found in the classical Greek colony of Paestum (Italy), to give just a few examples.

A curious feature of popular symbolism is that sometimes an evil thing can be transformed into a protective one. In the Indian myth, Shiva placed a demon's rapacious head on his doorway to deter other demons. In some parts of Bulgaria, the motifs embroidered on men's shirts included stylized representations of pests, such as caterpillars and snails, because it was formerly believed that this would prevent the real creatures from attacking the wearer's crops. Such reasoning was just one manifestation of a common belief that evil things cannot abide seeing their own images, and can therefore be stopped in their tracks and repelled by representations of themselves – a belief which probably explains the presence in churches and elsewhere of hideous faces with protruding tongues, monsters with bulging eyes and prominent teeth, and even devils and imps.

Christ himself taught in parables, using familiar objects and situations to bring some point home to his listeners. The Christian Church was quick to attach new meanings to virtually any object, bird, animal, flowers, colour or number that could possibly be exploited to reinforce its teachings. A very early example is provided by St Ambrose, who lived during the fourth century, and was possibly the author of the Athanasian Creed. He urged Christians to see the

A modern Okeanus! A fish-shop sign in Carcassonne, France. Unlike the classical Okeanus, his modern counterpart is disgorging. Photo: Mercia MacDermott.

waning of the Moon as an expression of its suffering while waiting for their redemption. Some such symbolic associations became a permanent part of Christian culture; others did not gain universal acceptance, or were soon forgotten. Mediaeval and post-Renaissance paintings are full of symbolic details, most of which now have to be pointed out and explained to modern viewers. For those who are aware of the message that a pearl, an egg, or a musical instrument, for example, would have conveyed to the artist's contemporaries, even Vermeer's serene domestic interiors are full of moralizing Christian symbolism.

Much of the symbolism of past centuries is now a dead language known only to specialists. In some cases, it has been lost entirely and, until some iconographic equivalent of the Rosetta Stone is found, we are unlikely to regain understanding of it. To a large extent this applies to the foliate heads in mediaeval churches.

A whole range of documents, such as chronicles, the proceedings of Church Councils, contracts between patrons and architects, parish records, laws, sermons, personal letters, encyclicals, etc., provide an insight into changing, often conflicting, views as to what was appropriate and seemly in places of Christian worship. All of them are silent about why foliate heads were introduced into Christian buildings and why they reappeared in an altered form in each new age of architectural style.

Journey's end and future goals

Paradoxically enough, the more subjective and preposterous current theories about the Green Man may, after all, provide us with the key to the mystery, though not quite in the way which their exponents intended! Perhaps what we are now witnessing is simply the latest round – and the first to be documented – in an often repeated, periodic rediscovery of the symbolic potential of an ancient decorative motif.

During the latter part of the twentieth century many people were finding themselves out of sympathy with established Churches and at odds with certain aspects of contemporary society, such as consumerism, the exploitation of animals, and the destruction of the natural environment, and were seeking alternative life-styles and systems of belief. For inspiration they turned to all manner of exotic and arcane sources, including folklore, witchcraft, Oriental schools of thought and practice, paganism, and 'Celtic spirituality'. All these they re-interpreted idiosyncratically and borrowed from eclectically.

The foliate head that Lady Raglan rescued from oblivion and arbitrarily associated with cherished traditions of a merrier England attracted the attentions of some more mystically inclined environmentalists who saw in it an ideal symbol for their cause. Thus the Green Man entered the twenty-first century re-incarnated as 'the Son of the Great Goddess', 'a pagan fertility symbol', 'the archetype of Man's Oneness with Nature', 'the Lord of the Greenwood', and a host of attractive, imaginative and emotive things which he could not possibly have represented in the context of earlier centuries. Mediaeval Christians did not identify themselves with untamed Nature, and would not have understood a desire to do so.

Of the many different forms taken by foliate heads relatively few match up to any of these grandiloquent titles. The Green Men of Bamberg and Sutton Benger could well be 'Lords of the Greenwood', but most foliate heads suggest nothing of the kind. Some may even represent negative images of sinners and demons. Whether noble or repellent, they are too diverse to represent a single idea.

When it comes to emblems, art works, merchandise and such like, those who have harnessed the Green Man to their alternative 'green' ideology are generally selective in their choice of the image's many variants. The foliate heads most frequently copied and displayed are the quizzical leaf-masks and the tranquil disgorgers of greenery. The more hideous Gothic images and the impersonal, stylized Italianate heads are usually shunned. So, too, are the Romanesque 'cat-faces' with their trailing stems, despite their antiquity and pioneering role. Perhaps they are deemed insufficiently 'green' and 'manly' to be of current use!

The new cult of the Green Man may be seen as yet one more metamorphosis in the life-cycle of a symbol with a complicated ancestry and a long, chequered history. Throughout this history, foliate heads appear, like words in the mouth of Lewis Carroll's Humpty Dumpty, to have meant whatever their creators and beholders have chosen to make them mean.

Our journey of exploration has inexorably led us to the conclusion, that, in Christian Europe, the foliate head is primarily a decorative element, adapted from several more ancient sources and employed, as and when required, to convey a wide range of messages.

This conclusion fits all the known facts. However, before the Green Man yields the remaining secrets of his lineage and career, much more fieldwork and library research will have to be done.

In the meantime, he will continue to intrigue and to be 'full of surprises'.

BIBLIOGRAPHY

ALBANESE, Marilla, 2001, *Ancient India,* White Star Publishers.

ANDERSEN, Jørgen, 1977, *The Witch on the Wall,* Allen and Unwin.

ANDERSON, William, 1990, *Green Man - The Archetype of our Oneness with the Earth,* Harper Collins.

BARRON, W.R.J., 1979, *Sir Gawain and the Green Knight,* Manchester University Press.

BASFORD, Kathleen, 1978, *The Green Man,* D.S. Brewer (reprinted 1996).

BECKWITH, John, 1974, *Early Mediaeval Art,* Thames and Hudson.

BEHL, Benoy K., 1998, *The Ajanta Caves,* Thames and Hudson.

BUCKLAND, Theresa, and Juliette WOOD (eds), 1993, *Aspects of British Calendar Customs,* Sheffield Academic Press.

CAMPBELL, Joseph, 1962, *The Masks of God: Oriental Mythology,* Secker and Warburg; reprinted Arkana 1991.

CENTERWALL, Brandon S., 1977, 'The name of the Green Man', *Folklore, 108, 25*–33.

CHADWICK, Owen, 1995, *A History of Christianity,* Weidenfeld and Nicolson.

CHERRY, John, (ed), 1995, *Mythical Beasts,* British Museum Press.

COHN, Norman, 1993, *The Pursuit of the Millenium,* Pimlico.

CONANT, Kenneth John, 1973, *Carolingian and Romanesque Architecture, 800–1200,* Penguin.

CRAVEN, Roy C., 1987, *Indian Art,* Thames and Hudson.

CUNLIFFE, Barry, 1997, *The Ancient Celts,* OUP.

DAVID, Elizabeth, 1995, *Harvest of the Cold Months,* Penguin.

DOEL, Fran, and Geoff DOEL, 2001, *The Green Man in Britain,* Tempus.

DRAKE, C.S., 2001, *The Romanesque Fonts of Northern Europe and Scandinavia,* Boydell and Brewer.

DUFFY, Eamon, 1992, *The Stripping of the Altars,* Yale University.

FAENSON, Hubert, and Vladimir IVANOV , 1975, *Early Russian Architecture,* Paul Elek.

GOODY, Jack, 1993, *The Culture of Flowers,* CUP.

GREEN, Miranda, 1994, *Symbol and Image in Celtic Religious Art,* Routledge.

HARDING, Mike, 1998, *The Little Book of the Green Man,* Aurum Press.

HARTE, Jeremy, 2001, *The Green Man,* Pitkin Unichrome.

HAYWARD, Anthony, 2002, *The Green Men of Birmingham,* Kiva Publications.

HILL, Peter, 1996, *In Search of the Green Man in Northhamptonshire,* Orman Publications.

HUTTON, Ronald, 1991, *The Pagan Rituals of the Ancient British Isles,* Blackwell.

HUTTON, Ronald, 1996, *The Stations of the Sun. A History of the Ritual Year in Britain,* OUP.
JACOBUS de VORAGINE, 1993, *The Golden Legend,* (translated by William Granges Ryan), Princeton University Press.
JONES, Malcolm, 2002, *The Secret Middle Ages,* Sutton Publishers.
JUDGE, Roy, 1979, *The Jack in the Green,* D.S.Brewer and Rowman & Littlefield for the Folklore Society.
KAHN, Deborah, 1991, *Canterbury Cathedral and its Romanesque Sculpture,* Harvey Miller.
LASKO, Peter, 1972, *Ars Sacra 800-1200,* Pelican History of Art.
LE GOFF, Jacques (ed), 1997, *The Mediaeval World,* Parkgate Books.
LERNER, Robert, 1972, *The Heresy of the Free Spirit in the Later Middle Ages,* University of Notre Dame Press.
LUYARD, H.R. (ed), 1890, *Flores Historiarum,* Rolls Series.
MACDERMOTT, Mercia, 1998, *Bulgarian Folk Customs,* Jessica Kingsley Publishers.
MACKERALL, Benjamin, 1852, 'An account of the Company of St George in Norwich' in *History of Norwich,* MS 1737; reprinted in *Norfolk Archaeology* 3, 315–74; also reprinted in Norfolk Museums Service Information Sheet on the Norwich Snapdragon.
MARSHALL, John (ed), 1931, *Mohejo-Duro and the Indus Civilisation.* Vol.1, Arthur Probesthain
MEPISASHVILI, Rusudan, and Vakhtang TSINTSINADZE, 1979, *Arts of Ancient Georgia,* Thames and Hudson.
MILOVSKY, Aleksandr, 1987, *Pesn' Zhar-ptitsy,* Moscow.
NEUBECKER, Ottfried, and J.P. LITTLE, 1997, *Heraldry - Sources, Symbols and Meaning,* Tiger Books International.
OWEN, Richard, 2002 in *The Times* 30 March.
PARTNER, Peter, 1981, *The Knights Templar and their Myth,* Oxford UP.
REID, Piers Paul, 1999, *The Templars,* Weidenfeld & Nicolson.
RICE-OXLEY, L., 1934, *Oxford Renowned,* Methuen.
ROBBINS, Russell Hope (ed), 1959, *Historical Poems of the XIVth and XVth Centuries,* New York.
ROGERS, Mary, 1997, 'Crucifix and lily', *The Oxford Magazine,* Hilary issue.
ROGERS, Millard B., 1960, 'An Archeological Pilgrimage to Santiago de Compostela: Romanesque ornamentation of the 12th century suggests the probability of Indian influence', *Science,* No. 131.
ROZHNOVA, Polina, 1992, *A Russian Folk Calendar,* Moscow.
SCHAMA, Simon, 1996, *Landscape and Memory,* Fontana Press.
SEWARD, A.C., 1933–4, 'The Foliage, Flowers and Fruit of Southwell Chapter House', *Proceedings of the Cambridge Antiquarian Society,* Vol. 35.

SINGHAL, D.P., 1972, *India and World Civilization, Vol. I & II,* Sidgwick & Jackson.

STIERLIN, Henri, 2002, *Hindu India,* Taschen.

TOMAN, Rolf, (ed), 1997, *Romanesque,* Könemann.

WEIR, Anthony, and James JERMAN, 1986, *Images of Lust – Sexual Carving on Mediaeval Churches,* Batsford.

WILLSHER, Betty, 1996, *The Green Man,* Scottish Local History Journal, Vol. 37.

INDEX

References to illustrations are in **bold**

Places are listed by country; places in England are listed under England and then by county.

Also from Heart of Albion Press

Explore BOOKS

The *Explore* series will provide accessible introductions to folklore and mythology. Some books will provide 'overviews' of quite broad topics, drawing together current academic research with popular beliefs. Other books in the series will deal with more specific topics, but still with the aim of providing a wide-ranging introduction to the topic.

Already published:

Explore Folklore
Bob Trubshaw

Explore Mythology
Bob Trubshaw

To be published 2003:

Explore Shamanism
Alby Stone

To be published 2004:

Explore Sacred Places
Bob Trubshaw

Explore Fairies
Jeremy Harte

Also from Heart of Albion Press

Explore Mythology

Bob Trubshaw

Myths are usually thought of as something to do with 'traditional cultures'. The study of such 'traditional' myths emphasises their importance in religion, national identity, hero-figures, understanding the origin of the universe, and predictions of an apocalyptic demise. The academic study of myths has done much to fit these ideas into the preconceived ideas of the relevant academics.

Only in recent years have such long-standing assumptions about myths begun to be questioned, opening up whole new ways of thinking about the way such myths define and structure how a society thinks about itself and the 'real world'.

These new approaches to the study of myth reveal that, to an astonishing extent, modern day thinking is every bit as 'mythological' as the world-views of, say, the Classical Greeks or obscure Polynesian tribes. Politics, religions, science, advertising and the mass media are all deeply implicated in the creation and use of myths.

Explore Mythology provides a lively introduction to the way myths have been studied, together with discussion of some of the most important 'mythic motifs' – such as heroes, national identity, and 'central places' – followed by a discussion of how these ideas permeate modern society. These sometimes contentious and profound ideas are presented in an easily readable style of writing.

ISBN 1 872883 62 1
Perfect bound. Demi 8vo (215 x 138 mm), 220 + xx pages, 17 line drawings. **£9.95**

Also from Heart of Albion Press

Explore Folklore

Bob Trubshaw

'A howling success, which plugs a big and obvious gap'
Professor Ronald Hutton

There have been fascinating developments in the study of folklore in the last twenty-or-so years, but few books about British folklore and folk customs reflect these exciting new approaches. As a result there is a huge gap between scholarly approaches to folklore studies and 'popular beliefs' about the character and history of British folklore. *Explore Folklore* is the first book to bridge that gap, and to show how much 'folklore' there is in modern day Britain.

Explore Folklore shows there is much more to folklore than morris dancing and fifty-something folksingers! The rituals of 'what we do on our holidays', funerals, stag nights and 'lingerie parties' are all full of 'unselfconscious' folk customs. Indeed, folklore is something that is integral to all our lives – it is so intrinsic we do not think of it as being 'folklore'.

The implicit ideas underlying folk lore and customs are also explored. There might appear to be little in common between people who touch wood for luck (a 'tradition' invented in the last 200 years) and legends about people who believe they have been abducted and subjected to intimate body examinations by aliens. Yet, in their varying ways, these and other 'folk beliefs' reflect the wide spectrum of belief and disbelief in what is easily dismissed as 'superstition'.

Explore Folklore provides a lively introduction to the study of most genres of British folklore, presenting the more contentious and profound ideas in a readily accessible manner.

ISBN 1 872883 60 5
Perfect bound, demi 8vo (215x138 mm), 200 pages, **£9.95**

Also from Heart of Albion Press

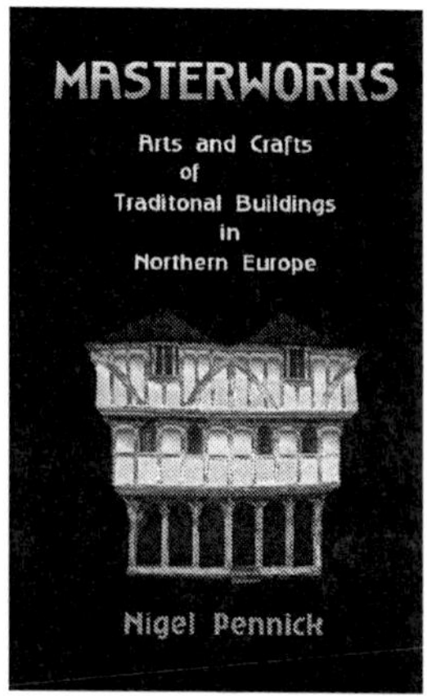

Masterworks

Arts and Crafts of Traditional Building in Northern Europe

Nigel Pennick

Masterworks is about the traditions of arts and crafts in northern Europe, taking as a starting point the use of timber in building. Timber frame buildings have been constructed over a long period of time over a large territory, mostly northern and north-west Europe. Various regional and local styles have come into being.

Timber buildings display a rich diversity of techniques, forms and patterns developed by generations of master craftsmen working with local materials under similar limitations. The 'arts and crafts' used in the construction of these buildings acknowledge and celebrate the knowledge, traditions, abilities and spiritual understanding of how to work effectively with natural materials. They are living traditions that remain relevant today.

Masterworks is a celebration of this arts and crafts ethos that is present in the traditional buildings of northern Europe.

> "*Masterworks* ... is written by a man who is not only in tune with his subject matter but is, in fact, a master wordsmith in his own right and deserves credit for this. I personally found this one of his most intriguing and important works to date and cannot recommend it too highly to the discerning reader."
>
> Ian Read *Runa*

ISBN 1 872883 63 X Perfect bound, Demi 8vo, 163 + viii pages, 23 b&w photos, 15 line drawings **£9.95**

Also from Heart of Albion Press

On Sacred Mountains

Martin J. Goodman

'Such narrow, narrow confines we live in. Every so often, one of us primates escapes these dimensions, as Martin Goodman did. All we can do is rattle the bars and look after him as he runs into the hills. We wait for his letters home.'
The Los Angeles Times

Martin J. Goodman's interest in spiritual phenomena goes deeper than most people - he goes out and tests their ability for personal transformation. After his internationally acclaimed books *I Was Carlos Castaneda* and *In Search of the Divine Mother,* astonishing perspectives on the psychedelic shamanism of the Amazon and the guru/devotee relationship, comes this most powerful and daring of adventures.

What is a sacred mountain? Study them all we like, the only way of knowing them is to measure their effects in our own lives. Starting at Mount Ararat, moving to Ireland, passing through the sacred heights of India and Sri Lanka, Martin was then called to the mountain ranges of the American South West. At the highest point of Texas he received a revelation of great promise for the survival of humanity. His journey is a compelling story of intimate encounters, sexual transformation, astounding landscapes, and raw mountain energy. The writing is of a rare quality that turns each experience into our own.

On Sacred Mountains will appeal to those interested in travel, and adds a deep spiritual experience to the travelogue. *On Sacred Mountains* will also interest the 'spiritual searcher', especially those who expect their guides to do more than write from the comfort of their retreats.

ISBN 1 872883 58 3. Perfect bound, demi 8vo
(215x138 mm), 138 + ix pages, **£9.95**